Studien und Materialien
zum Straf- und Maßregelvollzug

herausgegeben von
Friedrich Lösel, Gerhard Rehn und Michael Walter

BAND 22

Kann Therapie
Rückfälle verhindern?

Metaanalytische Befunde
zur Wirksamkeit der Sexualstraftäterbehandlung

Martin Schmucker

Centaurus Verlag & Media UG 2004

Der Autor, geb. 1972, Diplom-Psychologe, studierte Psychologie, Kriminologie und Soziologie an der Universität Erlangen-Nürnberg, 2004 Promotion. Er ist wissenschaftlicher Assistent am Institut für Psychologie der Universität Erlangen-Nürnberg.

Die Deutsche Bibliothek – CIP-Einheitsaufnahme

Schmucker, Martin:
Kann Therapie Rückfälle verhindern? : Metaanalytische Befunde zur Wirksamkeit der Sexualstraftäterbehandlung / Martin Schmucker. - Herbolzheim : Centaurus-Verl., 2004
   (Studien und Materialien zum Straf- und Maßregelvollzug ; Bd. 22)
   Zugl.: Erlangen-Nürnberg, Univ., Diss., 2004
   ISBN 978-3-8255-0508-0   ISBN 978-3-86226-426-1 (eBook)
   DOI 10.1007/978-3-86226-426-1

ISSN 0944-887X

Satz: Vorlage des Autors
Umschlaggestaltung: DTP-STUDIO, Antje Walter, Hinterzarten

Vorwort

Die vorliegende Arbeit wurde im Wintersemester 2003/2004 als Dissertation an der Philosophischen Fakultät I der Universität Erlangen-Nürnberg angenommen. Wie für jede Forschungsarbeit größeren Umfanges gilt auch in diesem Fall, dass sie von der Hilfe und Unterstützung anderer profitiert hat. Allen, die – wissentlich oder unwissentlich – zum Entstehen und Gelingen dieser Arbeit beigetragen haben, sei an dieser Stelle gedankt.

Einige Personen waren dabei von besonderer Bedeutung. Das ist zunächst mein Doktorvater Prof. Dr. Dr. h.c. Friedrich Lösel. Er war mir begonnen mit den durch die Beschäftigung an seinem Lehrstuhl eröffneten logistischen Möglichkeiten über die fachliche Beratung und das kritische Hinterfragen während der Untersuchung bis hin zu der Geduld, die er bis zum letztlichen Abschluss aufbrachte, und dem steten Interesse an der Arbeit Ansporn und Hilfe.

Prof. Dr. Andreas Beelmann stellte sich als Zweitgutachter der Arbeit zur Verfügung und war darüber hinaus ein kompetenter Ratgeber und Diskussionspartner. Seine Erfahrung in praktischen und theoretischen Fragen der metaanalytischen Methode hat mir manchen Irrweg erspart oder abgekürzt und seine freundschaftliche Unterstützung manche Frustration, die mit einer Metaanalyse verbunden ist, erträglich gemacht.

Eine notwendige, aber nur bedingt reizvolle Aufgabe sind Korrekturarbeiten. Dr. Stefanie Jaursch, Maren Lichthardt und ganz besonders Monika Schagerl waren selbstlos genug, mir dabei zur Seite zu stehen.

Mein Dank gilt überdies den Autoren, die mir ihre unveröffentlichten Arbeiten zur Verfügung stellten oder Unklarheiten durch ergänzende Erläuterungen zu beseitigen wussten. Ohne ihre Mithilfe wäre die vorliegende Analyse einiger wertvoller Studien beraubt. Mein Dank gilt auch Birgit Löffler, die zu Beginn der Literaturrecherchen an der Arbeit beteiligt war.

Bei meiner Familie und meinen Freunden verbindet sich der Dank für ihre Unterstützung, mit der Entschuldigung für meine geistige und körperliche Absenz in der Endphase der Arbeit. Als umso wertvoller empfinde ich den erfahrenen Rückhalt.

Erlangen im April 2004   Martin Schmucker

Inhaltsverzeichnis

1. Einleitung

Die neunziger Jahre wirkten angesichts der Medienberichterstattung und öffentlicher Debatten beinahe wie die Dekade der Sexualstraftaten. Kaum ein Monat, eine Woche, ein Tag, an dem nicht eine spektakuläre Meldung über ein Sexualverbrechen in Zeitungen oder Fernsehsendungen zu lesen oder zu sehen war, das an Grausamkeit nur durch den nächsten Vorfall überboten wurde. Andere Problemthemen traten demgegenüber in den Hintergrund (Amann & Wipplinger, 2002).

Die Reaktionen auf solche Verbrechen sind emotional geprägt und angesichts der (vermeintlich) ansteigenden Zahl von Verbrechen mit sexuellem Hintergrund verschaffen Patentlösungen wie „Wegschließen – und zwar für immer" oder „Zwangskastration" populäres Gehör. Eine differenziertere Argumentation scheint angesichts solch klarer Vorgaben unnötig, wenn nicht gar unanständig. „Sexualität" und „Gewalt" wühlen auf. Die Filmindustrie macht sich die gleichzeitig erschreckende, aber auch faszinierende Kombination von „Sex and Crime" in den fiktiven Geschichten schon lange als Erfolgsformel zunutze (vgl. Egg, 2002a). Doch auch die realen Geschichten scheinen zu begeistern, möglicherweise noch mehr, und die „Informationsmedien" haben den quotenfördernden Effekt erkannt und nutzen diese Mischung aus Angst, Wut und Sensationslust (Pütter, 1999). Das Herausgreifen gravierender Einzelfälle und die Emotionalisierung der Berichterstattung von ohnedies hoch emotionalen Vorgängen mögen Branchengesetze sein. In Maßen nützen sie der Sache, indem sie auf Problembereiche aufmerksam machen und Handlungsbedarf aufzeigen. Allerdings schüren sie auch irrationale Panik, die eine sachliche, lösungsorientierte Diskussion erschwert. Das „Gesetz zur Bekämpfung von Sexualdelikten und anderen gefährlichen Straftaten" ist inmitten dieser „heißen" Debatte und nicht zuletzt als Reaktion auf den öffentlichen Druck entstanden. In vergleichsweise kurzer Zeit auf den Weg gebracht, versucht es den Spagat zwischen härteren Strafen und mehr bzw. besserer Behandlung. Beide Richtungen verfolgen das Ziel, zukünftige Viktimisierung durch bereits bekannte Täter zu verhindern, wenn auch mit unterschiedlichen Mitteln. Im einen Fall soll der Täter möglichst lange und effektiv aus dem Verkehr gezogen werden und anderen potentiellen Tätern als warnendes Beispiel dienen. Im anderen Fall soll erneute Straffälligkeit durch die gezielte therapeutische Einwirkung auf den Täter vermieden werden.

Die vorliegende Arbeit beschäftigt sich mit der zweiten Alternative, der Behandlung von verurteilten Sexualstraftätern. Im Rahmen einer Metaanalyse soll der Forschungsstand zur rückfallpräventiven Wirksamkeit der Sexualstraftäterbehandlung zusammengefasst werden. Im Zentrum der Analysen steht einerseits, inwieweit vorliegende Behandlungsangebote für diese Tätergruppe zielführend sind, andererseits soll versucht werden, spezifische Aspekte erfolgreicher Behandlungen zu isolieren. Der zweite Teil der Fragestellung ist bewusst vorsichtig formuliert, da eine Analyse, die auf fremde Berichte aufbaut, nur solche Aspekte aufdecken kann, die in diesen Berichten berücksichtigt wurden bzw. aus ihnen erschließbar sind. Eine Metaanalyse ist abhängig von dem Forschungsstand eines Fachgebietes sowohl in Bezug auf die bloße Menge als auch die Forschungsqualität. Die Integration von methodisch schwachen Untersuchungen im Rahmen von Metaanalysen veranlasste Eysenck (1978), sie als „an exercise in mega-silliness" zu verstehen. Der von Eysenck angeführten „Garbage in - Garbage out" - Metapher, soll hier die Metapher des „Recycling" entgegengesetzt werden. Es erfolgt der bescheidene Versuch, die Wertstoffe zu isolieren und zu Ergebnissen zu verarbeiten, die eine Bewertung der Sexualstraftäterbehandlung ermöglichen, und die Erwartungen, die in Bezug auf Behandlung von Sexualstraftätern in Deutschland bestehen mögen, mit den empirischen Tatsachen abzugleichen.

Es erfolgt zunächst eine allgemeine Charakterisierung von Sexualstraftätern, der Prävalenz sexueller Delinquenz und Rückfälligkeit sowie den Folgen für die Opfer sexueller Übergriffe, um einen Überblick über den Gegenstandsbereich zu gewinnen und die Notwendigkeit eines angemessenen Umganges mit Sexualstraftätern zu dokumentieren. In der darauf folgenden Konzentration auf behandlungsrelevante Charakteristika von Sexualstraftätern und den verfügbaren allgemeinen Behandlungskonzepten sollen die Grundlagen der anschließenden Wirksamkeitsüberprüfung solcher Maßnahmen gelegt werden. Nach einem Überblick über die Probleme der einschlägigen Evaluationsforschung und die Ergebnisse bisheriger Metaevaluationen, erfolgt die Darstellung einer eigenen umfassenden metaanalytischen Integration deutscher und internationaler rückfallbezogener Wirksamkeitsuntersuchungen.

2. Sexualstraftäter – Gemeinsamkeiten und Differenzierungen

2.1 Definitionen, Definitionsprobleme

2.1.1 Schwierigkeiten einer gesetzlichen Definition

Bei der Definition von Straftaten gleich welcher Art liegt es nahe, strafrechtliche Normen zugrunde zu legen und die Personen, die Straftaten begehen, als Straftäter zu bezeichnen. Als Sexualstraftäter wären dann in der logischen Folge jene Personen zu verstehen, die eine Sexualstraftat verübt haben. In allen gesellschaftlichen Systemen sind sexuelle Übergriffe in irgendeiner Form durch Normen reguliert und meist auch gesetzlich sanktioniert (vgl. Freeman, 1996). Eine gesetzliche Definition ist aber bei weitem nicht so banal wie es scheint.

Welche der Straftaten sind als Sexualstraftaten zu kennzeichnen? In der Bundesrepublik Deutschland sind strafbare Handlungen und die anzuwendenden Sanktionen im Besonderen Teil des Strafgesetzbuches (StGB) festgelegt. Der dreizehnte Abschnitt (§§ 174-184c StGB) bezieht sich auf „Straftaten gegen die sexuelle Selbstbestimmung". Eine plausible Annäherung an die Gruppe der Sexualstraftäter wäre, diese Kategorie als Definitionskriterium heranzuziehen und damit Personen, die auf der Grundlage einer dieser Normen verurteilt wurden, einzuschließen.

Während ein großer Teil der hier erfassten Handlungen ohne weiteres als Sexualstraftat anzusehen ist, sind auch Straftatbestände aufgeführt, bei denen sich die Frage stellen lässt, inwieweit diese als Sexualstraftaten im engeren Sinne zu verstehen sind. Im 13. Abschnitt des StGB finden sich einige Straftatbestände (§§ 180 bis 181a, 184 StGB), die in der kriminologischen Literatur nicht als Sexualstraftaten im engeren Sinne verstanden und gewertet werden (Egg, 2000b). Beispielsweise würde die Zuhälterei (§ 181a StGB) nur unter Vorbehalt als Sexualstraftat und insbesondere der Täter nur bedingt als Sexualstraftäter gewertet werden. Einer Definition, die sich rein am Strafgesetzbuch orientiert, fehlt ein entscheidendes Moment: die Motivation des Täters. Bei der Zuhälterei dürften finanzielle Interessen im Vordergrund stehen, weniger sexuelle Aspekte. Der Eingriff in die sexuelle Selbstbestimmung ist hier offenbar ein Mittel zum Zweck. Doch selbst das Mittel „Sexualität" scheint keine zentrale Stellung einzunehmen, schließlich ist der Täter selbst in keiner Form an einer sexuellen Handlung beteiligt. Es geht primär um die Etablierung eines an sich nicht-sexuellen

Abhängigkeitsverhältnisses, das der eigenen Bereicherung dient (Laubenthal, 2000). Sexualität ist hier ein „Handelsgut", aber im Grunde austauschbar. Andererseits sind einige Straftaten, denen sexuelle Motive inhärent sind, nicht Bestandteil des 13. Abschnittes. So ist ein Mörder nach § 211 II StGB unter anderem derjenige, der „...., *zur Befriedigung des Geschlechtstriebes, ... einen Menschen tötet*." Allerdings müssen sexuelle Motive oder die sexuelle Befriedigung nicht bei jeder Sexualstraftat im Zentrum stehen. Die Ausübung von Macht und Gewalt mag zum Beispiel bei Vergewaltigungen eine ebenso große oder gar die zentrale Rolle spielen (Groth, 1979).

Eine gesetzliche Definition ist auch deswegen problematisch, weil gesetzliche Systeme gesellschaftlichen Normen häufig erst verzögert folgen. Konsensuelle homosexuelle Handlungen können als Beispiel für Sexualverhalten dienen, das heutzutage im allgemeinen Verständnis nicht als Straftat verstanden werden dürfte. Dennoch sind homosexuelle Praktiken in einigen Bundesstaaten der USA strafrechtlich nach wie vor verankert, und erst vor wenigen Monaten hat das U.S. Supreme Court diese Regelungen für verfassungswidrig erklärt. In Deutschland wurden die entsprechenden Regelungen des § 175 StGB bereits in den Jahren 1969 und 1973 auf homosexuelle Handlungen mit unter 21- bzw. unter 18-jährigen eingeschränkt und 1994 vollständig fallen gelassen, d.h. den heterosexuellen Handlungen in strafrechtlicher Hinsicht gleichgestellt. An diesem Beispiel zeigt sich auch das Problem, dass im internationalen Vergleich zum Teil identische Handlungen in manchen Ländern strafbar sind, andernorts hingegen nicht. Das gilt selbst beim Vergleich von Gesellschaften mit weitgehend übereinstimmenden Basisvorstellungen über normwidriges Verhalten (vgl. Freeman, 1996). Gesetzliche Definitionen umfassen damit je nach historischem und kulturellem Kontext unterschiedliche Populationen.

Das Problem der gesetzlichen Definition verschärft sich noch, wenn man strengere juristische Definitionsmaßstäbe ansetzt. So wären bei Vorliegen von Schuldunfähigkeit (§ 20 StGB) bzw. Strafunmündigkeit (§ 3 JGG) Personen, die das prinzipiell strafbare Sexualverhalten vollziehen, nicht als Straftäter benennbar, mithin keine Sexualstraftäter (vgl. Beier, 1995). Eine Schwierigkeit ergibt sich hier aus dem Unterschied zwischen dem Verhalten selbst und der Strafbarkeit. Beschränkt man sich weiterhin auf solche Handlungen, die nicht nur strafbar sind, sondern tatsächlich bestraft wurden, tritt das Problem des Dunkelfeldes hinzu, das im Bereich der Sexualkriminalität relativ groß sein dürfte. Bei einer strengen Limitierung der Definition auf juristische Benennungen würden somit eine Vielzahl von „Sexualstraftätern" aus dem Raster fallen, weil ihr

Verhalten trotz seiner prinzipiellen Strafbarkeit nicht strafrechtlich verfolgt bzw. geahndet wurde.

2.1.2 Paraphilie versus Straftat – Probleme einer klinischen Definition

Man mag den gesetzlichen und juristischen Kategorien zu entgehen versuchen, indem man klinische Diagnosen heranzieht, um Sexualstraftäter zu definieren. Als relevante Kategorien sind in den gängigen Diagnoseschemata Paraphilien (DSM-IV) bzw. Störungen der Sexualpräferenz (ICD-10) verzeichnet, die Abweichungen wie Pädophilie, Exhibitionismus oder Fetischismus umfassen. Mit der gesetzlichen Definition teilen sie die Abhängigkeit von kulturellen Normen, die ein bestimmtes Verhalten oder bestimmte Phantasien erst als abweichend qualifizieren, und unter deren Einfluss Phänomene, die einst als Störung galten, im Laufe historischer Entwicklungen aus den Schemata fallen können, wie auch hier das Beispiel der Homosexualität demonstriert (vgl. Fiedler, 2001). Und wie die gesetzliche Definition führt die Orientierung an Sexualdelinquenz als psychischer Störung einerseits zu übermäßigem Einschluss, andererseits zur Vernachlässigung zentraler Aspekte. Manche paraphile Störungen, wie z.B. der Transvestitismus, haben kaum strafrechtliche Bedeutung, bei anderen, wie z.B. der Pädophilie, ist die Grenze zu kriminellen Handlungen wiederum sehr schmal (APA, 1996). Während also die paraphilen Störungen in unterschiedlichem Maße auch kriminelles Verhalten umfassen können, stellt dies keineswegs ein konstituierendes Merkmal dar. Paraphilien mögen erstens auf deviante Phantasien beschränkt bleiben, zweitens in einem Rahmen umgesetzt werden, der für alle Beteiligten als angemessen gelten kann, oder drittens ohne die Beteiligung Dritter auskommen. So mag eine Person mit Fetischismus den Fetisch bei der Masturbation verwenden oder einen Partner finden, der bereit ist, das Fetischobjekt zu dessen sexueller Stimulierung zu tragen. Strafrechtliche Bedeutung mag der Fetischismus eventuell beim Diebstahl des Fetischobjektes erlangen (Freeman, 1996). Andererseits sind eindeutig als Sexualstraftaten zu kennzeichnende Verhaltensweisen wie Vergewaltigung nicht Bestandteil der klinischen Diagnoseschemata und es herrscht Uneinigkeit darüber, inwieweit die Anwendung sexueller Gewalt für sich als klinisch diagnostizierbare Störung begriffen werden muss (Schwartz, 1995a). Die klinische Relevanz von Verhalten ergibt sich nicht daraus, dass ein gesellschaftliches Sanktionsbedürfnis besteht. Eine Entsprechung in strafrechtlichen

Normen ist daher nicht erforderlich. In Anlehnung an den Begriff der Dissozialität definiert zum Beispiel Beier (1995) aus einer medizinischen Perspektive ganz bewusst über sexuelle Delinquenz hinausgehend Dissexualität als *„ein sich im Sexuellen ausdrückendes Sozialversagen"* (S. 6).

Wo die klinische Betrachtungsweise nur bedingt Rücksicht auf die Frage der Strafbarkeit des devianten Verhaltens nimmt, vernachlässigt die juristische Sicht die psychologischen Hintergründe einer Straftat. Das ist naheliegend, da beide Perspektiven jeweils andere Ziele verfolgen. Es wird ohnedies auf die Unmöglichkeit hingewiesen, *den* Sexualstraftäter zu definieren. Zum Ersten fällt ein Großteil sogenannter Sexual-straftäter auch im Rahmen nicht sexueller Delikte auf (Polaschek, Ward & Hudson, 1997). In einer britischen Untersuchung zeigte sich beispielsweise, dass drei von fünf wegen sexueller Delikte verurteilten Straftätern auch andere Verurteilungen aus dem nicht sexuellen Bereich aufweisen (Soothill, Francis, Sanderson & Ackerly, 2000). Zum Zweiten ist selbst in der Gruppe derjenigen, die ausschließlich sexuelle Delikte begangen haben, eine Vielzahl von höchst unterschiedlichen Personen subsumiert, und auch Sexualstraftaten konstituieren ein sehr breites Spektrum an Verhaltensweisen, deren vereinigendes Element lediglich ist, dass gegen eine gesetzliche Norm verstoßen wurde, die in irgendeiner Form eine sexuelle Komponente in sich trägt oder wegen eines sexuellen Bedürfnisses durchbrochen wurde (Grubin & Kennedy, 1991). Während sich diese Charakterisierung von Sexualstraftätern – und sei es allein aus pragmatischen Gründen – als Arbeitsdefinition zur Abgrenzung der relevanten Population anbieten und eignen mag (vgl. Rehder, 1990; Schwartz, 1995a), erscheint eine genauere Trennung von relevanten Subgruppen erforderlich.

2.2 Klassifikationsversuche, Klassifikationsprobleme

Auch hier besteht – wie schon bei der Definition von Sexualstraftätern – die Möglich-keit, gesetzliche Kategorien heranzuziehen. Allerdings, das gilt zumindest für das deutsche Strafgesetzbuch, erscheint eine sinnvolle Unterteilung in wissenschaftlicher Hinsicht nicht möglich. Während in manchen Paragraphen relativ breite Gruppen von Straftatbeständen zusammengefasst sind (z.B. Vergewaltigung und sexuelle Nötigung, § 177 StGB; oder sexueller Missbrauch von Kindern, § 176 StGB), werden an anderen Stellen recht feine Differenzierungen vollzogen (z.B. spezielle Beziehungen zwischen

Täter und Opfer in den §§ 174ff.; vgl. Lackner & Kühl, 1999). Das ist sinnvoll, da sich das Strafgesetzbuch an der Schuld des Täters, Schutznotwendigkeit des Tatbestandes und in letzter Konsequenz an zu verhängenden Sanktionen orientiert (Kaiser, 1996; Lackner & Kühl, 1999; Streng, 2002), obwohl auch das Erreichen dieser Zielsetzung nicht immer als geglückt eingeschätzt wird (vgl. Lackner & Kühl, 1999). Eine erfahrungswissenschaftliche Klassifikation mit einer Berücksichtigung von möglicherweise zugrunde liegenden pathologischen Faktoren auf Täterseite soll und muss nicht geleistet werden.

Eine Differenzierung von sexueller Gewalt gegen Erwachsene, sexuellem Missbrauch von Kindern und exhibitionistischen Handlungen, die im Strafgesetzbuch in groben Zügen vorgenommen wird, findet sich dennoch auch in der Literatur zu Sexual-straftätern regelmäßig. Meist beziehen sich einzelne Forschungsarbeiten exklusiv auf eines dieser Phänomene. Dies ist im Grunde schon ein erster Klassifikationsschritt. Er reflektiert eine kriminologische Perspektive, die man kritisieren kann, da sie sich primär an der Tat orientiert und nicht am Täter. Obwohl sich diese Trennung empirisch nachvollziehen lässt (z.B. Rehder, 1996a) wäre die Annahme irrig, dadurch homogene Tätergruppen geschaffen zu haben (Hoyer, 2001). Feinere Klassifikationssysteme sind insbesondere für den Bereich des sexuellen Missbrauchs von Kindern und für sexuelle Gewalt gegen Frauen entwickelt worden.

2.2.1 Sexueller Missbrauch von Kindern

Eines der ersten Kriterien, nach denen eine Differenzierung von Missbrauchstätern vorgenommen wurde, ist das Geschlecht der Opfer, ob ein Täter also homosexuellen, heterosexuellen oder beide Formen des Missbrauchs begeht. Obwohl vieles dafür spricht, dass homosexueller Missbrauch ein höheres Rückfallrisiko anzeigt (Eher, Grünhut, Frühwald, Frottier et al., 2001; Hanson & Bussière, 1998), sind die Ergebnisse keineswegs eindeutig (Prentky, Knight & Lee, 1997).

Eine andere in der Literatur relativ früh etablierte, von vielen Autoren nachvollzogene und nach wie vor als zentral erachtete Unterscheidung bezieht sich auf die Exklusivität der sexuellen Hinwendung zu Kindern. Bei einem Teil der Täter sind Kinder die bevorzugten Sexualpartner, nicht nur aktuell, sondern über die gesamte Biographie hinweg. Dementsprechend sind diese Personen selten verheiratet, scheinen insgesamt relativ wenig soziale Anbindung an erwachsene Personen zu haben und im Umgang mit Erwachsenen gehemmt zu sein. Fitch (1962), der diesen Aspekt als einer der ersten im Rahmen einer Typologisierung aufgriff, nennt diese Gruppe „unreif" (immature type), da eine altersentsprechende sexuelle Präferenz offenbar nicht entwickelt wurde. Andere Autoren verwenden für vergleichbare Täter andere Bezeichnungen, die sich aber auf den gleichen Aspekt beziehen. So spricht Groth (1978) von einem „fixierten Typus" (fixated), Cohen, Seghorn und Calmas (1969) ähnlich von „pädophil-fixiert" (pedophile-fixated), Dietz (1983) von „preferential offenders", Swanson (1971) vom „klassischen Pädophilen" (classic pedophiliac), und auch in einer Reihe anderer Typologien ist diese Gruppe vertreten (vgl. Schwartz, 1995b). Der Umgang mit Kindern muss nicht unbedingt auf die sexuelle Domäne beschränkt bleiben. Häufig werden sie als adäquate Partner verstanden, denen auch im nicht-sexuellen Bereich der Vorzug gegeben wird. Dem sexuellen Missbrauch geht oft eine platonische Beziehung voraus. Die sexuelle Verbindung wird als natürlicher Bestandteil und folgerichtige Erweiterung einer Liebesbeziehung verstanden (vgl. Cohen et al., 1969).

In den Klassifikationen wird den fixierten Tätern eine Gruppe gegenübergestellt, die altersadäquate sexuelle Beziehungen unterhält oder zumindest irgendwann im Laufe ihres Lebens unterhielt. Insgesamt sozial integriert und in zentralen Lebensbereichen – Sexualität und Partnerbeziehungen eingeschlossen – angepasst, scheint diese Anpassung jedoch instabil. In stressreichen und emotional frustrierenden Situationen erfolgt eine Hinwendung zu Kindern als inadäquaten Sexualobjekten, die den Tätern im Nachhinein häufig selbst fremd ist, schamvoll erlebt und bereut wird. Wiederum unterscheiden sich die dafür verwendeten Bezeichnungen bei weitgehender Vergleich-barkeit der Täterbeschreibung (Cohen et al., 1969: „pedophile-regressed"; Dietz, 1983: „situational offender"; Fitch, 1962: „frustrated type"; Groth, 1978: „regressed"; Swanson, 1971: „situational violator"). Die Interaktion mit den Kindern ist meist eindeutiger sexuell motiviert als bei den fixierten Tätern.

Bringt man diese Kategorien mit dem Opfergeschlecht in Verbindung, so zeigt sich, dass in der Gruppe der nicht fixierten Missbrauchstäter eher heterosexueller Missbrauch stattfindet, während bei Tätern mit pädophiler Orientierung in hohem Maße auch homosexuelle Handlungen stattfinden (Beier, 1995). Beide Tätergruppen werden zum Teil auch dadurch gekennzeichnet, dass aggressive Verhaltensweisen allenfalls in instrumenteller Form eingesetzt werden. Die Typologien werden daher oft durch einen dritten, aggressiven Typus ergänzt, bei dem Aggression entweder als Selbstzweck geradezu das Ziel des sexuellen Missbrauchs ist (sadistisch) oder in gleichgültiger Weise eingesetzt wird, um sexuelle Gefügigkeit zu erzwingen (ausbeutend; Cohen et al., 1969; Fitch, 1962; Groth, 1978). In der Literatur werden noch andere Subgruppen genannt, bei denen Kinder primär als Ersatzobjekt bei eigentlich angestrebten sexuellen Beziehungen zu erwachsenen Frauen fungieren (z.b. sexuell unerfahrene Jugendliche, schwachsinnige Täter; Beier, 1995) oder pädophile Handlungen sekundär zu anderen psychopathologischen Störungen hinzutreten (vgl. Knight, 1988; Prentky & Burgess, 2000; Schwartz, 1995b).

Die genannten Unterscheidungen entstammen in erster Linie klinischer Beobachtung. Allerdings kommen auch stärker empirisch orientierte Klassifikationsversuche zu ähnlichen Ergebnissen. So fand zum Beispiel Rehder (1996a) clusteranalytisch unter anderem zwei Gruppen, die der Fixations-Regressions-Dichotomie ähnlich sind (randständige, unterkontrollierte Täter bzw. sozial unauffällige Täter mit starken Autonomiebestrebungen). Auch die Massachusetts Treatment Center: Child Molester Typology (MTC:CM3; Knight, 1988; Knight & Prentky, 1990), die als bislang wohl umfassendste Systematik für Missbrauchstäter in einem Wechselspiel von theoretischen und empirischen Schritten entworfen und überprüft wurde, enthält auf der ersten Achse den Aspekt der Fixierung des Täters auf Kinder als Sexualobjekte, nimmt aber auf einer weiteren unabhängigen Dimension eine Trennung im Hinblick auf die soziale Kompetenz in Beruf und Partnerschaft vor (vgl. Abbildung 1.1). Es resultieren also vier mögliche Typen. Auf einer zweiten Achse erfolgt zunächst eine Beurteilung der Häufigkeit des Kontaktes zu Kindern, sowohl in sexueller als auch in nicht sexueller Hinsicht. Diese Dimension ist teilweise mit dem Grad der Fixierung konfundiert. Je nach Häufigkeit des Kontaktes mit Kindern ergeben sich verschiedene weiterführende Entscheidungsbäume. Bei hohem Kontakt wird unterschieden, ob der Kontakt primär sexueller Natur ist (narzisstisch) oder auch andere Aspekte einschließt (interpersonal). Bei seltenem Kontakt mit Kindern folgen als Kriterien die bei der Tat verursachten Verletzungen und das Vorliegen einer sadistischen Motivation. Die Systematik resultiert also in vier (Achse I) bzw. sechs (Achse II) Typen. Bisherige Untersuchungen zeigen, dass die Kernkonstrukte der beiden Achsen (Grad der Fixierung und Häufigkeit des Kontaktes) für sich genommen reliable Klassifizierungen erlauben und auch im Hinblick auf Rückfälligkeit sinnvoll differenzieren (Eher, Grünhut, Frühwald & Hobl, 2001; Prentky, Knight et al., 1997). Obwohl Kraus und Berner (2000) auch den praktischen Nutzen als zumindest in Ansätzen positiv einschätzen, liegt der Hauptvorteil der

Abbildung 2.1: Klassifikationsschema für Kindesmissbrauch (Knight und Prentky, 1990)

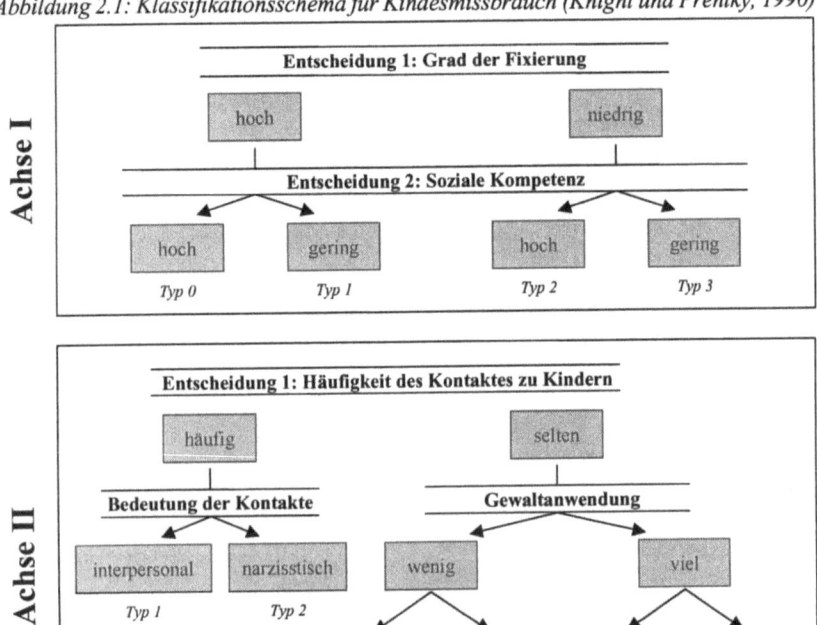

MTC:CM3 derzeit wohl in der Systematisierungshilfe für die Forschung. Allerdings deuten die unterschiedlichen Charakterisierungen auch behandlungsrelevante Differenzen an, indem die verschiedenen Entscheidungen ätiologische Aspekte wie sexuelle Präferenzen (Fixation-Regression), Intimitätsdefizite (interpersonaler, narzisstischer Bedeutungsgehalt) oder mangelnde soziale Fertigkeiten implizieren (vgl. Kapitel 4).

In vielen Typologien wird intrafamiliärer Missbrauch, wenn er überhaupt Berücksichtigung findet, allenfalls als nicht weiter differenzierte Kategorie aufgenommen. Eine prototypische Klassifikation von Inzesttätern von Summit und Kryso (1978) deutet jedoch darauf hin, dass Inzest ebenso wie extrafamiliärer Missbrauch ein heterogenes Phänomen ist. Prentky und Burgess (2000) argumentieren, dass die für extrafamiliären Missbrauch herangezogenen Kriterien auch für Inzesttäter sinnvoll sein mögen, nicht zuletzt weil einige der von Summit und Kryso dargestellten Prototypen Ähnlichkeiten zu Kategorien anderer, für extrafamiliären Missbrauch konzipierten Typologien aufweisen. Dennoch erscheint eine getrennte Betrachtung des „klassischen" Inzesttäters (Beier, 1995: Konstellationstäter; Summit, 1978 : endogamer Inzest) angezeigt. Der Missbrauch scheint sich hier primär aus einer endogamen familiären Konstellation zu ergeben, innerhalb derer der Vater seine Tochter, die eine Reihe von Rollen der Mutter auszufüllen hat, auch als Ersatzliebhaberin okkupiert. Eine getrennte Betrachtung dieser Tätergruppe ist allein schon deshalb geboten, weil trotz des meist langen und intensiven Missbrauchs die Rückfallrate nach dem Aufbrechen der Familienstruktur (z.b. im Zusammenhang mit strafrechtlicher Verfolgung) äußerst gering ist, sowohl im Vergleich mit anderen Inzesttätern als auch extrafamiliären Missbrauchstätern (Beier, 1995). Die insgesamt geringen Rückfallraten bei Inzest (vgl. Alexander, 1999; Brown & Brown, 1997; Greenberg, Bradford, Firestone & Curry, 2000; Hanson, 2001; Hood, Shute, Feilzer & Wilcox, 2002) mögen sich primär aus dieser hoch repräsentierten Tätergruppe ergeben.

2.2.2 Sexuelle Gewalt gegen erwachsene Frauen

Einer der bekanntesten Systematisierungsversuche für sexuelle Gewalt gegen Frauen stammt von Groth (1979). Die grundlegende Annahme ist, dass eine Vergewaltigung prinzipiell ein Ausdruck aggressiver Bedürfnisse ist und die Sexualisierung nur eine spezifische Ausdrucksform darstellt. Demnach kann sich eine Klassifikation von Vergewaltigern auf die verschiedenen Formen sexueller Gewalt und der darin ausgedrückten psychischen Dynamik beschränken:

- *Anger rape*: Die Vergewaltigung dient dem Ausdruck und Abbau aufgestauter Frustration. Das Opfer mag selbst der Grund der Frustration sein, kann aber auch lediglich Stellvertreter sein. Die Anwendung der Gewalt übersteigt das Maß, das notwendig wäre, um das Opfer zu überwältigen, bei weitem. Der sexuelle Akt wird als Waffe eingesetzt, sexuelle Befriedigung wird dadurch nicht erlangt.

- *Power rape*: Hier liegt die primäre Motivation nicht darin, das Opfer zu verletzen, vielmehr geht es für den Vergewaltiger darum, Überlegenheit und Kontrolle auszuüben. Gewalt wird in dem Maße eingesetzt, das notwendig ist, um die Kontrolle zu erlangen und aufrechtzuerhalten. Die Sexualität dient dem Täter als Mittel, eigene Unzulänglichkeitsgefühle zu kompensieren.

- *Sadistic rape*: Sexualität und Gewalt fließen hier ineinander. In erster Linie sind für den Täter die Qualen des Opfers erregend, nicht die sexuelle Handlung an sich. Die Vergewaltigungen nehmen häufig ritualisierte Formen an und enden in extremen Fällen im sogenannten Lustmord. Für manche dieser Täter liegt gerade im qualvollen Tod des Opfers die höchste Befriedigung. Angesichts der Grausamkeit der Taten ist es wohl nur ein schwacher Trost, dass diese Form der Vergewaltigung sehr selten ist (Groth, 1979; siehe auch Groth, Burgess & Holmstrom, 1977, dort bezeichnet als „anger-excitement").

Man mag sich streiten, ob Groths vollständige Reduktion von Vergewaltigung als sexualisierter Aggression den Phänomenbereich ausreichend abdeckt. Andere klinische Typologien erfassen auch Täter mit primär sexueller Motivation, generell antisozialem Lebensstil oder stärker situativ bedingten Motivlagen (vgl. Grubin & Kennedy, 1991; Prentky & Burgess, 2000; Schwartz, 1995b). Gemeinsam ist diesen klinischen Typologien ihr eher intuitiver Charakter und die entweder erwiesenermaßen schlechte oder nicht überprüfte Reliabilität (Grubin & Kennedy, 1991). Sie eignen sich dennoch zu einer Strukturierung des Feldes und als Grundlage empirisch gestützter Klassifikationssysteme.

Eben diese Grundlagen haben Knight und Kollegen – wie für die Systematisierung von sexuellem Missbrauch bei Kindern – auch für Vergewaltigungen aufgegriffen und schrittweise bis zur aktuellen Version weiterentwickelt (Massachusetts Treatment Center: Rapist Typology, MTC:R; Knight & Prentky, 1990; Prentky & Knight, 1991; Prentky, Knight & Rosenberg, 1988). Im Unterschied zur hierarchisch aufgebauten MTC:CM3 ist die MTC:R3 an Prototypen orientiert, die erst anschließend weiter differenziert werden und in insgesamt neun unterscheidbaren Subgruppen münden. Grundlage der Klassifikation bilden vier primäre Motivlagen:

- *Opportunistic*: Impulsive Nutzung einer sich bietenden Gelegenheit. Dabei ist die mangelnde Verhaltenskontrolle nicht auf sexuelle Übergriffe beschränkt, sondern eher Ausdruck eines generell antisozialen Lebensstils.
  Eine zusätzliche Trennung erfolgt bezüglich der sozialen Kompetenz (hoch: Typ 1; niedrig: Typ 2)

- *Pervasively angry* (Typ 3): Vergewaltigung ist eine mögliche Ausdrucksform genereller Wut, die sich auch in anderen Situationen manifestiert. Die Aggression wird in einem nicht sexuellen Sinn als befriedigend erlebt.

- *Sexual*: Intensive Beschäftigung mit der Befriedigung sexueller Bedürfnisse. Diese drückt sich in wiederkehrenden Vergewaltigungsphantasien, aber auch in anderem sexuell devianten Verhalten oder der intensiven Nutzung pornographischen Materials aus.

  (1) sadistische Typen: geringe Differenzierung zwischen aggressivem und sexuellem Erleben, wobei in einem Fall die sadistischen Phantasien offen ausagiert werden (overt: Typ 4), im anderen nicht oder in nur symbolischer Form (muted: Typ 5)

  (1) nicht sadistische Typen: wenig aggressive Anteile im Tatgeschehen, auch nicht in instrumenteller Form.

  Auch hier erfolgt eine weitere Differenzierung in Abhängigkeit von der sozialen Kompetenz (hoch: Typ 6; niedrig: Typ 7).

- *Vindictive*: Wie bei Typ 3 liegt der sexuellen Gewalt auch hier Wut zugrunde, sie ist aber deutlicher auf den sexuellen Bereich konzentriert und dient als Mittel der Machtdemonstration gegenüber dem Opfer. Obwohl Gewalt nur im Rahmen sexueller Übergriffe angewandt wird, ist sie kein Mittel der sexuellen Befriedigung.

  Wiederum erfolgt durch die Beurteilung der sozialen Kompetenz eine weitergehende Homogenisierung der Gruppen (hohe soziale Kompetenz: Typ 8; niedrig: Typ 9).

Stärker noch als die MTC:CM3 harrt dieses Klassifikationsschema eingehender Untersuchungen, da die dritte Revision im Vergleich zur zweiten sehr starke Änderungen erfahren hat (Knight & Prentky, 1990). Die größeren Schwierigkeiten, eine geeignete Typologisierung zu entwickeln, demonstrieren auch die hohe Heterogenität der Täter, die sich hinter dem Label „Vergewaltiger" verstecken (Prentky & Burgess, 2000). Ein Hinweis auf die Reliabilität des Schemas von Knight und Prentky (1990) ergibt sich jedoch aus Rehders (1996b) clusteranalytisch gewonnener Typologie. Obwohl Rehder nur sechs Cluster beschreibt, finden diese jeweils eine relativ eindeutige Entsprechung in Knight und Prentkys System. Die einzigen Typen, die in Rehders

Clusterlösung gar nicht zum Tragen kommen, sind die sadistischen Formen, was unter anderem mit deren geringen Prävalenzen zu erklären sein mag (vgl. Groth, 1979).

2.2.3 Psychologische Klassifikation

Hoyer (2001; Hoyer, Kunst, Borchard & Stangier, 1999) kritisiert die von den meisten Autoren vorgenommene, kriminologisch geprägte Trennung von sexuellem Missbrauch von Kindern und sexueller Gewalt gegen erwachsene Frauen (Vergewaltigung/sexuelle Nötigung). Er schlägt eine Unterteilung vor, die zunächst Täter mit psychischer Störung von solchen ohne Hinweise auf eine der Tat zugrunde liegende Psychopathologie (z.B. Affekttäter) trennt. Unter ersteren erfolgt eine weitere klinisch-psychologische Differenzierung. Neben einer Restkategorie von anderweitig gestörten, z.B. minder-begabten oder psychotischen Tätern wird das Augenmerk besonders auf die Trennung von paraphilen Tätern und solchen mit Störung der Impulskontrolle gelegt. In einer Untersuchung von 72 wegen sexueller Delikte im Maßregelvollzug untergebrachter Patienten zeigte sich, dass diese Kategorisierung reliabel war und zumindest ansatz-weise an psychologischen Variablen wie sozialer Angst, Konfliktvermeidung und Alltagsimpulsivität sowie hinsichtlich des Alkoholeinflusses während der Tat validiert werden konnte (Hoyer et al., 1999). Obwohl die Unterteilung in Paraphilie und Impulskontrollstörung von der kriminologischen Unterscheidung sexueller Missbrauch bei Kindern versus Vergewaltigung nicht vollkommen unabhängig ist (bei Hoyer et al., 1999, ergab sich ein Cramers V von .46), ist sie doch hinreichend verschieden, um vor allem im Hinblick auf Behandlungserfordernisse von Bedeutung zu sein. Allerdings werden in den bereits vorgestellten Klassifikationsschemata vergleichbare Unter-scheidungen getroffen (z.B. Grad der Fixierung auf Kinder). Interessant ist hingegen die enge Anlehnung an das DSM-IV, die durch eine weitere Differenzierung der Tätergruppen mittels einer Berücksichtigung von Persönlichkeitsstörungen auf Achse II des DSM-IV noch gesteigert werden kann. Die Nähe zu diesem in der klinischen Forschung häufig verwendeten Diagnoseschema verspricht daher, Fortschritte der allgemeinen Behandlungsforschung direkter für die Sexualstraftäterbehandlung nutzen zu können (Hoyer, 2001).

Eine andere Typologie, die deutlicher auf Aspekte der Behandlung ausrichtet ist, stammt von Hall und Hirschman (1991). Die Autoren gehen von vier grundsätzlichen

Faktoren aus, die Sexualstraftaten zugrunde liegen (physiologisches Arousal, kognitive Verzerrungen, affektive Enthemmung und entwicklungsbedingte Persönlichkeitsfaktoren). Auf dieser Grundlage bilden sie vier Untergruppen, je nachdem, welcher Aspekt im Vordergrund steht. Im Unterschied zu kriminologischen Systemen, die den Phänotyp einer Tat in den Mittelpunkt stellen, steht hier der Genotyp einer Tat im Vordergrund. Verschiedene psychologische Hintergrundfaktoren (Genotypen) mögen durchaus zu vergleichbaren Tathergängen und -charakteristika (Phänotypen) führen. Dennoch sollte eine Behandlung nicht die Tat, sondern den beim Täter dominierenden Faktor in den Mittelpunkt einer Therapie stellen und damit auf die Ätiologie bezogene, spezifische therapeutische Methoden zur Anwendung bringen, um erfolgversprechend zu sein (Hall, 1996). Auf die genaueren Hintergründe der Theorie, die der Klassifikation zugrunde liegt, wird an späterer Stelle eingegangen.

3. Argumente für (Be-)Handlungsbedarf

Bevor darüber nachzudenken ist, Sexualstraftäter zu behandeln, sollte zunächst betrachtet werden, ob überhaupt eine Notwendigkeit besteht, spezifische Maßnahmen für Sexualstraftäter zu ergreifen. Eine erste Voraussetzung dafür wäre, dass das in Frage stehende Phänomen – Sexualkriminalität – überhaupt in einem relevanten Ausmaß auftritt. In der Einleitung wurde bereits darauf hingewiesen, dass die mediale Präsenz in den letzten Jahren stark zugenommen hat. Man mag dies als Indikator heranziehen und die Voraussetzung bejahen. In diesem Abschnitt soll jedoch die öffentliche Wahrnehmung des Phänomens anhand kriminalstatistischer und viktimologischer Daten objektiviert werden. Tritt Sexualkriminalität in einem relevanten Ausmaß auf, so ergibt sich durch den verursachten Schaden eine weitere Notwendigkeit, sich mit dessen Ursachen auseinanderzusetzen und geeignete Maßnahmen zu ergreifen, um das Phänomen in seiner Häufigkeit einzuschränken. Hier sollen die Auswirkungen auf die Opfer von Sexualstraftaten thematisiert werden.

Die ersten beiden Argumente beziehen sich auf Interventionen im weitesten Sinne. Eine Argumentation für die Behandlung von Sexualstraftätern als spezifischer Interventionsform setzt zudem voraus, dass das Begehen einer Sexualstraftat kein biografisches Einzelereignis ist, sondern Wiederholungsgefahr besteht, der entgegen-zutreten ist. Erst ab diesem Punkt macht es Sinn, über Behandlungsmaßnahmen als potentiell wirksame Strategie nachzudenken. Wäre Spontanremission der Regelfall, kann keine Intervention, gleich welcher Art, einen Gewinn bringen, im schlimmsten Fall gar Schaden anrichten.

Ein viertes Argument ergibt sich aus einer pragmatischen Perspektive: Von politischer Seite wurden die hier angesprochenen Argumente bereits positiv beurteilt und in Folge dessen ein gesetzlicher Behandlungsauftrag erteilt. Es besteht gewisserma-ßen ein Behandlungszwang, zum einen für die Täter, zum anderen aber auch für den Vollzug. Diese Regelungen sollen das Kapitel abschließen.

3.1 Inzidenz und Prävalenz von Sexualstraftaten

3.1.1 Kriminalstatistiken

Ein erster Einblick in das Ausmaß sexueller Delinquenz lässt sich anhand offizieller Statistiken, die die staatlichen Ermittlungs- und Strafverfolgungsaktivitäten dokumentieren, vermitteln. In abnehmender Repräsentanz der tatsächlich vorgefallenen Delikte sollen hier die Polizeiliche Kriminalstatistik (PKS; Bundeskriminalamt), die Rechtspflegestatistik und die Strafvollzugsstatistik (beide herausgegeben vom Statistischen Bundesamt) genutzt werden, um die Inzidenz der Sexualdelinquenz im Hellfeld darzustellen.

Insgesamt nehmen Sexualdelikte im Vergleich mit anderen Straftaten einen geringen Raum ein. Von etwa 6.5 Millionen im Jahre 2002 erfassten Straftaten handelte es sich bei knapp 54 000 um solche gegen die sexuelle Selbstbestimmung (§§ 174 - 184b StGB). Das entspricht in etwa 0.8 Prozent. Trotz eines leicht zunehmenden Trends in den letzten Jahren ist die Zahl der polizeilich registrierten Sexualstraftaten absolut gesehen und relativ zum Gesamtaufkommen weitgehend konstant geblieben. Die Konstanz erhöht sich noch, wenn man sich auf die Sexualstraftaten im engeren Sinne beschränkt, indem man die in der PKS unter „Ausnutzung sexueller Neigung" zusammengefassten Straftatbestände wie Zuhälterei (§ 181a StGB) u.ä. von der Gesamtzahl abzieht (vgl. Abbildung 3.1). Geht man zeitlich etwas weiter zurück, so zeigt sich, dass bezüglich der Sexualkriminalität seit den 60er Jahren anstatt eines

Abbildung 3.1: Entwicklung polizeilich registrierter Sexualkriminalität (PKS 2002)

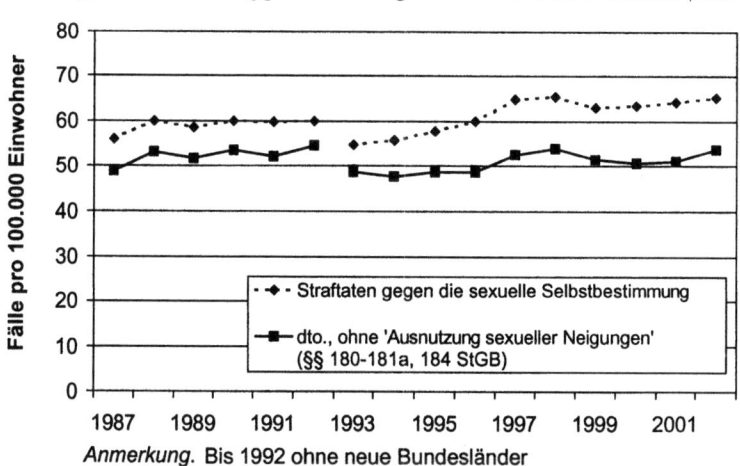

Anmerkung. Bis 1992 ohne neue Bundesländer

Anstieges – wie dies angesichts der öffentlichen und medialen Diskussion zu vermuten wäre (Amann & Wipplinger, 2002) – ein deutlicher Rückgang zu beobachten ist (vgl. Kröber, 1998). Insbesondere die in den Medien überproportional repräsentierten Tötungen im Zusammenhang mit Sexualdelikten an Kindern sind seit Jahren konstant und beschränken sich auf spektakuläre Einzelfälle. Im Jahr 2002 wurden fünf solcher Fälle bekannt. In den Jahren zuvor lagen die Fallzahlen selten über zehn. Keineswegs soll dadurch die Tragik der Einzelfälle verharmlost werden, doch sollen die Zahlen ein realistisches Bild der tatsächlichen Verbreitung solcher Straftaten vermitteln. Um einen Vergleich zu bieten: Im gleichen Jahr wurden in Deutschland an 194 Kindern Mord- und Totschlagsdelikte ohne Bezug zu sexuellem Missbrauch verübt, also eine um den Faktor 40 höhere Zahl.

Abbildung 3.2 zeigt die Entwicklung der Häufigkeitszahlen für verschiedene Bereiche sexueller Delinquenz im Laufe der letzten 15 Jahre. Wiederum ist zu beobachten, dass kein massiver Anstieg stattgefunden hat, sondern trotz gewisser Jahresschwankungen das Niveau in etwa gehalten wurde.

Der Hinweis auf die weitgehende Konstanz des Phänomens Sexualkriminalität in den letzten Jahren bedeutet jedoch keineswegs, dass es nicht existiert. Es deckt sich lediglich nicht mit der Entwicklung der Medienberichterstattung zu diesem Phänomen. Und anstatt angesichts des zunehmenden medialen Rummels der letzten Jahre den Kopf zu schütteln, kann man ebenso gut zu dem Schluss kommen, dass die öffentliche

Abbildung 3.2: Entwicklung polizeilich registrierter Sexualkriminalität getrennt nach Deliktbereichen (PKS 2002)

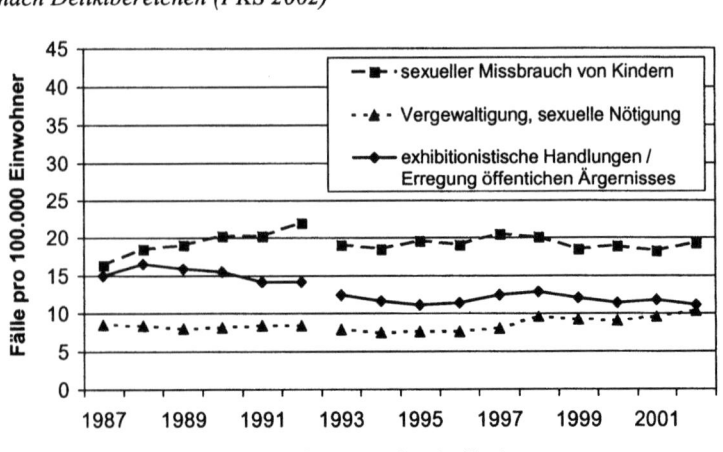

Anmerkung. Bis 1992 ohne neue Bundesländer

Aufmerksamkeit lange Zeit ein gravierendes Problem übergangen hat. Wie man diesen Aspekt auch betrachten mag: Ein bequemes Zurücklehnen in dem guten Gefühl, dass es ja nicht schlimmer geworden sei, scheint ebenso unangebracht wie hektische und kopflose Betriebsamkeit. Eine rationale Analyse des Problems zeigt zunächst, dass sexuelle Übergriffe zwar im Vergleich zu anderen Straftaten vergleichsweise selten sind, aber doch Jahr für Jahr allein 50 000 Fälle offiziell bekannt werden, also bereits im Hellfeld ein Ausmaß annehmen, das nicht als Lappalie abzutun ist. Gerade Kinder, als in besonderer Weise schutzbedürftige Mitglieder der Gesellschaft, werden immer wieder Opfer von sexueller Gewalt. 2002 wurden 20 389 Kinder Opfer eines sexuellen Missbrauchs (§§ 176, 176a, 176b StGB). Dazu kommen die Delikte nach §§ 177, 178 StGB, die in 739 Fällen Kinder betrafen. In 1 187 Fällen wurden Kinder als Schutzbefohlene, d.h. im Rahmen eines Erziehungs- oder Betreuungsverhältnisses, sexuell missbraucht (§§ 174 - 174d). Zusammengenommen waren also 22 315 Kinder als Opfer in ein sexuelles Missbrauchsdelikt verwickelt.

Die Rechtspflegestatistiken bestätigen einerseits das Bild, dass Sexualstraftaten nicht als Hauptfeld krimineller Aktivität betrachtet werden müssen. In Deutschland (alte Bundesländer inkl. Gesamt-Berlin) wurden 2001 von insgesamt 718 702 Verurteilungen 6 651 wegen Straftaten gegen die sexuelle Selbstbestimmung ausgesprochen. Das sind etwa 0.9 Prozent, was sich relativ genau mit dem in der PKS gefundenen Anteil von 0.8 Prozent deckt. Von den Verurteilungen entfielen knapp zwei Drittel auf sexuelle Gewaltstraftaten und/oder sexuellen Missbrauch von Kindern (Vergewaltigung/sexuelle Nötigung: 1 876; sexueller Missbrauch von Kindern: 2 144). Auch nach den Verurteilungen nimmt die Sexualdelinquenz damit keinen sehr breiten Raum ein. Andererseits zeigt sich in der Strafvollzugsstatistik die höhere Schwere der Straftaten. Zum Stichtag am 31.3.2002 verbüßten 60 742 verurteilte Täter eine Haftstrafe. In 4 670 Fällen wurde die Freiheitsstrafe wegen eines Sexualdeliktes ausgesprochen. Das sind 7.7 Prozent, liegt also im relativen Anteil deutlich über den Werten aus der PKS und den Verurteilungen. Das ist natürlich eine logische Folge der höheren Strafandrohungen für diese Delikte. Es demonstriert aber, dass spezifische Maßnahmen für inhaftierte Sexualstraftäter durchaus einen bedeutsamen Adressatenkreis haben.

3.1.2 Dunkelfeldproblematik

Ein fundamentales Problem offizieller Statistiken liegt in dem Umstand begründet, dass nur ein Teil der Straftaten erfasst wird. Je nach Statistik setzt das voraus, dass eine strafrechtliche Handlung a) stattgefunden hat, b) zur Anzeige gebracht wurde – hier liegt das Problem für Tatstatistiken wie der PKS – und c) aufgeklärt und nachgewiesen wurde – das zusätzliche Problem der auf die Täter bezogenen Rechtspflegestatistiken. Während die Aufklärungsquote für Sexualstraftaten relativ hoch liegt, zumindest für schwere Formen sexueller Gewalt (PKS 2002: ca. 80 %; Ausnahme: exhibitionistische Handlungen, 49 %), und in den letzten Jahren gesteigert werden konnte, ist davon auszugehen, dass nur ein Bruchteil der Sexualdelikte überhaupt zur Anzeige kommt und so die Möglichkeit einer systematischen Aufklärung gegeben ist. Entgegen dem von Quetelet propagierten „Gesetz der konstanten Verhältnisse" variiert die Anzeigewahrscheinlichkeit von Delikt zu Delikt erheblich (vgl. Sack, 1993). Während bei Tötungsdelikten im Zusammenhang mit Sexualstraftaten von einem relativ geringen Dunkelfeld ausgegangen werden kann (Kröber, 1998), ist bei Delikten, die weniger massiv sind, aber auch solchen, die Tabus berühren, mit Scham verbunden sind, oder gar mit dem Gefühl des Opfers, selbst Schuld für die Tat zu tragen, mit einem sehr massiven Dunkelfeld zu rechnen (Kaiser, 1996; Kunz, 2001). Die Dunkelziffer dürfte bei Sexualdelikten besonders hoch sein für (Prentky & Burgess, 2000):

- männliche Opfer (vs. weibliche)
- Jugendliche (vs. Kinder)
- Täter aus dem Nahfeld (vs. Fremde)
- geringere Gewaltanwendung (zumindest im Erwachsenenbereich).

In einer Befragung zu sexuellem Missbrauch im Kindes- und Jugendalter von Wetzels (1997), auf die noch ausführlicher einzugehen sein wird, hatten nicht einmal zehn Prozent der Opfer sexueller Delikte dies angezeigt. Besonders gering war das Anzeigeverhalten bei intrafamilialem Missbrauch, bei dem von 51 berichteten Fällen nur einer polizeilich gemeldet wurde. Für Vergewaltigungen und sexuelle Nötigung ermitteln Wetzels und Pfeiffer (1995) eine Anzeigequote von 18 Prozent, die zwar etwas höher liegt, doch auch hier wurde nicht einmal jeder fünfte Fall den Ermittlungsbehörden bekannt. Bei einer geschätzten Aufklärungsquote von etwa 80 Prozent (PKS 2002) bedeutet das, dass nur in jedem siebten Fall der Täter zur Rechenschaft gezogen wird. Auch hier gilt, dass die offizielle Registrierung umso unwahrscheinlicher wird, je enger die Täter-Opfer-Bezüge (Familie, Bekannte, Fremde) sind.

3.1.3 Viktimisierungsstudien

Eine Möglichkeit, das Dunkelfeld zu erfassen und somit einen tieferen Einblick in das tatsächliche Ausmaß sexueller Delikte zu erhalten, bieten Täterbefragungen. Bei schweren Delikten und solchen, die enorme soziale Tabus berühren, ist die Täterbefragung allerdings nur bedingt geeignet (Kunz, 2001). Zur Aufhellung des Dunkelfeldes der Sexualkriminalität werden daher üblicherweise Opferbefragungen durchgeführt.

Bange und Deegener (1996) stellen neben zwei eigenen Untersuchungen eine ganze Reihe weiterer Studien aus Deutschland und dem internationalen Raum zusammen, die mit Hilfe anonymer Befragungen die Prävalenz sexueller Viktimisierung im Kindesalter untersuchen. Die ermittelten Viktimisierungsraten sind stark vom Geschlecht der Befragten abhängig. Für Frauen liegt der Anteil zwischen 8 und 46 Prozent, mit einer Häufung im Bereich von etwa 20 bis 25 Prozent. Für Männer ist die Rate deutlich geringer und liegt im Durchschnitt bei knapp 10 Prozent. Die Tatsache, dass jede vierte bis fünfte Frau und jeder zehnte männliche Befragte bereits sexuelle Missbrauchserfahrungen gemacht hat, zeigt, wie erheblich das Problem des sexuellen Missbrauchs tatsächlich ist. Es zeigt auch erneut das Problem des hohen Dunkelfeldes auf. Angesichts der vergleichsweise geringen Zahl offiziell berichteter Fälle, scheint ein Großteil der tatsächlich verübten Sexualdelinquenz keine weiteren Folgen für den Täter zu haben, zumindest was strafrechtliche Konsequenzen betrifft. Ein gravierendes Problem vieler der von Bange und Deegener zusammengestellten Studien ist allerdings die Beschränkung auf studentische und andere nicht repräsentative Stichproben. Wünschenswert sind daher repräsentative Opferbefragungen. Wetzels (1997) berichtet solche Daten. Eine zufällige Stichprobe von 4 315 Teilnehmern aus den alten und neuen Bundesländern konnte mündlich befragt werden, 3 289 dieser Personen nahmen zusätzlich an einer schriftlichen Befragung teil. Je nach definitorischer Abgrenzung der Missbrauchserfahrung und Alter bei Viktimisierung (< 14, < 16 und < 18 Jahre) ergaben sich Prävalenzraten von 6 bis 18 Prozent für Frauen und 2 bis 7 Prozent für Männer. Die Untergrenze bezieht sich jeweils auf sexuellen Missbrauch mit Körperkontakt vor dem 14. Lebensjahr, die Obergrenze auf jegliche sexuelle Übergriffe in Kindheit und

Jugend. Vor ihrem 16. Lebensjahr wurden 9 Prozent der Frauen und 3 Prozent der Männer Opfer exhibitionistischer Handlungen, knapp der Hälfte der Betroffenen widerfuhr dies mehrfach. Intensivere Missbrauchsformen, die körperlichen Kontakt einschlossen, erlebten 9 Prozent der Frauen (4 Prozent mehrfach) und 3 Prozent der Männer (1 Prozent mehrfach), wobei eine Penetration bei 3 (Frauen) bzw. 1 Prozent (Männer) Teil des Tatgeschehens war. Wie bei den von Bange und Deegener (1996) zusammengestellten Untersuchungen zeigen sich hier für Frauen deutlich höhere Viktimisierungsraten, die etwa zwei bis drei mal über der von Männern liegt. Allerdings liegen die jeweiligen Raten in Wetzels Untersuchung insgesamt niedriger. Ein interessanter Befund in Wetzels Untersuchung ist, dass die Viktimisierungsraten in höheren sozialen Schichten höher sind, insbesondere wenn exhibitionistische Delikte einbezogen werden. Ob dieser Befund lediglich eine größere Sensibilität für sexuelle Übertretungen oder tatsächlich höhere Prävalenzen widerspiegelt, lässt sich nur schwer beurteilen. Der deutlichere Effekt bei exhibitionistischen Handlungen scheint eher für ersteres zu sprechen (Wetzels, 1997). Dessen ungeachtet mögen die höher liegenden Viktimisierungsraten aus den nicht repräsentativen Untersuchungen auf diesen Umstand zurückzuführen sein, da sich diese überwiegend auf studentische Stichproben stützten. Allerdings zeigt auch eine kürzliche amerikanische Befragung einer demographisch stratifizierten Stichprobe recht hohe Viktimisierungsraten von 14 Prozent bei Männern und 32 Prozent bei Frauen (Briere & Elliott, 2003), und trotz der geringeren Werte stellen auch die von Wetzels gefundenen Raten substantielle Größen dar.

Die bislang dargestellten Befragungen bezogen sich auf sexuelle Opfererfahrungen im Kindes- und teilweise im Jugendalter. In einer 1992 durchgeführten Studie des Kriminologischen Forschungsinstitutes Niedersachsen (Wetzels & Pfeiffer, 1995) wurden 5 832 Frauen in Interviews, davon 2 104 zusätzlich in schriftlicher Form, gefragt, ob sie schon einmal Opfer einer Vergewaltigung oder sexuellen Nötigung geworden seien. Vier Prozent der Frauen bejahten dies im Rahmen des Interviews, ein Drittel davon gab eine mehrfache Viktimisierung an. Allein im Jahr 1991 waren 25 der 5 832 befragten Frauen einer Vergewaltigung oder sexuellen Nötigung zum Opfer gefallen (0.4 %). Bei der schriftlichen Befragung, die explizit auch nach innerfamiliären Vorfällen fragte (Vergewaltigung in der Ehe), erhöhte sich die Rate auf 9 Prozent. Diese Zahl bezieht sich ausschließlich auf im Erwachsenenalter erlebte sexuelle Gewalt. Bezieht man schwere Formen sexueller Gewalt im Kindesalter ein, so erhöht sich die Rate nochmals deutlich auf knapp 15 Prozent. In einer amerikanischen Befragung von über 3 000 Studentinnen gaben ebenfalls 15 Prozent an, als Jugendliche (ab 14 Jahre) oder Erwachsene gegen ihren Willen zu sexuellen Handlungen (mit Penetration) gezwungen worden zu sein, entweder unter Einsatz von Gewalt oder durch Gabe von Alkohol oder anderen Drogen. Bei 12 Prozent wurde dies zumindest versucht, und bei weiteren 12 Prozent kam es im Zusammenhang mit Macht- und Abhängigkeitsstrukturen zu einem Geschlechtsakt. Weniger als die Hälfte der Befragten berichtete, keinerlei Erlebnisse sexueller Nötigung (inkl. Küssen, Streicheln etc.) gehabt zu haben (Koss, Gidycz & Wisniewski, 1987).

Die Untersuchung von Koss et al. (1987) macht auch deutlich, dass die in Befragungen gefundenen Viktimisierungsraten stark von der Definition sexueller Gewalt abhängig sind. Je nach Breite der Definition lagen in dieser Studie die Raten zwischen 15 und 54 Prozent. Ein weiteres Problem von Opferbefragungen bildet die Verweigerungsquote. Bei Personen, die sich der Untersuchung entziehen, kann nicht beantwortet werden, ob eine Viktimisierung vorliegt oder nicht. Dieses Problem stellt sich im Rahmen der Frage nach sexuellem Missbrauch in ganz besonderem Maße. Es handelt sich um ein hoch tabuisiertes Thema. Ein schwerwiegender Effekt auf die Untersuchungsergebnisse liegt dann vor, wenn die Verweigerung selektiv stattfindet, d.h. wenn Opfer seltener oder häufiger antworten als Personen, die keine Viktimisierung erfahren haben. Ob bei der Frage nach sexuellem Missbrauch eine Verzerrung vorliegt und falls ja, in welche Richtung diese Verzerrung geht, lässt sich nur schwer beantworten. Einerseits mag das Opfer die erneute Erinnerung an die Missbrauchserfahrung meiden, andererseits mag es in einer anonymen Befragung Gelegenheit haben – teilweise erstmals – über die Erfahrung zu sprechen. Das Ausmaß der Verweigerung ist von Studie zu Studie sehr unterschiedlich und reicht von nahezu vollständigem Rücklauf bis zu mehr als 50 % Verweigerungen (Bange & Deegener, 1996).

3.1.4 Begehen Frauen Sexualstraftaten?

Ist schon bei der allgemeinen Kriminalität der Frauenanteil sehr gering, so scheinen Sexualstraftaten beinahe ausschließlich von Männern begangen zu werden. Im Jahr 2002 waren über alle Deliktbereiche hinweg 24 Prozent der ermittelten Tatverdächtigen weiblich, bei den Straftaten gegen die sexuelle Selbstbestimmung sind es lediglich 6 Prozent. Von den Unterbereichen ist der einzige Straftatbestand, dessen Frauenanteil mit der allgemeinen Kriminalität vergleichbar ist, der des Menschenhandels (24 %), in den anderen Bereichen liegen die Raten mit ca. zwei bis drei Prozent deutlich niedriger. Ein vergleichbares Bild ergibt sich in der Rechtspflegestatistik, wo im Jahr 2000 von 737 733 Verurteilungen 124 414 (17 %) gegen Frauen ausgesprochen wurden. Bei Verurteilungen wegen eines Sexualdeliktes lag der Frauenanteil bei 7 Prozent. Beschränkt man sich wiederum auf Sexualdelikte im engeren Sinne, so ergibt sich z.b. für gegen Kinder gerichtete sexuelle Missbrauchsdelikte (§§ 176, 176a, 176b StGB) ein Anteil von nur einem Prozent. Und auch in Dunkelfelduntersuchungen ergeben sich ähnliche Verhältnisse. So lag in Wetzels (1997) Befragung der Anteil der Täterinnen bei lediglich 6 Prozent. Sexueller Missbrauch von Frauen an Jungen wird allerdings, selbst wenn die Kriterien für eine solche Definition erfüllt wären, nicht immer als Missbrauch wahrgenommen, sowohl von den Opfern selbst (Brockhaus & Kolshorn, 1993) als auch von Außenstehenden (Gloor & Pfister, 1995). Es ist daher ein zusätzlich erhöhtes Dunkelfeld anzunehmen, wenn man Täterinnen betrachtet (vgl. auch Finkelhor & Russell, 1984). Kavemann und Braun (2002) taxieren den Frauenanteil angesichts neuerer Untersuchungen auf etwa 10 bis 15 Prozent. Dabei scheinen Frauen in der Vielzahl der Fälle männliche Mittäter zu haben (Grayston & De Luca, 1999). Weibliche Sexualkriminalität ist also keineswegs nonexistent, sie ist aber vergleichsweise selten bzw. wird seltener als solche erlebt.

Dementsprechend dürftig ist die Forschungslage zu dieser Form der Kriminalität. Die vorliegenden Befunde sprechen zwar dafür, dass von Frauen ausgeübter sexueller Missbrauch in vielerlei Hinsicht dem von männlichen Tätern entspricht und auch die zugrundeliegenden täterspezifischen Merkmale ähnlich sind. Dennoch ist die Vergleichbarkeit männlicher und weiblicher Täter und Täterinnen nicht ohne weiteres anzunehmen, eben weil Untersuchungen zur weiblichen Sexualkriminalität rar sind und geschlechts- und rollentypische Ausformungen bei Tatbegehung und Opferwahl angenommen werden müssen (Grayston & De Luca, 1999; Kavemann & Braun, 2002).

Es sei also darauf hingewiesen, dass sich die im Folgenden zu Sexualstraftätern referierte Literatur mit nur vereinzelten Ausnahmen auf reine Männerstichproben bezieht. Anders ist dies im Hinblick auf die Forschung zu den Auswirkungen sexueller Gewalt auf die Opfer, da, wie gesehen, Frauen bzw. Mädchen häufiger einer Sexualstraftat zum Opfer fallen. Ob der Missbrauch von einem Mann oder einer Frau ausgeübt wurde, spielt hingegen eine untergeordnete Rolle. In beiden Fällen können die Folgen gravierend sein (Kavemann & Braun, 2002).

3.2 Sexualstraftaten aus der Sicht des Opfers

Die Konsequenzen, die sich für Opfer sexueller Übergriffe ergeben, sind vielfältig und können sowohl physischer als auch psychischer Natur sein, wobei hier die Grenze nicht immer eindeutig zu ziehen ist. Gerade längerfristige Folgen im Bereich körperlicher Gesundheit dürften mit den psychischen Belastungen im Rahmen psychosomatischer Erkrankungen in enger Verbindung stehen (vgl. z.B. Clum, Nishith & Resick, 2001). Weitere Konsequenzen, die nach sexueller Viktimisierung zu beachten sind, beziehen sich auf den familiären und weiteren sozialen Bereich und zwar keineswegs nur nach intrafamiliärem Missbrauch. Im Folgenden sollen kurz-, mittel- und langfristige Folgen sexueller Gewalt in Abhängigkeit von der Form des Missbrauchs getrennt dargestellt werden, da die Konsequenzen eine Reaktion auf die Dynamik der erlebten Tat sind und diese Dynamik zumindest prototypisch mit den Deliktformen in Zusammenhang gebracht werden kann.

3.2.1 Vergewaltigung und sexuelle Nötigung im Erwachsenenalter

Die durch einen gewaltsamen sexuellen Übergriff erzeugte psychische Spannung scheint in den ersten Wochen nach der Viktimisierung am deutlichsten ausgeprägt zu sein und zunächst zuzunehmen. Nach zwei bis drei Monaten beginnt eine Remission, und viele Belastungsreaktionen verschwinden nach dieser Zeit wieder (Gilboa-Schechtman & Foa, 2001). Erhöhte Ängstlichkeit, Selbstzweifel und sexuelle Probleme bleiben allerdings häufig noch deutlich länger bestehen, und für etwa ein Viertel der viktimisierten Frauen liegen auch noch nach Jahren erhebliche psychische Probleme vor, die mit der Vergewaltigungserfahrung in Zusammenhang zu bringen sind (vgl. Kilpatrick, Veronen & Resick, 1979; Prentky & Burgess, 2000; Rothbaum, Foa, Riggs, Murdock & Walsh, 1992; Wetzels & Pfeiffer, 1995). Eine sehr häufige klinische Diagnose nach Vergewaltigungen ist die posttraumatische Belastungsstörung. Innerhalb der ersten drei Monate erfüllten die von Rothbaum et al. (1992) untersuchten Vergewaltigungsopfer beinahe vollständig (94 %) die Kriterien dieser Störung bzw. der damit verbundenen akuten Belastungsstörung. Bei knapp der Hälfte der Frauen bestanden die Symptome auch nach drei Monaten fort. Der Anteil liegt nach Vergewaltigung höher als bei anderen traumatischen Ereignissen, was die tiefgreifende Verunsicherung, die durch dieses Ereignis ausgelöst werden kann, aufzeigt (Norris, 1992).

Je geringer die soziale Unterstützung ist, desto gravierender sind die Folgen bzw. desto langwieriger ist die Erholung von den erlebten Ereignissen (Prentky & Burgess, 2000). Im Rahmen der sozialen Unterstützung mögen auch kulturelle Unterschiede eine Rolle spielen, indem dadurch geprägte Attributionen dem Opfer mehr oder weniger Mitverantwortung an der Tat beimessen (vgl. Ullman & Filipas, 2001). Allerdings zeigen sich Zusammenhänge von ethnischer Zugehörigkeit und dem Grad an traumatischen Belastungen im psychischen Bereich nur in inkonsistenter Weise (Prentky & Burgess, 2000). Ein Großteil der Ergebnisse zu den Folgen sexueller Gewalt wurde an selbstselektiven Stichproben gewonnen, die Angebote der Opferhilfe in Anspruch genommen hatten. Allein schon im Wahrnehmen solcher Angebote, also auch dem Gefühl, Hilfe in Anspruch nehmen zu dürfen, mögen sich ethnische Differenzen ergeben. So läge es nahe, dass bei mehr perzipierter eigener Verantwortung erst bei höheren Graden psychischer Belastung überhaupt Hilfe aufgesucht wird.

Die psychische Belastung scheint sich kaum in Abhängigkeit davon zu unterscheiden, ob der Täter aus dem näheren Umfeld stammt oder fremd ist. Allerdings ist die Anzeigebereitschaft und die Wahrscheinlichkeit, Opferhilfe in Anspruch zu nehmen, bei sexueller Gewalt im Nahraum geringer, so dass gerade diese Opferkategorie einer großen Selektion unterworfen ist und reliable Aussagen nur sehr bedingt möglich sind (Prentky & Burgess, 2000).

Konsequenzen ergeben sich häufig auch im Hinblick auf das soziale Umfeld. Einerseits verschlechtern sich soziale Beziehungen und Partnerschaften. Das mag mit sexuellen Dysfunktionen zusammenhängen, unter denen Vergewaltigungsopfer zu einem großen Teil auch langfristig leiden, mit den Reaktionen des Partners auf das Ereignis bzw. den wahrgenommenen oder erwarteten Reaktionen (Burgess & Holmstrom, 1979), oder auch Folge einer generell erhöhten sozialen Ängstlichkeit sein (Kilpatrick et al., 1979), die häufig mit erlebter sexueller Gewalt verbunden ist und das Eingehen vertrauensvoller Beziehungen erschweren dürfte. Andererseits werden nahe Bekannte auch zu sekundären Tatopfern. Im Ausmaß geringer, zeigt sich auch im sozialen Umfeld der eigentlichen Opfer eine gewisse Belastung, sei es durch eine erhöhte Verbrechensfurcht oder eigene Schuldzuweisungen und Versagensängste (Hedlund & Granö, 1986; Prentky & Burgess, 2000).

Unmittelbare somatische Folgen nach Vergewaltigung sind weniger häufig als angenommen werden könnte. Bei gut der Hälfte der Opfer kommt es nicht zu Verletzungen und selten sind Verletzungen ernsthafter Natur (Grossin et al., 2003;

Prentky & Burgess, 2000). Allerdings kommt es in vielen Fällen zu einer Übertragung von Geschlechtskrankheiten (Jenny et al., 1990). Neben unmittelbaren körperlichen Folgen zeigt sich auch später noch, dass vergewaltigte Frauen häufiger über körperliche Beschwerden klagen und häufigere Arztbesuche aufweisen (Prentky & Burgess, 2000).

3.2.2 Sexueller Missbrauch im Kindes- und Jugendalter

Die Folgen nach sexuellem Missbrauch im Kindes- und Jugendalter variieren sehr stark. Von einer weitgehenden Absenz von Symptomen bis hin zu schweren traumatischen Belastungen ist das gesamte Spektrum zu beobachten. Extrempositionen, die die Konsequenzen negieren, aber auch solche, die sie dramatisieren, sind kaum in der Lage, die realen Verhältnisse widerzuspiegeln. Das eine wie das andere Extrem führt letztlich zu mehr Schaden als die Opfer ohnedies erleiden (vgl. Krück, 1991; Kutchinsky, 1991).

Zahlreiche Befunde sprechen dafür, dass keine langdauernden psychischen Traumatisierungen resultieren *müssen*, insbesondere wenn der Missbrauch von einem Fremden begangen wird, ein Einzelfall bleibt, keine Penetration oder Gewaltanwendung umfasst und die Verarbeitung des Erlebten im Rahmen einer angemessenen Krisenintervention unterstützt wird (vgl. Bange & Deegener, 1996; Kendall-Tackett, Meyer Williams & Finkelhor, 1993; Prentky & Burgess, 2000; Tyler, 2002). Je nach Studie liegen die Raten symptomfreier Opfer sexuellen Missbrauchs bei 21 bis 49 Prozent (Kendall-Tackett et al., 1993). Natürlich ist Symptomfreiheit auch eine Frage der Symptome, die überhaupt betrachtet wurden. Daher scheint die untere Grenze aus einer Untersuchung von Conte und Schuerman (1987) realistisch, da hier ein sehr breites Spektrum an Symptomen abgedeckt wurde. Zudem mag es bei einem Teil der zunächst symptomfreien Kinder in Form eines „Sleeper-Effekts" erst längerfristig zu einer Ausbildung von auf den Missbrauch bezogenen Symptomen kommen (Kendall-Tackett et al., 1993). Eine weitere Einschränkung wird durch die Definition von Missbrauch aufgeworfen. Es ist denkbar, dass ein Missbrauch im engeren Sinne in den symptomfreien Fällen gar nicht stattgefunden hat (Kutchinsky, 1991).

Obwohl es also in einem Teil der Fälle symptomfreie Verläufe geben mag, zeigt sich bei missbrauchten Kindern im Durchschnitt doch eine im Vergleich zu nicht missbrauchten Kindern deutlich erhöhte Prävalenz psychopathologischer Symptomatik und anderer Verhaltensprobleme, die zum Teil sehr schwere Formen annehmen können

(Browne & Finkelhor, 1986; Kendall-Tackett et al., 1993). Zu den Kurzzeitfolgen zählen emotionale Reaktionen auf die Missbrauchserfahrung, körperliche und psychosomatische Störungen, unangemessenes Sexualverhalten und Verhaltensauffälligkeiten im sozialen Bereich (Moggi, 2002). Erste Reaktionen auf einen sexuellen Missbrauch von Mädchen oder Jungen sind häufig Schock und Verwirrung angesichts des Erlebten und Gefühle von Angst, Ekel, Scham und Wut (Bange & Deegener, 1996; Browne & Finkelhor, 1986; Finkelhor, 1979; Krück, 1991). Obwohl es einige Arbeiten gibt, die zeigen, dass sich anfängliche Symptomatiken über die Zeit bessern, bleiben bei einigen Betroffenen die Symptome erhalten oder verschlimmern sich weiter. Zudem ist nicht klar, ob die Verminderung von Symptomatiken die Lösung des zugrunde liegenden Traumas widerspiegeln oder lediglich die offene Manifestation vermindert ist (Kendall-Tackett et al., 1993). Insgesamt zeigt sich allerdings, dass in vielen Bereichen psychischer Gesundheit Schwierigkeiten fortbestehen (z.B. Briere & Elliott, 2003; Swanston et al., 2003). So sind – wie auch bei Vergewaltigungen im Erwachsenenalter – für sexuell missbrauchte Kinder häufig die diagnostischen Kriterien einer posttraumatischen Belastungsstörung erfüllt (Kendall-Tackett et al., 1993), die häufig noch im Erwachsenenalter persistiert (Rowan, Foy, Rodriguez & Ryan, 1994). Ebenso weisen einige klinische Studien einen erhöhten Anteil von in der Kindheit oft schwer und lang andauernd sexuell missbrauchten Personen unter Patienten mit dissoziativen Störungen und im besonderen einer dissoziativen Identitätsstörung (Multiple Persönlichkeitsstörung) aus (Bange & Deegener, 1996). Andere Problembereiche liegen im Sexualverhalten, sexuellen Erleben und intimen Beziehungen der betroffenen Personen (z.B. Prostitution, Promiskuität oder Unzufriedenheit/Zurückhaltung in intimen Beziehungen), erhöhter Suizidalität, Substanzmissbrauch, Störungen des Essverhaltens, Schlafstörungen und antisozialem Verhalten (Bange & Deegener, 1996; Browne & Finkelhor, 1986; Kendall-Tackett et al., 1993; Moggi, 2002; Prentky & Burgess, 2000; Swanston et al., 2003).

Eine Frage, die besonderer Aufmerksamkeit bedarf, ist die Annahme, dass kindlicher Missbrauch in einer Art Perpetuum Mobile an die nächste Generation weitergegeben wird, d.h. erfahrener Missbrauch sich in verübtem Missbrauch fortsetzt (Rekapitulations-Hypothese). In der Tat deuten die Daten darauf hin, dass durch sexuellen Missbrauch zumindest das Risiko erhöht wird, später selbst sexuelle Aggression zu zeigen. Allerdings kam das U.S. General Accounting Office (1996) in einer Zusammenstellung von Studien zu dieser Thematik zu dem Schluss, dass eigener sexueller Missbrauch weder notwendige noch hinreichende Voraussetzung für selbst verübte Sexualdelikte sei und erst weitere protektive und Risikofaktoren diesen Zusammenhang zufriedenstellend aufklären könnten. Als Faktoren, die im erlebten Missbrauch selbst liegen, könnten der Beginn des Missbrauchs und dessen Dauer, die Beziehung zum Täter sowie das Ausmaß an Gewalt, durch das der Missbrauch gekennzeichnet war, eine Rolle spielen (Prentky & Burgess, 2000). Diese Faktoren sind allerdings keinesfalls exklusiv für spätere sexuelle Aggression zu werten, sondern sind generelle Faktoren, die mit stärkeren psychischen Beeinträchtigungen einhergehen. Ohnehin muss bei der Diskussion der Folgen von sexuellem Kindesmissbrauch, zumindest intrafamiliärem und langandauerndem, prinzipiell berücksichtigt werden, dass sich der Missbrauch oft nicht auf die sexuelle Domäne beschränkt, sondern auch Vernachlässigung, körperlicher Missbrauch und emotionale Ausbeutung damit einhergehen (Kutchinsky, 1991; Prentky & Burgess, 2000).

Die Ergebnisse unterscheiden sich für Mädchen und Jungen nur unwesentlich. Zumindest kommt es in beiden Fällen zu ähnlich intensivem traumatischen Erleben (Briere & Elliott, 2003). Allenfalls scheinen Jungen eher zu externalisierenden Störungen zu neigen, Mädchen zu internalisierenden, aber selbst hier gibt es einen sehr großen Schnittbereich (Bange & Deegener, 1996; Krück, 1991).

3.2.3 Exhibitionistische Handlungen

Die Wirkungen exhibitionistischer Handlungen auf die Opfer sind erwartungsgemäß weniger tiefgreifend als bei den beiden eben besprochenen Sexualdelikten. Schorsch (1993) bezeichnet Exhibitionismus als das harmloseste der Sexualdelikte. Zwar berichten die betroffenen Personen temporär emotionale Reaktionen wie Ekel oder eine kurzfristige Zunahme von Ängstlichkeit und Schlafstörungen. Nach einem Monat schienen sich diese Effekte allerdings wieder normalisiert zu haben (Cox & Maletzky, 1980). Dennoch ist Exhibitionismus nicht zu trivialisieren. In einer Untersuchung von Cox (1988) maßen immerhin knapp die Hälfte der befragten weiblichen Opfer exhibitionistischer Handlungen dieser Erfahrung eine zumindest gewisse belastende Wirkung bei, ein Fünftel sogar eine sehr belastende, und jede zehnte Frau befand, dass dadurch ihre Einstellung zu Männern, Sexualität und ihrer eigenen Weiblichkeit nachhaltig berührt worden sei. Ein gewisser Teil der Opfer gibt auch nach längerer Zeit an, ängstlicher geworden zu sein. Belastend mag für diese Frauen auch wirken, dass ihre Viktimisierung nicht ernst genommen wird. Nur ein äußerst geringer Teil der Opfer exhibitionistischer Handlungen zeigt diese an. Oft wird dies aus der Befürchtung heraus unterlassen, dass andere nicht verstehen würden, warum man sich daran stört, also nicht unbedingt, weil die Opfer selbst die Tat für eine Bagatelle hielten (vgl. Riordan, 1999).

Eine Einschränkung der Lebensqualität ergibt sich schon dadurch, dass die Opfer teilweise die Orte, an denen das Exhibieren stattgefunden hat, meiden oder nicht ohne Begleitung aufsuchen wollen (Cox & Maletzky, 1980; Riordan, 1999). Ein Großteil der Frauen (egal ob von einer exhibitionistischen Handlung betroffen oder nicht) hält Exhibitionisten für gefährlich (Riordan, 1999). Das mag stimmen oder nicht: Selbst wenn die exhibitionistische Handlung an sich relativ folgenlos sein mag, so kann das Erleben eines solchen sexuellen Übergriffes doch dazu führen, dass die Bedrohung durch sexuelle Gewalt realer wird, zumindest bei einem Teil der Betroffenen. Vermutlich gilt dies umso mehr, je geringer der vom Täter gewahrte Abstand ist (z.B. durch Ansprechen des Opfers oder gar den Versuch, es zu berühren). Die aus dieser Furcht resultierende Einschränkung der Bewegungsfreiheit im öffentlichen Raum muss als Effekt von exhibitionistischer Viktimisierung mit deutlich negativer Valenz betrachtet werden.

Dennoch ist das Exhibieren in seiner Wirkung nicht im entferntesten mit den zum Teil massiven Gewalterfahrungen der Vergewaltigung und des sexuellen Missbrauchs von Kindern zu vergleichen (vgl. Schorsch, 1993). Als besonderen Problemfall mag man das Exhibieren vor Kindern betrachten, die eine substantielle Opfergruppe darstellen (in der Tat machen Kinder/Jugendliche im Pubertätsalter etwa 50 % der Opfer aus; Cox, 1988; Riordan, 1999). Doch selbst hier dürften die Wirkungen in der Hauptsache durch die Reaktion von Eltern und anderen Erwachsenen auf den Bericht des Erlebten sowie die bereits vorher im Rahmen der sexuellen Aufklärung entwickelten Einstellungen zu Sexualität moderiert werden (Kutchinsky, 1991).

3.3 Rückfälligkeit von Sexualstraftätern

Die Darstellung des Ausmaßes und der Folgen sexueller Gewalt sollte gezeigt haben, dass Sexualstraftaten sowohl was ihre Häufigkeit betrifft als auch bezüglich der Konsequenzen ernst zu nehmen sind. Maßnahmen, die das Auftreten solcher Viktimisierungen verhindern oder zumindest reduzieren, sind daher sinnvoll und notwendig. Die möglichen Handlungsstrategien sind vielfältig (siehe z.b. Höfling, Drewes & Epple-Waigel, 1999) und reichen von der Prävention auf Seiten sowohl potentieller Opfer als auch potentieller Täter, also vor dem Eintreten entsprechender Ereignisse, bis hin zu Interventionen in der Folge von sexueller Gewalt. Diese können wiederum am Opfer ansetzen und die physischen, psychischen und familiären Auswirkungen auf Opfer und Umfeld auffangen. Ebenso können auf Täterseite Maßnahmen ergriffen werden, die das erneute Auftreten verhindern helfen. Letzteres macht allerdings nur dann Sinn, wenn sexuelle Straffälligkeit indikativ für erneute (einschlägige) Straftaten ist, wenn also die Gefahr von Rückfällen von Sexualstraftätern und die damit einhergehende Gefahr weiterer Viktimisierung erhöht ist.

3.3.1 Schätzungen aus Rückfalluntersuchungen

In einem aktuellen Forschungsprojekt der Kriminologischen Zentralstelle Wiesbaden wurde der Frage der Rückfälligkeit von Sexualstraftätern nachgegangen (z.b. Egg, 2000a, 2002a; Elz, 2001, 2002; Nowara, 2001). Grundlage der Untersuchung bildeten alle in der ersten Hälfte des Jahres 1987 in der Bundesrepublik Deutschland wegen eines Sexualdelikts verurteilten Straftäter. Innerhalb eines Risikozeitraumes von fünf Jahren verübte etwa jeder vierte bis fünfte Täter ein weiteres Sexualdelikt, für das er verurteilt wurde. Weitet man die Betrachtung auf die allgemeine Rückfälligkeit aus, so liegt die Quote deutlich höher. Nur etwa ein Drittel blieb in dem Beobachtungszeitraum ohne erneute Straftat. Ein Unterschied ergab sich nicht nur hinsichtlich der Breite der berücksichtigten Deliktarten, sondern auch zwischen verschiedenen Tätergruppen. So grob die Differenzierung von Vergewaltigern, Missbrauchstätern und Exhibitionisten scheinen mag (vgl. Kapitel 2.2), so klare Unterschiede ergeben sich doch hinsichtlich der Rückfallhäufigkeit. Während die einschlägige Rückfälligkeit bei Missbrauchstätern und sexuellen Gewalttätern bei etwa 15 bis 20 Prozent lag (allgemeine Rückfälligkeit 55 % bzw. 70 %), lag sie für Exhibitionisten bei 55 Prozent (allgemeine Rückfälligkeit 80 %).

Die deutschen Ergebnisse decken sich für die einschlägige Rückfälligkeit grob mit internationalen Erfahrungen. In einer Metaanalyse, die 61 Studien aus sechs Ländern einbezog (darunter keine deutsche), ergab sich bei einem durchschnittlichen Katamnesezeitraum von knapp fünf Jahren eine mittlere Rückfallquote von rund 13 Prozent für erneute Sexualstraftaten (Hanson & Bussière, 1998). Die allgemeine Rückfälligkeit lag mit 36 Prozent etwas niedriger als in der KrimZ-Studie. Eine Vergleichbarkeit der Befunde besteht hingegen hinsichtlich der differentiellen Rückfälligkeit. Auch bei Hanson und Bussière lagen die Rückfallraten für Exhibitionisten höher, wenn dieser Unterschied auch weniger gravierend war. Das mag auch damit zu tun haben, dass die genauen Tätergruppen offenbar nicht immer feststellbar waren. Darüber hinaus ergibt sich ein Problem der Analyse dadurch, dass die verschiedenen Studien auch verschiedene Rückfalldefinitionen, Katamnesezeiträume etc. zugrunde legten, wodurch der Vergleich der in den jeweiligen Untersuchungen ermittelten Rückfallraten nur unter Vorbehalten möglich ist.

3.3.2 Methodische Aspekte der Rückfallschätzung

Wie wichtig die Berücksichtigung solcher methodischer Unterschiede ist, lässt sich an zwei Rückfalluntersuchungen des britischen Home Office aufzeigen (Falshaw, Friendship & Bates, 2003; Hood et al., 2002). Hood et al. untersuchten die Rückfallquoten von britischen Sexualstraftätern. Nach vier Jahren ergab sich eine Schätzung der sexuellen Rückfälligkeit von 4.3 Prozent, nach weiteren zwei Jahren hatte sie sich auf 8.5 Prozent verdoppelt. Die allgemeine Rückfälligkeit lag bei 12.8 Prozent bzw. 18.1 Prozent. Insgesamt erscheinen diese Angaben relativ niedrig, allerdings beziehen sie sich auf erneute Inhaftierungen. Betrachtet man die allgemeine Rückfälligkeit unter dem Kriterium jeder erneuten Verurteilung, ob diese eine Inhaftierung nach sich zog oder nicht, so erhöhen sich die Raten auf 23.5 Prozent (vier Jahre) bzw. 30.9 Prozent (sechs Jahre). Alle Angaben wurden über offizielle Rückfallstatistiken ermittelt. Die Unterschiedlichkeit nimmt weiter zu, wenn man verschiedene Datenquellen berücksichtigt, also neben offiziellen Rückfallstatistiken auch inoffizielle Angaben einbezieht. Nach einem mittleren Katamnesezeitraum von knapp vier Jahren ergaben sich in einer Untersuchung von Falshaw et al. (2003) je nach Definition (erneute Verurteilung, erneute Straftat, erneutes „Risikoverhalten") und Datenquelle Schätzungen der sexuellen Rückfälligkeit zwischen 3 und 16 Prozent. Je weiter die Definition des Rückfalls und je sensitiver die zugrunde gelegten Quellen, desto höher ist die gefundene Rückfallrate (vgl. auch Prentky, Lee, Knight & Cerce, 1997). Dabei zeigt sich aber, dass die sensitiveren Quellen nicht alle Fälle der weniger sensitiven Quellen umfassen. Obwohl hier ein beträchtlicher Überlappungsbereich besteht, leistet jede Quelle in Teilen spezifische Informationen (Friendship, Thornton, Erikson & Beech, 2001). Mit diesen Quellen- und Definitionsunterschieden sind noch keinerlei Aussagen über prognostisch relevante Faktoren differentieller Rückfallraten getroffen. Außerdem in keinster Weise berücksichtigt sind in diesen Ausführungen Unterschiede, die sich auf historische Entwicklungen der gerichtlichen Urteilspraxis beziehen. Friendship und Thornton (2001) zeigen – wiederum anhand britischer Daten –, dass sich im Zeitraum von 1981 bis 1997 bei gleichbleibender polizeilich registrierter Sexualkriminalität der Anteil der Fälle, die zu Verurteilungen führten, konstant reduziert und nach knapp 20 Jahren halbiert hat.

In der Betrachtung von Verurteilungen macht sich noch ein weiteres Problem bemerkbar, das sich in erster Linie im anglo-amerikanischen, weniger im europäischen Raum ergibt, und unter dem Begriff des „plea bargaining" fällt. Dabei handelt es sich um informelle Prozessabsprachen, innerhalb derer zwischen Verteidigung und Anklagevertretern ein Urteil ausgehandelt wird. Ein Kompromiss, der für die Bestimmung von Rückfallraten anhand von Verurteilungen relevant ist, ist ein Teilgeständnis des Täters bezüglich einzelner Anklagepunkte, für die als Gegenleistung auf die Verfolgung anderer Anklagepunkte verzichtet wird. Das kann zum Beispiel zur Folge haben, dass eine Vergewaltigung im Rahmen einer Körperverletzung abgeurteilt und offiziell registriert wird. Die rechtsphilosophischen Aspekte des „plea bargainings" müssen an dieser Stelle nicht diskutiert werden (siehe hierzu z.B. Kaiser, 1996; Streng, 2002), aus empirischer Sicht besteht das Problem darin, dass selbst einige verurteilte Sexualstraftaten nicht als solche in offiziellen Registern aufscheinen (Tracy, Donnelly, Morgenbesser & Macdonald, 1983).

Nachvollziehbar dürfte auch sein, dass die Länge des betrachteten Katamnesezeitraumes die Rückfallraten nachhaltig beeinflusst. Das gilt natürlich nicht nur für Sexualstraftäter, stellt hier aber insofern ein besonderes Problem dar, als einschlägige Rückfälle oft erst nach sehr langer Zeit auftreten. Hinsichtlich des sexuellen Missbrauchs von Kindern scheint dieser Effekt besonders deutlich zu sein. Selbst nach mehreren Jahren sind noch Rückfälle in substantiellem Ausmaß festzustellen (Hanson, Steffy & Gauthier, 1993; Prentky, Lee et al., 1997). Die für die allgemeine Rückfälligkeit häufig verwendeten Risikozeiträume von ein, zwei oder drei Jahren mögen selbst für Daten zur allgemeinen Rückfälligkeit kurz sein, dürften aber bei Sexualstraftaten noch deutlich stärkere Unterschätzungen des Rückfalls nach sich ziehen (vgl. Lösel, 1999, 2000). Selbst die häufig vorgeschlagene Mindestkatamnese von fünf Jahren (z.B. Tracy et al., 1983) erscheint als Kompromiss zwischen pragmatischen Erfordernissen und einer dem Untersuchungsgegenstand angemessenen Katamnesedauer. Die Daten von Prentky, Lee et al. (1997) zeigen allerdings, dass auch dieser Zeitraum zumindest für Missbrauchstäter eher zu kurz sein dürfte. In ihrer Untersuchung waren im Laufe von fünf Jahren 19 Prozent der Missbrauchstäter eines Sexualdeliktes angeklagt, 14 Prozent wurden verurteilt und bei 13 Prozent war es zu einer Inhaftierung gekommen. Nach 25 Jahren lagen die jeweiligen Raten erheblich höher (52 %, 41 % und 37 %). Dieser Anstieg der Raten verlief relativ linear, es war nur ein leichtes Abflachen festzustellen. Bei Vergewaltigern war dieser Effekt weniger ausgeprägt.

3.3.3 Differentielle Rückfälligkeit

Neben solchen auf bloßen Besonderheiten des methodischen Vorgehens beruhenden Unterschieden der Rückfallhäufigkeiten, ergeben sich einige inhaltliche Kriterien, anhand derer die (einschlägige) Rückfälligkeit differenziert werden kann. Auf den Einfluss einer groben Deliktklassifikation wurde bereits eingegangen. Feinere Differenzierungen zeigen darüber hinaus, dass die Rückfallgefährdung umso höher ist, je geringer der Bekanntheitsgrad des Opfers ist. Das gilt auch und gerade für Missbrauchstäter und hier im Besonderen bezüglich der deutlich geringeren Rückfallquoten von Inzesttätern. Im Zusammenhang mit dem sexuellen Missbrauch von Kindern zeigt sich überdies, dass sich homo- oder bisexueller Missbrauch häufiger wiederholt als wenn ausschließlich heterosexueller Missbrauch stattfand (Beier, 1995; Egg, 2002a; Hanson & Bussière, 1998). Dies mag damit zusammenhängen, dass für erstere Gruppe eher eine generelle pädophile Neigung vorliegt, und, wie die Metaanalyse von Hanson und Bussière zeigt, gerade Variablen der sexuellen Devianz relativ deutliche Zusammenhänge mit erneuter sexueller Straffälligkeit aufweisen. Darüber hinaus ergaben sich in dieser Metaanalyse einige Risikofaktoren, die auch aus der allgemeinen Rückfallforschung bekannt sind (z.B. Gendreau, Little & Goggin, 1996): Ältere Straftäter werden auch im Bereich der Sexualdelinquenz seltener rückfällig; das Ausmaß vorheriger Delinquenz und der frühe Beginn einer kriminellen Laufbahn bewahrheiten sich als Indizes der Stabilität einer dissozialen Karriere auch im Rahmen der sexuellen

Rückfälligkeit, allerdings scheint hier im besonderen Maße die einschlägige Vorstrafenbelastung von Bedeutung zu sein (vgl. auch Egg, 2002a; Tracy et al., 1983); Psychopathie und antisoziale Persönlichkeitsstörung erweisen sich nicht nur im Hinblick auf Kriminalität im allgemeinen, sondern auch auf Sexualkriminalität als bedeutsame Prädiktoren von Rückfälligkeit; und Behandlungsabbruch geht mit erhöhter Rückfallhäufigkeit einher.

Hingegen ergab sich keine erhöhte Rückfallgefahr, wenn der Täter als Kind selbst Opfererfahrungen machte. Das scheint auf den ersten Blick überraschend, muss aber dahingehend relativiert werden, dass es sich hier um eine Betrachtung des Rückfallrisikos und nicht der Ersttäterschaft handelt. Auch Substanzmissbrauch scheint bezüglich der Rückfälligkeit nur eine untergeordnete Rolle zu spielen (Hanson & Bussière, 1998; Prentky & Burgess, 2000; Tracy et al., 1983). In der KrimZ-Studie zeigte sich im Gegenteil sogar eine schlechtere Prognose, wenn die Tat nicht unter Alkoholeinfluss begangen wurde (Egg, 2002a). Obwohl offenbar eine Reihe von Sexualstraftaten unter Alkoholeinfluss geschehen, ist der kausale Einfluss fraglich und insbesondere der über das situative Moment der generellen Enthemmung des Handelns hinausgehende Effekt von dauerhaftem Alkoholmissbrauch umstritten. Es scheint eher ein Effekt zu sein, der eine generell vorhandene Bereitschaft, sexuelle Gewalt anzuwenden, durch eine aktuelle Senkung der Hemmschwelle in ihrem Ausdruck erleichtert (Seto & Barbaree, 1995; Tracy et al., 1983).

3.3.4 Notwendigkeit gezielter Intervention

Die Daten zur Rückfälligkeit zeigen insgesamt einen Trend, der einerseits dagegen spricht, dass Sexualstraftäter generell und unausweichlich immer wieder Sexualstraftaten verüben. Andererseits zeigt sich, dass die Rückfallraten substantielle Ausmaße annehmen, und wenn man an die zum Teil stark traumatisierenden Folgen für die Opfer denkt, sind auch diese Rückfallraten bedeutsam. Hinzu kommt zum einen, dass sich das erhöhte Risiko des Rückfalls nicht auf den Bereich der sexuellen Delinquenz beschränkt, sondern auch und gerade in Bezug auf anderweitige Straftaten präsent ist. Zum anderen müssen die empirisch gewonnenen Rückfallraten als Unterschätzungen der tatsächlichen Rückfallhäufigkeit verstanden werden, da die im Zusammenhang mit dem Ausmaß der Sexualkriminalität diskutierte Dunkelfeldproblematik natürlich in gleicher

Weise im Rahmen der Rückfallforschung wirkt. Gerade hier ist sie im Hinblick auf die Frage, ob Interventionen erforderlich sind, von besonderer Bedeutung: Wenn ein Ersttäter nicht ins Hellfeld gerät, so ist dies bedauerlich, aber letztlich eine Folge von Aspekten wie Strafverfolgungsaktivität oder Anzeigebereitschaft. In diesen Fällen ist das Dunkelfeld für die Interventionsforschung insofern irrelevant, als die Gruppe der nicht entdeckten Täter keiner Intervention zugeführt werden kann, zumindest nicht in Form strafrechtlicher Maßnahmen. Das Hellfeld bietet hier demnach eine korrekte Schätzung der Population, die für Sexualstraftäterbehandlung und andere Maßnahmen überhaupt in Frage kommt. Hinsichtlich des Rückfalls hingegen ist das Dunkelfeld von großer Bedeutung, da sich die Notwendigkeit einer Intervention daraus ergibt, ob ein Täter weiterhin ein Risiko in Bezug auf weitere Straftaten darstellt und nicht daraus, ob diese Straftaten offiziell registriert werden. Anders formuliert: In diesem Fall kommt es darauf an, was tatsächlich geschieht, und nicht, was davon bemerkt wird. Dass dies einen erheblichen Unterschied bedeuten kann, unterstreicht zum Beispiel die Untersuchung von Groth, Longo und McFadin (1982), bei der sich zeigte, dass ca. 50 Prozent der Sexualstraftäter auch nicht aufgedeckte Sexualstraftaten verübt hatten und die Gesamtzahl der verübten Straftaten die Zahl der offiziell registrierten um den Faktor zwei bis fünf überstieg. Das Rückfallrisiko erscheint daher keineswegs so gering wie es aus Untersuchungen zur offiziellen Rückfälligkeit den Anschein haben mag (vgl. auch Schneider, 2002).

Hinsichtlich der differentiellen Rückfälligkeit fällt auf, dass es sich bei den gefundenen Risikofaktoren zu großen Teilen um historische, nicht veränderbare Variablen handelt (Alter, Vorstrafenbelastung u.ä.), und die gängigen Verfahren zur Risikoprognose bei Sexualstraftätern beruhen in erster Linie auf solchen statischen Faktoren (z.B. RRASOR, SACJ, STATIC-99, siehe Hanson & Thornton, 2000; OGRS, Taylor, 1999; für einen Überblick: Prentky & Burgess, 2000). Sie zeigen somit zwar an, für welche Täter ein besonderer Interventionsbedarf besteht (z.B. jüngere Täter mit früh einsetzender und massiver krimineller Belastung und einem generell antisozialen Lebensstil und/oder devianten sexuellen Präferenzen; für Missbrauchstäter, deren Opfer außerhalb des Nahfeldes lagen und homosexuelle Kontakte implizierten eher als für Inzesttäter etc.), aber sie bieten nur bedingte Ansatzpunkte für konkrete therapeutische Interventionen. Die Aspekte, die zumindest ihrem Wesen nach veränderbar sind, erweisen sich dabei oft als besonders schwer zugänglich. So ist zum Beispiel aus der Forschung zur allgemeinen Straftäterbehandlung bekannt, dass psychopathische

Personen kaum von (existierenden) Behandlungsprogrammen profitieren, teilweise sogar eher negative Effekte zu verzeichnen sind (Lösel, 1998, 2001b,c). Die Vernachlässigung dynamischer Faktoren in der Prognoseforschung hat sicher auch damit zu tun, dass sie größeren diagnostischen Aufwand erfordern und damit aus pragmatischer Sicht ungünstiger sind. Statt dessen wird auf aktuarische Verfahren zurückgegriffen, die Prognosen anhand leicht verfügbarer Daten erlauben, allerdings hinsichtlich ihrer Validität nicht unumstritten sind (Barbaree, Seto, Langton & Peacock, 2001; Campbell, 2003; Sjoestedt & Langstroem, 2002). In den letzten Jahren zeigt sich ein gewisser Trend, der dynamische Prädiktoren stärker ins Blickfeld rückt (siehe z.b. Craissati & Beech, 2003; Hanson, 2002) und in engem Zusammenhang mit ätiologischen Faktoren steht (siehe Kapitel 4.2). Die Betrachtung dynamischer Faktoren ist gerade für die Entwicklung therapeutischer Maßnahmen von Bedeutung und die verstärkte Beschäftigung damit mag sich nicht zuletzt daraus ergeben, dass in vielen Ländern zunehmend die Behandlung von Sexualstraftätern als eine gesetzliche Anforderung festgeschrieben wird. So auch in der deutschen Gesetzgebung, auf die im Folgenden eingegangen werden soll.

3.4 Behandlung von Sexualstraftätern als gesetzlicher Auftrag

Wenn der Rückfall – wie gesehen – auch nicht die ausnahmslose Regel ist, so zeigt sich doch, dass ein Teil der Sexualstraftäter ein längerdauerndes und erhöhtes Risiko aufweist, erneut einschlägig oder in anderen Kriminalitätsbereichen rückfällig zu werden. Das Ergreifen adäquater Maßnahmen, um dieses Risiko zu reduzieren, erscheint daher sinnvoll und notwendig. In Deutschland sind von Seiten des Gesetzgebers einige Regelungen geschaffen worden, die dieser Notwendigkeit Geltung verschaffen sollen. Dabei sind zwei im Grundsatz verschiedene, in der Zielrichtung aber ähnlich intendierte Ansätze zu unterscheiden. Täter können durch Inhaftierung nicht nur im Sinne einer Schuldsühne, sondern auch im Rahmen von Sicherungsverwahrung zum Schutze der Gesellschaft der Gelegenheit beraubt werden, weitere Straftaten zu begehen. Die zweite Möglichkeit – und um diese kreist die vorliegende Arbeit – besteht darin, durch therapeutisches Einwirken auf den Täter erneute Rückfälligkeit zu verhindern und somit indirekten Opferschutz zu bieten. Die Lobby für die zweite Alternative ist beschränkt. Die öffentliche Wahrnehmung ist geprägt vom Bild des

„Sexmonsters", dem nur über lange Haftstrafen beizukommen ist, und in Anbetracht der Gesetzesvorlagen der jüngsten Vergangenheit scheinen sich die politischen Entscheidungsträger diese Wahrnehmung zunehmend zu eigen zu machen (vgl. auch Walter, 2001). Allerdings bieten die Neuregelungen der letzten Jahre therapeutischen Maßnahmen nicht nur Raum, sondern fordern diese für Sexualstraftäter geradezu ein.

Dabei ist die grundlegende Idee, im Rahmen des Strafrechts auch Behandlungsgedanken zu integrieren, weder neu noch auf Sexualstraftäter beschränkt. Es gibt im allgemeinen und vor allem im Jugendstrafrecht eine Reihe von Regelungen, die auf die Resozialisierung des Täters abzielen (vgl. Böhm, 1996). Für den Strafvollzug ist als Vollzugsziel explizit angegeben, dass *"der Gefangene fähig werden [soll], künftig in sozialer Verantwortung ein Leben ohne Straftaten zu führen"* (§ 2 S. 1 StVollzG). Dass damit an Behandlung gedacht ist, ergibt sich z.B. daraus, dass die Grundlage der Vollzugsplanung die sogenannte Behandlungsuntersuchung darstellt (§ 6 StVollzG). Obwohl nicht genauer definiert wird, was hier als Behandlung zu verstehen ist, wie weit also der Begriff gefasst wird, werden doch in verschiedenen anderen Regelungen des Strafvollzugsgesetzes Aspekte, wie ein solches Ziel zu erreichen ist, zwar nicht en detail, aber im Grundsatz angesprochen (z.B. behandlungsorientierte Gestaltung der Anstalten [§ 143 II]; vgl. Dünkel, 2000). Inwieweit das Resozialisierungsziel im Rahmen des Strafvollzuges tatsächlich verfolgt wird, angesichts massiver Überbelegung der Anstalten verfolgt werden kann oder im Lichte ethischer Bedenken und strafrechtstheoretischer Überlegungen überhaupt verfolgt werden sollte, ist Gegenstand kontroverser Debatten (vgl. Dölling, 2000). Nach wie vor gilt der Strafvollzug eher als Schule des Verbrechens denn als Wiedereingliederungshilfe. Zumindest im Regelvollzug bestehen nur sehr bedingt Ansätze einer behandlungsorientierten Ausgestaltung (Böhm, 2000; Dünkel, 2000). Eine ernsthafte Bemühung in dieser Richtung stellen die sozialtherapeutischen Anstalten dar. Ursprünglich als Maßregel der Sicherung und Besserung konzipiert, hat sich 1977 die Vollzugslösung (§ 9 StVollzG) durchgesetzt (vgl. auch Lösel, Köferl & Weber, 1987). Prinzipiell besteht demnach für jeden Strafgefangenen die Möglichkeit, mit seiner Zustimmung in eine sozialtherapeutische Anstalt verlegt zu werden.

Bis 1998 galten diese Regelungen für alle Strafgefangenen in gleicher Form, auch für Sexualstraftäter. Diese wurden also nicht als in besonderem Maße behandlungsbedürftig ausgezeichnet, zumindest nicht per Gesetz. Das „Gesetz zur Bekämpfung von Sexualdelikten und anderen gefährlichen Straftaten" vom 26. Januar 1998 (BGBl. I,

160) hat diese Situation – nicht zuletzt als Reaktion auf öffentlichen Druck im Zusammenhang mit einigen aufsehenerregenden und medial stark präsentierten Fällen sexueller Gewalt – grundlegend verändert. Die neu formulierten §§ 6, 7 und 9 StVollzG beinhalten spezielle Regelungen für Strafgefangene, die wegen Vergewaltigung, sexueller Nötigung, sexuellem Missbrauch oder Förderung sexueller Handlungen von Minderjährigen (§§ 174-180, 182 StGB) verurteilt worden sind. Für diese Gruppe ist eine Verlegung in eine sozialtherapeutische Anstalt obligatorisch, wenn die Freiheitsstrafe zwei Jahre beträgt oder übersteigt und eine Verlegung angezeigt ist, also in der Behandlungsuntersuchung als notwendig erachtet wurde (§ 9 I StVollzG). Diese Frage ist für Sexualstraftäter in der Behandlungsuntersuchung mit besonderer Gründlichkeit zu prüfen (§ 6 II S. 2 StVollzG) und über eine Verlegung in regelmäßigen Abständen von sechs Monaten neu zu entscheiden (§ 7 IV StVollzG). Während also eine Verlegung für andere Strafgefangene nur auf freiwilliger Basis erfolgen kann, kann bei Sexualstraftätern (im oben definierten Rahmen) eine Verlegung auch gegen ihren Willen – und im übrigen auch ohne die Einwilligung der sozialtherapeutischen Anstalt – erfolgen. Im Gegenzug ermöglichen diese Regelungen einem Sexualstraftäter auch ein Recht auf therapeutische Unterstützung. Auf sozialtherapeutische Anstalten sind damit neue Aufgaben zugekommen. Es müssen Behandlungskonzepte und -kapazitäten geschaffen werden, die im Hinblick auf die Behandlung von Sexualstraftätern zu optimieren sind (vgl. Dreger, 2000). Insbesondere sind auch Vorgehensweisen zu entwickeln, die primär der Behandlungsmotivierung dienen (Rehn, 2001a). Nur ein Teil der verurteilten Straftäter sieht bei sich selbst Behandlungsbedarf. Obwohl Therapiemotivation ein komplexes Konstrukt ist und „Zwangsbehandlung" nicht ohne weiteres in einen Behandlungswunsch überführbar ist, scheint es doch Möglichkeiten zu geben, auch bei Straftätern therapeutische Motivation zu entwickeln (Dahle, 1995). Dementsprechend viele Ressourcen müssen auf eine Vorbehandlung dieser Gruppe verwendet werden. Dies ist gleichzeitig auch ein Problem der neuen gesetzlichen Regelung und Boetticher (1998) kritisiert nicht ganz zu Unrecht die Realitätsferne einer solchen Gesetzesänderung, solange nicht die finanziellen (und ideellen) Mittel zur Verfügung gestellt werden, um diese Aufgabe zu bewältigen[1]. Lösel (2000) fügt dem monetären Aspekt

---

[1] Das Problem der Ausstattung mit angemessenen Ressourcen bezieht sich im Übrigen keineswegs nur auf die Population der Sexualstraftäter. Es betrifft auch die Relation von Mitteln, die für Sexualstraftäter im Vergleich zu anderen Straftätern, die behandlungsbereit wären, zur Verfügung gestellt werden. Aus dieser Perspektive kann mit Sorge gefragt werden, ob die besondere Stellung der Sexualstraftäter nicht gleichzeitig

einen wissenschaftlichen hinzu und fragt, ob die Gesetzesänderungen in erster Linie ein symbolischer Akt seien, denn eine konkrete Verpflichtung auf die Ausstattung der Behandlung nach empirisch gesicherten Kriterien werde von politischer Seite allenfalls implizit erhoben. In den Regelungen ist hingegen kein expliziter Hinweis darauf enthalten. Erst jetzt, lange Zeit nach den gesetzlichen Reformen, ist von der CDU/CSU-Bundestagsfraktion (BT-Drucks. 15/31) und im Bundesrat (BR-Drucks. 851/02) die Forderung erhoben worden, die Interventionen systematisch wissenschaftlich zu begleiten.

Die Muss-Bestimmung des § 9 I StVollzG trat erst mit Beginn dieses Jahres zum 1.1.2003 in Kraft (§ 199 III StVollzG). Bis dahin wurde eine Übergangsphase eingeräumt, während der die Justizvollzugsbehörden für eine angemessene Versorgung sorgen sollten. Erste Betrachtungen, ob die Hausaufgaben fristgerecht erledigt wurden, zeigen einerseits, dass die Behandlungskapazitäten noch bei weitem nicht den Erfordernissen entsprechen, die sich aufgrund der mittlerweile in Kraft getretenen Behandlungsverpflichtungen ergeben. Andererseits sind aber sehr deutliche Bestrebungen vorhanden, um die notwendigen Ressourcen bereitzustellen. Das betrifft sowohl den zunehmenden Ausbau der sozialtherapeutischen Versorgung, wo zwischen 1997 und 2002 die Kapazitäten um 35 Prozent erhöht wurden, als auch die Schaffung alternativer Behandlungskonzepte für Sexualstraftäter (z.B. in Form externer Therapieangebote u.ä.). In gleicher Weise bestätigt sich jedoch die Befürchtung, dass die vermehrte therapeutische Versorgung der Sexualstraftäter zu Lasten anderer Tätergruppen geht (Egg, 2000c, 2002b).

Auch außerhalb des Strafvollzugssystems ergab sich durch die Ausweitung des § 56c III StGB, der die Heilbehandlung als spezifische Form der Weisung bei einer Straf- oder Strafrestaussetzung zur Bewährung regelt, eine weitere Stärkung der Behandlung. Während früher generell die Zustimmung des Verurteilten notwendig war, um eine solche Anordnung zu treffen, ist diese nun nur noch bei Behandlungen nötig, die einen körperlichen Eingriff beinhalten. Diese Änderung wirkt sich nicht exklusiv auf Sexualstraftäter aus, sondern gilt generell. Doch ergeben sich somit für Sexualstraftäter Möglichkeiten, z.B. eine ambulante Psychotherapie anzuordnen, wiederum im Rahmen

---

eine Verschlechterung der therapeutischen Versorgung der anderen Klientel mit sich bringt. Die gleichen Bedenken gelten für die so aufgewerteten sozialtherapeutischen Anstalten im Vergleich mit den Anstalten des Regelvollzuges (Boetticher, 1998; Egg, 2000c, 2002b; Rehn, 2001a).

einer „Zwangstherapie" (vgl. Boetticher, 1998). Die Chancen und Probleme einer solchen Zwangsregelung wurden schon für die Sozialtherapie angesprochen und gelten hier in äquivalenter Weise.

Im Jugendstrafrecht, das in seiner gesamten Intention ohnedies stark dem Erziehungsgedanken verpflichtet ist, sind Erziehungsmaßregeln eine eigenständige Rechtsfolge. Auch hier können Weisungen – als häufigste Erziehungsmaßregel (vgl. Böhm, 1996) – eine Anordnung heilerzieherischer Maßnahmen beinhalten (§ 10 II JGG). Dazu ist allerdings die Zustimmung des Erziehungsberechtigten erforderlich und auch die des Jugendlichen (letzteres ist jedoch nur eine Soll-Vorschrift). Es besteht also die Möglichkeit, bereits von richterlicher Seite eine Behandlung zu initiieren.

Im Rahmen des dualistischen Systems, das neben Strafen im Falle verminderter Schuldfähigkeit oder Schuldunfähigkeit (§§ 20f. StGB) auch Maßregeln der Besserung und Sicherung (§§ 61ff. StGB) vorsieht, besteht unter diesen Voraussetzungen natürlich auch für Sexualstraftäter die Möglichkeit, in einem psychiatrischen Krankenhaus (§ 63 StGB) oder in einer Entziehungsanstalt, wenn die Sexualstraftat in engem Zusammenhang mit Substanzmissbrauch steht (§ 64 StGB), untergebracht zu werden. Obwohl bei der Einweisung die Sicherung und der Schutz der Allgemeinheit im Vordergrund steht, besteht auch hier ein eindeutiger Behandlungsauftrag (§§ 136f. StVollzG).

Die strafrechtlichen Regelungen in Deutschland enthalten eine ganze Reihe von Vorschriften, die sich auf die Behandlung von verurteilten Straftätern beziehen. Während sich der Großteil der Vorschriften auf alle Deliktgruppen gleichermaßen bezieht, wenn sich auch in der praktischen Anwendung je nach Erfordernissen für verschiedenen Gruppen unterschiedliche Anwendungsstile etabliert haben mögen, sind mit der Strafrechtsreform vom 26.1.1998 einige Regelungen geschaffen worden, die schon allein von Gesetzes wegen einen besonderen Behandlungsauftrag für Sexualstraftäter beinhalten. Behandlung wird hier als eine Säule des Schutzes der Allgemeinheit verstanden. Allerdings nicht als einzige Säule. Die Reform des Sexualstrafrechts hat auch massive Veränderungen in einer zweiten Säule, der der Sicherung von Sexualstraftätern, mit sich gebracht. Diese beiden Ansätze, obwohl mit dem gleichen Ziel, nämlich der Verminderung von Rückfälligkeit, stehen sich teilweise entgegen. Wenn man Resozialisierung ernst nimmt, dann sind auch Erprobungsphasen notwendig, in denen die therapeutischen Veränderungen beim Täter in realistischeren Kontexten geübt und überprüft werden können. Die gesetzlichen Verschärfungen hinsichtlich der Gewährung von Lockerungen, also Gelegenheiten solche Erprobungen zu realisieren, stehen dieser therapeutischen Strategie allerdings im Wege. So ergibt sich die paradox anmutende Forderung nach mehr (und implizit auch nach besserer) Behandlung von Sexualstraftätern, während zu gleicher Zeit die äußeren Rahmenbedingungen für optimalen Behandlungserfolg eingeschränkt werden (vgl. Boetticher, 1998).

4. Ansatzpunkte für die Behandlung

4.1 Ursachen sexueller Delinquenz

Wenn man Sexualdelinquenz als ein Problem betrachtet, das der besonderen Aufmerksamkeit bedarf, und wenn man Behandlung als eine notwendige oder zumindest denkbare Option im Umgang mit Sexualstraftätern versteht, so stellt sich zunächst die Frage, wo überhaupt die Ursachen für sexuelle Delinquenz zu suchen sind. Erst so lässt sich entscheiden, was der Behandlung bedarf; erst auf der Grundlage ätiologischer Annahmen lassen sich systematische Interventionen aufbauen. Es ist wohl müßig zu betonen, dass bezüglich der Sexualdelinquenz wie in anderen Bereichen der Psychologie eine Vielzahl von Hypothesen und Theorien entwickelt wurden, die sich durch verschiedene Akzentsetzungen oder in ihrer gesamten Struktur voneinander unterscheiden. Im Folgenden sollen zunächst Faktoren angesprochen werden, die von verschiedenen Autoren als zentral erachtet werden, um anschließend einige integrative Theorien vorzustellen.

Vor der Darstellung relevanter Befunde und Theorien sei jedoch angemerkt, dass sich die ätiologische Forschung zumeist Stichproben inhaftierter oder zumindest verurteilter Sexualstraftäter bedient (vgl. Horley, 2000). Ein Teil der so gefundenen Effekte mag daher auch reaktiver Natur sein und sich bei den Tätern erst infolge der sexuellen Devianz oder deren strafrechtlicher Verfolgung ergeben. So kann man sich zum Beispiel bei der Untersuchung kognitiver Faktoren fragen, ob diese bereits im Vorfeld die devianten Handlungen begünstigt haben oder von den Tätern erst nachträglich zur Minimierung der Schuld eingesetzt werden (vgl. Marshall, Anderson & Fernandez, 1999).

4.1.1 Biologische Faktoren

Dass Sexualverhalten auch biologische Ursachen hat und mit Sexualhormonen in Verbindung zu bringen ist, scheint außer Frage zu stehen. Die Androgene, und hier vor allem das Testosteron, weisen enge Verbindungen zu verschiedenen sexuellen Verhaltensweisen auf. So zeigen sich bei Unterfunktion der Keimdrüsen (Hypogonadismus) abgeschwächtes sexuelles Verlangen und geringere sexuelle Aktivität (Rubinow & Schmidt, 1996). Es liegt unmittelbar nahe, diese Befunde zu extrapolieren und davon auszugehen, dass die Überproduktion an Testosteron zu stark überhöhtem sexuellen Verlangen und in der Folge zu einer höheren Wahrscheinlichkeit führt, dieses Verlangen auch in gewalttätiger oder anderweitig unangemessener Weise umzusetzen. Ein erster Hinweis auf einen Zusammenhang von Testosteron und sexueller Devianz ergibt sich schon aus dem Umstand, dass Sexualstraftäter in der überwiegenden Mehrzahl männlich sind.

Trotz der Plausibilität dieser Testosteronhypothese sind die Befunde inkonsistent (Hucker & Bain, 1990; Rösler & Witztum, 2000). Die meisten Studien sprechen dafür, dass sich der Testosteronspiegel von Sexualstraftätern nicht im pathologisch überhöhten Bereich bewegt. Ebenso uneinheitlich wie die Ergebnisse zur Annahme eines generell erhöhten Serumtestosteronspiegels bei Sexualstraftätern erweisen sich auch die Befunde, die Testosteron mit dem Ausmaß der bei der Tat eingesetzten Gewalt in Verbindung bringen (Hucker & Bain, 1990). Insgesamt scheint also eher ein geringer Testosteronspiegel Sexualität zu dämpfen, als ein hoher sie zu steigern (Rubinow & Schmidt, 1996). Ein gewissermaßen entgegengesetzter Ansatz, der nicht den Testosteronspiegel an den Beginn der Kette setzt, mag eine sinnvolle Alternativannahme bilden. Erotische Stimuli führen zu erhöhter Testosteronausschüttung (vgl. Hucker & Bain, 1990). Möglicherweise sind es eher transitorische, z.B. durch deviante Phantasien ausgelöste, Schwankungen des Testosteronspiegels, auf die Sexualstraftäter besonders stark reagieren (Marshall & Barbaree, 1990; Rösler & Witztum, 2000). Vergewaltiger scheinen sich von anderen Straftätern nicht so sehr in ihrer sexuellen Erregbarkeit gegenüber devianten und nicht devianten Stimuli zu unterscheiden, sondern in ihrer Unfähigkeit, die Reaktion auf diese Stimuli zu unterdrücken (Howes, 1998). Möglicherweise setzt die Rolle des Testosterons an diesem Punkt an.

Von Ellis (1991) stammt ein anderer biologisch orientierter Ansatz, der sich aus einer evolutionstheoretischen Perspektive mit der Erklärung von Vergewaltigungsdelikten beschäftigt. In erster Linie beziehen sich die Annahmen auf geschlechtsspezifische Differenzen in der Häufigkeit sexueller Delikte. Nach Ellis besteht für Männer durch häufige sexuelle Kontakte ein biologischer Selektionsvorteil, unabhängig davon, wie diese erreicht werden. Auch Gewalt und Zwang dienen demnach der natürlichen Selektion, soweit sie „erfolgreiche", d.h. die Reproduktion fördernde Sexualkontakte nach sich ziehen. Wie andere Strategien werden sie erlernt und unterliegen einer Reihe von situativen und dispositionellen Lern- und Auslösebedingungen. In Abhängigkeit von situativen Gegebenheiten, die den Erfolg einer gewaltsamen Strategie moderieren, der Sensitivität für Strafe, die das differentielle Lernen in solchen Situationen mit bedingt, sowie der interindividuell unterschiedlichen Stärke des Sexualtriebes ergeben sich unterschiedliche „Vergewaltigungsneigungen". Mit den letzten beiden Punkten bezieht sich Ellis auf den Einfluss von Sexualhormonen (hier vor allem im Rahmen perinataler Einflüsse von Testosteron auf die neuronale Entwicklung) und die Empathiefähigkeit des Einzelnen. Somit ergibt sich zwar für Männer eine insgesamt höhere Neigung, sexuelle Gewalt anzuwenden, die aber durch unterschiedliche Lernbedingungen und individuelle Dispositionen variiert.

4.1.2 Deviante sexuelle Präferenzen

Anstatt von generell erhöhtem sexuellen Verlangen auszugehen, wie dies im Rahmen einer hormonalen Erklärung geschieht, mag man von spezifischeren Formen sexueller Ansprechbarkeit ausgehen. Eine naheliegende Annahme ist, dass delinquentes Sexualverhalten Ausdruck devianter sexueller Präferenzen ist, die sich auf ein inadäquates Sexualobjekt beziehen, auf deviante Formen sexueller Kontakte oder auf beides. Delinquenz würde hier quasi natürlich aus den devianten Wünschen resultieren. Als Indikator für sexuelle Präferenzen wird das Auftreten entsprechender sexueller Phantasien oder sexueller Erregung bei der Präsentation spezifischer Stimuli in Form von Bildern oder Erzählungen herangezogen. In Übereinstimmung mit den Annahmen fanden McGuire, Carlisle und Young (1964), dass der Großteil der von ihnen untersuchten Sexualstraftäter vorwiegend deviante Masturbationsphantasien verwendete und Abel, Barlow, Blanchard und Guild (1977) zeigten, dass Vergewaltiger durch Beschreibungen sexueller Gewalt stärker sexuell erregt werden als andere Männer.

Aus ätiologischer Sicht ist neben dem bloßen Zusammenhang zwischen den sexuellen Präferenzen und ihrer tatsächlichen Umsetzung vor allem die Frage interessant wie es überhaupt zu der Ausbildung devianter Präferenzen kommt. McGuire et al. (1964) fanden neben dem Vorhandensein der devianten Masturbationsphantasien auch, dass sich die Inhalte dieser Phantasien meist auf das erste reale sexuelle Erlebnis beziehen. Sie gingen daher davon aus, dass eine frühe deviante Erfahrung von zentraler Bedeutung für spätere sexuelle Devianz ist. Laws und Marshall (1990) führten diesen Gedanken weiter und erläuterten deviante sexuelle Präferenzen im Rahmen von Konditionierungsprozessen und sozialen Lernerfahrungen. Eine deviante sexuelle Erfahrung, sei es real und selbst erlebt oder im Rahmen eines stellvertretenden Erlebnisses, führe zu einer Kopplung der (positiven) sexuellen Erregung und des devianten Inhaltes. Dabei sei von besonderer Bedeutung, dass das deviante Erlebnis als Phantasie weitergetragen werde und so in vielen „Lerndurchgängen" über Prozesse der klassischen Konditionierung zu einem konditionierten Reiz werde. Gefördert wird dieser Konditionierungsprozess zusätzlich, wenn zu gleicher Zeit adäquate sexuelle Erlebnisse als frustrierend erlebt werden. Die differentielle Verstärkung führe so zu einer starken und stabilen Verknüpfung von devianter sexueller Phantasie und sexueller Erregung, und damit zur Ausbildung und Aufrechterhaltung einer devianten sexuellen Präferenz, die wiederum Grundlage devianten Sexualverhaltens sei. Unter den Bedingungen eines intermittierenden Verstärkungsplanes, der angesichts der sozialen Unerwünschtheit des Ausagierens devianter Phantasien relativ wahrscheinlich ist, gewinnt die Verknüpfung noch an Stabilität. Im Grundsatz unterscheidet sich dieser Lernprozess nicht von dem der Ausbildung nicht devianter Sexualpräferenzen, es werden lediglich andere Inhalte gelernt.

Allerdings sind die Befunde zu sexuellen Erregungsmustern bei Sexualstraftätern bei weitem nicht eindeutig. So sprechen Vergewaltiger, trotz der im Vergleich zu anderen Männern stärkeren Reaktion auf sexuelle Gewalt, auch auf Reize einvernehmlicher Sexualität an (Abel et al., 1977; Barbaree & Marshall, 1991). Hinzu tritt die Frage, inwieweit sich deviante Phantasien nicht erst in der Folge tatsächlicher devianter Akte ergeben, womit ihre Bedeutung als ursächlicher Faktor eingeschränkt wäre (Dandescu & Wolfe, 2003). Die uneinheitliche Befundlage mag durch methodische Unterschiede der Studien wie die Verwendung retrospektiver Designs, das Ausmaß der Devianz der Stichprobe, oder die in den meist penisplethysmographischen Untersuchungen verwendeten Reizvorlagen bedingt sein. Sie mag ihre Ursache aber auch in der zu starken Vereinfachung der Zusammenhänge von sexueller Erregung und sexueller Devianz haben. Insbesondere hinsichtlich sexueller Gewalt dürften diese weitaus differenzierter sein. Barbaree und Marshall (1991) stellen sechs verschiedene Modelle dar, die sich auf die möglichen Verbindungen von sexueller Erregung und sexueller Gewaltanwendung beziehen. Die Präferenz von Vergewaltigungsstimuli ist nur eine Möglichkeit. Ebenso könnte bei Sexualstraftätern das gemeinsame Auftreten von Gewalt und sexuellen Stimuli die Erregung lediglich weniger stark hemmen (vgl. auch die möglichen Effekte von geringer Empathiefähigkeit, Kapitel 4.1.3), sei das dispositionell bedingt oder durch situative Umstände wie Alkoholisierung, Schuldzuweisungen an das Opfer etc. verursacht. Es ist davon auszugehen, dass deviantes sexuelles Arousal nicht jeden sexuellen Übergriff in gleicher Weise erklären kann und zum Teil gar keine zentrale Rolle spielt (Barbaree & Marshall, 1991; Laws & Marshall, 1990). Das gilt insbesondere angesichts der Tatsache, dass die Täter im Laufe einer Vergewaltigung häufig sexuelle Dysfunktionen zeigen (Groth, 1979).

Obwohl deviante sexuelle Phantasien als Ausdruck devianter sexueller Präferenzen im Rahmen der frühen behavioristisch orientierten Theorien von herausragender Bedeutung sind, zeigen Abel und Blanchard (1974) die große Ähnlichkeit der Bedeutung dieses Konstruktes in den häufig konkurrierenden psychoanalytischen Schulen auf. Auch hier werden deviante Phantasien als vorgelagerte Prozesse für die tatsächliche Umsetzung devianter Sexualität betrachtet. Allerdings unterscheiden sich die beiden Perspektiven hinsichtlich der Entstehung solcher Phantasien. Während aus behavioristischer Sicht Konditionierungsprozesse, also die Kopplung bestimmter Phantasien mit sexueller Erregung, eine Phantasie zu einer sexuellen Phantasie und im weiteren Verlauf zu einer sexuellen Präferenz werden lassen, gehen psychodynamische Ansätze davon aus, dass die Phantasien Ausdruck einer Fixierung auf frühkindlichen Entwicklungsstufen sind (Freud, 1905/1942). Im Laufe einer normalen Entwicklung werden infantile Wünsche (orale, anale und genitale Partialtriebe) zur erwachsenen Sexualität integriert und erfahren ihre Befriedigung in sublimierter Form. Gelingt diese Integration nicht, so zeigen sich die nicht integrierten infantilen Bedürfnisse entweder indirekt (Neurose) oder direkt (Perversion). Als kritisch gilt die ödipale Phase und die Verarbeitung der hier erfahrenen Kastrationsangst. Einen pathologischen Verarbeitungs-mechanismus stellt der Rückzug auf eine frühere Stufe der sexuellen Entwicklung dar, der sich dann in einer Perversion und dem damit verbundenen Sexualverhalten manifestieren kann (Berner & Karlick-Bolten, 1986; Keller-Husemann, 1983).

4.1.3 Empathie

Die Fähigkeit, Gefühle anderer nachzuempfinden und ihre Perspektive in einer bestimmten Situation zu übernehmen, wird generell als ein zentraler Aspekt für prosoziales Verhalten verstanden. Umgekehrt wird davon ausgegangen, dass ein Mangel an diesen Fähigkeiten antisoziales Verhalten erst ermöglicht. Entsprechend wird auch für Sexualstraftäter ein Mangel an Empathie als eine Ursache für ihr sexuell deviantes Verhalten verstanden. Wenn bei einer Vergewaltigung das Leiden des Opfers nicht nachvollzogen werden kann, so fällt ein Hemmnis weg, das das Verhalten unterbinden könnte. Damit verbleibt aggressives Verhalten als eine mögliche Handlungsalternative (Marshall & Barbaree, 1990).

Die empirische Forschung hat bislang jedoch wenig stichhaltige Daten für diesen allgemeinen Zusammenhang von Empathie und sexueller Aggression gesammelt. So konnte zum Beispiel Seto (1992, zit. n. Marshall, Anderson et al., 1999) den angenommenen Mangel nur bedingt nachweisen. Der ursprünglich gefundene Unterschied in der Empathiefähigkeit von wegen einer Vergewaltigung inhaftierten Straftätern und einer Kontrollgruppe nicht Straffälliger verschwand, nachdem das Bildungsniveau kontrolliert wurde. Dies spricht nicht direkt gegen die These eines Empathiemangels als Faktor für sexuelle Gewalt. Es bleibt nur unklar ob Empathie tatsächlich als Kausalfaktor in Frage kommt, oder ob eine andere, mit dem Bildungsniveau korrelierte Variable auch für die Gruppenunterschiede bezüglich Empathie verantwortlich ist. Allerdings konnten auch eine Reihe weiterer Studien kein generelles Defizit der Empathiefähigkeit bei Sexualstraftätern im Vergleich mit anderen Täterpopulationen feststellen (Covell & Scalora, 2002; Marshall, Hudson, Jones & Fernandez, 1995). Es ist auch nicht nachzuvollziehen, warum ein genereller Mangel an Empathie typisch für Sexualstraftäter sein sollte, zumindest im Vergleich mit anderen Straftätern, deren Delinquenz ja auch mehr oder weniger starke Opferwirkungen hat. In der Tat scheinen Empathiedefizite eher für jene Sexualstraftäter charakteristisch zu sein, deren Kriminalität vielfältiger ist und sich nicht auf sexuelle Delikte beschränkt (Smallbone, Wheaton & Hourigan, 2003).

Im Hinblick auf die besondere Bedeutung von Empathie als Ursache sexueller Delinquenz ist daher die Überlegung angebracht, ob die in vielen Untersuchungen eingenommene Trait-Perspektive von Empathie für Sexualstraftäter sinnvoll ist, oder eine auf spezifische Situationen oder Personengruppen beschränkte Konzeption von Empathie höheren Erklärungswert besitzt (Hanson, 2003; Marshall, Anderson et al., 1999; Marshall et al., 1995). Fernandez, Marshall, Lightbody und O'Sullivan (1999) haben ein Testverfahren für Missbrauchstäter entwickelt, das drei verschiedene Situationen unterscheidet: ein Kind, das in einen Unfall verwickelt ist, ein Kind, das von einem Fremden missbraucht wurde, und das eigene Opfer des Täters. In einer eigenen Studie zeigen die Autoren, dass bei Sexualstraftätern hinsichtlich ihres empathischen Empfindens bezüglich des Unfallopfers keine Unterschiede zu nicht straffälligen Personen bestehen, sehr wohl aber bezüglich des sexuellen Missbrauchsopfers allgemein und in ganz besonderem Ausmaß bezüglich des eigenen Opfers, bei dem die Werte der

Täter noch deutlich niedriger lagen. Eine ganze Reihe anderer Studien konnte diesen Befund mit Missbrauchstätern und in einer adaptierten Version des Testverfahrens auch bei Vergewaltigern replizieren (vgl. Marshall, Anderson et al., 1999). Allerdings ergab sich bei den Missbrauchstätern eine äußerst hohe Variabilität bezüglich des Ausmaßes an Empathie für das eigene Opfer. Die Befunde dürften daher nur für einen Teil der Täter einen relevanten Erklärungsbaustein liefern (Marshall, Anderson et al., 1999). Bei den Tätern, für die sich dieser Effekt zeigen lässt, ergibt sich die Frage, ob es ein Mangel an Empathie ist, der sich hier ausdrückt, bzw. ob es den Tätern gelingt, empathisches Empfinden spezifisch für ihr eigenes Opfer zu unterdrücken. Eine alternative Erklärung wäre, dass die Täter den tatsächlichen Schaden ihrer Tat für das Opfer leugnen. Dies würde nicht die Annahme mangelnder Empathiefähigkeit unterstützen, sondern vielmehr auf kognitive Verzerrungen allgemeiner Natur verweisen. Die geringere Empathie gegenüber dem eigenen Opfer wäre hier gewissermaßen der subjektiven Wirklichkeit des Täters angemessen. Hohe Korrelationen zwischen der Empathie gegenüber dem eigenen Opfer und Maßen zu kognitiven Verzerrungen legen diesen Erklärungsstrang nahe (Covell & Scalora, 2002; Marshall, Hamilton & Fernandez, 2001).

4.1.4 Kognitionen

Sexualstraftäter zeigen kognitive Verzerrungen, die sexuelle Übergriffe rechtfertigen (Marshall, Anderson et al., 1999). So mögen zum Beispiel Männer, die Kinder sexuell missbrauchen, die Einstellung haben, dass sie Kindern dadurch nicht schaden, sondern diese es im Gegenteil sogar genießen würden. Kinder werden als durchaus adäquate Sexualpartner wahrgenommen. Ähnliche kognitive Verzerrungen wurden auch für Vergewaltiger angenommen. Sogenannte Vergewaltigungsmythen („Frauen genießen es", „Eine Frau, die sich aufreizend anzieht, will auch Sex haben", „Frauen, die nachts per Anhalter fahren, haben nichts anderes verdient" etc.) werden von verurteilten Vergewaltigern häufiger vertreten als von nicht straffälligen Personen. Vergewaltiger scheinen ein traditionelleres Geschlechtsrollenverständnis zu haben. Sie mögen es für ihr gutes Recht halten, Sex dann zu haben, wenn sie es wollen und der Meinung sein, einer Frauen stünde die Verweigerung dieses Wunsches nicht zu. Auch in nicht straffälligen Populationen zeigt sich bei höherer selbst eingeschätzter Wahrscheinlichkeit, sexuelle Gewalt einzusetzen, ein höheres Ausmaß an Zustimmung zu solch verzerrten

Einstellungen (Drieschner & Lange, 1999). In vielen Fällen findet sich eine generell negative Haltung gegenüber Frauen, die sich nicht nur auf sexuelle Beziehungen beschränkt, sondern einen generellen Wunsch beinhaltet, über Frauen zu dominieren. Sexuelle Gewalt stellt hier eine Möglichkeit dar, die Feindseligkeit gegenüber Frauen auszuagieren (Groth, 1979; Ward, Hudson, Johnston & Marshall, 1997), insbesondere, da bei Vergewaltigern die Konzepte von Dominanz und Sexualität eng verknüpft zu sein scheinen (Pryor & Stoller, 1994). Insgesamt ergeben sich in verschiedenen Studien Hinweise auf das Vorliegen kognitiver Verzerrungen bei Sexualstraftätern, doch sind die Befunde weder für Missbrauchstäter noch für Vergewaltiger eindeutig. Gerade bei Vergewaltigern zeigen sich zwar Unterschiede gegenüber nicht straffälligen Personengruppen, nicht jedoch gegenüber anderen Straftätern (Drieschner & Lange, 1999; Horley, 2000; Ward, Hudson, Johnston et al., 1997).

Es wird häufig beobachtet, dass Sexualstraftäter ihre Taten leugnen oder deren Unrechtmäßigkeit minimieren (Geer, Estupinan & Manguno-Mire, 2000; Marshall, Anderson et al., 1999). Das scheint nicht spezifisch für Sexualstraftäter zu sein wie die Neutralisierungshypothese von Sykes und Matza (1974) zeigt, sondern zeichnet sich durch die spezifischen Inhalte aus. Den Opfern wird beispielsweise die Schuld bzw. die Initiative für den sexuellen Kontakt zugeschrieben („Sie hat mich gereizt" u.ä.). Ob solche Leugnungstendenzen lediglich den Versuch ausdrücken, das Fehlverhalten nachträglich zu entschuldigen, lässt sich nicht ohne weiteres beurteilen. Allerdings sprechen Befunde, die zeigen, dass Sexualstraftäter Schwierigkeiten haben, emotionale Reaktionen wie Ärger oder Wut allgemein und besonders im Rahmen sexueller Interaktionen richtig zu beurteilen (Hudson, Marshall, Wales & McDonald, 1993), dafür, dass die Leugnung ein originäres Unverständnis für die Vorwürfe widerspiegelt (Marshall, Anderson et al., 1999). Ward, Hudson und Marshall (1995) ziehen Baumeisters (1991) Konzept der kognitiven Dekonstruktion heran, um die Informationsverarbeitung bei Sexualstraftätern zu erklären. Angesichts von Selbstwertgefährdungen, Stress etc. wird eine Art Fluchtversuch unternommen, bei dem Prozese der Selbstevaluation und Selbstregulation vermindert werden. Die Folge ist, dass sich das Verhalten primär an unmittelbaren Bedürfnissen orientiert, weil die (kognitiv vermittelten) Hemmnisse, die deviantes Verhalten normalerweise begleiten bzw. verhindern würden, zeitweilig außer Kraft gesetzt sind.

4.1.5 Soziale Fertigkeiten, Intimität und Bindung

Von verschiedenen Seiten wurde eine Ursache des sexuellen Missbrauchs von Kindern darin gesehen, dass die Täter nicht in der Lage seien, befriedigende intime Beziehungen mit erwachsenen Personen einzugehen, weil sie nur über unangemessene soziale Fertigkeiten, speziell bezüglich des Beziehungsaufbaus, verfügten (Marshall, Hudson & Hodkinson, 1993; Mulloy & Marshall, 1999). Als Ersatz mag versucht werden, „einfachere" Beziehungen aufzubauen, indem man sich an Kinder wendet. Dem entspricht, dass Missbrauchstäter als Motiv sehr häufig das Bedürfnis nach Nähe und Intimität angeben (Finkelhor, 1986). Marshall (1989) verallgemeinerte diese Annahme auf Sexualstraftäter generell. Demnach wird Sexualität von Sexualstraftätern als Möglichkeit verstanden, ihr Bedürfnis nach Intimität zu befriedigen, ist aber ein inadäquates Mittel und verschafft die erhoffte Befriedigung nicht. Nachfolgende Untersuchungen haben Marshalls Annahmen weitgehend bestätigt: Sie zeigen sowohl, dass Sexualstraftäter kaum zu intimen Beziehungen in der Lage sind, als auch, dass sie ein starkes Gefühl der Einsamkeit begleitet (vgl. Cortoni & Marshall, 2001; Mulloy & Marshall, 1999).

Aus der Perspektive der Bindungsforschung liegt die Ursache für die unbefriedigenden intimen Beziehungen von Sexualstraftätern in frühen Modellen von Intimität. Die Eltern-Kind-Beziehung stellt aus dieser Sicht als erste prototypische Bindungserfahrung eine grundlegende Schablone für enge Beziehungen bereit. Bartholomew und Horowitz (1991) unterscheiden vier typische Bindungsstile, die sich aus der Kombination der Wertschätzung seiner selbst sowie anderer ergeben: einen sicheren (beides positiv), einen voreingenommenen (selbst negativ, andere positiv), einen ängstlichen (beides negativ) und einen ablehnenden Bindungsstil (selbst positiv, andere negativ). Ward und Mitarbeiter (Ward, Hudson & McCormack, 1997) haben diese Bindungstypen auf Sexualstraftäter übertragen. Verschiedene Forschungsarbeiten bestätigen die Annahme, dass Sexualstraftäter häufig unsichere Bindungsstile aufweisen (Mulloy & Marshall, 1999; Ward, Hudson & McCormack, 1997). Jeder der drei unsicheren Bindungsstile führt zu bestimmten Mechanismen bei der Aufnahme von intimen Beziehungen, die als sinnvolles Klassifikationsschema für Sexualstraftäter herangezogen werden können. So scheinen Täter mit voreingenommenem Bindungsstil ein sehr starkes Bedürfnis nach intimen Beziehungen zu haben, dieses angesichts ihres geringen Selbstwertes aber nur schwer umsetzen zu können und Ersatz in sexuellen Beziehungen zu suchen. Dieser

Bindungsstil ist häufig bei pädophilen Tätern anzutreffen. Das Kind wird als echter Liebhaber empfunden und sexuelle Aktivitäten schließen sich erst einer längeren beziehungsstiftenden Phase an (Ward, Hudson & McCormack, 1997). Bindungsängstliche Individuen suchen einerseits nach intimen Beziehungen, fürchten andererseits Zurückweisung. Ihre Beziehungen sind demnach relativ distanziert, unpersönlich und von indirekter Aggression geprägt. Täter mit ablehnendem Bindungsstil versuchen ebenso, ihre Unabhängigkeit zu wahren, ihre interpersonalen Kontakte gehen jedoch mit offener Feindseligkeit und Dominanzstreben einher (Ward, Hudson & McCormack, 1997).

Sexualität – sowohl phantasierte wie praktizierte – wird von Sexualstraftätern in stärkerem Maße als Strategie zur Regulation negativer emotionaler Zustände herangezogen (Cortoni & Marshall, 2001; Hanson, 2000). Generell impliziert dies noch nicht den Rückgriff auf delinquente Formen der Sexualität. Es scheint jedoch ein Zusammenhang zwischen dem Ausmaß, in dem Sexualität als Bewältigungsstrategie herangezogen wird, und Intimitätsdefiziten zu bestehen (Cortoni & Marshall, 2001). Bringt man dies mit den dargestellten Befunden zur Bindungsentwicklung zusammen, so erscheint deviante Sexualität beiden Aspekten gleichermaßen gerecht zu werden. Sie erlaubt die (kurzfristige) Entlastung bezüglich negativer emotionaler Zustände im Rahmen des zur Verfügung stehenden, nicht von Vertrauen, sondern Kontrolle geprägten Bindungsmusters (Burk & Burkhart, 2003).

4.1.6 Die Rolle der Familie

Familiäres Klima. Angesichts der Relevanz frühkindlicher Erfahrungen für die spätere Entwicklung intimer Beziehungen, erscheint es aus ätiologischer Sicht sinnvoll, familiäre Faktoren in der Entwicklung sexueller Delinquenz zu betrachten. Insgesamt wird in der Literatur von weniger positiven Elternbeziehungen berichtet (z.B. Blaske, Borduin, Henggeler & Mann, 1989). Dies scheint vor allem für Vergewaltiger zu gelten. Doch auch bei pädophilen Tätern zeigt sich trotz engerer Beziehungen zu ihren Eltern, dass diese eher von Abhängigkeit als von Vertrauen geprägt sind (Lee, Jackson, Pattison & Ward, 2002; Tingle, Barnard, Robbins & Newman, 1986). Marshall und Barbaree (1990) sehen als zentrale Gefahr eines so gestörten, wenig Sicherheit bietenden familiären Klimas die mangelhafte Entwicklung eines positiven Selbstbildes. Sexualität mag als Mittel dienen, negatives Selbstwerterleben zu kompensieren und sich seiner männlichen Identität zu versichern (vgl. auch Groth, 1979). Obwohl einige Befunde (eher indirekt) darauf hindeuten, dass Sexualstraftäter insgesamt negativere Selbstein-schätzungen aufweisen (siehe Marshall, Anderson & Champagne, 1996), zeigten eine Reihe von Untersuchungen keine Hinweise auf ein negativeres Selbstkonzept bei Sexualstraftätern (z.B. Fernandez & Marshall, 2003; vgl. auch Baumeister, Smart & Boden, 1996) oder lassen eine Interpretation als Folge von Inhaftierung plausibler erscheinen (Frühwald et al., 1998). Allerdings mögen sich in den inkonsistenten Befunden Unterschiede zwischen Vergewaltigern und Missbrauchstätern vermischen (Fernandez & Marshall, 2003; Marshall, Cripps, Anderson & Cortoni, 1999). Gerade bei Missbrauchstätern könnte man angesichts des offensichtlich schwächeren Opfers von geringerer erlebter Selbstkompetenz ausgehen. Weiter könnte nicht so sehr der erlebte Selbstwert das entscheidende Kriterium sein, sondern das Gefühl der Selbst-wertbedrohung von außen. Ein Opfer würde aus dieser Sicht entweder als Quelle der Bedrohung oder stellvertretend zur Demonstration der eigenen Überlegenheit überwältigt werden, wie Baumeister et al. (1996) dies bei Vergewaltigungen annehmen. Zudem mag eine differenziertere Betrachtung des allgemeinen Selbstkonzeptbegriffs im Rahmen spezifischer Inhaltsbereiche ein klareres Bild ergeben (Fernandez & Marshall, 2003; im Hinblick auf allgemeine Delinquenz siehe auch Lösel & Schmucker, in Druck). Der momentane Forschungsstand zeigt zwar, dass ein negatives Familien-klima mit sexueller Delinquenz in Verbindung steht. Die Annahme, dass dies über die Vermittlung eines negativen Selbstkonzeptes geschieht, wird jedoch trotz ihrer Plausibilität durch die Daten nur bedingt gestützt.

Elterlicher Missbrauch. Ein besonderes Problem familiärer Systeme stellt elterlicher Missbrauch dar. Lee et al. (2002) untersuchten verschiedene Formen des Missbrauchs und deren differentielle Bedeutung für Sexualstraftäter im Vergleich mit Straftätern, die lediglich Eigentumsdelikte begangen hatten. Generell erwiesen sich für verschiedene Arten sexueller Devianz sexueller und emotionaler Missbrauch als signifikante Prädiktoren. Dabei zeigte sich für Formen des sexuellen Missbrauchs ein spezifischer Effekt bei pädophilen Tätern. Andere Tätergruppen hatten hier nur leicht erhöhte Prävalenzen. Selbst erlebter sexueller Missbrauch dürfte allerdings auch für Miss-brauchstäter nur ein Risikofaktor unter vielen sein, der ohne das Hinzutreten anderer Faktoren sexuelle Devianz nur unzureichend aufzuklären vermag (vgl. U.S. General Accounting Office, 1996). Zudem scheinen das Ausmaß des erlebten Missbrauchs, die

Dauer, der Bezug des Täters zum Opfer (intra- oder extrafamiliär) und andere aggravierende Faktoren des Missbrauchsgeschehens von Bedeutung zu sein (Burton, Miller & Shill, 2002). Körperliche Missbrauchserfahrungen hatten in der Untersuchung von Lee et al. keine differenzierende Funktion. Ein Grund hierfür mag sein, dass sich die Vergleichsgruppe aus Straftätern zusammensetzte und körperlicher Missbrauch auch für nicht sexuelle Formen antisozialen Verhaltens einen Risikofaktor darstellt (Lösel, Beelmann, Jaursch, Koglin & Stemmler, in Druck; Snyder & Patterson, 1987). Allerdings ergaben sich für körperliche Formen des Missbrauchs im Unterschied zu anderen Befunden (z.b. Widom & Ames, 1994) und entgegen klinischer Erfahrungen (Groth, 1979) auch für Vergewaltiger im Vergleich mit den anderen paraphilen Tätergruppen keine erhöhten Prävalenzen.

Die „Inzestfamilie". Zwar wurde eben schon auf familiäre Entstehungsbedingungen für Sexualdelinquenz eingegangen, diese bezogen sich aber auf die Ursprungsfamilie. Eine andere Perspektive, die bei der Betrachtung inzestuöser Handlungen eine Rolle spielt, bezieht sich auf die aktuelle Familie und deren Dynamik als krankes, chaotisches und isoliertes System (Meyer-Williams & Finkelhor, 1990). Kurz gefasst wird hier die Tochter für den Vater zu einem Substitut für unbefriedigende persönliche Beziehungen, speziell zur Ehefrau. Bei gleichzeitig konservativen, rigiden und stark an der Familienrolle orientierten Werthaltungen des Mannes wird ein adäquater Ersatz nicht außerhalb der Familie angestrebt. Vielmehr wird innerhalb des Familiensystems eine Ersatzquelle gesucht, um die emotionalen und sexuellen Bedürfnisse zu befriedigen, und in der Tochter scheinbar gefunden (Summit & Kryso, 1978).

4.1.7 Integrative Theorien

Eine Reihe von breiter angelegten Theorien haben versucht, die hier angesprochenen Einzelfaktoren in ein Erklärungssystem zu integrieren. Finkelhor (1984) entwickelte eine der ersten umfassenden Theorien zur Erklärung von Kindesmissbrauch. Sein Modell umfasst vier Bedingungen, die gegeben sein müssen, um Missbrauch auftreten zu lassen: (1) die Motivation des Täters, (2) das Überwinden innerer Hemmungen, (3) das Überwinden äußerer Hindernisse und (4) das Überwinden des Widerstandes des Kindes. Hinsichtlich der Motivation unterscheidet Finkelhor drei Aspekte, die ein

Interesse an sexuellen Kontakten mit Kindern für einen Täter erklären können. Der Kontakt mag ein emotionales Bedürfnis befriedigen (emotionale Kongruenz), er mag auch ein sexuelles Bedürfnis befriedigen (sexuelle Erregung) und/oder andere Möglichkeiten der emotionalen und sexuellen Befriedigung sind nicht verfügbar bzw. weniger attraktiv (Blockierung). Im Unterschied zu den vier Vorbedingungen sind diese drei Faktoren keine notwendigen Bedingungen. Sie beinhalten eine Reihe von Einzelaspekten und singulären theoretischen Konzeptionen (z.b. Konditionierungsprozesse bei der sexuellen Erregung; die psychoanalytische Konzeptualisierung der Kastrationsangst im Rahmen der Blockierung etc.). Wenn eine Motivation besteht, Kinder sexuell zu missbrauchen, so heißt das nicht, dass dieses Motiv auch handlungsleitend wird. Eine Reihe von Widerständen müssen überwunden werden, bevor das Missbrauchsverhalten tatsächlich auftritt. Die Überwindung innerer Widerstände umfasst dabei Aspekte wie Alkoholisierung oder Störungen der Impulskontrolle. In diesen Bereich dürfte auch der bereits angesprochene Aspekt der Empathiefähigkeit fallen, den Finkelhor selbst nicht erwähnt, oder das Wissen über strafrechtliche und anderweitige Sanktionen bzw. deren Wahrnehmung (also auch kognitive Aspekte). Enthemmung ist dabei weniger eine Ursache sexueller Devianz als vielmehr ein Faktor, der die tatsächliche Umsetzung devianter Impulse ermöglicht. Mangelnde Selbstkontrolle mag bei einer Person zu verschiedenen Formen devianten Verhaltens führen. Wenn jedoch kein Motiv für den sexuellen Missbrauch von Kindern vorliegt, wird dieser auch nicht geschehen. Dennoch ist die Enthemmung eine notwendige Bedingung für sexuellen Missbrauch, da der Wunsch allein noch nicht verhaltensbestimmend ist. Unter den externen Faktoren, die einem Missbrauch entgegenstehen, versteht Finkelhor nicht etwa gesetzliche Konsequenzen (diese sind im vorigen Punkt repräsentiert), sondern inwieweit im Umfeld des Kindes Faktoren vorliegen, die ein Kind vor potentiellem Missbrauch schützen. Wenn beispielsweise die elterliche Aufsicht über das Kind – aus welchen Gründen auch immer – verringert ist, so ergeben sich mehr Missbrauchsgelegenheiten. Es geht bei dieser Bedingung weniger um den Täter und darum, ob dieser generell Kinder sexuell missbraucht, sondern wo, wann und mit welchem Opfer dies geschieht. Dieser Punkt steht auch im Zentrum der vierten und letzten Bedingung in Finkelhors Modell, dem Widerstand des Kindes. Warum werden bestimmte Kinder missbraucht, andere aber nicht, selbst innerhalb einer Familie? Finkelhor sieht hier auch Faktoren der jeweiligen Opfer, wie die Selbstsicherheit, das Gefühl, sich anderen anvertrauen zu können, um Missbrauch zu berichten, oder das Wissen darum, welche Kontakte mit Erwachsenen überhaupt normal sind. Mangel und Unwissen in diesen Bereichen mag dazu führen, dass Kinder die Angebote von Aufmerksamkeit und Zuwendung vom Täter annehmen oder zumindest weniger Widerstand dagegen leisten. Neben Ansatzpunkten für die Täterintervention ergeben sich aus dem Modell somit auch Implikationen für präventive Maßnahmen auf Seiten des Opfers.

Marshall und Barbaree (1990) gehen von einer starken biologischen Grundlage sexuellen Verhaltens aus und sehen auch eine enge biologische Verbindung von Sexualität und Aggression. Beide Aspekte haben gemeinsame neuronale Substrate, und Sexualhormone werden nicht nur mit Sexualverhalten, sondern auch mit aggressivem Verhalten in Verbindung gebracht. Dieses biologische Fundament spiele zwar eine wichtige Rolle und würde gewissermaßen natürlich zu sexueller Aggression führen, wenn nicht einige wichtige inhibitorische Prozesse diese Disposition unter Kontrolle hielten. Die Verhaltenshemmung ergibt sich laut Marshall und Barbaree aus drei Quellen: den Erfahrungen, die in Kindheit und Jugend gesammelt werden und vor allem durch die elterliche Erziehung bedingt sind, dem soziokulturellen Kontext und den situativen Umständen. In allen drei Bereichen sind Prozesse bzw. Zustände denkbar, die den biologischen Hintergrund in sozial mehr oder weniger angemessenem Sexualverhalten münden lassen. Eine angemessene Erziehung versetzt ein Kind in die Lage, Selbstvertrauen aufzubauen, Fertigkeiten im sozialen Umgang zu erlernen und einzuüben, sowie Intimität zu erfahren und zuzulassen. Negative Erziehungserfahrungen wie Vernachlässigung, inkonsistentes Elternverhalten und antisoziales Modellverhalten lassen ein Kind mit einem Mangel in diesen Bereichen zurück. Die protektive Funktion dieser Faktoren steht nicht zur Verfügung. Somit erhöht sich die Wahrscheinlichkeit unangemessenen Sexualverhaltens. Der soziokulturelle Kontext, der in feministischen Theorien im Zentrum der Erklärung männlicher sexueller Aggression steht und dort als Mechanismus verstanden wird, männliche Dominanz gesellschaftlich zu stärken (siehe z.B. Herman, 1990), bildet laut Marshall und Barbaree (1990) ein äußeres Klima, das sexuelle Gewalt mehr oder weniger duldet bzw. ahndet. Typisch für Gesellschaften mit vergleichsweise hohen Vergewaltigungsraten ist die generelle Billigung von Gewalt als Strategie der Problemlösung, eine stark patriarchale Struktur, verbunden mit geringem Respekt vor den gesellschaftlichen Beiträgen, die Frauen erbringen, sowie deren Bedürfnissen. Auch der Umgang mit pornographischem Material zeichnet den soziokulturellen Kontext aus, in dem sich potentielle Sexualstraftäter bewegen. Die Diskussion, ob und in welchem Maße pornographische Darstellungen ursächlich zur

Entstehung sexueller Gewalt beitragen wird kontrovers geführt (vgl. Malamuth, Addison & Koss, 2000; Murrin & Laws, 1990; Seto, Maric & Barbaree, 2001). Marshall und Barbaree propagieren in ihrer Theorie jedoch nicht so sehr eine direkte Wirkung von Pornographie, sondern verstehen sie – wie auch die anderen nicht-biologischen Einflüsse – als einen Faktor, der sexuelle Übergriffe erleichtert, beispielsweise indem die Verbreitung spezifischer pornographischer Inhalte die Grundlage für Rechtfertigungsstrategien des Täters bilden kann. Der dritte Bereich, der laut Marshall und Barbaree bei der Hemmung sexueller Aggression eine Rolle spielt, beinhaltet situative Faktoren, die nur vorübergehend wirksam sind. Das kann Aspekte betreffen, die vom Individuum selbst initiiert wurden (z.B. Alkoholkonsum), aber auch von außen auf den Täter einwirkende Faktoren wie Stress und Ärger (z.B. ein Frustrationserlebnis, dessen Quelle – aus Sicht des Täters – eine Frau war). Die Bedeutung situativer Faktoren mag sich in Extremsituationen besonders verdeutlichen: Vergewaltigungen sind in Kriegen eine sehr häufige Erscheinung und die Täter sind keineswegs „typische" Sexualstraftäter, sondern Männer mit weitgehend unauffälligen Biographien. In einer Situation, die generell von Gewalt geprägt ist, in der die Anonymität hoch ist und eine gewisse Deindividuation vorherrscht, sind die inneren Schranken gegenüber sexueller Gewalt offenbar deutlich reduziert (vgl. Mezey, 1994). Die Theorie von Marshall und Barbaree ist umfassend genug, um eine Reihe von ätiologischen Verläufen nachzuvollziehen. In dieser Stärke liegt allerdings zugleich die Schwäche geringer Spezifität, denn an keiner Stelle wird auf klassifikatorische Ansätze eingegangen und der Versuch unternommen, unterschiedliche ätiologische Pfade klar abzugrenzen (vgl. Ward & Sorbello, 2003).

Hall und Hirschman (1991, 1992) betrachten in ihrem Vier-Faktoren-Modell sexueller Aggression vier Ebenen, die in der Genese sexueller Devianz eine zentrale Rolle spielen: physiologische sexuelle Erregung gegenüber devianten Stimuli, kognitive Verzerrungen, affektive Enthemmung und entwicklungsbedingte Persönlichkeitsfaktoren. Während bei den ersten drei Aspekten eine starke situative Abhängigkeit gegeben ist und sie eher als Zustandsvariablen gedacht werden, dominiert im letzten eine Trait-Konzeption. Obwohl Hall und Hirschman davon ausgehen, dass bei Sexualstraftätern jeweils eine dieser Ebenen als motivationaler Vorläufer eines Übergriffs im Vordergrund steht (und auf dieser Grundlage ein Klassifikationssystem etabliert werden kann, vgl. Kapitel 2.2.3), erhöht die situative Aktivierung jeder Ebene die Wahrscheinlichkeit sexueller Devianz. Die Faktoren werden nicht als unabhängig voneinander verstanden, sondern die Aktivierung der dominierenden Ebene führt zu einer Intensivierung der anderen, was die Wahrscheinlichkeit, die kritische Schwelle für die Tatbegehung zu überwinden, zusätzlich erhöht. Die Natur solcher Synergieeffekte durch die Interaktion der einzelnen motivationalen Ebenen wird von Hall und Hirschman allerdings nicht vertieft (vgl. Ward & Sorbello, 2003). Die Höhe der kritischen Schwelle ergibt sich aus den angenommenen positiven und negativen Konsequenzen eines sexuellen Übergriffes. Die negativen Konsequenzen beziehen sich sowohl auf persönliche Gefährdungen (Entdeckungswahrscheinlichkeit) als auch auf über das Opfer vermittelte Konsequenzen (moralische Vorbehalte, jemandem Leid zuzufügen; Empathiefähigkeit). Da die Wahrnehmung negativer Konsequenzen einerseits von den vier von Hall und Hirschman angesprochenen Faktoren und andererseits von den situativen Gegebenheiten beeinflusst wird, ergibt sich eine starke Wechselbeziehung persönlicher und situativer Faktoren (Hall, 1996). Ein interessanter Aspekt des Modells ist, dass Aspekte der Situation nicht als generelle unterstützende Faktoren betrachtet werden, sondern statt dessen der Versuch unternommen wird, spezifische situative Bedingungen den einzelnen motivationalen Ebenen zuzuordnen. Der Sinn dieser Zuordnung liegt darin, dass identische situative Stimuli nicht für jeden (potentiellen) Sexualstraftäter die gleiche Bedeutung haben, sondern vor allem dann ihre enthemmende Wirkung entfalten, wenn sie mit der motivationalen Grundausrichtung übereinstimmen und diese so gezielt unterstützen. Beispielsweise mögen für einen Inzesttäter mit in erster Linie kognitiven Bedingungsfaktoren der sexuellen Devianz solche Situationen von besonderer Gefährlichkeit sein, die eine leichtere Rationalisierung eines sexuellen Übergriffes erlauben, oder für einen pädophilen Täter mit stark physiologischer Motivation Situationen, in denen sexuelle Stimuli valent sind (z.B. Kinder in einem Schwimmbad). Für entwicklungsbedingte Täter wiederum mögen situative Faktoren insgesamt weniger Gewicht besitzen (Hall, 1996).

Die integrativen Theorien berücksichtigen meist situative Umstände, die im Zusammenspiel mit dispositionellen Faktoren, die im Straftäter liegen, zu sexuell deviantem Verhalten führen. Mangelnde Verhaltenskontrolle ist demnach ein zentrales Erklärungselement von Sexualdelinquenz. Auch allgemeine Kriminalitätstheorien umfassen solche Selbstkontrollkonzepte (siehe Gottfredson & Hirschi, 1990; Lösel, 1975). Und viele der anderen Faktoren sind ebenfalls in allgemeinen Kriminalitätstheorien vertreten. So findet sich die Testosteronhypothese auch bei der Erklärung aggressiven Verhaltens im außersexuellen Bereich (z.B. Eysenck, 1997) und mangelndes Empathievermögen ist ein klassisches Definitionskriterium von Psychopathie (Cleckley, 1976; Hare, 1991). In der Tat zeigen sich auch bei psychopathischen Personen hohe Raten sexueller Delinquenz, die allerdings im Rahmen breit angelegter, nicht auf den sexuellen Bereich beschränkter Antisozialität auftritt. Gleichermaßen haben besonders Vergewaltiger und Täter mit gemischten Opfergruppen (z.b. Kinder und erwachsene Frauen) höhere Psychopathiewerte (Porter et al., 2000). Zudem sind Sexualstraftäter in der Mehrzahl keine Spezialisten (vgl. Smallbone et al., 2003; Soothill et al., 2000) und kriminelle Rückfälle sind bei Sexualstraftätern keineswegs auf Sexualdelinquenz beschränkt, sondern liegen im Bereich nicht-sexueller Delikte sogar höher (Egg, 2000a; Hanson & Bussière, 1998). Alle Klassifikationssysteme enthalten folgerichtig Typen, die einen generell antisozialen Lebensstil abbilden (z.b. Knight & Prentky, 1990). Für Interventionen bei Sexualstraftätern scheint es daher sinnvoll, neben spezifischen Faktoren, die mit sexueller Delinquenz einhergehen, auch allgemeine Modelle der Kriminalitätserklärung zu berücksichtigen (siehe z.b. Lösel & Schmucker, in Druck).

4.2 Dynamische Faktoren des Rückfallrisikos

Bei der Darstellung der Rückfälligkeit von Sexualstraftätern wurden auch einige Aspekte der differentiellen Rückfälligkeit berichtet, die zum großen Teil statischer Natur waren. So wichtig statische Rückfallprädiktoren im Rahmen der Prognosestellung sein mögen, für die gezielte Intervention eröffnen sie keine Möglichkeiten. Für die Behandlung ist von Interesse welche prinzipiell beeinflussbaren Faktoren mit erhöhter Rückfälligkeit einhergehen, um über deren Veränderung das Rückfallrisiko zu senken. Obwohl auch die Forschung zu dynamischen Aspekten des Rückfallrisikos mit dem Ziel erfolgte, die prognostischen Möglichkeiten zu verbessern und statische Prognoseinstrumente gezielt zu ergänzen (z.B. Beech, Friendship, Erikson & Hanson, 2002; Hanson & Harris, 2001; Thornton, 2002), ergeben sich daraus Hinweise für die Behandlungsplanung. In einer Zusammenschau verschiedener Arbeiten zu dynamischen Prognosefaktoren lassen sich fünf Hauptbereiche extrahieren (vgl. Craissati & Beech, 2003; Schneider, 2002), die sich in weiten Teilen mit den als ätiologischen Faktoren angesprochenen Aspekten decken:

- *Intimitätsdefizite, geringe soziale Kompetenz*
- *Einflüsse des sozialen Umfeldes*

- *Kriminalitätsstützende Kognitionen, geringe Empathie*
- *Starkes sexuelles Verlangen, Sexualität als Bewältigungsstrategie*
- *Mangelnde Verhaltenskontrolle, antisozialer Lebensstil*

Die Aspekte, die als ursächlich für das Auftreten sexueller Delinquenz betrachtet werden, erweisen sich größtenteils auch im Hinblick auf die Rückfallgefahr als relevant. Eine Variable, die im Rahmen der ätiologischen Aspekte nicht diskutiert wurde, ist der Einfluss des sozialen Umfeldes. Von besonderem Interesse erscheint zunächst die generelle Nähe zu einem kriminellen Milieu oder spezifischen, z.b. pro-pädophilen Gruppierungen, die sexuelle Devianz und delinquentes Verhalten mehr oder weniger direkt fördern mögen. Doch auch ein soziales Umfeld, das indirekt rückfallfördernde Wirkung hat, indem die Leugnungstendenzen des Täters oder problematische Bewältigungsstrategien gestützt werden, spielt hier eine Rolle. Die Bedeutung des unmittelbaren sozialen Lebensumfeldes ist für die allgemeine Straftäterpopulation gut belegt (z.B. Gendreau et al., 1996; Lösel, 2003), in Bezug auf Sexualstraftäter jedoch kaum untersucht worden. Bei der Überprüfung des Sex Offender Need Assessment Ratings (SONAR) erwies sich das soziale Umfeld als guter Prädiktor für spätere Rückfälligkeit (Hanson & Harris, 2001). Allerdings scheint dies nur für die allgemeine Einschätzung positiver, neutraler oder negativer Einflüsse im sozialen Umfeld zu gelten. Das Ausmaß der Kontakte zu anderen Sexualstraftätern erwies sich überraschenderweise als weitgehend unabhängig von der späteren Rückfälligkeit (Hanson & Harris, 1998). Diese Befunde erfordern daher weitere Replikationen.

Hinsichtlich der von Sexualstraftätern verwendeten Copingstrategien ist zu betonen, dass damit nicht das Ausmaß der zu bewältigenden Ereignisse gemeint ist. Letzteres scheint für die Rückfallgefahr von untergeordneter Bedeutung zu sein. Der Effekt bezieht sich auf die Art und Weise, in der auf belastende Situationen und Lebensphasen reagiert wird, nämlich in sexualisierter Form. Generell erweisen sich Probleme psychischer Anpassung (neben der Stressbelastung z.b. Depressivität oder Ängstlichkeit) als wenig rückfallrelevant (Hanson & Bussière, 1998; Hudson, Wales, Bakker & Ward, 2002). Allerdings gilt das in erster Linie dann, wenn man diese Symptome als überdauernde Faktoren betrachtet. Man kann mit Hanson (2000) zwischen stabilen dynamischen Risikofaktoren, wie sie bislang dargestellt wurden, und akuten Risikofaktoren unterscheiden. Bei ersteren bezieht sich das Risiko auf die überdauernde Disposition eines Faktors. Letztere beziehen sich auf die Veränderungen von dynamischen

Faktoren, die einem Rückfall relativ kurzfristig vorausgehen. Der Großteil der stabilen Risikofaktoren zeigt auch in Form einer akuten Konzeptualisierung ähnliche Effekte, d.h. bei den Faktoren, die in der längerfristigen Betrachtung mit erhöhter Rückfälligkeit einhergehen, zeigt sich kurz vor einem Rückfall eine weitere Verschlechterung (Hanson & Harris, 1998). So mag bei einem Missbrauchstäter das Vorhandensein devianter Phantasien generell eine höhere Rückfallgefahr bedeuten, die Rückfallgefährdung dagegen akut werden, wenn das Auftreten solcher Phantasien zunimmt. Einige Variablen scheinen allerdings einen spezifischen Effekt als akute Risikofaktoren zu haben. So auch psychische Anpassungsprobleme, deren allgemeines Niveau als solches nur bedingt zu Rückfällen prädisponiert, bei denen hingegen die akute Verschlechterung der Symptomatik, also die negative Abweichung vom individuellen Normalzustand, die Gefahr eines Rückfalls erhöht (Hanson & Harris, 1998, 2001). Es ist nicht davon auszugehen, dass die akuten und stabilen Faktoren voneinander und untereinander unabhängig sind (vgl. Craissati & Beech, 2003). So mögen dysfunktionale Bewältigungsstrategien zum einen Probleme der psychischen Anpassung forcieren (z.B. Substanzmissbrauch), zum anderen bei Vorliegen solcher Anpassungsprobleme die Tendenz zu sexualisiertem Coping – in Verbindung mit Defiziten beim Aufbau intimer Beziehungen – die Gefahr sexueller Gewalt erst valent werden lassen.

Obwohl auch die diskutierten ätiologischen Aspekte und die dynamischen Risikofaktoren nicht leicht zu verändern sind, bieten sie doch Ansatzpunkte für die Planung von Interventionsstrategien. Das bezieht sich nicht allein auf therapeutische Maßnahmen. Zum Beispiel kann bezüglich des Opferzugangs, der sich als wichtige Rückfallvariable präsentiert, auch im Rahmen verstärkter externer Kontrollen eingegriffen werden, um auf diese Weise Gelegenheiten für Sexualstraftaten zu reduzieren. Doch gerade therapeutische Interventionen können von dem zunehmend differenzierteren Wissen um die Verursachung und Aufrechterhaltung sexueller Delinquenz profitieren und Konzepte entwickeln, die sich gezielter auf diese kriminogenen Faktoren beziehen. Dabei bezieht sich die gezielte Intervention auch auf die diagnostische Abklärung von im Einzelfall bestehenden Behandlungserfordernissen und damit einer Individualisierung der therapeutischen Strategien.

5. Behandlungsansätze

Sexualstraftäterbehandlung ist keine eigenständige Therapieform. In diesem Feld versammeln sich viele mehr oder weniger verschiedene therapeutische Strategien. Im Folgenden sollen einige grundlegende Behandlungsansätze angesprochen werden, die im Umgang mit Sexualstraftätern Anwendung finden. Die dabei vorgenommene prototypische Trennung findet sich in spezifischen Behandlungsprogrammen nur bedingt wieder. Oft beziehen sich diese zwar auf einen grundlegenden Behandlungsansatz, doch werden in vielen Fällen die therapeutischen Methoden und der Fokus der Behandlungsinhalte im Rahmen multimodaler Vorgehensweisen durch Elemente ergänzt, die ihren Ursprung in anderen therapeutischen Richtungen haben (siehe z.B. Marshall, Fernandez, Hudson & Ward, 1998). Eine Unterteilung in organische und psychosoziale Behandlung bietet sich an. Doch gerade hier gilt, dass sich diese beiden Strategien nicht ausschließen, sondern im Gegenteil durch ihre unterschiedlichen Ansatzpunkte sehr gut ergänzen mögen.

5.1 Organische Therapien

Die organischen Interventionen, die bei Sexualstraftätern zur Anwendung kommen oder kamen, lassen sich grob anhand zweier Dimensionen trennen: (a) die Art des Eingriffs (operativ vs. medikamentös) und (b) der angezielte Wirkort (Hormon-haushalt/Sexualtrieb vs. zentralnervöse Regulation). Die daraus resultierenden Behandlungsmaßnahmen sollen im Folgenden skizziert werden. Auf psychochirurgische Eingriffe (Hypothalatomie) wird nicht eingegangen, da sie nach dem Psychochirurgieboom, der um die 60er Jahre auch die Therapie der sexuellen Deviationen erfasste (Sigusch, 2001), in der aktuellen Diskussion keine Rolle spielen (vgl. schon Bradford, 1989; Marshall, Jones, Ward, Johnston & Barbaree, 1991).

5.1.1 Chirurgische Kastration

Die chirurgische Kastration hat eine lange, oft unrühmliche Geschichte. Bereits vor unserer Zeitrechnung wurden operative Kastrationen in den unterschiedlichsten Kulturen, mit den unterschiedlichsten Methoden und aus den unterschiedlichsten Gründen durchgeführt. In Deutschland wurden 1933 Gesetze erlassen, die eine Zwangskastration bei – auch potentiellen! – Sexualdelinquenten ermöglichten. Diese wurden während des Nazi-Regimes im Rahmen der Rassengesetze nicht nur rechtlich immer weiter ausgedehnt, sondern traurigerweise auch in die Praxis umgesetzt (vgl. Sigusch, 2001). Die aktuellen rechtlichen Regelungen zur chirurgischen Kastration bestimmt das „Gesetz über die freiwillige Kastration und andere Behandlungsmethoden", das 1970 in Kraft trat. Demnach können sich neben anderen Gruppen auch Sexualstraftäter auf freiwilliger Basis einer Kastrationsbehandlung unterziehen, wenn eine medizinische Indikation dergestalt vorliegt, dass durch den Eingriff eine Heilung oder Besserung erwartet werden kann, und die Verhältnismäßigkeit von erfolgreicher Behandlung und Nebenwirkungen gewahrt bleibt. Ein Antrag auf Kastration wird auf dieser Grundlage von einer juristisch-medizinischen Gutachterstelle der zuständigen Ärztekammer beurteilt. In den Jahren 1970 bis 1980 folgte bei knapp 800 Anträgen in etwa der Hälfte der Fälle ein operativer Eingriff. Diese Zahl bezieht sich nicht nur auf Sexualstraftäter. Kastrationen mögen medizinisch auch aus anderen Gründen wie Krebserkrankungen u.ä. indiziert sein. In den folgenden Jahren hat die Anzahl der Kastrationsbehandlungen deutlich abgenommen und dürfte inzwischen mit unter zehn Fällen pro Jahr von nur geringer praktischer Bedeutung sein (Wille & Beier, 1997). Allerdings mag in den letzten Jahren durch die zunehmende Betonung des Sicherungsaspektes im Umgang mit Sexualstraftätern eine steigende Tendenz resultieren (vgl. Heim, 1998). Diese Überlegung zeigt auch auf, dass sich der Begriff der Freiwilligkeit im Zusammenhang mit der Kastration an der Alternative der langen – teils lebenslangen – Inhaftierung relativiert.

Der angenommene Wirkmechanismus der chirurgischen Kastration liegt in der Tatsache begründet, dass durch die chirurgische Entfernung der Testes die Testosteronproduktion reduziert wird und somit eine generelle Triebdämpfung erreicht werden soll. Die Kritik, mit der die chirurgische Kastration belegt wird, bezieht sich nicht nur auf die einseitige und simplizistische Betonung des „Triebdrucks" als Ursache devianter Sexualität und der damit einhergehenden Vernachlässigung der psychischen Dynamik,

die sexueller Delinquenz zugrunde liegt. Durch den Eingriff wird die in psychoanalytischen Erklärungsmodellen thematisierte Kastrationsangst geradezu bestätigt (vgl.
Sigusch, 2001). Die psychische Komponente der Sexualität zeigt sich schon darin, dass
bei einem hohen Anteil kastrierter Männer die Erektionsfähigkeit erhalten bleibt und
lange nach der Kastration sexuelle Kontakte erfolgen (Heim & Hursch, 1979). Vor
allem aber ethische Gesichtspunkte wie die Frage nach dem Verhältnis von Behandlung
und Strafe bei diesem „verstümmelnden" Eingriff (Schorsch, 1987), die zum Teil
massiven Nebenfolgen auf körperlicher wie psychischer Ebene und nicht zuletzt die
Irreversibilität des Eingriffs werden der chirurgischen Kastration entgegengesetzt
(Heim, 1998; Heim & Hursch, 1979; Maletzky & Field, 2003; Meyer & Cole, 1997;
Sigusch, 2001).

5.1.2 Medikamentöse Therapie

5.1.2.1 Hormonbehandlung

In der Idee der chirurgischen Kastration verwandt, werden bei der medikamentösen
Hormonbehandlung Pharmazeutika eingesetzt, die die Androgenproduktion und/oder
-wirkung hemmen sollen, weswegen sie mitunter als „chemische Kastration" bezeichnet
wird. Im Unterschied zur chirurgischen Kastration sind die Effekte jedoch reversibel
und die antiandrogene Wirkung der Therapie verliert sich nach dem Absetzen der
Medikamente. Sie dürfte derzeit die häufigste Form der Organotherapie bei Sexualdelinquenten darstellen (Meyer & Cole, 1997; Rösler & Witztum, 2000).

Zwei Präparate stellen den Hauptanteil der für diese Behandlung herangezogenen
Medikamente. In den U.S.A. wird in erster Linie Medroxyprogesteronacetat (MPA;
Provera, Depo-Provera) verwendet, das eine antigonadotrope Wirkung hat und so zur
Hemmung der Testosteronausschüttung führt (Rösler & Witztum, 2000). Zum anderen
unterstützt es den Testosteronabbau und senkt somit den Plasmatestosteronspiegel. Es
hat also eigentlich keine antiandrogene Wirkung im engeren Sinne, führt aber zu einem
vergleichbaren Ergebnis (Bradford, 2001). Ein in den U.S.A. nicht genehmigtes
Präparat, in Deutschland und anderen Ländern aber weit verbreitet, ist Cyproteronacetat
(CPA; Androcur). Es handelt sich um ein synthetisches Steroid, das einen sowohl
antiandrogenen wie auch antigonadotropen Effekt hat (Nelson, Soutullo, DelBello &
McElroy, 2002; Neumann & Kalmus, 1991). Beide Präparate haben neben dem bei der

Sexualstraftäterbehandlung erwünschten Einfluss auf die sexuelle Erregung, Phantasie und letztlich das Sexualverhalten deutliche und zum Teil gefährliche Nebenwirkungen (Rösler & Witztum, 2000). Dies führt bei der Hormonbehandlung relativ häufig zu einem Behandlungsabbruch (z.B. Langevin et al., 1979). Angesichts der Reversibilität der Substanzwirkung entspricht das einer Rückkehr zu den ursprünglichen hormonalen Verhältnissen. Als alternative antihormonale Behandlungsform sind in den letzten Jahren GnRH-Agonisten (Gonadotropin Releasing Hormones, z.B. Triptorelin) verwendet worden. Obwohl dadurch eigentlich die Testosteronproduktion angeregt wird, kommt es bei Langzeitanwendung durch eine Rückkopplungswirkung nach einigen Wochen zu einer sehr deutlichen Reduktion der Testosteronausschüttung auf ein ähnliches Niveau wie nach chirurgischer Kastration. Die Nebenwirkungen scheinen begrenzter und weniger intensiv zu sein als bei MPA oder CPA und sowohl die gewünschten wie die unerwünschten Wirkungen mögen durch die gezielte ergänzende Medikation in schwacher Dosierung weiter ausbalanciert werden (Czerny, Briken & Berner, 2002; Rösler & Witztum, 2000).

5.1.2.2 Psychopharmaka

Eine Reihe von zentralnervös wirkenden Substanzen, die aus der allgemein-psychiatrischen Behandlung bekannt sind, wurden auch bei Sexualstraftätern verwendet, nicht selten ohne eine genauere Vorstellung der möglichen Wirkmechanismen nach dem Prinzip „Versuch-und-Irrtum" (vgl. Sigusch, 2001). Als am ehesten für eine Behandlung in Frage kommend werden momentan Psychopharmaka betrachtet, die in den Serotonin-Stoffwechsel eingreifen und bis dato zur Behandlung depressiver und Angststörungen eingesetzt wurden, im besonderen selektive Serotonin-Wiederaufnahme-Hemmer (SSRIs; vgl. Greenberg & Bradford, 1997). Hinter dieser Einschätzung steht der Analogschluss aus tierexperimenteller Forschung und klinischer Erfahrung, wo sich zeigt, dass eine Steigerung der Serotoninaktivität das Sexualverhalten dämpft, sowie die Erwartung, dass durch das Einwirken auf die zentralnervösen Steuerungsmechanismen das sexuelle Verlangen nicht nur gemindert, sondern normalisiert werden könnte (Bradford, 2001; Gijs & Gooren, 1996; Greenberg & Bradford, 1997; Maletzky & Field, 2003). Die Forschungslage zur Frage der Anwendbarkeit von SSRIs im Rahmen der Sexualstraftäterbehandlung ist aber weit davon entfernt, aussagekräftig zu sein. Eine

Reihe von Untersuchungen, die zu großen Teilen auf Einzelfällen beruhen, berichten positive Effekte, haben aber deutliche methodische Schwächen. Zudem beziehen sie sich in ihren Ergebnissen auf Indikatoren devianter Sexualität im Sinne paraphiler Symptomatik und nicht auf delinquentes Verhalten im engeren Sinne. Eine positive Beurteilung, die über die Einschätzung von SSRIs als *potentiell* angemessene Behandlungsalternative hinausgeht, scheint zum jetzigen Zeitpunkt nicht angebracht (Bradford, 2001; Gijs & Gooren, 1996; Maletzky & Field, 2003).

Ein besonderes Problem aller biologischen Ansätze besteht in der Verweigerungshaltung vieler potentieller Kandidaten, den zum Teil hohen Abbruchquoten und der Gefahr mangelnder Compliance bei der Einnahme von oral verabreichten Medikamenten. Letzteres gilt in erster Linie für die SSRIs, die nicht als Injektionslösungen auf dem Markt sind, wie sie für die hormonale Medikation zur Verfügung stehen, im Falle von MPA auch als Depotpräparat (Maletzky & Field, 2003). Generell erscheint eine psychotherapeutische Begleitung angezeigt, nicht nur, um Abbrüche zu vermeiden bzw. Compliance zu fördern, sondern vor allem, um sexueller Devianz in ihrer Komplexität gerecht zu werden (Meyer & Cole, 1997). Die im Folgenden dargestellten psychosozialen Ansätze spielen damit auch im Rahmen primär biologisch orientierter Programme eine Rolle (z.B. Maletzky, 1991b). Nicht selten werden auch in erster Linie psychotherapeutisch orientierte Behandlungen nach individueller Indikation durch medikamentöse Interventionen ergänzt (z.B. Berner & Karlick-Bolten, 1986).

5.2 Psychosoziale Ansätze

5.2.1 Verhaltenstherapie

5.2.1.1 Frühe Ansätze: Konditionierung sexueller Präferenzen

Basierend auf McGuire et al.'s (1964) Annahme machten es sich verhaltenstherapeutisch arbeitende Kliniker zur Aufgabe, die devianten Präferenzen, die als Ursache sexueller Devianz und Delinquenz ausgemacht worden waren, im Rahmen von Konditionierungsverfahren zu eliminieren (Laws & Marshall, 2003). Zunächst kamen hierbei in erster Linie aversive Techniken zum Einsatz. Deviante sexuelle Reize bzw. Phantasien werden dabei mit unangenehmen Reizen gekoppelt. Die deviante sexuelle Präferenz soll so über die Zeit als konditionierter Stimulus mit dem unkonditionierten aversiven Reiz verbunden und dessen ursprünglich positive Qualität umgepolt werden. Als unkonditionierte Reize kamen eine Reihe verschiedener Stimuli zum Einsatz, die von Übelkeit erzeugenden Substanzen über olfaktorische Reize wie Ammoniak bis zu Elektroschocks reichten. Während Elektroschocks, nicht zuletzt wegen ethischer Vorbehalte, kaum noch genutzt werden, erscheinen olfaktorische Stimuli aus einem weiteren Grund interessant. Sie können auch in vivo eingesetzt werden: Häufig bei Exhibitionisten verwendet, trägt der Proband ein Fläschchen Riechsalz bei sich. Wenn in einer Situation der Drang zu exhibieren aufkommt, soll er dieses nutzen, um sich selbst einen negativen Reiz zu setzen. Neben dem reinen Effekt der Konditionierung wird auf diese Weise auch das Verhalten zunächst unterbrochen und der (potentielle) Exhibitionist hat Zeit gewonnen, um seine Handlung neu zu bewerten und bestenfalls nicht fortzusetzen (Marshall, Anderson et al., 1999). Neben diesen direkten aversiven Techniken, die heute eher selten sein dürften (vgl. Marshall, Anderson et al., 1999), können als unkonditionierte und/oder konditionierte Stimuli im Rahmen der verdeckten Konditionierung auch Vorstellungsinhalte verwendet werden (Cautela, 1967). Anstatt den Straftäter also von außen einem unangenehmen Reiz auszusetzen, stellt dieser sich ein aversives Ereignis im Zusammenhang mit der devianten Phantasie vor. Eine andere Vorgehensweise, die der Reduzierung devianter Phantasien dient, aber nicht mit aversiven Reizen arbeitet, ist die Sättigung. Der Proband masturbiert bis zur Ejakulation. Unter Fortführung der Masturbation verbalisiert er seine devianten Phantasien. Aufgrund der post-orgasmischen Refraktärphase, die für eine gewisse Zeit die erneute sexuelle Erregung verhindert, werden diese Phantasien nun nicht mehr verstärkt und es soll so zu ihrer Extinktion kommen (Dougher, 1995; Marshall, Anderson et al., 1999). Relativ bald wurde das Problem der ausschließlichen Beschäftigung mit der Reduktion devianter Präferenzen erkannt, und es wurden Methoden entwickelt, die parallel einen Ersatz schaffen sollten, indem gleichermaßen angemessene sexuelle Vorlieben gestärkt werden sollten (Marshall & Laws, 2003). Techniken der Umkonditionierung leiten den Sexualstraftäter an, zu nicht devianten Phantasien zu masturbieren, eventuell ergänzt durch eine Sättigungsprozedur, die die nach dem Orgasmus unangenehme Masturbation während der Refraktärzeit nutzt, um deviante Phantasien zu löschen (Dougher, 1995; Eucker, 2002a).

Obwohl diese Konditionierungstechniken effektiv sein mögen, um sexuelle Präferenzen zu verändern, und auch heute zu diesem Zweck häufig herangezogen werden, scheint der Ansatz etwas kurz zu greifen. Die kognitive Wende der 60er und

70er Jahre brachte in der Verhaltenstherapie einen Wandel mit sich und kognitive Prozesse, die vorher der behavioristischen „black box" zum Opfer fielen, rückten immer mehr in den Mittelpunkt. Nach Euckers (2002b) Einschätzung hat die verhaltenstherapeutische Behandlung von Straftätern die Entwicklungen der allgemeinen Verhaltenstherapie mit einer Latenz von etwa 10 bis 15 Jahren nachvollzogen und so sind die kognitiv-behavioralen Methoden auch in diesem Bereich zunehmend an die Stelle der frühen Konditionierungstechniken getreten (Marshall & Laws, 2003).

5.2.1.2 Kognitiv-behaviorale Ansätze

Als Pioniere der kognitiven Verhaltenstherapie können Mahoney (1977) und Meichenbaum (1979) gelten. Obwohl bereits vorher Kognitionen im Rahmen verhaltenstherapeutischer Techniken wie der verdeckten Sensibilisierung genutzt wurden, erfolgte mit den kognitiv-behavioralen Ansätzen eine deutliche Verschiebung der therapeutischen Perspektive. Kognitive Prozesse wurden als das Verhalten steuernd betrachtet und das Ziel der Therapie lag gerade darin, diese kognitive Steuerung zu verändern. Die vorher gemiedene „black box" wurde so zum Gegenstand der Intervention.

Zentrale Zielpunkte im Rahmen der kognitiv-behavioralen Sexualstraftäterbehandlung sind Opferempathie und soziale Wahrnehmungsprozesse, soziale Fertigkeiten, die für den Aufbau einvernehmlicher sexueller Beziehungen erforderlich sind, Strategien der Stressbewältigung und Ärgerregulation, das Selbstkonzept des Täters sowie Einstellungen zu Gewalt, Sexualität, Geschlechterrollen und anderen Aspekten, die sexuell unangemessenes Verhalten als erlaubt erscheinen lassen (vgl. Barbaree & Marshall, 1998; Marshall, Anderson et al., 1999). Die kognitive Verhaltenstherapie zeichnet sich durch ein vergleichsweise strukturiertes Vorgehen aus, bei dem häufig einzelne Module aus den genannten Bereichen zusammengestellt werden, die relativ klare Vorgaben, teils in manualisierter Form, beinhalten. Oft wird im Laufe der Therapie ein für den einzelnen Täter typisches Muster der Delikte herausgearbeitet, das im Rahmen eines „offense cycles" Zusammenhänge zwischen den zentralen Aspekten wie Einstellungen gegenüber sexueller Gewalt etc. und dem Ergebnis dieser Prozesse, also der Straftat, herstellt. Teils werden prototypische Deliktzirkel als Arbeitsgrundlage herangezogen. Im Rahmen der Kerntherapie werden diese Aspekte dann mittels verschiedener kognitiver und behavioraler Techniken bearbeitet. Typische, auf kognitive

Aspekte zielende Komponenten in Programmen zur Sexualstraftäterbehandlung umfassen (vgl. Eucker, 2002a; Marshall, Anderson et al., 1999):

- *Kognitive Umstrukturierung* durch konstantes Aufdecken und Hinter- fragen von deliktfördernden Einstellungen (z.b. Murphy, 1990)
- *Empathietrainings* durch Wissensvermittlung über die Folgen für das Opfer; Rollenspiele, in denen der Täter die Opferrolle einnimmt; Diskussi- on eigener Opfererfahrungen (z.b. Hildebran & Pithers, 1989)
- *Trainings sozialer Fertigkeiten*, v.a. bezüglich des Aufbaus und Erhalts intimer Beziehungen, aber auch allgemeinere Aspekte wie Selbstsicherheit u.ä.
- *Trainings der Stressbewältigung und Ärgerkontrolle* (z.b. Meichenbaum, 1979; Novaco, 1975)
- *Relapse Prevention* (Pithers, Marques, Gibat & Marlatt, 1983; s.u.)

Die konkreten Vorgehensweisen, die innerhalb dieser Komponenten zur Anwendung kommen, sind vielgestaltig und beinhalten unter anderem Rollenspiele, Gruppen- diskussionen, Feedback-Sitzungen, Selbstbeobachtung und -evaluation und Wissensver- mittlung. Zudem wird die Therapie häufig über die eigentlichen Sitzungen hinaus in Form von Hausaufgaben erweitert (Marshall & Eccles, 1995). Die Gesamtstruktur der Behandlung ist in ihrer Natur direktiv, d.h. der Therapeut bestimmt die therapeutischen Inhalte und die Struktur der Behandlung weitgehend. Dazu gehört allerdings ebenso das Bemühen um Akzeptanz bei den Behandlungsteilnehmern und ihr aktives Mitwirken bei der konkreten Umsetzung der spezifischen Behandlungsinhalte.

Da der Sexualstraftäter aktiv an der Rekonstruktion des für ihn typischen Tatverlaufs beteiligt ist, steht vor der Behandlung im engeren Sinn häufig eine Phase, die das Aufbrechen von Leugnungs- und Minimierungstendenzen des Täters beinhaltet (Marshall, 1994). Dies hat zum einen motivationale Funktion: Ein Täter, der nicht der Meinung ist, eine Straftat begangen zu haben, wird kaum in der Lage sein, sich um Veränderungsprozesse zu bemühen, die erneute Straftaten verhindern helfen. Zum anderen zeigen sich hier aber auch die typischen Rationalisierungen, die die Delikt- begehung ermöglichen oder zumindest erleichtern (Barbaree & Marshall, 1998). Häufig beinhalten kognitiv-behaviorale Programme überdies eine Relapse Prevention- Komponente, die sich spezifisch auf den Rückfallprozess bezieht und angesichts ihrer starken Verbreitung und Etablierung als eigenständiges Rahmenkonzept in der Sexualstraftäterbehandlung ausführlich dargestellt werden soll.

5.2.1.3 Relapse Prevention

Die Bezeichnung „Relapse Prevention" ist etwas unglücklich. Im Grunde sind alle therapeutischen Bemühungen an dem Ziel orientiert, Rückfälligkeit zu vermeiden und wären insofern als „Relapse Prevention-Programme" zu bezeichnen. Unter Relapse Prevention wird allerdings ein spezifisches Modell verstanden, das den Rückfallprozess systematisiert und einem Sexualstraftäter Möglichkeiten an die Hand zu geben versucht, mit deren Hilfe er erneute sexuelle Delinquenz vermeiden kann. Die Grundidee entspricht am ehesten einem Selbstkontrollansatz.

Das Prinzip der Relapse Prevention wurde ursprünglich von Marlatt (1980, zit. n. Laws, 2000; Marlatt & Gordon, 1985) für die Anwendung in der Suchttherapie entwickelt und sollte dem Problem begegnen, dass nach zunächst erfolgreicher Therapie die Abstinenz nicht lange aufrechterhalten werden konnte. Relapse Prevention ist demnach in der ursprünglichen Konzeption kein eigenständiger Behandlungsansatz, sondern eine Methode, um Behandlungserfolge längerfristig zu konservieren. Die Modellprinzipien sind allgemein genug, um sie auf eine Reihe von Problemen anzuwenden, die ihren Ursprung in defizitärer Impulskontrolle haben (vgl. Laws, 1995) und bereits kurz nach der Grundlegung durch Marlatt wurde das Konzept der Relapse Prevention für die Sexualstraftäterbehandlung adaptiert (Pithers et al., 1983).

Rückfallmodell. Grundlegend für das Modell ist der Gedanke, dass Rückfälle keine Alles-oder-Nichts-Ereignisse sind, sondern sich bereits längere Zeit vor dem eigentlichen Rückfall in Vorstufen eines Rückfalls andeuten. Verfügt die betroffene Person über geeignete Selbstmanagement-Kompetenzen oder liegen angemessene externe Kontrollen vor, so können anhand der vorauslaufenden Ereignisse Rückfälle antizipiert und vermieden werden. Abbildung 5.1 stellt modellhaft den Rückfallprozess dar, wie er im Relapse Prevention-Modell gesehen wird. Es erfolgt eine Unterscheidung eines Rückfalls im engeren Sinne (Relapse) und Verhalten, das zwar keinen Rückfall darstellt, aber bereits in diese Richtung weist. Dies wird als „Lapse" bezeichnet, zu übersetzen etwa mit „Fast-Rückfall" oder, etwas unspezifischer, mit „Risikoverhalten". Ein Lapse

Abbildung 5.1: Rückfallmodell nach Pithers et al. (1983; übersetzt und vereinfacht)

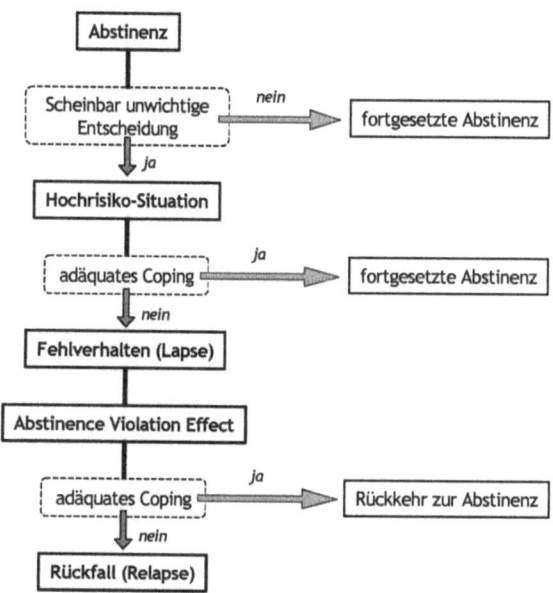

könnte zum Beispiel der Kauf bzw. Konsum pornografischen Materials sein, oder aber ein „Rückfall im Geiste", d.h. das Phantasieren sexueller Devianz. Besonders häufig erfolgen solche Risikoverhaltensweisen bei Sexualstraftätern nach typischen Problemkonstellationen. Das sind in erster Linie Situationen, die den Täter mit negativen Emotionen zurücklassen oder durch interpersonale Konflikte geprägt sind. Gelingt es dem Straftäter, in diesen Hochrisikosituationen angemessene Bewältigungsstrategien einzusetzen und nicht auf die für ihn typischen sexualisierten Copingstrategien zurückzugreifen, so bleibt er abstinent. Darüber hinaus wird das Wissen darum, eine gefährliche Situation überstanden zu haben, seine Selbstwirksamkeitserwartungen fördern und somit die Gefahr von Rückfällen über die aktuelle Situation hinaus reduzieren. Gelingt ihm dies hingegen nicht und er begeht einen Fast-Rückfall, so wird er sich seiner Verletzung der Abstinenz bewusst sein, sich schuldig fühlen, seine Fähigkeit zur Selbstkontrolle in Zweifel ziehen, kurz: Die Selbstwirksamkeitserwartungen werden geschwächt und mit dieser Attribution ein weiterer Schritt in Richtung wirklichem Rückfall vollzogen. Dieses Phänomen wird als „Abstinence Violation Effect" bezeichnet und kann zur Kapitulation, zur Aufgabe des Abstinenzzieles, führen. Damit ist der Weg zu einem Rückfall im engeren Sinne geebnet. Doch auch hier mag über angemessenes Coping (z.b. das Akzeptieren von Problemverhalten als zu erwarten und die subjektive Rückversicherung, dass es seltener und weniger intensiv ist als früher etc.) eine Rückkehr zur Abstinenz gelingen und der Rückfallprozess unterbrochen werden.

Das Modell enthält eine Stufe, die den Hochrisikosituationen vorgelagert ist – die „seemingly unimportant decisions". Darunter sind Entscheidungen zu verstehen, die nicht mit Rückfälligkeit in Verbindung zu stehen scheinen, aber die Wahrscheinlichkeit des Täters erhöhen, sich in Hochrisikosituationen wiederzufinden. So mag sich ein pädophiler Täter in einem bestimmten Restaurant verabreden, auf dem Weg zum Restaurant einen Spielplatz passieren, sich auf dem Rückweg zu einer kurzen Erholungspause auf einer der Bänke am Rande des Spielplatzes entschließen und sich so in einer Hochrisikosituation befinden. Dahin geführt haben eine Reihe scheinbar unwichtiger Entscheidungen (Wahl des Restaurants, Wahl des Weges zum Restaurant, die Entscheidung eine Pause zu machen), die sich alle außerhalb pädophiler Motive gut begründen bzw. rationalisieren lassen (gutes Essen etc.) und dennoch das Risiko eines Rückfalls erhöhen. Nicht jede Hochrisikosituation wird durch – vermeidbare – Entscheidungen dieser Art provoziert, in vielen Fällen scheinen sich Sexualstraftäter jedoch Schritt für Schritt selbst in riskante Situationen zu manövrieren (Pithers & Cumming, 1995).

Therapeutische Intervention. Die therapeutischen Ziele und Vorgehensweisen der Relapse Prevention-Behandlung orientieren sich an diesem Rückfall-Schema (siehe dazu Pithers & Cumming, 1995; Pithers et al., 1983). Das beinhaltet zunächst, dem Täter den Prozess des Rückfalls zu vermitteln, und ihm damit eine Systematik an die Hand zu geben, um riskante Entscheidungen und Situationen zu erkennen, zu evaluieren und so in der Lage zu sein, die Kette frühzeitig zu unterbrechen. Zudem wird der Täter dadurch darauf vorbereitet, dass es bei seinem Vorhaben abstinent zu bleiben, zu Problemsituationen kommen wird. Er soll sich nicht darauf verlassen, dass er nach einer Therapie „geheilt" ist, sondern eine realistische Bewertung der Grenzen der Therapie vornehmen. In der Tat zeigte die Untersuchung von Hanson und Harris (1998, 2001), dass die Einstellung des Täters, seine Sexualdelinquenz überwunden zu haben, und nie wieder rückfällig zu werden, gerade einen Risikofaktor für erneute Straftaten darstellt. Diese Einstellung führt nach dem Rückfallmodell bei einem Fast-Rückfall zu einem umso intensiveren Abstinence Violation Effect. Einem Täter, der auf das Auftreten solcher Situationen vorbereitet ist, dürfte es leichter fallen, Fast-Rückfälle sich selbst und anderen gegenüber einzugestehen, was als erster Schritt einer adäquaten Bewältigung gelten kann. Obschon das Ziel der Behandlung darin besteht, bereits solche Lapses zu vermeiden, wird ihr Auftreten aus therapeutischer Sicht doch in erster Linie als Gelegenheit begriffen, aus Fehlern zu lernen, das Verständnis der individuellen Rückfallkette zu verfeinern und adäquate Copingstrategien zu verbessern. Das scheint selbstverständlich, denn eine andere Haltung würde letztlich einem „therapeutischen Abstinence Violation Effect" gleichkommen.

Wie im vorigen Absatz bereits angedeutet, besteht neben der Vorbereitung auf mögliche rückfallrelevante Probleme das zentrale therapeutische Ziel der Relapse Prevention darin, dem Täter angemessene Strategien zur Bewältigung von Problemsituationen an die Hand zu geben. Neben der internen Regulierung, also kognitiven Strategien, gehören dazu auch stärker verhaltensbezogene Maßnahmen wie Stimuluskontrolle oder Vermeidung von bzw. Flucht aus Hochrisikosituationen (Pithers & Cumming, 1995). In Bezug auf den Abstinence Violation Effect gelangen Methoden der kognitiven Umstrukturierung zum Einsatz, die unter anderem darauf zielen, Lapses als Einzelepisoden zu begreifen, die nicht den vollständigen Verlust der Selbstkontrolle implizieren. Während in der ursprünglichen Konzeption der Fokus ausschließlich auf solchen Aspekten der internalen Regulation lag, wurden diese später um externe Kontrollmechanismen erweitert (Pithers & Cumming, 1995). Ein Netzwerk, das Familie, Bewährungshelfer, Therapeut und andere Personen im Umfeld des Täters verknüpft, soll einerseits Anlaufstationen schaffen, andererseits der Überwachung des Täters hinsichtlich rückfallrelevanter Ereignisse dienen. Letzteres soll sicherstellen, dass Rückfallprozesse entdeckt werden, selbst wenn der Täter sie, trotz aller Selbstkontrollbemühungen, zu verheimlichen oder rationalisieren versucht.

Das ursprüngliche Modell von Pithers et al. (1983) ist im Laufe der Zeit kaum in seiner Struktur geändert worden. Trotz der begeisterten, in weiten Teilen nicht hinterfragten Übernahme des Relapse Prevention-Modells im Bereich der Sexualstraftäterbehandlung (Laws, 2000) gibt es auch kritische Stimmen. Ward und Hudson (1996) bemängeln unter anderem die problematische Übertragung der Unterscheidung von Lapse und Relapse aus dem Suchtbereich auf sexuelle Delinquenz, das Verständnis von negativen emotionalen Zuständen als Hochrisikosituationen und die mangelnde Berücksichtigung interaktiver Effekte sowie konzeptioneller Verbindungen zwischen den einzelnen Phasen des Rückfallprozesses (vgl. auch Laws, 2000). Ihre Kritik ist in erster Linie theoretischer Natur und berührt die praktische Anwendung des Modells allenfalls am Rande (Launay, 2001). Ein für die therapeutische Praxis bedeutsameres Problem sprechen Eccles und Marshall (1999) an. Die intensive Diskussion des Abstinence Violation Effect sowie die externen Kontrollmechanismen mögen dem Täter vermitteln, dass seine sexuelle Devianz im Grunde genommen unüberwindbar ist und für ihn keine Chance besteht, das Problem tatsächlich in den Griff zu bekommen, was den Selbstwirksamkeitserwartungen, die eigentlich als protektiver Faktor zu fördern sind, geradewegs entgegensteht.

5.2.2 Andere psychosoziale Ansätze

Die Zusammenfassung „anderer psychosozialer Ansätze" ist nicht sehr differenziert. Sie wird auch der Stellung dieser therapeutischer Interventionen im Rahmen der allgemeinen psychosozialen Versorgung nicht gerecht. Allerdings spiegelt sie den Anteil, den diese Ansätzen im Bereich der Sexualstraftäterbehandlung haben, recht gut wider. Eine amerikanische Umfrage aus dem Jahr 1994 (Freeman-Longo, Bird, Stevenson & Fisk, 1995, zit. n. Knopp, Freeman-Longo & Lane, 1997) unter 1 784 Einrichtungen der Sexualstraftäterbehandlung ergab, dass in knapp 80 Prozent der Fälle Ansätze des kognitiv-behavioralen Spektrums die Grundlage der Behandlung darstellten. Die nächstgrößere Gruppe stellten mit 13 Prozent Programme dar, die einen psychoedukativen Schwerpunkt hatten. Hierunter dürften auch an den Prinzipien der therapeutischen Gemeinschaft orientierte Einrichtungen fallen, die von Freeman-Longo et al. nicht explizit als Kategorie aufgeführt waren. Andere klassische Psychotherapieformen waren kaum vertreten. Im deutschsprachigen Raum mag die Situation traditionsbedingt etwas anders aussehen (vgl. Rüther, 1998), doch zeichnet sich auch hier eine Tendenz in die gleiche Richtung ab (Wößner, 2002).

5.2.2.1 Psychodynamische Therapien

Die grundlegende Annahme der Psychoanalyse, dass jegliche psychische Symptomatik eine Folge frühkindlicher Entwicklungskonflikte sei, macht es erforderlich, an diese Konflikte heranzutreten, so die Ursachen der Symptomatik aufzudecken und zu einer Auflösung der Konflikte zu gelangen, neue Beziehungserfahrungen zu vermitteln und die verschiedenen Persönlichkeitsanteile zu integrieren. Das gilt bei der Behandlung von Sexualstraftätern wie bei der „normalen" Psychotherapie auch (Böllinger, 1995). Es gelten die grundlegenden Prinzipien der Übertragung, Deutung und Abstinenz (siehe aber unten). Der therapeutische Prozess findet allerdings unter den deutlich ungünstigeren Umständen einer zumindest teilweisen Unfreiwilligkeit der Behandlung statt. Das ist natürlich nicht spezifisch für eine psychodynamische Behandlung, macht sich hier aber besonders störend bemerkbar, da die therapeutische Beziehung als zentraler Wirkmechanismus fungiert (Schorsch, Galedary, Haag, Hauch & Lohse, 1985). Das mag ein Grund sein, weswegen die klassischen psychodynamischen Therapien im Bereich der Sexualstraftäterbehandlung nur schwach repräsentiert sind (Pfäfflin, 2000). Häufig wird auch betont, dass bei Straftätern generell eine Analyse im engeren Sinne nicht ohne weiteres möglich ist und zunächst im Rahmen eines therapeutischen Schutzraumes, eines sicheren Milieus, grundlegende Beziehungserfahrungen zu vermitteln sind. Erst so sei eine Lockerung von über Jahre verfestigten Abwehrmechanismen zu erreichen, und damit eine Basis zu schaffen, die eine Fokussierung auf die psychische Dynamik der sexuellen Devianz, ermöglicht (Böllinger, 1983; Böllinger, 1995; Pfäfflin, Roß, Sammet & Weber, 1998). Zum Teil scheint überdies eine angesichts der vielfach intensiven Alltagsprobleme direktivere Haltung des Therapeuten notwendig (vgl. Toman, 1983), die auch konkrete Hilfen für die Bewältigung äußerer Problemstellungen umfassen mag und ich-stützende Kriseninterventionen beinhaltet (Schorsch et al., 1985).

5.2.2.2 Therapeutische Gemeinschaft

Ein Ansatz, der eben schon implizit angesprochen wurde, betrifft die Generierung eines therapeutischen Milieus, in dem Entwicklungsprozesse stattfinden können. In Deutschland wurde diesem Gedanken im Rahmen von sozialtherapeutischen Anstalten Rechnung getragen, die getrennt vom Regelvollzug die Schaffung eines therapeutischen

Klimas ermöglichen sollten (Lösel, 1997). Während der Milieuaspekt in den deutschen sozialtherapeutischen Anstalten in erster Linie unterstützende Funktion hat, erhebt der Ansatz der therapeutischen Gemeinschaft dies zum Wirkprinzip an sich. Wie bei der Relapse Prevention handelt es sich um einen Ansatz, der im Rahmen der Suchtbehandlung Popularität gewonnen und über diese den Weg in Vollzugsanstalten gefunden hat, wenn auch die historische Wurzeln weit über den Bereich der Suchtbehandlung hinausreichen (Baker & Price, 1997). Durch das gemeinsame Miteinander und mehr oder weniger starke Formen der Selbstverwaltung soll ein Wachstumsraum geschaffen werden, der einen Reifungsprozess einleitet, aufrechterhält und unterstützt. Ein zentraler Aspekt ist, dass die therapeutischen Impulse in wichtigen Teilen von den anderen Gruppenmitgliedern ausgehen, indem sie unangemessene Verhaltensmuster des Täters konfrontieren. Der Einzelne wird für sein Handeln verantwortlich gemacht und hat Gelegenheit neue Verhaltensmuster von anderen Insassen („residents"; „Bewohner") und Anstaltspersonal, die als Modelle fungieren, zu übernehmen und sie zu erproben und zu üben (Baker & Price, 1997).

Um diese Lernerfahrungen bieten zu können müssen therapeutische Gemeinschaften in vielerlei Hinsicht anders gestaltet werden als dies in Vollzugsanstalten oder forensischen Kliniken üblich ist. Rapoport (1960, zit. n. Cullen, 1997) beschreibt vier grundlegende Prinzipien therapeutischer Gemeinschaften, deren Übertragung Cullen (1997) unter den restriktiveren Bedingungen einer Vollzugsanstalt am Beispiel des Grendon Prisons darstellt. Dabei ist die Absolutheit der Prinzipien zwar nicht zu erhalten, dennoch zeigt sich, dass auch im Haftkontext Bedingungen zu schaffen sind, die die Grundideen therapeutischer Gemeinschaften erhalten:

- *Demokratisierung*: Jedes Gruppenmitglied hat ein Mitbestimmungsrecht und ist an den Entscheidungen, die die Gruppe betreffen, beteiligt. Das Machtgefälle zwischen Personal zu Bewohnern wird aufgehoben oder zumindest reduziert.

- *Toleranz*: Problemverhalten ist Ausdruck des normalen Verhaltensrepertoires der Insassen. Es wird daher insofern toleriert, als es nicht von Seiten der Institution geahndet wird, sondern in die Gruppe gebracht und dort gemeinsam therapeutisch bearbeitet wird. Damit werden Gelegenheiten geschaffen, aus Fehlern zu lernen.

- *Gemeinschaftlichkeit*: Es wird Raum für gemeinsame Aktivitäten geschaffen und die Bewohner übernehmen für sich selbst und als Gruppe die
  Verantwortung für die Regelung des Zusammenlebens. Diese wird also
  nicht durch die Anstaltsstrukturen bestimmt. In einer Art „Gemeinderat"
  werden zentrale Entscheidungen getroffen.

- *Realitätskonfrontation*: Die Gemeinschaft bietet einen sicheren, akzeptie-
  renden Raum, konfrontiert die Gruppenmitglieder aber angesichts von
  Leugnung oder Minimierung ihrer Taten sowie dem Verhalten gegenüber
  anderen Gruppenmitgliedern.

Das Ausmaß, in dem diese Faktoren umgesetzt werden, kann stark variieren. Die Umsetzung stellt hohe Anforderungen an das Personal (Woodward, 1997) und hängt von der Bereitschaft ab, anstaltstypische Strukturen zu „opfern" (Wexler, 1997). Neben dem Einfluss externer Strukturen ergeben sich auch Unterschiede hinsichtlich der inneren Strukturiertheit. Man kann in Anlehnung an Wexler (1990) zwischen hierarchischen therapeutischen Gemeinschaften im engeren Sinne und Milieubehandlung unterschieden. Erstere arbeiten mit festgelegten Stundenplänen und Tagesabläufen, soziale Rollen sind hierarchisch geordnet und die Bewohner können in dieser Hierarchie aufsteigen, je nachdem, ob ihr Verhalten in der Gruppe Aufgaben mit mehr Verantwortung rechtfertigt. Es gibt also – verhaltenstherapeutisch ausgedrückt – ein explizites Belohnungssystem. Therapie erfolgt im Rahmen der Milieubehandlung in erster Linie durch professionelle Therapeuten, während in therapeutischen Gemeinschaften die Bewohner aktiver auch an therapeutischen Aufgaben beteiligt sind. Je länger eine therapeutische Gemeinschaft funktioniert und je stärker ihre internen Strukturen etabliert sind, desto mehr können fortgeschrittene Gruppenmitglieder Aufgaben der Rollenmodellierung und Konfrontation übernehmen. Das Behandlungspersonal kann sich stärker zurücknehmen und Gruppenprozesse beobachten und optimieren.

Das in therapeutischen Gemeinschaften organisierte Zusammenleben dient als Behandlung, die rund um die Uhr präsent ist, und von allen Gruppenmitgliedern, nicht nur therapeutischem Personal, getragen wird. Neben diesem sozialen Milieu sind in therapeutischen Gemeinschaften Gruppensitzungen vorgesehen, die zum Teil administrative Aufgaben betreffen, in anderen Teilen spezifische therapeutische Inhalte haben. Die therapeutischen Sitzungen können dabei sehr unterschiedliche Inhalte wie Psychodrama, Encountersitzungen, psychoedukative oder kognitiv-behaviorale

Elemente umfassen (Baker & Price, 1997; Cullen, 1997). Darüber hinaus wird großer Wert auf die Entlassungsvorbereitung gelegt, um die im Rahmen der therapeutischen Gemeinschaft erworbenen Fertigkeiten und Haltungen nicht auf diesen Kontext beschränkt bleiben zu lassen, sondern in den nach-therapeutischen Alltag zu transportieren (Lösel, 1997; Wexler, 1997).

5.2.2.3 Systemische Perspektive

Die bislang dargestellten Ansätze wenden sich an den Täter als Einzelperson. Selbst wenn, wie im Rahmen der therapeutischen Gemeinschaft, Gruppenprozesse im Mittelpunkt stehen, zielt die Intervention auf Veränderungsprozesse im Individuum. Systemische Ansätze hingegen verstehen Problemverhalten als Teil eines Systems, als daraus entwickelt und durch das System aufrechterhalten und stabilisiert. Eine Änderung individuellen Verhaltens setzt daher eine Veränderung der Systemvariablen voraus, innerhalb derer das Verhalten abläuft. Prinzipielle Bedeutung erlangt die systemische Perspektive insbesondere bei Inzeststraftaten, da hier das familiäre System gleichsam den Tatort darstellt (Bruder, 1999). Häufig besteht ein Bestreben der Familie, trotz des intrafamiliären Missbrauchs zusammenzubleiben (Beier, 1995). Dennoch wird eine zumindest zeitweise Trennung von Täter und Opfer als unumgänglich erachtet. Erst nach einer Stärkung der Achse Opfer – nicht-missbrauchender Elternteil (in der Regel die Mutter) erscheint eine Zusammenführung der Familienteile sinnvoll (Brown & Brown, 1997; Eckert, 1998).

Das System Familie ist aber auch außerhalb von intrafamiliärem Missbrauch ein geeignetes therapeutisches Interventionsfeld, z.B. wenn Leugnungstendenzen des Täters in der Familie offen oder verdeckt gestützt werden (Eckert, 1998). Stärker systemisch orientierte Ansätze finden sich in erster Linie bei der Behandlung von jugendlichen Sexualstraftätern. Borduin und Schaeffer (2001) beschreiben eine multisystemische Behandlung. Eines dieser Systeme ist die Familie. Ein zentraler Aspekt der Behandlung ist, dass die Eltern als Vermittler der Behandlung verstanden werden. Dazu werden ihre Erziehungskompetenzen gestärkt, was sowohl die Vermittlung von Erziehungswissen als auch die Förderung kommunikativer und affiliativer Kompetenzen beinhaltet. Neben dem familiären System werden aber auch andere Systeme berücksichtigt, in die der Jugendliche eingebunden ist (Schule, Peers, Nachbarschaft). Die Behandlung zielt hier z.B. darauf ab, den Aufbau prosozialer Peerbeziehungen zu fördern. Wiederum dienen hier in erster Linie die Eltern als Vermittler, indem sie prosoziale Beziehungen des Jugendlichen aktiv unterstützen sollen. Der Therapeut dient in vielen Interventionen, die den Jugendlichen betreffen, lediglich als Begleiter der Eltern und supervidiert diese. Allerdings umfasst das Programm auch direkte Interventionen, die am Jugendlichen selbst ansetzen (Empathie, Änderung kriminogener Kognitionen etc.). Idealiter werden aber den Eltern die entsprechenden Interventionen so vermittelt, dass sie selbst als Therapeuten agieren können (Swenson, Henggeler, Schoenwald, Kaufman & Randall, 1998). Insgesamt liegt das Ziel der Intervention darin, die Umwelten, in die der Jugendliche eingebunden ist, so zu restrukturieren, dass die kriminogenen Faktoren, denen er ausgesetzt ist, minimiert werden. Dabei kommen schulenübergreifende Techniken zum Einsatz (strukturelle und strategische Familientherapie, verhaltens-therapeutisches Elterntraining, kognitiv-behaviorale Methoden), deren verbindendes Element die problemorientierte Intervention ist. Multisystemisch bezieht sich also weniger auf den Einsatz bestimmter therapeutischer Techniken, als auf eine Perspektive.

5.2.2.4 Psychoedukative Elemente und Sozialarbeit

Neben psychotherapeutischen Maßnahmen im engeren Sinne, umfassen viele Sexual-straftäterprogramme Elemente, die Unterrichtsform haben oder Hilfe bei allgemeinen Problemen der Lebensführung bieten. Diese mögen von spezifischen Inhalten für Sexualstraftäter (Sexualkunde) bis zu sehr allgemeinen Maßnahmen wie schulische Ausbildung, Arbeitstätigkeit, Schuldenregulierung etc. reichen. Oft dienen sie als Vorbereitung auf intensivere therapeutische Strategien. So mögen einem Modul zum Empathietraining, Unterrichtsphasen vorangestellt sein, die Informationen über Opferwirkungen von Sexualstraftaten vermitteln (z.B. Mann, 1999). Die Grenzen zu anderen Interventionsformen sind nicht immer eindeutig und so kommen bei psychoedu-kativ ausgerichteten Maßnahmen zum Beispiel auch Trainings der sozialen Fertigkeiten zum Einsatz.

6. Wirksamkeit der Behandlung von Sexualstraftätern

Es liegt auf der Hand, dass Behandlungsanstrengungen nicht zum Selbstzweck geschehen, sondern ein gewisses Ziel verfolgen. Beim Umgang mit Straftätern liegt das Interesse in erster Linie darin, erneute Kriminalität zu verhindern. Dieses Ziel wird auch der Straftäterbehandlung auferlegt und der Erfolg einer Behandlung wird sich letzten Endes daran messen müssen, ob es gelungen ist, erneute Straffälligkeit zu verhindern. Gelingt dies nicht, entfällt eine zentrale Rechtfertigung für Behandlungsmaßnahmen.

Man sollte annehmen, dass angesichts dieser Situation die Evaluation der Behandlung von Sexualstraftätern hinsichtlich der rückfallpräventive Effektivität Gegenstand umfangreicher Forschungsbemühungen ist. Dem ist allerdings nicht so. Als Furby, Weinrott und Blackshaw (1989) eine systematische Analyse der Rückfalluntersuchungen von behandelten Sexualstraftätern vornahmen, war ihr wohl klarster Befund, dass die Forschungslage keine detaillierte Analyse und Aussage erlaubt. In erster Linie waren dafür methodologische Mängel der Evaluationsuntersuchungen verantwortlich. Furby et al. nahmen diese Situation zum Anlass, um verschiedene methodische Problemfelder darzustellen, in der Hoffnung, dass dadurch einerseits ein kritischer Umgang mit existierenden Evaluationen gefördert werden könnte, andererseits aber auch die Qualität zukünftiger Studien angehoben werden könnte. Auf einige dieser Problemfelder der Evaluation der Sexualstraftätertherapie soll im Folgenden eingegangen werden.

6.1 Problembereiche bei der Evaluation von Sexualstraftäterbehandlung

Die Behandlung von Sexualstraftätern ist kein Phänomen, das im Labor unter vollständig kontrollierten Bedingungen untersucht werden könnte. Die Frage nach erfolgversprechenden Strategien im Umgang mit dieser Gruppe ergibt sich drängend aus dem Umstand, dass das Phänomen existiert und in der alltäglichen Praxis gehandelt werden muss. Dass dieses Handeln evaluativ begleitet werden sollte, steht außer Frage, doch ergeben sich durch den Handlungsbedarf gewisse Schwierigkeiten, „saubere" Wirksamkeitsuntersuchungen zu planen und durchzuführen (Lösel, 2001a).

6.1.1 Verfügbarkeit von angemessenen Kontrollgruppen

Um den Erfolg einer Behandlungsmaßnahme im Straftäterbereich abzuschätzen, reicht es nicht aus, lediglich die Rückfallrate der behandelten Straftäter zu bestimmen. Vielmehr muss auch ein Maßstab gewonnen werden, der angibt wie hoch die Rückfallrate ohne Behandlung gewesen wäre, d.h. es muss eine Vergleichsgruppe vorhanden sein. Die Art der Vergleichsgruppe kann aber recht unterschiedlich sein, und je nach verwendeter Kontrollgruppe mag die Behandlung besser oder schlechter erscheinen. Um einen validen Vergleich zu ermöglichen, müssen Behandlungs- und Vergleichsgruppe äquivalent sein, d.h. identisch hinsichtlich ergebnisrelevanter – im Falle der Straftäterbehandlung also rückfallrelevanter – Variablen (Cook & Campbell, 1979).

Im Idealfall geschieht das über eine Zufallszuweisung (Hanson, 1997; Lösel, 2001a; Lösel & Nowack, 1987; Thornton, 1987), wobei darauf hinzuweisen ist, dass die Randomisierung die Identität der Gruppen keineswegs gewährleistet. Sie stellt lediglich sicher, dass Gruppenunterschiede auf zufälliger Basis entstehen, und somit keine systematischen Verzerrungen durch die Zuweisungsstrategie resultieren (Cook & Campbell, 1979). Der Randomisierung stehen jedoch praktische Erfordernisse bzw. ethische Bedenken entgegen, zumindest für unbehandelte Kontrollgruppen. Straftäterbehandlung geschieht mit dem Ziel die Gefährdung durch weitere Straftaten zu reduzieren. Einer Gruppe die Behandlung trotz festgestelltem Risiko vorzuenthalten wäre aus dieser Sicht fahrlässig. Allerdings kann man ebenso argumentieren, dass es ethisch nicht vertretbar ist, eine Behandlung ohne strenge wissenschaftliche Prüfung, „auf gut Glück", zu verabreichen. Randomisierte Designs sind am eindeutigsten interpretierbar und es besteht aus dieser Sicht quasi eine Verpflichtung, Behandlungen mit der besten Methode zu prüfen (Quinsey, Harris, Rice & Lalumière, 1993). Neben ethischen Überlegungen stehen einer Zufallszuweisung oft bestimmte Aufnahmerichtlinien einer Einrichtung entgegen. Die zufällige Zuteilung von Sexualstraftätern würde in diesen Fällen der Idee einer optimalen Passung von Behandlung und Klientel zuwiderlaufen (Lösel, 2001a). Dennoch können randomisierte Designs unter bestimmten Bedingungen Anwendung finden. In vielen Fällen sind die Behandlungsressourcen ohnedies nicht ausreichend. Nach der Feststellung von Bedarf und Eignung einer größeren Gruppe könnten die verfügbaren Plätze zufällig besetzt werden. Ein anderes Beispiel sind Behandlungsvergleiche, um die relative Effektivität von Maßnahmen zu überprüfen (Hanson, 1997; Lösel, 2001a).

De facto stellen Evaluationen, die sich auf randomisierte Designs stützen, im Bereich der Sexualstraftäterbehandlung die Ausnahme dar. Ein Grund mag darin liegen, dass sie prospektiven Studien vorbehalten bleiben. Diese sind jedoch finanziell aufwendiger und haben den Nachteil, dass valide Aussagen über die rückfallrelevante Wirkung der Behandlung erst getroffen werden können, nachdem die Straftäter einige Jahre in Freiheit verbracht haben. Retrospektive Studien haben den Vorteil, dass sie in kurzer Zeit durchzuführen sind und damit dem Bedarf an schneller Information über die Effektivität von Programmen gerecht werden. Prinzipiell sind auch für retrospektive Untersuchungen zumindest annähernd vergleichbare Kontrollgruppen möglich. Dafür mag man natürliche Experimente nutzen, bei denen die Gruppenzuweisung von äußeren Gegebenheiten gesteuert wird, d.h. weder Täter noch Behandelnder noch Untersucher haben einen Einfluss darauf (Hanson, 1997). Ein solches Naturexperiment könnte die nachträgliche Einführung eines Behandlungsprogramms in einer Institution sein. Eine natürliche Kontrollgruppe könnte aus den Insassen zusammengestellt werden, die vor diesem Zeitpunkt in der Institution waren. In anderen Fällen werden Sexualstraftäter aus verschiedenen Regionen miteinander verglichen, die sich durch die Verfügbarkeit eines spezifischen Programms unterscheiden. Es ist nicht anzunehmen, dass sich bei diesen Zuweisungsformen rückfallrelevante Unterschiede ergeben. Allerdings können sich in diesen Fällen unterschiedliche Rückfallraten dadurch ergeben, dass sich die Strafverfolgungspraxis über die Zeit gewandelt hat (siehe z.B. Friendship & Thornton, 2001) oder regionale Unterschiede bestehen.

Am häufigsten jedoch erfolgt die Gruppenzuweisung mit systematischen Verzerrungen, indem die Einrichtung Teilnehmer auswählt, ein Behandlungsangebot von Täterseite verweigert oder eine begonnene Behandlung abgebrochen wird. In allen Fällen muss von rückfallrelevanten Unterschieden in die eine oder andere Richtung ausgegangen werden. Die Einrichtung mag nur Teilnehmer zulassen, für die ein hohes Rückfallrisiko besteht, oder solche ausschließen, die als besonders schwer behandelbar erscheinen. Ein Sexualstraftäter mag eine Behandlung verweigern, weil er tatsächlich keiner Behandlung bedarf oder weil er sich die Behandlungsnotwendigkeit nicht eingesteht. Die Befunde solcher Evaluationen werden immer mit Vorbehalten zu interpretieren sein (Hanson, 1997). Insbesondere Vergleiche, die Behandlungsabbrecher heranziehen, dürften nur von geringem Nutzen sein.

Generell besteht die Möglichkeit, die Zuweisung systematisch durch die Parallelisierung der Gruppen hinsichtlich rückfallrelevanter Variablen zu optimieren. Das gilt für alle Zuweisungsstrategien und erscheint in allen Fällen sinnvoll. Selbst randomisierte Designs mit anfänglich äquivalenten Stichproben können im Laufe der Untersuchung durch differentielle Mortalität an interner Validität verlieren (vgl. Cook & Campbell, 1979). Zur Kontrolle solcher Effekte kann einer randomisierten Zuweisung eine Bildung von vergleichbaren Paarlingen vorausgehen und auch Mitglieder anfallender Stichproben können hinsichtlich relevanter Kriterien gepaart oder zumindest in Bezug auf die Gruppenmittelwerte parallelisiert werden. Gerade die Paarbildung setzt aber schon bei Kontrolle einer nur geringen Zahl von Variablen relativ große Anfangs-gruppen voraus, da sich für viele Behandlungsteilnehmer kein geeigneter unbehandelter Proband finden wird. Eine weitere Möglichkeit, Unzulänglichkeiten bei der Zuweisung auszugleichen, bieten statistische Kontrollen. Für beide Prozeduren gilt, dass sie nur solche Variablen kontrollieren können, die gemessen wurden (Thornton, 1987). Generell sollte also schon zu Beginn einer Evaluationsstudie im Rahmen der Zuweisung versucht werden, die Vergleichbarkeit der Gruppen zu gewährleisten, und nachträgliche Korrekturen sollten nur vorgenommen werden, um nicht vermeidbare Zuweisungsfehler zu mindern.

6.1.2 Behandlungsabbrecher

Behandlungsabbrüche scheinen eher die Regel als die Ausnahme zu sein und können insbesondere bei länger dauernden Interventionen ein hohes Maß annehmen. Die Entscheidung für eine vorzeitige Beendigung einer Behandlung kann sowohl vom Teilnehmer ausgehen als auch von Seiten der Behandlungseinrichtung, wenn ein Teilnehmer beispielsweise mehrfach gegen zentrale Regeln verstoßen hat oder keine Kooperationsbereitschaft zeigt (Lösel, 2001a; Rehn, 2002). Ein besonderes Problem stellen vorzeitige Behandlungsabbrüche unter anderem deswegen dar, weil sich äußerst konsistent zeigt, dass Abbrecher deutlich höhere Rückfallraten aufweisen (Hanson & Bussière, 1998; Hersh, 1999; Lösel et al., 1987; Miner & Dwyer, 1995). Allerdings mögen die Effekte des Behandlungsabbruchs im Rahmen geeigneter Rückverlegungs-prozeduren weniger gravierend sein (Dolde, 1996; Lösel, 2001a).

Im Hinblick auf die Evaluationsmethodik ist die Frage von Bedeutung, wie man mit dieser Gruppe umgehen sollte. Man kann sie schlicht aus der Untersuchung aus-schließen. In Rückfalluntersuchungen, die sich auf offizielle Statistiken berufen, ist es jedoch für gewöhnlich möglich, auch die Behandlungsabbrecher nachzuverfolgen. Ein Ausschluss wäre hier kaum zu rechtfertigen. Dann verbleibt die Frage, ob man sie als Teil der behandelten, der unbehandelten oder als separate Gruppe betrachtet. Einerseits wurde die Behandlung nicht vollständig durchlaufen, andererseits erscheint es auch als Aufgabe eines Behandlungsprogrammes, Strukturen zu schaffen, die Abbrüche verhindern oder die damit verbundenen negativen Auswirkungen moderieren können. McConaghy (1999) plädiert für die Einbeziehung der Abbrecher in die Behandlungsgruppe, wenn es nicht möglich ist, äquivalente Probanden aus der Kontrollgruppe ebenfalls zu eliminieren, da es ansonsten zu Effekten differentieller Mortalität kommt. Eine differenziertere und wohl zu bevorzugende Strategie besteht darin, die verschiedenen Möglichkeiten des Umgangs mit Abbrechern in separaten Analysen darzustellen. So können konservative und optimistische Effektschätzungen einander gegenübergestellt und gegeneinander abgewogen werden (Lösel, 2001a).

Zum Teil werden Behandlungsabbrecher als Vergleichsgruppe herangezogen, an der die Rückfälligkeit derjenigen Behandlungsteilnehmer relativiert wird, die die Behandlung regulär beendet haben (z.b. Berlin & Meinecke, 1981; Clelland, Studer & Reddon, 1998). Angesichts der konsistent höheren Rückfallraten dieser Gruppe dürften sich daraus allerdings keine sinnvoll interpretierbaren Schlüsse ziehen lassen (vgl. Rice & Harris, 2003). Behandlungsabbrecher zeichnen sich nicht nur dadurch aus, dass sie im Sinne einer differentiellen Dosierung weniger Behandlung erhalten haben. In diesem Fall wären Unterschiede in den Rückfallhäufigkeiten durchaus sinnvoll als Behandlungseffekt zu betrachten. Zum einen aber liegen die Rückfallraten der Täter, die eine Behandlung vorzeitig beenden, auch höher als die Raten unbehandelter Straftäter (z.b. Dünkel & Geng, 1994; Ortmann, 2002). Zum anderen zeichnen sie sich durch bestimmte Charakteristika aus, die als Risikofaktoren gelten. So zeigten Miner und Dwyer (1995), dass Behandlungsabbrecher seltener verheiratet waren, eine schlechtere Schulbildung hatten sowie häufiger exhibitionistische und seltener Inzestdelikte begangen hatten. Ortmanns (2002) Untersuchung weist die Abbrecher unter anderem als verwahrloster, aggressiver und weniger intelligent aus. Dies gilt sowohl im Vergleich mit den Tätern, die die Behandlung regulär beendet hatten, als auch gegenüber unbehandelten Tätern. Es kann zudem davon ausgegangen werden, dass sich unter den Behandlungsabbrechern aufgrund ihrer problematischen Charakteristika häufiger Täter mit einer antisozialen Persönlichkeitsstörung befinden (Lösel, 1998, 2001c; vgl. auch

Ortmann, 2002, der allerdings keine genaueren Angaben zur Art der Persönlichkeitsstörung macht).

6.1.3 Differenzierung der behandelten Population

Hinsichtlich der Frage „Was-hilft-wem?" ist eine Differenzierung der behandelten Klientel notwendig. Sexualstraftäter sind, wie mehrfach betont, keine Gruppe mit homogenen Charakteristika. Ebenso wenig kann man davon ausgehen, dass alle Sexualstraftäter in gleicher Weise auf Behandlung reagieren. Die Unterschiede bestehen bereits bezüglich der reinen Rückfallzahlen. Inzesttäter haben generell relativ niedrige Rückfallraten (vgl. Alexander, 1999; Brown & Brown, 1997; Greenberg et al., 2000; Hanson, 2001; Hood et al., 2002). Selbst eine angemessene Intervention hat hier kaum Spielraum, um Behandlungseffekte zu erzielen. Als Mindestforderung erscheint daher eine an der Deliktart orientierte Trennung angezeigt. Die Differenzierung der Population sollte sich allerdings keineswegs darauf beschränken. Auch innerhalb grober Deliktkategorien mögen sich relevante Unterschiede hinsichtlich ätiologischer und dynamischer Risikofaktoren verbergen, die durch einige Maßnahmen besser, durch andere schlechter beeinflussbar sind. Ein Sexualstraftäter, dessen Delinquenz nicht auf deviante Präferenzen zurückgeht, wird kaum von einer Behandlung profitieren können, die auf die Änderung solcher Präferenzen zielt. Daher erscheinen differenziertere und stärker an Tätercharakteristika orientierte Klassifikationssysteme geeigneter, um differentielle Effekte von Interventionsmaßnahmen aufzudecken (Hall, 1996; Hoyer, 2001).

Auch bestimmte Subgruppen wie psychopathische Personen und andere Hochrisikogruppen mögen besonders schwer über Behandlungen zugänglich sein und unangemessene Programme mögen die Rückfallraten regelrecht erhöhen (Lösel, 1998, 2001a; vgl. auch Seto & Barbaree, 1999). Generell scheint bei der Behandlung von Straftätern am ehesten eine u-förmige Beziehung zwischen Risiko und Behandlungserfolg zu erwarten zu sein (Lösel, 1996b). Ebenso ist eine Unterscheidung von Jugendlichen und Erwachsenen sinnvoll. Erstens dürften auch hier verschiedenartige Interventionsmaßnahmen angezeigt sein. Zweitens erscheint gerade die Gruppe der jugendlichen Sexualstraftäter als wichtige Zielgruppe, da hier die Gelegenheit besteht, in einem relativ frühen Stadium auf den Verlauf einer kriminellen Karriere korrigierend einzuwirken. Eine konsequente Berücksichtigung solcher differentieller Variablen erlaubt klarere Aussagen über die Wirksamkeit von Sexualstraftäterbehandlung.

6.1.4 Behandlungsinhalte

Neben einer Differenzierung der behandelten Population ist für eine differenzierte Bewertung von Behandlungsergebnissen auch eine genaue Darstellung der Behandlungsinhalte notwendig. Im Rahmen der Sexualstraftäterbehandlung kommen eine Vielzahl von Interventionsmethoden zum Einsatz, bei denen nicht davon ausgegangen werden kann, dass sie in gleicher Weise die Rückfälligkeit beeinflussen. Die Methoden reichen von singulären Maßnahmen über strukturierte Programme, die sich aus mehreren solcher Einzelmodule zusammensetzen, bis hin zu komplexen Programmen, z.B. im Rahmen integrativer Sozialtherapien, bei denen sich eine Vielzahl teils sehr heterogener Einzelstrategien zu einer Gesamtbehandlung vermischt. Gerade letzteres stellt für die Wirksamkeitsforschung ein Problem dar, da hier anstatt spezifischen Interventionen eine Institution als Ganzes zum Gegenstand der Evaluation wird. Während dieser Umstand hinsichtlich der generellen Frage, ob effektive Maßnahmen der Sexualstraftäterbehandlung zur Verfügung stehen, eine Antwort ermöglicht, ist die spezifischere Frage, worauf dies beruht, nur fragmentarisch zu beantworten. Das gilt umso mehr, wenn keine genaueren Angaben über die tatsächlichen Programminhalte vorliegen. Eine grobe Angabe von Ansätzen (kognitiv-behaviorale Therapie, therapeutische Gemeinschaft etc.) ist ohnedies schon sehr ungenau, da einerseits selbst ein und derselbe Ansatz recht unterschiedliche Inhalte umfassen kann, andererseits verschiedene Ansätze im Einzelfall durchaus inhaltliche Ähnlichkeiten zeigen mögen. Darüber hinaus ist mit einem Label noch nichts darüber ausgesagt, ob die Implementierung auch zufriedenstellend war (Lösel & Wittmann, 1989). Laws (2000) weist darauf hin, dass eine Reihe von Behandlungsmaßnahmen, die unter der Bezeichnung „Relapse Prevention" firmieren bei genauerer Betrachtung wenig mit dem ursprünglich beschriebenen Vorgehen zu tun haben. Eine Wirksamkeitsaussage mag in diesen Fällen etwas über das jeweilige Programm aussagen, lässt aber keine Schlüsse auf die Effektivität von Relapse Prevention im Allgemeinen zu. Die Kontrolle der Behandlungsintegrität umfasst jedoch nicht nur die Beschreibung der konkreten Behandlungsinhalte, sondern auch Aspekte wie die Ausbildung des therapeutischen und nicht-therapeutischen Personals, den Behandlungskontext und ähnliches mehr (Lösel, 1996b; Woodward, 1997). Aus diesen Gründen wird eine summative Evaluation sehr von einer parallelen formativen Evaluation profitieren. Das betrifft einerseits die angesprochene Implementationskontrolle, andererseits aber auch die Betrachtung spezifischer Behandlungsmodule in ihrem Einfluss auf proximale Variablen im Rahmen einer prozessorientierten Verlaufskontrolle. Auch und gerade bei der Evaluation von Maßnahmen, die Bestandteil der Routinepraxis sind und im Hinblick auf die externe Validität von besonderer Bedeutung, erlangen Aspekte der Behandlungsintegrität und -differenzierung einen zentralen Stellenwert. Es ist daher für umfassende Evaluationen zu plädieren (Lösel, 2001a; Lösel & Nowack, 1987; Rossi, Freeman & Hofmann, 1988).

Bei der Bewertung einer spezifischen Behandlung können auch behandelte Vergleichsgruppen herangezogen werden. Auch für letztere ist in diesen Fällen eine detailliertere Beschreibung vonnöten. Erst auf dieser Grundlage kann die Überlegenheit der evaluierten Behandlung auf eindeutige Faktoren wie Implementationsunterschiede, Dosierungsgrade oder unterschiedliche inhaltliche Angemessenheit der Behandlungen attribuiert werden. Gleichzeitig mögen institutionelle therapeutische Programme in vielen Kontextaspekten dem Regelvollzug ähneln. Lösel (2001a) weist auf die paradoxe Situation hin, dass Behandlungseffekte umso schwieriger nachzuweisen sind, je therapeutischer der reguläre Vollzug ist, d.h. je stärker effektive Behandlungs-maßnahmen als solche anerkannt und zu einem Allgemeingut werden. Therapeutische Maßnahmen, die der Vergleichsgruppe zugute kommen, müssen daher beschrieben und bei der Bewertung der Ergebnisse berücksichtigt werden.

Zum Behandlungserfolg im weiteren Sinne mag auch der Entlassungskontext beitragen (Lösel, 2001a). Speziell gilt das hinsichtlich der Frage, ob Nachbetreuungs-angebote erfolgen, sogenannte Booster-Sessions stattfinden oder sich der Behandlung im engeren Sinne schlicht eine verstärkte Supervision anschließt. Solche Maßnahmen können Behandlungseffekte fördern oder stabilisieren. Sie mögen auch negative Effekte haben, wenn dadurch die Selbstwirksamkeitserwartungen des Täters geschwächt werden (vgl. Marshall, Anderson et al., 1999). In jedem Fall erscheint es von Bedeutung, auch solche Aspekte zu dokumentieren und die Wechselwirkungen von Behandlung und Nachbetreuung zu untersuchen. Zum Entlassungskontext gehören darüber hinaus protektive und Risikofaktoren im Mikro- und Makroraum des Täters (z.B. nicht deviante Bezugspersonen, berufliche Integration bzw. Arbeitslosenquote in einer Region, „Ghettoisierung" etc.; vgl. Hanson & Harris, 1998, 2001; Lösel & Bender, 2003).

6.1.5 Ergebnismaße und Katamnesezeitraum

Obwohl proximale Ergebnismaße zur spezifischen evaluativen Bewertung einer Behandlung von außerordentlicher Bedeutung sind, sind Rückfallmaße die letztlich entscheidenden abhängigen Variablen, um den Erfolg einer Intervention im Bereich der Straftäterbehandlung zu beurteilen. Auf die große Variabilität von Rückfallraten in Abhängigkeit von der Rückfalldefinition (Bereich des Rückfalls: Sexual-, Gewalt- oder jegliches Delikt; kritische Grenze des Rückfalls: Problemverhalten, Anklage, Verurteilung, Inhaftierung; verwendete Quellen zur Bestimmung von Rückfällen: offizielle Register, inoffizielle Quellen wie Bewährungshelfer/Polizeiakten oder Selbstbericht) und der Länge des Katamnesezeitraumes wurde bereits in Kapitel 3.3.2 eingegangen. Ebenso gilt im Rahmen der Evaluierung von Interventionen bei Sexualstraftätern, dass eine Schätzung der Rückfallraten über sensitivere Maße und längere Katamnesezeiträume näher an der tatsächlichen Höhe der Rückfallhäufigkeit liegt, und somit die tatsächlichen Unterschiede in der Rückfälligkeit besser wiedergeben kann (Thornton, 1987). Offizielle Daten dürften zwar eine hohe Spezifität haben, sie sind jedoch relativ insensitiv, da gerade bei Sexualstraftaten von einem großen Dunkelfeld auszugehen ist (vgl. z.B. Groth et al., 1982). Inoffizielle Quellen sind zwar sensitiver, allerdings weniger spezifisch, d.h. hier mögen zu einem gewissen Teil falsch positive Rückfallereignisse einfließen. Selbstberichte wiederum dürften unter Bedingungen der Vertraulichkeit zwar eine Reihe von Rückfällen offenlegen, die ansonsten unentdeckt bleiben würden. Allerdings mag die Bereitschaft, Rückfälle zuzugeben, mit Bedingungen der Behandlung, z.B. dem Aufbau einer Vertrauensbeziehung, variieren, und damit Unterschiede zur Kontrollgruppe verwischen (Beier, 1995; Fedoroff, Wisner-Carlson, Dean & Berlin, 1992; Hanson, 1997).

Selbst bei der Wahl sensitiver Rückfallmaße sind die Raten in den ersten Jahren relativ gering. Während die allgemeine Rückfallrate nach etwa 4-5 Jahren eine Plateauphase erreicht, sind sexuelle Rückfälle auch nach relativ langen Zeiträumen in erheblicher Zahl zu beobachten (Prentky, Lee et al., 1997). Zuverlässige Aussagen über die Rückfallraten sind demnach erst nach einiger Zeit möglich. Dies bringt zwei Probleme mit sich. Erstens beziehen sich die Ergebnisse einer Evaluation unter Umständen auf Behandlungen, die es in dieser Form gar nicht mehr gibt, sondern hinsichtlich einer Reihe struktureller und inhaltlicher Aspekte fortentwickelt worden sind. Die Evaluationsergebnisse liefern damit nur eine bedingte Aussage über die aktuelle Behandlung. Zweitens mögen sich die Effekte einer Behandlung über die Zeit abtragen, da der Täter im Laufe der Jahre einer Vielzahl behandlungsunabhängiger Einflüsse ausgesetzt ist. Ursprünglich bestehende Unterschiede werden auf diese Weise unter Umständen nivelliert. Daher erscheint auch die Heranziehung kürzerer Katamnesezeiträume sinnvoll, verbunden mit fortlaufenden Aktualisierungen der Ergebnisse, um die Entwicklung der Behandlungseffekte abbilden zu können (Lösel, 2001a).

Aus den relativ geringen Basisraten sexueller Rückfälligkeit ergibt sich ein weiteres Dilemma. Bei der statistischen Überprüfung von Behandlungseffekten ist dadurch die Teststärke vermindert. Barbaree (1997) stellt an einer Reihe von hypothetischen Beispielen dar, dass die realistisch zu erwartenden Behandlungseffekte selbst mit relativ großen Stichproben ($N > 100$) in der Regel nicht statistisch abzusichern sind. Er weist daher darauf hin, dass bei der Beurteilung von Behandlungsevaluationen die Aufmerksamkeit nicht allein auf den Fehler 1. Art gerichtet sein sollte, sondern auch der Fehler 2. Art berücksichtigt werden muss. Nicht nur die fälschlich positive Beurteilung kann fatale Folgen haben (Aufwenden knapper Ressourcen für ineffektive Behandlungsmaßnahmen; vorzeitige Entlassung von behandelten Tätern in der Annahme, das Rückfallrisiko gesenkt zu haben), sondern auch die fälschlich negative Beurteilung (Verzicht auf an sich effektive Interventionen; Behinderung weiterer Forschungsbemühungen zur Optimierung von Behandlung; Verschiebung strafpolitischer Schwerpunkte von Besserung zu Sicherung). Barbaree (1997; vgl. auch Hanson, 1997) schlägt daher unter anderem vor, auch vermehrt auf Prozessevaluationen und proximale Ergebnismaße zurückzugreifen. Allerdings liegen bislang kaum Befunde vor, ob Variablen, die sich empirisch als rückfallrelevant erwiesen haben, den Zusammenhang zur Rückfälligkeit auch in Form von Änderungsmaßen wahren (McConaghy, 1999). Eine Studie von Hudson et al. (2002) bestätigt dies nur in Ansätzen. Bevor diese Strategie sinnvoll eingesetzt werden kann, müssten demnach zunächst veränderungssensitive Maße entwickelt werden, die tatsächlich eine enge Verbindung mit Rückfalldaten aufweisen.

6.2 Metaevaluation der Sexualstraftäterbehandlung

Das von Barbaree (1997) angesprochene Problem der geringen Teststärke einzelner Evaluationsstudien weist auf die Notwendigkeit hin, die Resultate einzelner Untersuchungen zu aggregieren, um eventuell aus einer Menge von nicht signifikanten, aber in die gleiche Richtung weisenden Befunden Trends abzuleiten. Allerdings weisen für gewöhnlich nicht alle Studien in die gleiche Richtung, meist ergeben sich über verschiedene Untersuchungen hinweg inkonsistente Befunde. Daher gilt es im Rahmen der Aggregation auch Ergebnismuster zu extrahieren und Kriterien ausfindig zu machen, die eine konsistentere Ordnung der Einzelbefunde erlauben.

6.2.1 Frühe und narrative Überblicksarbeiten

Die bereits angesprochene Arbeit von Furby et al. (1989) mag als erster Versuch gelten, die Ergebnisse zur Wirksamkeit der Sexualstraftäterbehandlung systematisch und umfassend darzustellen. Es wurde bereits darauf hingewiesen, dass es – zumindest was die weitergehende quantitative Auswertung angeht – bewusst bei einem Versuch blieb. Die Analyse bezog sich auf 42 Studien, die als Primärquellen zur Verfügung standen. 13 weitere Arbeiten aus sekundären Quellen werden von den Autoren tabellarisch aufgeführt, aber nicht weiter berücksichtigt. Nur ein Fünftel der Studien bezog eine Kontrollgruppe ein, für die zudem oft nur wenige Informationen vorlagen. Unter großen Vorbehalten nehmen Furby et al. Vergleiche vor, die eher einen leichten Trend gegen die behandelten Gruppen zeigen.[2] Am Ende ihrer Analyse gelangen die Autoren in Bezug auf die Wirksamkeit von therapeutischen Maßnahmen für Sexualstraftäter zu dem Schluss: *„There is as yet no evidence that clinical treatment reduces rates of sex reoffenses"* (S. 27). Mitunter wurde diese Folgerung als Hinweis darauf verstanden, dass sich Behandlung für Sexualstraftäter als unwirksam erwiesen hätte. Das steckt allerdings so nicht in der Aussage. Es scheint sich hier um ein ähnliches Missverständnis zu handeln wie jenes, das in der Folge der Arbeit von Martinson (1974) die „nothing works"-Debatte im Rahmen der allgemeinen Straftäterbehandlung anstieß (vgl. Lösel, 1995). Furby et al. hätten wohl ebenso gut formulieren können, dass bislang kaum

---

[2] Unter Einbeziehung der 13 Studien aus den Sekundärquellen, unter denen sich auch die bei Heim und Hursch (1977) zusammengefassten Kastrationsstudien befinden, ergibt sich hingegen ein deutlich positiver Effekt (vgl. Lösel & Schmucker, 2003; vgl. auch Tabelle 6.1)

Hinweise verfügbar sind, *ob* die Behandlung von Sexualstraftätern wirksam ist. Die methodische Qualität der von ihnen einbezogenen Evaluationen bietet nicht mehr an. Der Umstand, dass ihre Analyse kein positives Urteil zuließ, entspricht also nicht einem Beweis für die Unwirksamkeit. Das sehen offenbar auch die Autoren so, denn sie beenden ihren Artikel mit der ausdrücklichen Aufforderung, die Evaluationsforschung zu intensivieren.

Marshall, Jones et al. (1991) sahen aber auch schon in Furby et al.'s (1989) Daten deutlich positivere Anzeichen. Sie bemängeln, dass das Anlegen eines sehr hohen methodischen Standards dem noch relativ jungen Gebiet der Sexualstraftäterbehandlung nicht angemessen sei und die weitere Entwicklung des Feldes hemme. Sie fragen daher nicht, ob Sexualstraftäterbehandlung wirke, sondern etwas zurückhaltender: *„Can we discern grounds for optimism in the treatment outcome literature?"* (S. 466). Im Rahmen eines narrativen Reviews unterteilen sie die verschiedenen Evaluationsuntersuchungen systematisch nach den Kriterien „Art der Behandlung" und „Behandlungssetting". In Abwägung von Aspekten der Methodik der einzelnen Studien und der jeweils behandelten Population kommen die Autoren zu dem sehr viel hoffnungsvolleren Ergebnis, dass Behandlung bei Sexualstraftätern wirksam sein kann, aber nicht in jeder Form und nicht bei jedem Sexualstraftäter. Als besonders kritische Tätergruppe betrachten sie Vergewaltiger, wollen dies aber nicht als Ausschlusskriterien verstanden wissen, sondern als Motivation, effektivere Interventionen für Problemgruppen zu identifizieren. Als potentiell erfolgreiche Behandlungsansätze identifizieren sie die hormonale Medikation (in Verbindung mit psychotherapeutischen Maßnahmen) und kognitiv-behaviorale Therapien, wenngleich auch hier uneingeschränkte Wirksamkeit nicht postuliert werden könne. Marshall, Jones et al. bezogen in ihre Bewertung auch Evaluationen ein, die lediglich Rückfallraten einer behandelten Gruppe darstellten und keine Kontrollgruppe umfassten. Weiter beschränkten sie ihre Betrachtungen auf Täter, die die Behandlungen vollständig absolviert hatten. Behandlungsabbrecher wurden von ihnen nicht berücksichtigt. Quinsey, Harris, Rice und Lalumière (1993) bemängeln diese Entscheidungen. Sie bewerten die von Marshall, Jones et al. einbezogenen Studien erneut und kommen ähnlich wie Furby et al. zu dem Urteil, dass eine positive Bewertung zu diesem Zeitpunkt nicht möglich sei.

Ähnlich liegen die methodischen Probleme bei Untersuchungen zur medikamentösen Therapie. Zunächst wird als Ergebnismaß nur selten Rückfälligkeit im engeren Sinne herangezogen, sondern die Reduzierung sexueller Phantasien, subjektive Einschätzungen der Häufigkeit und Intensität sexueller Impulse oder verringerte Masturbations-frequenz. Letztere wurden zwar zum Teil in Doppelblind-Studien gefunden, erlauben aber kaum Aussagen über die Auswirkungen auf erneute Straffälligkeit. Rückfallstudien von medikamentös behandelten Probanden erfolgen dagegen in aller Regel ohne den Einbezug einer Kontrollgruppe. Zudem beziehen sich die Studien nur zum Teil auf Sexualstraftäter, oft handelt es sich um klinische Stichproben von Patienten mit paraphilen Störungen. Die insgesamt positiven Bewertungen (Gijs & Gooren, 1996; Greenberg & Bradford, 1997; Maletzky & Field, 2003; Meyer & Cole, 1997; Rösler & Witztum, 2000) sind daher nur unter Vorbehalten zu interpretieren. Insgesamt wird die Hormontherapie aber, insbesondere in Verbindung mit Methoden der Psychothe-rapie und für schwerst gestörte Täter, als angemessen und erfolgversprechend betrachtet (Marshall, Jones et al., 1991; Rüther, 1998).

In Bezug auf die chirurgische Kastration liegt neben der Arbeit von Marshall, Jones et al. (1991), die auch diesen Ansatz einbezog, eine systematische Zusammenstellung von vier Kastrationsstudien durch Heim und Hursch (1979) vor. Dabei zeigt sich bei relativ langen Katamnesezeiträumen von meist über fünf, teils mehr als zehn Jahren eine äußerst geringe sexuelle Rückfälligkeit für die kastrierten Sexualstraftäter (0 bis 7 %). Die Befunde sind mit äußerster Vorsicht zu interpretieren. Die kastrierten Sexual-straftäter stellen allein schon deshalb eine hochselegierte Gruppe dar, da sie sich diesem Eingriff freiwillig unterzogen und somit hochmotiviert sein dürften. Es ist daher denkbar, dass die Rückfallraten auch ohne die Operation auf einem relativ niedrigem Niveau gelegen hätten. Für die nicht-sexuellen Delikte sind die Rückfallraten wesentlich uneinheitlicher und zum Teil scheinen die Kastrationen erst in relativ hohem Alter erfolgt zu sein, was neben der Freiwilligkeit ein weiteres Argument für die sehr niedrigen Rückfallraten sein mag. Vor allem aber aufgrund ethischer Argumente kommen sowohl Heim und Hursch als auch Marshall, Jones et al. zu einer negativen Einschätzung der chirurgischen Kastration.

Bei jugendlichen Straftätern kommen organische Behandlungen allenfalls in medikamentöser Form und auch dann nur in äußersten Ausnahmefällen zum Einsatz. Dementsprechend liegen für diese Gruppe keine Behandlungsevaluationen vor. Im Hinblick auf die psychosoziale Behandlung von jugendlichen Straftätern ergeben sich ähnlich widersprüchliche Urteile wie dies für erwachsene Straftäter gezeigt wurde. Während Camp und Thyer (1993) sowie Ertl und McNamara (1997) – wiederum in erster Linie wegen eines Mangel an aussagekräftigen Evaluationen – zu einer zurückhaltenden Einschätzung gelangen, befinden Bourke und Donohue (1996) am Ende ihres Überblicks: *„Preliminary findings suggest that the most promising interventions may be a combination of behavioral, psychoeducational, and supportive therapies, with an emphasis on family counseling."* (S. 64). Obwohl diese Folgerung vorsichtig formuliert ist, wirkt sie dennoch überraschend, denn über die verschiedenen betrachteten Behandlungsansätze hinweg konstatieren die Autoren zumeist, dass keine empirischen Untersuchungen zur Wirksamkeit der Behandlung bei Jugendlichen vorliegen und weitere entsprechende Studien abzuwarten seien. Am Ende findet sich in der Zusammenstellung lediglich eine einzige Behandlungsevaluation. Dabei handelt es sich um eine Studie zur multisystemischen Therapie, die zwar auf einem randomisierten Design beruht, aber eine Stichprobe von nur 16 Jugendlichen umfasst (Borduin, Henggeler, Blaske & Stein, 1990). Eine Aussage erscheint auf dieser Grundlage nicht möglich. Etwas skeptischer bewertet daher auch Sciarra (1999) den Wirkungsnachweis der Behandlung jugendlicher Sexualstraftäter, da nur spärliche und inkonsistente Ergebnisse vorliegen.

Rüther (1998) stellt eine Reihe von zu Beginn der neunziger Jahre erschienenen Überblicksarbeiten zusammen und konstatiert eine insgesamt vorsichtig optimistische Einschätzung der Sexualstraftätertherapie. Er stellt aber auch fest, dass die Einschätzung der einzelnen Autoren in erster Linie von ihrer institutionellen Anbindung und der Perspektive abhängt. Während Autoren, die selbst intensiv in die Behandlung von Sexualstraftätern involviert sind, eher zu positiven Urteilen kommen, stellen Forscher ohne engere Behandlungsanbindung vermehrt auf die methodischen Unzulänglichkeiten und die mangelnden Befunde ab. Dieser Aspekt zeigt eine der zentralen Problematiken narrativer Reviews. Die Auswahl und Bewertung der Studien bleibt relativ subjektiv, und die Güte des Urteils hängt von der schwer spezifizierbaren Fähigkeit des Reviewers ab, die relevanten Studien angemessen zu gewichten, Einzelaspekte zu differenzieren und wieder zusammenzuführen. Das Vorgehen bei der Integration der Befunde ist somit nur bedingt systematisierbar und objektivierbar, und kann recht stark durch die Interessen des jeweiligen Autors geprägt sein (Fricke & Treinies, 1985; Lösel & Breuer-Kreuzer, 1990; Lösel et al., 1987). Pointiert formuliert Glass (1976), dass die gängige Strategie darin bestünde, alle Studien außer den eigenen (oder solchen eigener Schüler oder Freunde) aufgrund methodischer Mängel als unbrauchbar zu deklarieren, *„and then advance the one or two ‚acceptable' studies as the truth of the matter."* (S. 4).

6.2.2 Vorteile metaanalytischer Strategien

Eine metaevaluative Strategie, die in ihrer Anlage sehr viel stärker auf Objektivität und Nachvollziehbarkeit der Integration ausgerichtet ist, stellt die Metaanalyse dar. Es handelt sich dabei nicht um eine spezifische Methode, sondern vielmehr um ein generell systematisiertes Vorgehen, dessen augenfälligstes Merkmal die Quantifizierung von Behandlungsergebnissen in Form von Effektstärken ist (vgl. Beelmann & Bliesener, 1994; Lösel & Breuer-Kreuzer, 1990). Allerdings geht die Systematisierung über statistische Aspekte hinaus. So erfolgt bei Metaanalysen auch eine klarere Definition der Kriterien, die zum Ein- bzw. Ausschluss einer Evaluationsstudie führen, die gesamte Literaturrecherche erfolgt mit dem expliziten Ziel, alle relevanten Untersuchungen abzudecken, die Suchstrategien nachvollziehbar zu machen sowie die so gefundenen und eingeschlossenen Studien anhand eines explizierten Kodierschemas in differenzierter und für alle Studien vergleichbarer Weise zu erfassen (vgl. Wilson, 2001).

Diese Systematisierung des Vorgehens kann einer bewusst oder unbewusst betriebenen subjektiven Auswahl von Studien und Moderatorvariablen vorbeugen. Zudem ermöglicht sie die Integration einer größeren Zahl von Primärarbeiten, bei der narrative Reviews angesichts der zunehmenden Komplexität der Information hinsichtlich der Querverbindungen von Methodik, Behandlung und Ergebnissen an ihre Grenzen stoßen müssen. Zwar kann auch in diesem Rahmen über Strategien wie „vote counting", d.h. das Auszählen von signifikanten Ergebnissen, eine umfassendere Integration geschehen (vgl. Fricke & Treinies, 1985; Lösel et al., 1987). Doch ergibt sich hier genau das Problem der geringen Sensitivität bei der Signifikanzprüfung auf Einzelstudienebene, das Barbaree (1997) für die Sexualstraftäterbehandlung demonstriert hat. Durch die Verwendung von Effektstärken, die erst nach der Aggregation des Gesamteffektes auf Signifikanz geprüft werden, stellt die Metaanalyse letztlich eine Art der Stichprobenvergrößerung dar und erhöht somit die Teststärke. Die Kritik an der Metaanalyse, die teilweise Unvereinbarkeit einzelner Studien nicht zu berücksichtigen (Inkommensurabilitätsproblem, „Äpfel-und-Birnen"-Problem; vgl. Lösel, 1987), ist in Teilen berechtigt. Allerdings bietet die Metaanalyse durch die systematische Kodierung von Moderatorvariablen gerade die Möglichkeit, differentielle Effekte aufzudecken. Wenn dies nicht gelingt, ist das oft schon ein Problem der Primärforschung, die beispielsweise nicht nach verschiedenen Tätertypen differenziert oder nur unklare Behandlungsbeschreibungen anbietet. In diesem Sinne ist die Metaanalyse auch eine deskriptive Analyse, um auf spezifische Mängel und Lücken der Primärstudien aufmerksam zu machen. Zudem gilt das Uniformitätsproblem für Forschungsintegration generell, sei sie metaanalytisch orientiert oder nicht. Das gleiche gilt für andere Kritikpunkte, die der Metaanalyse entgegengebracht wurden, und häufig scheinen im Rahmen von Metaanalysen gerade Möglichkeiten zu bestehen, diesen Gefährdungen systematisch entgegenzutreten (für zusammenfassende Diskussionen siehe z.b. Beelmann & Bliesener, 1994; Lösel, 1987; Sharpe, 1997).

Die Vorteile der Metaanalyse (systematische Suchstrategien, klarere Dokumentation der Integration, präzisere Erfassung von Behandlungseffekten, Möglichkeit differenzierter Moderatoranalyse) haben zu ihrer allgemein schnellen Verbreitung geführt. Auch im Bereich der Sexualstraftäterbehandlung wurde die systematische, quantitative Integration des Forschungsstandes gefordert (Barbaree, 1997; Hanson, 1997; Quinsey et al., 1993) und in den letzten Jahren vermehrt umgesetzt, wenngleich es sich dabei nicht immer um Metaanalysen im engeren Sinne handelt (vgl. Lösel & Schmucker, 2003).

6.2.3 Metaanalytisch orientierte Integrationen

Als erste systematische Zusammenfassung der Evaluation zur Wirksamkeit von Sexualstraftäterbehandlung mag die Arbeit von Furby et al. (1989) gelten, auf die bereits eingegangen wurde. Die erste Metaanalyse im engeren Sinne stammt hingegen von Hall (1995). Er integrierte die kontrollierten Evaluationsstudien, die seit Veröffentlichung der Arbeit von Furby et al. verfügbar waren. Von insgesamt 92 identifizierten Studien entsprachen zwölf den Anforderungen ($N > 10$; kontrolliertes Design; Rückfalldaten als Kriterium). Nach wie vor ist das eine geringe Zahl. In Anbetracht des im Vergleich zu Furby et al. begrenzteren Zeitraumes der einbezogenen Arbeiten wird hier jedoch schon eine beschleunigte Erweiterung der Forschungsbasis deutlich.

Von den 683 in den Studien erfassten behandelten Sexualstraftätern wurden 19 Prozent sexuell rückfällig, bei den 630 unbehandelten Tätern lag die Rückfallrate bei 27 Prozent. Halls (1995) metaanalytische Integration ergab eine mittlere Effektstärke von $r = .12$ (Cohen's $d = 0.24$). Allerdings wiesen die Studien hoch variable Effektstärken auf, die Hall weiter untersuchte. Dabei ergaben sich relevante Charakteristika aus dem methodischen Bereich, bezüglich des Settings und der Art der Behandlung.

Längere Katamnesezeiträume und höhere Basisraten (geschätzt über die Rückfallrate der Vergleichsgruppe) gingen mit höheren Effektstärken einher. Andere methodisch relevante Faktoren wie Randomisierung und Wahl der Kontrollgruppe hatten dagegen keinen systematischen Einfluss auf die ermittelten Effekte. Hinsichtlich des Behandlungssettings erwiesen sich ambulante Maßnahmen gegenüber institutionellen Programmen als leicht im Vorteil, was Hall als Indikator dafür heranzieht, dass bei Tätern mit geringerer Psychopathologie bessere Effekte erzielt worden waren. Das mag man in der Tendenz nachvollziehen, doch ergibt sich die Institutionalisierung, d.h. Inhaftierung, eines Täters nicht so sehr als Folge psychopathologischer Kriterien, sondern anhand von Kriterien der Tat. Ob sich diese als direkte Ableitung der Psychopathologie verstehen lassen, ist zumindest fragwürdig. Hinsichtlich der verschiedenen Behandlungsmodelle stellte Hall positive Effekte für kognitiv-behaviorale Methoden und hormonale Behandlung fest und stützt damit die Einschätzung von Marshall, Jones et al. (1991). Als einziger weiterer Behandlungsansatz waren in Halls Metaanalyse verhaltenstherapeutische Strategien vertreten. Diese erwiesen sich den beiden anderen Ansätzen als unterlegen und es ergab sich sogar eine leicht negative mittlere Effektstärke. Diese Zusammenfassung bezieht sich allerdings auf lediglich drei Studien, von denen bei einer (McConaghy, Blaszczynski & Kidson, 1988) die Bestimmung von Behandlungs- und Kontrollgruppe fragwürdig erscheint. McConaghy et al. unterscheiden drei Behandlungen mit jeweils zehn Teilnehmern: verdeckte Konditionierung, Hormonbehandlung (MPA) sowie eine Kombination dieser beiden Behandlungsformen. Hall stellt die erste Gruppe den beiden anderen gegenüber. Das hat zur Folge, dass ein Teil der Vergleichsgruppe die kombinierte Behandlung, also die eigentlich zu evaluierende verdeckte Konditionierung und zusätzlich eine MPA-Medikation erhielt. Bei einer Relativierung des Behandlungserfolges an dieser Vergleichsgruppe ist ein negativer Effekt geradezu zu erwarten (vgl. auch McConaghy, 1999). Allerdings zeigten auch die beiden anderen rein behavioralen Behandlungen negative Effekte.

Halls (1995) Befunde aus den Moderatoranalysen sind nur mit Vorbehalten zu interpretieren, da seine Analyse lediglich zwölf Evaluationsstudien einbezog. Alexander (1999) verwendete deutlich weniger restriktive Einschlusskriterien. Sie schloss alle Untersuchungen ein, die psychosoziale Interventionen mit Sexualstraftätern evaluierten, unabhängig davon, ob sie auf einem kontrollierten Design beruhten oder nicht. Eine

Effektstärkenberechnung ist auf der Grundlage solcher Studien nicht möglich und damit schlossen sich für Alexander metaanalytische Auswertungen im engeren Sinne aus. Es erfolgte dennoch eine systematische Moderatoranalyse. Dazu wurden die jeweiligen Studien nach verschiedenen Kriterien unterteilt (Altersgruppe, Deliktart, Behandlungs-setting, Behandlungs-Ära/Jahrzehnt, Freiwilligkeit der Behandlung). Getrennt nach behandelten und unbehandelten Sexualstraftätern wurden dann für die jeweiligen Kategorien die Rückfallraten berechnet und miteinander verglichen. Drei Kriterien dienten der Bewertung des Behandlungseffektes: (a) Rückfallrate der behandelten Gruppe $\leq$ 10 %; (b) jeweils N > 100 für die verglichenen Gruppen; und (c) ein Unterschied von mindestens 10 Prozentpunkten. Die von Alexander einbezogenen Studien umfassten 9 383 behandelte und 1 605 unbehandelte Sexualstraftäter. Insgesamt lag die Rückfallrate für erstere bei 13 Prozent, für letztere bei 18 Prozent. Nach den von Alexander angelegten Kriterien ergibt sich damit kein bedeutsamer Effekt.

Die differenzierten Analysen erbrachten allerdings einige aufschlussreiche Unter-schiede. Die Trennung nach der Deliktart zeigte für behandelte Vergewaltiger nur unwesentlich geringere Rückfallraten als für unbehandelte. Hingegen ergaben sich für Missbrauchstäter und Exhibitionisten deutlichere Unterschiede zwischen behandelten und unbehandelten Teilnehmern. Keiner der beiden Vergleiche erfüllte allerdings alle drei Bewertungskriterien gleichermaßen. Die Behandlung von jugendlichen Sexual-straftätern resultierte in äußerst geringen Rückfallquoten (7.1 %). Leider lagen keine Vergleichsdaten für unbehandelte Jugendliche vor, an denen dieses Ergebnis hätte relativiert werden können. Hinsichtlich der verschiedenen Behandlungsansätze ergaben sich hingegen klarere Effekte. Relapse Prevention-Ansätze, zu denen Alexander auch alle kognitiv-behavioralen Interventionen zählte, erwiesen sich als vergleichsweise effektiv (Rückfallrate 7.2 %), während andere psychotherapeutische Ansätze wie auch nicht einzuordnende Interventionen gegenüber der unbehandelten Gruppe zwar besser abschnitten, aber in geringerem Ausmaß. Der positive Behandlungseffekt der Relapse Prevention-Ansätze erwies sich dabei als relativ konstant über verschiedene Deliktkate-gorien hinweg, d.h. auch für Vergewaltiger ergab sich ein positiver Behandlungseffekt, der aber auf einer sehr geringen Fallzahl beruhte (n = 72; 8.3 % Rückfälle). Bezüglich der Settings erwiesen sich Behandlungen, die in Haftanstalten stattfanden, als effektiver (Rückfallrate 9.4 %) als solche auf ambulanter Basis (11.5 %) oder in Kliniken (16.6 %). Während die höhere Rückfallrate der in Kliniken behandelten Sexualstraftäter insofern nachvollziehbar ist, als vermutet werden kann, dass hier Täter mit stärkeren pychopathologischen Störungen untergebracht sind, verwundert es, dass sich dieser Effekt nicht auch für das Gefängnissetting zeigt. Die etwas höhere Rate für ambulante Settings mag sich dadurch erklären, dass hier Exhibitionisten besonders stark repräsentiert sind. Diese Gruppe hat sich in verschiedenen Untersuchungen als besonders rückfallgefährdet erwiesen (vgl. Egg, 2002a; Hanson & Bussière, 1998). In der Tat zeigt sich in den Daten von Alexander, dass Exhibitionisten insbesondere in ambulanten Settings behandelt werden und ihre Rückfallquote hier bei 19 Prozent und damit höher liegt als für die anderen Tätergruppen.

Die Analysen in Alexanders (1999) Untersuchung sind sicher problematisch. Durch die Einbeziehung nicht kontrollierter Studien sowie die Zusammenfassung aller behandelten Sexualstraftäter und deren Gegenüberstellung mit den unbehandelten Tätern werden zentrale Aspekte wie unterschiedliche Katamnesezeiträume, unterschiedliche Rückfalldefinitionen und andere methodische und inhaltliche Aspekte, die außerhalb der jeweils verglichenen Kriterien liegen, unsteuerbar. Obwohl auch bei Evaluationsstudien, die kontrollierte Designs verwenden, häufig Gruppenunterschiede bezüglich zentraler Variablen vorliegen, hat eine Beschränkung auf solche Studien immerhin den Vorteil, dass sich die Unterschiedlichkeit im Rahmen der einzelnen Analysen grob bestimmen lässt. Zudem ist davon auszugehen, dass bei kontrollierten Studien zumindest die Rückfalldefinitionen einheitlich sind. Wie in Kapitel 3.3.2 gezeigt wurde, entfällt schon auf diesen Aspekt ein großer Teil der Varianz in den Rückfallraten. Daher erscheint eine Beschränkung auf Studien, die eine unbehandelte Kontrollgruppe bzw. zumindest eine weniger intensiv oder weniger spezifisch behandelte Vergleichsgruppe einschließen, sinnvoll. Das Problem dieser Beschränkung zeigte sich allerdings schon in Halls (1995) Studie. Der Pool relevanter Studien ist relativ klein und systematische Moderatoranalysen fallen der Gefahr von Zufallseffekten anheim. Noch gravierender zeigt sich das Problem in zwei Metaanalysen, die im Rahmen der Cochrane Collaboration erstellt wurden und sich ausschließlich auf randomisierte Studien stützten. Ashman und Duggan (2002) fanden keine einzige randomisierte Studie zur Effektivität von Behandlung für lernbehinderte Sexualstraftäter. Während hier die Fragestellung etwas eng gewählt ist – es gibt kaum unkontrollierte Evaluationen zu dieser Tätergruppe – beziehen sich White, Bradley, Ferriter und Hatzipetrou (2001) auf den gesamten Bereich der Sexualstraftäter. Die Autoren konnten lediglich drei Arbeiten einbeziehen und jede weitere Analyse erwies sich damit als unmöglich. So sinnvoll eine Beschränkung auf gewisse wissenschaftliche Standards sein mag, so notwendig ist es auch, die tatsächlichen Gegebenheiten eines Forschungsbereiches zu berücksichtigen und eine Mischung aus qualitativem Anspruch und inhaltlicher Aussagefähigkeit zu wahren (vgl. Lösel & Schmucker, 2003; Marshall, Jones et al., 1991).

Gallagher, Wilson, and MacKenzie (2000) beschränkten sich wie Hall (1995) in weniger restriktiver Weise auf Studien, die Vergleichsgruppen einbezogen. Das ermöglichte ihnen den Einschluss von immerhin 23 Artikeln, aus denen sie 26 kontrollierte Vergleiche extrahierten. Ihnen standen damit etwa doppelt so viele Studien zur Verfügung wie Hall (1995). Ihre Analyse unterscheidet sich in einigen wesentlichen Punkten von Halls Arbeit. Zunächst beschränkten sie sich nicht auf publizierte Untersuchungen. Sie grenzten ihren Suchraum überdies zeitlich weniger stark ein (Veröffentlichung seit 1975, Behandlung nach 1975), d.h. auch Studien, die vor Furby et al.'s (1989) Zusammenfassung durchgeführt wurden, gingen in ihren Studienpool ein. Zudem legten sie ihren Analysen ein Modell mit Zufallseffekten zugrunde. Hall hatte die Einzelstudien auf der Grundlage des Modells mit festen Effekten integriert (zur Unterscheidung der beiden Modelle siehe Kapitel 9.2.2). Über die 26 Vergleiche hinweg ermitteln Gallagher et al. eine durchschnittliche Effektstärke von $d = 0.43$, die damit deutlich höher liegt als der von Hall ermittelte Wert. Lediglich drei der Vergleiche weisen negative Effekte auf. Die mittleren Rückfallraten lagen bei 12 Prozent für die behandelten und 22 Prozent für die unbehandelten Sexualstraftäter.

Wie schon bei Halls Analyse erwiesen sich die integrierten Studieneffekte als sehr heterogen. Gallagher et al. nahmen daher Moderatoranalysen vor, um die Quellen dieser Variabilität zu identifizieren. Dabei ergaben sich signifikante Effekte für die Art der Behandlung, die zur Anwendung kam. Organische Behandlungen (eine Studie zur chirurgischen Kastration, vier zu Hormonbehandlungen mit Psychotherapie) sowie kognitiv-behaviorale Behandlungen erbrachten eine signifikante Reduzierung der sexuellen Rückfälligkeit, verhaltenstherapeutische und andere psychosoziale Ansätze zeigten dagegen nur schwach positive Behandlungseffekte. Die Dauer der Behandlung erwies sich als weitgehend unabhängig vom Erfolg der Behandlung. Diese Auswertung müsste aber eigentlich das Ausmaß psychopathologischer Störung, sprich die Behandlungsbedürftigkeit der Klientel, einbeziehen. Die Untersuchung von Unterschieden bezüglich des Kontextes bestätigte den Befund Halls, dass institutionelle Programme ambulanten Behandlungen unterlegen waren. Weiter zeigte sich, dass Programme unter der Federführung von Vollzugsbehörden schwächere Effekte erzielten als andere

Behandlungen. Die beiden letztgenannten Variablen sind allerdings in hohem Maße konfundiert, da private Trägerschaften beinahe ausschließlich in ambulanten Settings vorkommen. Die Autoren nahmen eine relativ ausführliche Analyse der methodischen Einflüsse auf die Effektstärkenvariabilität vor. Dabei zeigte sich ein – allerdings nicht vollständig linearer – Trend, dass die Studien mit insgesamt besserer methodischer Qualität eher höhere Effekte finden. Das ist erfreulich, da es zeigt, dass sich die positiven Behandlungseffekte gerade in solchen Untersuchungen bestätigen, in deren Befunde man größeres Vertrauen setzen darf. Eine besonders starke Moderatorvariable stellte überdies die Quelle dar, über die die Rückfallinformation gewonnen wurde. Kompositmaße, die neben offiziellen Statistiken auch inoffizielle Auskünfte und Selbstberichte einbezogen, erbrachten deutlich höhere Effektstärken als reine Maße der offiziellen Rückfälligkeit ($d = 0.81$ versus $d = 0.34$). Gallagher et al. weisen aber auf ein besonderes Problem hin: Methodische Variablen und Aspekte der Behandlung sind in sehr hohem Maße konfundiert. Eine Interpretation ist daher durch die Unsicherheit gekennzeichnet, dass der differentielle Effekt eines Faktors lediglich auf der Wirkung des anderen beruhen mag.

Obwohl Gallagher et al. ein generell positives Bild der Wirksamkeit der Sexual- straftäterbehandlung zeichnen, weisen sie auf die enormen Lücken in der Evaluations- literatur in diesem Bereich hin. Das betrifft zum einen die geringe Gesamtzahl der Untersuchungen, zum anderen die geringe Anzahl an hinsichtlich ihres Forschungs- designs hochwertigen Arbeiten und die fehlende differenzierte Darstellung von Untergruppen. So wird eine differenzierte Beantwortung der Frage „Was-hilft-wem?" unmöglich. Dennoch markiert die Analyse einen klaren Fortschritt in der Bewertung der Wirksamkeitsfrage der Therapie von Sexualstraftätern.

Die bis dato aktuellste und auch umfassendste Metaanalyse wurde von Hanson in Zusammenarbeit mit einer Reihe bekannter Vertreter aus dem Bereich der Sexual- straftäterbehandlung vorgenommen (Hanson et al., 2002). Die Arbeit beschränkte sich allerdings allein auf psychosoziale Maßnahmen und schloss medikamentöse oder chirurgische Interventionen von vornherein aus. Die zunächst beeindruckende Zahl von 43 kontrollierten Studien, die die Autoren in ihre Analyse einbezogen, relativiert sich daran, dass sie auch Untersuchungen einbezogen, die Behandlungsabbrecher als Vergleichsgruppe heranzogen. Ein Umstand, den sie selbst an den Arbeiten von Hall (1995) und Gallagher et al. (2000) kritisierten. Andererseits bezogen sie in anderen

Studien, die adäquatere Vergleichsgruppen verwendeten, die Abbrecher mit in die Behandlungsgruppe ein, wenn dies möglich war. Das erscheint widersprüchlich. Allerdings nutzten die Autoren die Studien mit Abbrecher-Kontrollgruppen primär, um die Frage der Auswirkungen des Behandlungsabbruches auf die Evaluationsergebnisse zu prüfen.

Von den 43 Studien berichteten 38 Daten über sexuellen Rückfall. Als Effektstärkemaß wurden Odds Ratios (*OR*) verwendet. Für die sexuelle Rückfälligkeit ergab sich ein signifikanter mittlerer Wert von $OR = 0.81$, was einem schwachen Effekt zum Vorteil der Behandlungsgruppen gleichkommt. In Cohen's *d* ausgedrückt entspricht das einem Wert von etwa $d = 0.12$. Die Effektstärkenvariabilität erwies sich als äußerst hoch und wie zu erwarten war, ergaben sich für die Vergleiche, die Behandlungsabbrecher als Vergleichsgruppe herangezogen hatten, sehr viel bessere Evaluationsergebnisse als bei Heranziehung anderer Vergleichsgruppen. Obwohl man annehmen könnte, dass auch Behandlungsverweigerer eine besonders gefährdete Gruppe darstellen würden, wiesen Studien, die mit Verweigerern als Vergleichsgruppe arbeiteten eher niedrigere Effekte auf. Hanson et al. isolierten 20 Studien, bei denen von einer Äquivalenz der Behandlungs- und der Vergleichsgruppe ausgegangen werden konnte. Wie bei Gallagher et al. (2000) zeigen diese Studien mit besseren Designs tendenziell bessere Behandlungseffekte ($OR = 0.69$, was in etwa $d = 0.20$ entspricht). Wiederum ist dies aber kein vollkommen linearer Trend für bessere Zuweisungsmethoden, da die Studien, die mit der Randomisierung den „gold standard" verwenden (vgl. Farrington, 1983), im Mittel keinen Behandlungseffekt finden. Darüber hinaus weisen sie sehr heterogene Effektstärken auf.

In weiteren Moderatoranalysen beschränkten sich die Autoren auf die 20 mehr oder weniger äquivalenten Vergleiche. Dabei zeigte sich, dass „current treatments", d.h. solche die zum Zeitpunkt der Metaanalyse noch aktuell waren (in erster Linie kognitiv-behaviorale Programme), bessere Effekte zeigten als ältere Programme. Diese Unterteilung ist nicht unangreifbar. Erstens wurden als „current treatments" auch alle kognitiv-behavioralen Programme nach 1980 einbezogen, ohne darauf zu achten, ob sie denn noch existierten oder nicht (vgl. Rice & Harris, 2003). Zweitens dürften für die (politische) Entscheidung, ob eine Behandlung weiter finanziert wird, die Ergebnisse einer Wirksamkeitsuntersuchung nicht ohne Einfluss sein. Dass Programme, die nicht mehr angeboten werden, geringere Effekte zeigen mag zum Teil daran liegen. Andererseits würde dieses Ergebnis zumindest demonstrieren, dass die wirksamen

Programme erhalten bleiben. Hanson et al. untersuchten die so als aktuell einge-schätzten Behandlungen weiter nach differentiellen Effekten. Im Gegensatz zu anderen Metaanalysen ergab sich kein Unterschied, der sich auf das Setting der Behandlung bezieht. Auch ob jugendliche oder erwachsene Straftäter behandelt wurden, wirkte sich nicht auf die Effekte aus.

Im Gegensatz zu den meisten anderen Metaanalysen untersuchten Hanson et al. auch die Auswirkung der Interventionen auf die allgemeine Rückfälligkeit, die in 31 Studien berichtet wurde. Der Gesamteffekt erwies sich hier sogar als etwas günstiger als für die sexuelle Rückfälligkeit. Bei den Moderatoranalysen ergaben sich ähnliche Ergebnisse wie für die sexuelle Rückfälligkeit. Allerdings zeigten die ambulanten Behandlungen hinsichtlich des allgemeinen Rückfallkriteriums bessere Ergebnisse als die institutionel-len Behandlungen. Da sich Hanson et al. aber bei den Moderatoranalysen nur auf die äquivalenten Vergleiche bezogen, ist dieser Unterschied mit großer Vorsicht zu betrachten. Er bezieht sich auf drei versus vier Vergleiche, die zudem in sich recht heterogen sind.

Alle bislang dargestellten Metaanalysen und Reviews beziehen sich ausschließlich auf englisch-sprachige Studien. Deutsche Studien sind mit Ausnahme der Evaluation der chirurgischen Kastration durch Wille und Beier (1989), die als englische Publikation vorliegt, nicht in den Analysen enthalten. Lösel (2000, 2002) stellte 20 Studien aus dem deutschen Sprachraum zusammen, die die Rückfälligkeit behandelter Sexualstraftäter untersuchten. Ähnlich wie in der Arbeit von Alexander (1999) erfolgte angesichts des Mangels an Evaluationen mit kontrollierten Designs – nur vier der Studien umfassten eine Vergleichsgruppe – keine Beschränkung auf solche Untersuchungen. Ein metaana-lytisches Vorgehen im engeren Sinne schied damit aus und weitreichende quantitative Analysen wären angesichts der geringen Studienzahl ohnedies nicht möglich. Um dennoch einen Maßstab für die Rückfallhäufigkeiten der behandelten Täter zu ermöglichen, wurden zwei Schätzungen der Rückfälligkeit unbehandelter Sexual-straftäter herangezogen. Die erste Schätzung bezieht sich auf eine repräsentative Rückfalluntersuchung der Kriminologischen Zentralstelle (KrimZ; vgl. z.B. Egg, 2002a). Lösel ermittelt hier eine mittlere Rückfallrate für Sexualdelikte von 21.4 Prozent. Demgegenüber lag die mittlere Rückfallrate in den Behandlungsstudien bei 19.3 Prozent. Damit ergibt sich nur ein leichter Vorteil für die behandelten Sexual-straftäter. Der Vergleich ist allerdings nicht unproblematisch. Es ist davon auszugehen, dass die behandelten Sexualstraftäter eher Risikogruppen darstellen. Überdies mögen von den in der KrimZ-Studie erfassten Tätern einige auch Behandlung erhalten haben (vgl. auch Elz, 2001, 2002). Die zweite Schätzung der Rückfallraten unbehandelter Sexualstraftäter extrahierte Lösel aus den vier kontrollierten Untersuchungen seines Studienpools. Die Rückfallrate lag hier bei 23.3 Prozent. Wiederum ergibt sich also ein nur geringer Vorteil für die behandelten Sexualstraftäter. Hinsichtlich der allgemeinen Rückfälligkeit ergibt sich allerdings ein klarerer Unterschied (43.5 % versus 73.2 %). Das mag daran liegen, dass Sexualstraftäter eher dann behandelt werden, wenn sie „typische" Sexualdelinquenten im Sinne einer gewissen Spezialisierung auf Sexualstraftaten sind. Ein zweiter Grund könnte sein, dass die Behandlungsprogramme nicht auf spezifische Aspekte sexueller Delinquenz zielen, sondern Sexualstraftäter schlicht einer allgemeinen Straftäterbehandlung unterzogen werden. Die Interpretation der Unterschiede der letzten Vergleiche muss jedoch ebenso unter Vorbehalten geschehen wie der Vergleich mit der KrimZ-Studie, da in beiden Fällen nicht von äquivalenten Gruppen ausgegangen werden kann. Überdies variieren die Katamnesezeiträume in den von Lösel zusammengestellten Studien sehr stark.

In weitergehenden Regressionsanalysen findet Lösel zunächst einen Zusammenhang der Rückfallrate mit der Länge des Katamnesezeitraumes. Das liegt natürlich auf der Hand, da bei längerem Risikozeitraum länger die Gelegenheit besteht, rückfällig zu werden. Die Länge des Katamnesezeitraumes wurde daher in weiteren Analysen als Kontrollvariable verwendet. Dabei zeigte sich für die Behandlung in forensischen Krankenhäusern eine geringere Rückfallquote gegenüber der Behandlung in sozialtherapeutischen Anstalten. Dies mag allerdings auch ein Effekt der günstigeren Entlassungsprognosen sein, die bei einer Entlassung aus dem Maßnahmenvollzug notwendig sind, während die Entlassung der regulären Strafhaft spätestens nach Vollverbüßung der festgesetzten Strafe und unabhängig von der Legalprognose erfolgt.

6.3 Zusammenfassung der bisherigen Metaevaluationen

6.3.1 Ergebnistrends

Lösel und Schmucker (2003) haben die hier dargestellten Arbeiten und eine Reihe weiterer quantitativ orientierter Überblicksarbeiten zur Wirksamkeit von Sexualstraftäterbehandlung (Aos, Phipps, Barnoski & Lieb, 2001; Grossman, Martis &

Tabelle 6.1: Überblick über Metaanalysen und quantitative Reviews zur Sexualstraftäterbehandlung (Lösel & Schmucker, 2003)

	Alexander (1999)	Aos et al. (2001)	Furby et al. (1989)	Gallagher et al. (2000)	Grossman et al. (1999)	Hall (1995)	Hanson et al. (2002)	Lösel (2000)	Polizzi et al. (1999)
Suchzeitraum	1943-1996	1977-2000	1953-1989	1975-1998	1970-1998	1988-1994	1977-2000	1983-2000	1988-1997
Anzahl der Studien (Vergleiche)	79	14	11	23 (26)	12	12	38	20	13 (12)
Nationale Herkunft der Primärstudien (nur eine Studie)	USA, GB, CAN, ?	USA, GB, CAN, (NZ, D)	USA, DK, (CH, D)	USA, CAN, (D)	USA, CAN	USA, CAN, (D)	USA, GB, CAN, (NZ)	D, A, CH	USA, CAN
Art der Intervention	PT	PT, HO, KAST	PT, KAST	PT, HO, KAST	PT, HO	PT, HO, KAST	PT	PT, HO, KAST	PT
Stichprobengröße (davon behandelt)	10,988 (85%)	3,342 (52%)	3,977 (53%)	?	1,283 (?)	1,313 (52%)	8,164 (53%)	1,048 (74%)	5,542 (26%)
Rückfallrate (%) BG / KG	13.0 / 18.0	? / ?	8.2 / 17.1	12.0 / 22.0	17.6 / 27.4	18.9 / 26.8	12.3 / 16.8	19.3 / 23.3	13.9 / 14.5
Katamnesezeitraum (M in Jahren)	0.5 - >5 (M = 4.0)	1 - 19 (M = 6.1)	1 - 19.5 (M = 6.5)	1 - >11 (M = ?)	1 - 23.5 (M = 8.0)	1 - 28 (M = 6.9)	1 - 16 (M = 3.8)	2 - 11 (M = 6.5)	3.5 - 15.5 (M = 5.5)
Beschränkung auf kontrollierte Designs	nein	ja (nur äquivalente KG)	ja [a]	ja	ja [a]	ja	ja	nein	ja
Mittlere Effektstärke (Cohen's d)	0.12	0.19	0.34	0.47	0.28	0.24	0.12	0.08	0.16

Anmerkung. A = Österreich,   CAN = Kanada,   CH = Schweiz,   D = Deutschland,   DK = Dänemark,   GB = Großbritannien   NZ = Neuseeland;
PT = Psychotherapie/psychosoziale Interventionen,   HO = hormonale Medikation,   KAST = chirurgische Kastration;
BG = behandelte Gruppen,   KG = Kontrollgruppen
[a] Die ursprüngliche Metaevaluation bezieht auch unkontrollierte Designs ein, diese wurden nicht berücksichtigt

Fichtner, 1999; Polizzi, MacKenzie & Hickman, 1999) systematisch zusammengestellt (vgl. Tabelle 6.1). Die zum Teil eigens integrierten Effektstärken (Cohen's d) lagen hinsichtlich der sexuellen Rückfälligkeit im Durchschnitt bei $d = 0.19$ und zeigen damit einen zwar schwachen, aber positiven Behandlungseffekt an, der im Bereich der Ergebnisse für die allgemeine Straftäterbehandlung liegt (Lösel, 1995). Es ergaben sich jedoch recht erhebliche Schwankungen (0.08 bis 0.47). Das ist insofern erstaunlich, als die Analysen theoretisch aus dem gleichen Studienpool schöpfen. Es zeigt sich hier aber, dass Unterschiede in den methodischen Vorgehensweisen (Wahl des Analysemodells, z.B. Gallagher et al., 1999; Definition der Behandlungsgruppe inklusive oder exklusive Behandlungsabbrecher, z.B. Hanson et al., 2002) sowie unterschiedliche Auswahlkriterien oder inhaltliche Schwerpunktsetzungen (z.B. mit oder ohne organische Ansätze) die Ergebnisse beeinflussen. Gerade die in den jeweiligen Metaanalysen integrierten Studien differieren erheblich. Selbst bei jenen in den Jahren 1999 bis 2002 publizierten Metaevaluationen, die sich allein auf kontrollierte Evaluationen in englischer Sprache beschränken, schwankt die Anzahl der einbezogenen Primärstudien zwischen 12 und 38. Diese Unterschiede rühren nicht allein daher, dass in den umfassenderen Analysen alle Primärstudien der anderen Arbeiten enthalten wären (vgl. auch Craig, Browne & Stringer, 2003).

Dennoch spricht jede einzelne Metaanalyse für einen positiven, wenn auch teils schwachen Effekt der Sexualstraftäterbehandlung, egal auf welche Weise die Befunde integriert wurden, welche Studien in die Analyse eingingen und welche Mindeststandards an die methodische Qualität angelegt wurden. Obwohl jede der Analysen spezifische Kritik erfahren hat und auch die bis dato umfangreichste und sorgfältigste Zusammenfassung (Hanson et al., 2002) nicht ohne Widerspruch geblieben ist (Rice & Harris, 2003), spricht alles dafür, dass die Behandlung von Sexualstraftätern durchaus erfolgreich verlaufen kann.

Neben dieser generellen Feststellung wäre jedoch eine genauere Spezifizierung derjenigen Faktoren wünschenswert, die effektive Behandlung konstituieren und für welche Tätergruppen Interventionen erfolgversprechend sind. Die verschiedenen Metaevaluationen unterscheiden sich zwar danach, inwieweit sie Angaben zu Moderatoreffekten erlauben, d.h. zum Beispiel wie differenziert die Kodierungen sind, und ob bestimmte Kodierungen überhaupt vorgenommen bzw. berichtet werden. Hinsichtlich mancher Faktoren lassen sich dennoch gewisse Trends extrahieren, die übereinstimmend berichtet werden, in anderen Bereichen kommen die einzelnen Zusammenfassungen hingegen zu widersprüchlichen Ergebnissen (vgl. Lösel & Schmucker, 2003):

- *Art der Behandlung*: kognitiv-behaviorale Programme und hormonale Behandlungen erbringen höhere Effekte; andere psychosoziale Interventionen zeigen geringere, teils negative Effekte
- *Behandlungssetting*: meist zeigen ambulante Programme bessere Effekte als institutionalisierte Behandlungen
- *Deliktart*: uneinheitlich, teils keine differentiellen Effekte; evtl. schlechtere Ergebnisse für Vergewaltigung und Inzest; meist bieten die Primärstudien zu wenig Information, um detaillierte Analysen zu ermöglichen
- *Studiendesign*: schwacher Trend für höhere Effekte bei methodisch besseren Studien, gilt aber nicht für Randomisierung; höhere Effekte bei Abbrecher-Kontrollgruppen
- *Länge des Katamnesezeitraumes*: unklar; evtl. etwas bessere Effekte bei längeren Follow-ups
- *Ergebnismaß*: höhere Effekte bei Kompositmaßen bzw. höheren Basisraten des Rückfalls

6.3.2 Problembereiche der bisherigen Metaanalysen

Bei der Beurteilung der Wirksamkeit können gegenläufige Standpunkte eingenommen werden. Das bezieht sich einerseits auf Moderatorvariablen, andererseits auf die Gesamtbeurteilung. Obwohl die meisten Metaanalysen insgesamt positive Effekte der Sexualstraftäterbehandlung aufzeigen (u.a. Alexander, 1999; Aos et al., 2001; Gallagher, Wilson & MacKenzie, 2000; Hall, 1995; Hanson et al., 2002; Marshall, Jones et al., 1991) und eine optimistische Einschätzung der Behandlungseffekte nahelegen, kann man diese optimistische Perspektive mit dem Hinweis auf die oft gravierenden methodischen Mängel der Primärstudien in Frage stellen (Furby et al., 1989; Quinsey et al., 1993; Rice & Harris, 2003). Diese methodischen Probleme wurden allerdings nur in Ausschnitten mit den Behandlungseffekten in Beziehung gesetzt. Insbesondere die Auswirkung solcher Aspekte auf die Bewertung behandlungsspezifischer Faktoren wurde allenfalls in Ansätzen untersucht (Hanson et al., 2002). Der Großteil der Metaanalysen bezieht überdies Studien ein, die im Hinblick auf weitergehende Schlussfolgerungen selbst beim Anlegen großzügiger Maßstäbe an die methodische Qualität als inadäquat zu bezeichnen sind (unkontrollierte Designs; Behandlungsabbrecher als Vergleichsgruppe).

Der Mangel an differenzierteren Aussagen in den Metaanalysen beruht auch auf dem begrenzten Studienpool, der im Grunde bei allen Metaanalysen festzustellen ist. Diese Begrenzung ergibt sich einerseits als Folge der objektiv schwachen Forschungslage. Andererseits hat dies auch damit zu tun, dass Beschränkungen in regionaler/sprachlicher Hinsicht (englischsprachige Arbeiten), in Bezug auf die berücksichtigten Behandlungsansätze (keine organischen Behandlungsformen; Konzentration auf kognitiv-behaviorale Programme) und im Hinblick auf den zugrunde gelegten Publikationszeitraum erfolgten. Aus deutscher Sicht ist besonders bedauerlich, dass – mit Ausnahme der Untersuchung von Lösel (2000; 2002) – deutschsprachige Arbeiten nur vereinzelt einbezogen werden. Lösels Analyse wiederum ist in ihrer Aussagekraft dadurch eingeschränkt, dass aufgrund der geringen Zahl von Kontrollgruppenvergleichen auch nicht kontrollierte Vergleiche aufgenommen werden mussten.

Das Ziel der vorliegenden Metaanalyse besteht darin, den Studienpool der früheren Überblicksarbeiten zusammenzubringen und systematisch zu ergänzen, insbesondere um deutschsprachige Untersuchungen. Überdies zeigt die Entwicklung der Evaluationsforschung im Bereich der Sexualstraftäterbehandlung eine deutliche Zunahme. Daher wurde auch erwartet, den Studienpool um eine Reihe neuerer Arbeiten erweitern zu können. Auf dieser Grundlage soll zum einen die generelle Frage untersucht werden, ob Behandlungsmaßnahmen gleich welcher Art in der Lage sind, die Rückfälligkeit von Sexualstraftätern zu mindern. Darüber hinaus sollen aber auch spezifischere Analysen vorgenommen werden. Anhand der vergrößerten Studienbasis erscheint eine breitere Analyse von Moderatoreffekten möglich als dies bislang geschah. Im Rahmen einer ausführlichen Kodierung der Einzelstudien sollte daher auch die Möglichkeit eröffnet werden, die Relevanz methodischer Entscheidungen bei der Evaluation von Sexualstraftäterbehandlung zu prüfen sowie zu klären, inwieweit behandlungsrelevante Aspekte spezifische, über die Evaluationsmethodik hinausgehende Unterschiede erbringen.

7. Methode

Das Ziel der vorliegenden Metaanalyse ist eine möglichst vollständige Beschreibung des deutschen und internationalen Forschungsstandes hinsichtlich der Effektivität von rückfallpräventiven Behandlungsmaßnahmen bei Sexualstraftätern. Da davon auszugehen war, dass die Forschungslage relativ begrenzt ist, wurden die Auswahlkriterien nicht unnötig eingeengt. So sollte die Suche prinzipiell allen Evaluationsstudien unabhängig von deren zeitlicher oder regionaler Provenienz offen stehen. Es wurden also keine Ausschlussjahrgänge oder regionale Begrenzungen des internationalen Suchraums festgelegt. Es wäre aber vermessen, anzunehmen, dass solche Einschränkungen aus pragmatische Sicht nicht doch gegeben wären. Die internationale Ausrichtung schloss zwar keine Länder explizit aus, allerdings schränkte der Suchraum das Auffinden spezifischer nationaler Arbeiten ein. Während die Suche im englischen, deutschen und zum Teil im niederländischen Sprachraum intensiv betrieben wurde, konnten andere Sprachräume aufgrund sprachlicher Barrieren und unzureichendem Zugang zu entsprechenden Quellen nicht systematisch abgedeckt werden. Aufgrund dieser Einschränkung wurden nur vereinzelt Arbeiten aus Frankreich, Skandinavien und Tschechien erfasst, die jedoch gänzlich nicht den Einschlusskriterien dieser Metaanalyse genügten. Obwohl für Evaluationsuntersuchungen, die den hier angelegten Mindestanforderungen genügen, eine größere Wahrscheinlichkeit bestehen mag, auch international (d.h. in englischer Sprache) publiziert zu werden, muss das nicht für alle relevanten Arbeiten gelten, wie es sich schon an den deutschen Untersuchungen zeigt (vgl. Lösel, 2000).

Bezüglich des Publikationszeitraumes dürfte dieses Problem weniger gravierend sein, da die systematische Behandlung von Sexualstraftätern, insbesondere was die psychotherapeutischen Interventionsformen betrifft, ein relativ junges Gebiet ist und dies für die systematische, methodenkritischen Einwänden gegenüber gewappnete Erforschung der Behandlungseffekte in noch stärkerem Maße gelten darf. Gleichwohl sind neuere Arbeiten durch die verschiedenen Suchstrategien leichter ausfindig zu machen. Ältere Arbeiten sind teilweise nicht in entsprechenden Datenbanken verzeichnet oder schlicht nicht zu beschaffen, sollten sie in einer Suche aufscheinen. Es erscheint daher aus pragmatischen Gesichtspunkten sinnvoll, die vorliegende systematische Zusammenfassung als auf die Länder und Zeiten beschränkt zu betrachten, aus denen tatsächlich

Studien einbezogen werden konnten, obwohl solche Einschränkungen nicht explizit formuliert wurden.

7.1 Literaturrecherche

7.1.1 Selektionskriterien

Um eine systematische Suche und Analyse vornehmen zu können, war es notwendig Auswahlkriterien für die einzubeziehenden Studien festzulegen. Für den Einschluss von Studien wurden folgende Kriterien herangezogen:

1. Sexualstraftäter. Die Stichprobe setzt sich aus Probanden zusammen, die wegen einer Sexualstraftat verurteilt wurden oder Handlungen begangen haben, die zu einer Verurteilung führen würden, wenn sie angezeigt worden wären.

Es wurde in den einleitenden Kapiteln bereits auf die Schwierigkeit einer klaren Definition von Sexualstraftätern hingewiesen. Diese Problematik verschärft sich in einer Metaanalyse dadurch, dass man auf die in Primärstudien verwendeten Definitionsmerkmale Bezug nehmen muss. Es schien sinnvoll, eine an gesetzlichen Regelungen orientierte Definition der Zielgruppe als Grundlage heranzuziehen, da Verurteilungen aufgrund sexueller Delikte einerseits eine gewisse Vergleichbarkeit zwischen den Studien gewährleisten und andererseits auch das zumeist verwendete Kriterium der Primärstudien in diesem Bereich darstellen. Studien, die sich in der Hauptsache mit konsensuellen homosexuellen Handlungen zwischen Erwachsenen befassten, wurden nicht berücksichtigt, da dieses Verhalten aus heutiger Sicht keine strafbare Verhaltensform darstellt und daher für die Beurteilung der Sexualstraftäterbehandlung keine Bedeutung hat. Bei älteren Studien könnten auf dieser Grundlage verurteilte Personen allerdings eingeflossen sein. Wenn keine näheren Angaben zu dieser Problematik vorlagen, wurde diese Gefahr in Kauf genommen, insbesondere weil davon ausgegangen werden konnte, dass selbst bei Studien, die Homosexualität als Deliktart einbezogen, diese Gruppe nur einen kleinen Bruchteil der Gesamtgruppe ausmachen würde.

2. Behandlung. Die so definierten Sexualstraftäter müssen einer therapeutischen Intervention unterzogen worden sein, die darauf zielt, erneute Straftaten zu verhindern.

Dabei wurde keine Beschränkung auf spezifische Behandlungsformen vorgenommen, d.h. insbesondere, dass sowohl psychotherapeutische Interventionen als auch somatische Behandlungsmethoden sowie pädagogische und sozialarbeiterische Maßnahmen einbezogen wurden. Die Behandlung muss nicht spezifisch für Sexualstraftäter sein, d.h. es gehen auch Maßnahmen der allgemeinen Straftäterbehandlung ein, soweit ihr Effekt für Sexualstraftäter untersucht wird. Der Behandlungsbegriff soll demnach in seiner ganzen Breite ausgeschöpft werden, jedoch sollen die Maßnahmen auf eine therapeutische Beeinflussung des Täters zielen. Interventionen, die lediglich eine externe Kontrolle des Täters umfassen (z.b. reine Führungsaufsicht ohne therapeutisches Ziel), oder der Vergleich von verschiedenen Vollzugsformen (z.b. offener versus geschlossener Vollzug; Aussetzung einer Freiheitsstrafe zur Bewährung), werden demnach nicht in die Analysen einbezogen, solange diesen Maßnahmen nicht explizit eine im obigen Sinne definierte Intervention inhärent ist (z.b. sozialtherapeutische Anstalten) und ihnen ein therapeutischer Wirkmechanismus zugeschrieben wird. Generell ist die Wirkungszuschreibung eine Frage der Einschätzung durch die Evaluatoren. Ob sich deren Wirksamkeitserwartung erfüllt, ist als Ergebnis dieser Arbeit zu beantworten und nicht als Ausschlusskriterium anzuwenden. Kontrollmaßnahmen können therapeutische Maßnahmen ergänzen oder selbst durch letztere ergänzt werden. Ihr Vorhandensein ist also kein Ausschlussgrund, solange die Maßnahmen nicht darauf beschränkt sind.

3. Outcome-Maße. Die Studie muss Informationen über das Behandlungsergebnis in Form von Rückfallmaßen umfassen.

Unter Rückfall sind in erster Linie erneute strafbare Handlungen zu verstehen, aber auch konkrete Risikoverhaltensweisen, die als Vorstufe strafbarer Handlungen betrachtet werden müssen („Lapses"). Ratings subjektiver Besserung oder Therapeuteneinschätzungen entsprechen nicht diesem Kriterium, soweit das Urteil nicht auf das Vorliegen von Rückfällen bezogen ist. Die Quellen der Rückfallinformationen können verschiedener Natur sein und von offiziellen Aktendaten bis zu Selbstberichten reichen. Die Beschränkung auf das Rückfallkriterium stellt zweifellos eine starke Restriktion der Erfolgskriterien von Therapie dar. Grund für diese Beschränkung war einerseits, dass sich die neuen gesetzlichen Regelungen im deutschen Strafrecht in ihrer Stoßrichtung auf dieses Kriterium beziehen. Andererseits ist ein naheliegendes Ziel einer therapeutischen Maßnahme zweifellos, dem Symptom entgegenzutreten, das den

Leidensdruck verursacht. Bei Straftätern ist in der Regel Delinquenz das Symptom, das den Behandlungsimpuls gibt, sei es als gesellschaftliche Reaktion auf eine Straftat oder dem Eindruck des Delinquenten, etwas verändern zu müssen. Dass sich therapeutische Maßnahmen zunächst an anderen, therapieimmanenten Zwischenzielen orientieren, ändert nichts an der Notwendigkeit, den Erfolg einer Maßnahme daran zu messen, inwieweit das Ursprungsproblem beeinflusst werden konnte. Wenn eine Intervention bestimmte therapeutische Zwischenziele wie gesteigerte Empathiefähigkeit, geringere Verleugnung, adäquatere Bewältigungsstrategien, Auflösung frühkindlicher Konflikte etc. erreicht, mag das als Voraussetzung für ein straffreies Leben gelten. Wenn sich hingegen die Zwischenziele nicht in dieser Weise auswirken, ist der Behandlung nur bedingt Erfolg zu bescheinigen. Und obwohl die Forschung zu dynamischen Risikofaktoren zeigt, dass solche Aspekte mit Rückfälligkeit verbunden sind (Craissati & Beech, 2003; Hanson & Harris, 1998, 2001), mangelt es bislang an empirischen Belegen, die die *Veränderung* solcher Merkmale in einen kausalen Zusammenhang mit reduziertem Rückfallrisiko zu bringen vermag (vgl. McConaghy, 1999).

4. Vorliegen einer Vergleichsgruppe. Die Studie muss eine Vergleichsgruppe beinhalten, bei der das gleiche Erfolgsmaß erhoben wurde, um den Behandlungserfolg zu relativieren.

Eine optimale Vergleichsgruppe würde der Behandlungsgruppe in allen Punkten vergleichbar sein und sich nur dadurch unterscheiden, dass sie keine Behandlung erhalten hat. Da so geartete Kontrollgruppen in der Evaluationsforschung zur Sexualstraftäterbehandlung allenfalls als Ausnahme anzutreffen sind, wurde dieses Kriterium weniger streng gefasst. Als Vergleichsmaßstab kamen auch Gruppen in Frage, die sich in verschiedenen Punkten von der Behandlungsgruppe unterschieden, sowie Gruppen, die selbst eine Behandlung erhalten hatten. Voraussetzung war allerdings, dass die Behandlung anders geartet war als die zu evaluierende Maßnahme und als weniger effektiv eingeschätzt wurde. Dieses Kriterium schließt Evaluationsstudien aus, die den Effekt der Behandlung ausschließlich an einer Gruppe von Behandlungsabbrechern relativieren. Es wurde bereits gezeigt, dass bei Behandlungsabbrechern höhere Rückfallraten zu erwarten sind und dieser Effekt vermutlich nicht als eine Frage der Behandlungsdosis zu interpretieren ist (vgl. Kapitel 6.1.2). Zudem wird in dieser Arbeit die Ansicht vertreten, dass mit dem Eingehen eines Behandlungskontraktes die Erfolgsbewertung beginnen sollte. Wenn Behandlung auch kein linearer Prozess der

Besserung sein muss, scheinbare Rückschritte also durchaus Teil einer erfolgreichen Behandlung sein können und in mancher Hinsicht geradezu als produktives Element zu verstehen sind (vgl. z.b. Bastine, Fiedler & Kommer, 1989 zur psychotherapeutischen Prozessforschung), so ist der vollständige Abbruch einer Behandlung auch aus dieser Perspektive ein Misserfolg, insbesondere dann, wenn in der Folge erhöhte Rezidivgefahr besteht.

5. Stichprobengröße. Sowohl Behandlungsgruppe als auch Vergleichsgruppe müssen ein Minimum von fünf Probanden umfassen.

Die Mindeststichprobengröße lag damit bei $N = 10$. Diese Einschränkung wurde vorgenommen, da bei sehr kleinen Fallzahlen bereits geringe absolute Unterschiede einen übermäßig großen Unterschied in den relativen Häufigkeiten bewirken, die hinsichtlich ihres Ausmaßes nur bedingt reliabel sind. Insbesondere schloss dies Einzelfalldarstellungen aus, die allerdings auch dem Kontrollgruppenkriterium nicht genügen.

Es war davon auszugehen, dass bei der Genauigkeit der Darstellung relevanter Studiencharakteristika große Unterschiede zwischen den einzelnen Untersuchungen vorliegen würden. Für viele der Studiencharakteristika wurden solche Ungenauigkeiten toleriert und vermerkt, um den Qualitätsstand der Forschung in diesem Bereich zu dokumentieren. Ein Ausschluss erfolgte hingegen, wenn keine oder unzureichende Informationen für die Effektstärkekodierung vorlagen.

Hinsichtlich der regionalen und zeitlichen Provenienz wurden – wie bereits erwähnt – keine expliziten Beschränkungen vorgenommen. Praktisch jedoch ergaben sich durch die zur Verfügung stehenden Quellen für die Studiensuche Einschränkungen. Ein weiteres „Ausschlusskriterium" stellte hingegen dar, wenn eine Arbeit nicht beschafft werden konnte. Dies betraf insbesondere einige unpublizierte Studien älteren Datums, die über die Literaturverzeichnisse einschlägiger Arbeiten in den Pool potentiell relevanter Arbeiten gelangt waren.

7.1.2 Suchstrategie

Die Suche erstreckte sich auf einen breiten Quellenbereich und umfasste multiple Suchstrategien. Ein solches Vorgehen wird generell empfohlen (z.b. Cooper & Hedges, 1994 Kap. 4-7; Cooper, 1989), war aber im vorliegenden Fall besonders angezeigt. Angesichts der vorhandenen Metaevaluationen zur Sexualstraftäterbehandlung und der dadurch bereits erschlossenen Suchräume sollte die Gelegenheit genutzt werden, durch eine intensive Suche die gezielte Ergänzung des Studienpools zu erreichen sowie die zum Teil unterschiedlichen Suchergebnisse der vorliegenden Metaevaluationen zu vereinen.

7.1.2.1 Auswertung vorhandener Studien zur Sexualstraftäterbehandlung

Als Ausgangspunkt dienten in der logischen Konsequenz die Literaturverzeichnisse vorliegender Metaanalysen sowie einschlägiger Artikel und schriftlicher Bibliographien zum Thema. Von den einbezogenen Arbeiten sind 39 in solchen Überblicken repräsentiert. 14 der Arbeiten wurden ausschließlich auf diesem Wege aufgefunden. Neben den systematischen Literaturzusammenstellungen wurden die im Laufe der Literatursuche aufgefundenen Artikel im Rahmen des sogenannten Schneeballverfahrens nach weiteren relevanten Arbeiten durchsucht. Vier der einbezogenen Arbeiten konnten ausschließlich über solche Quellen aufgedeckt werden.

7.1.2.2 Elektronische Literaturdatenbanken

Eine zentrale Suchstrategie war die Datenbanksuche. Dabei wurde auf Quellen aus dem psychologischen, dem medizinischen und dem kriminologischen Bereich sowie spezifische Datenbanken aus dem Bereich der Forschung zu sexueller Delinquenz zurückgegriffen. Im einzelnen wurden folgende Datenbanken verwendet (in Klammern erfolgt jeweils die Angabe der letzten Aktualisierung der Suche bzw. auf welchem Stand die Datenbank war; Format: Monat/Jahr):

- *Campbell Library (C2-SPECTR)*: eine systematische Sammlung von kontrollierten Evaluationsstudien aus den Bereichen Soziales, Psychologie, Pädagogik und Kriminologie nach dem Vorbild der Cochrane Library (06/2003)

- *Center for Sex Offender Management (CSOM) documents database*: eine für Fragen der Sexualdelinquenz spezifische Sammlung von veröffentlichten und unveröffentlichten Arbeiten (03/2003)
- *Cochrane Library*: eine systematische Sammlung von randomisierten Evaluationsstudien aus dem Gesundheitsbereich (03/2003)
- *Dissertation Abstracts International*: Verzeichnis nordamerikanischer Dissertationsschriften (01/2003)
- *ERIC*: englischsprachige Datenbank pädagogischer Forschungsarbeiten (03/2003)
- *KrimLit Beta II*: Sammlung kriminologischer Arbeiten der Kriminologischen Zentralstelle Wiesbaden (Stand 2001)
- *MedLine*: englischsprachige Datenbank medizinischer Zeitschriftenartikel (04/2003)
- *National Criminal Justice Reference Service (NCJRS), Abstract database und Fulltext database*: zwei amerikanische Datenbanken, die eine Vielzahl unveröffentlichter Berichte aus dem kriminologischen Bereich umfassen (06/2003)
- *PAVNET Online*: eine von amerikanischen Regierungsstellen gemeinsam erarbeitete Datenbasis von staatlich geförderten Forschungsprojekten zu Gewaltfragen (03/2003)
- *PsycInfo*: englischsprachige Datenbank psychologischer Publikationen (04/2003)
- *Psyndex*: deutschsprachige Datenbank psychologischer Veröffentlichungen (03/2003)
- *Social Services Abstracts*: englischsprachige Datenbank von Publikationen mit Bezug zu sozialarbeiterischen und verwandten Themen (03/2003)
- *Sociological Abstracts*: englischsprachige Datenbank soziologischer Publikationen (03/2003)
- *UK National Health Service National Research Register*: ein britisches Verzeichnis laufender und abgeschlossener Forschungsprojekte zu Gesundheitsthemen (03/2003)

Als generelles Suchschema, das bei gleichzeitiger Spezifität die notwendige Breite ermöglichen sollte, um möglichst viele der relevanten Einträge zu identifizieren, wurden vier Kriterienbereiche herausgearbeitet, nach denen die Gesamtdatenbank systematisch eingeschränkt wurde, innerhalb derer jedoch eine breitgefächerte Erfassung angestrebt wurde:

1. Eintrag bezieht sich auf *Sexualverhalten* (inklusive sexueller Devianz)
   Suchbegriffe: sex* or paraphil* or rape or rapist or molest* or voyeur* or exhibitionis* or pedophil* or incest* or fetish* or necrophil* or frotteur*

2. Eintrag bezieht sich auf *Täter* bzw. strafrechtlich relevantes Setting
   Suchbegriffe: offen* or crim* or delinquen* or perpetrator* or prison* or institutionaliz* or incarcerat* or parole* or probation* or arrest*

3. Eintrag befasst sich mit *Behandlungsmaßnahmen*
   Suchbegriffe: treat* or therapy or psychotherapy or intervention or training or correction* or rehabilitation or prevention or management

4. Es erfolgt *Evaluation* bzw. eine Darstellung von Outcome-Maßen
   Suchbegriffe: evaluation or evaluate or evaluated or outcome or outcomes or effect or effects or effectiveness or impact or success* or recidivism or re-offen* or reoffen* or recurrence or follow-up or followup or relapse

Die exakten Suchtermini wurden je nach Umfang (Handhabbarkeit) und inhaltlicher Ausrichtung der einzelnen Datenbanken sowie in Abhängigkeit von der Komplexität, die für Suchanfragen ermöglicht wurde, angepasst. Die genauen Suchanfragen sowie die Ergebnisse für die einzelnen Datenbanken sind in Anhang A.1 zusammengestellt. Die Validität und Repräsentanz der Suchergebnisse wurde stichprobenweise überprüft, indem für einzelne bereits aus anderen Quellen erschlossenen und als brauchbar eingestuften Studien geprüft wurde, ob sie in der Datenbank verzeichnet waren und, wenn dies der Fall war, von der Suchanfrage erfasst wurden. Der Suchterm wurde auf der Grundlage dieser Überprüfungen überarbeitet und gegebenenfalls erweitert.

Insgesamt konnten 33 der in die Metaanalyse einbezogenen Artikel mit Hilfe der Datenbanken lokalisiert werden, davon sechs ausschließlich über diese Strategie. Innerhalb der Datenbanken erwies sich die Suche in PsycInfo als die ergiebigste Quelle (18 der einbezogenen Arbeiten). Zwei Datenbanken (NCJRS Fulltext & PAVNET Online) erbrachten keine verwertbaren Einträge.

7.1.2.3 Manuelle Suche

Neben der Suche nach einzelnen verzeichneten Artikeln wurden einige relevante Zeitschriften aus dem Bereich der Sexualstraftäterbehandlung vollständig gesichtet. Die in dieser Form intensiv durchsuchten Zeitschriften waren [Suchraum: Band (Heft)/Jahr]:

- Aggression and Violent Behavior [1/1996 - 8(4)/2003]
- Behavioral Sciences and the Law [14/1996 - 21(2)/2003]
- Behaviour Research and Therapy [1/1963 - 41(7)/2003]
- Clinical Psychology Review [1/1983-23(4)/2003]
- Criminal Behaviour and Mental Health [1(3)/1991 - 13(1)/2003]
- Criminology [17(4)/1980 - 41(1)/2003]
- Journal of Criminal Justice [1/1973 - 31(4)/2003]
- Journal of Psychology & Human Sexuality [11/1999 - 14(3)/2003]
- Journal of Quantitative Criminology [14/1998-19(3)/2003]
- Journal of Sexual Aggression [4(2)/1999-9(1)/2002]
- Legal and Criminological Psychology [1/1996 - 7/2002]
- Monatsschrift für Kriminologie und Strafrechtsreform [72/1989 - 86(3)/2003]
- Psychology, Crime and Law [1/1995 - 8/2002]
- Recht & Psychiatrie [1/1983-21(2)/2003]
- Sexual Abuse: A Journal of Research and Treatment [7/1995-15(4)/2003]
- Zeitschrift für Strafvollzug und Straffälligenhilfe [19/1970 - 50/2001]

Sieben der einbezogenen Arbeiten konnten über die Handsuche ermittelt werden, eine davon ausschließlich auf diese Weise. Diese Strategie war somit wenig ertragreich. Allerdings bestand nur zu einem kleinen Ausschnitt relevanter Zeitschriften Zugang und so muss die Umsetzung dieser Suche als rudimentär betrachtet werden.

7.1.2.4 Internetrecherche

Die Suche im Internet wurde als wichtige Quelle betrachtet, um unveröffentlichte Arbeiten aufzuspüren, die entweder direkt im Internet zur Verfügung gestellt werden oder bei denen ein Hinweis verzeichnet ist, auf den hin gezielt nachgefragt werden konnte. Trotz aller Bemühungen, die Internetrecherche systematisch zu gestalten und nachvollziehbar zu dokumentieren, musste schnell eingeräumt werden, dass das Internet kein geeignetes Medium für eine gut dokumentierte Suche darstellt. Das World Wide Web ist keine systematische, von Experten mit Deskriptoren indexierte Datenbank, sondern ein Informationspool mit mehr oder weniger systematisch verknüpfter Information. Es ist durchaus möglich, dieses System gezielt und mit Erfolg nach sehr spezifischen Inhalten zu durchsuchen, allerdings ist das repräsentative oder gar vollständige Aussuchen der darin repräsentierten Informationen ein undenkbares Ansinnen. Angesichts der begrenzten Forschungslage im Bereich der Sexualstraftäterbehandlung sollte auf diese Quelle dennoch nicht verzichtet werden. Vor allem im nordamerikanischen Raum unterhalten die verschiedenen Vollzugsbehörden zum Teil übersichtliche und informative Internetauftritte, die auch unveröffentlichte Berichte im Volltext enthalten. Die Hauptstrategie der Internetrecherche bestand darin, die Seiten einschlägiger Institutionen nach Forschungsberichten oder entsprechenden Hinweisen zu durchsuchen sowie bereit gestellte Verknüpfungen und Hinweise gezielt zu nutzen, um weitere relevante Netzeinträge zu lokalisieren. Die bereits erwähnte, nur bedingt systematische Struktur des Internet schloss eine gezielte Dokumentation dieser Verknüpfungswege aus. Eine zweite Strategie, die Verwendung von Suchmaschinen, ist eine wenig sinnvolle Vorgehensweisen. Als Argument für diese Behauptung sei lediglich darauf hingewiesen, dass eine Suche mit Hilfe von „Google" (http://www.google.de) mit dem Begriff „sex offender treatment" knapp 30 000 Einträge erbringt.[3] Eine Einschränkung mit dem zusätzlichen Suchbegriff „effectiveness" – was bereits eine massive Beschneidung des in dieser Arbeit betrachteten Bereiches darstellt, da zum Beispiel alle Einträge, die sich auf die „evaluation" von „sexual offender treatment" beziehen nicht mehr berücksichtigt werden – führt zu der noch immer nicht handhabbaren Anzahl von weit über 4 000 Einträgen. Allerdings wurde für den deutschen Sprachraum eine Google-Suche mit dem Begriff „Sexualstraftäterbehandlung" durchgeführt. Diese ergab 81 Einträge, die als Ausgangspunkt für weitere Verknüpfungen genutzt werden konnten. Dieses Vorgehen sollte sicherstellen, dass zentrale Seiten aus dem deutschen Sprachraum nicht unentdeckt blieben, doch auch hier

---

[3] Dies stellt bereits eine sehr enge Suchanfrage dar, da sie nur Seiten zurückgibt, die die exakte Wortfolge „sex offender treatment" enthalten, nicht etwa Seiten, bei denen jeder der Begriffe an irgendeiner Stelle auftritt oder Variationen der Wortfolge.

ist zu berücksichtigen, dass mit dem verwendeten Begriff nur ein Bruchteil möglicher Seiten identifiziert werden kann. Die Internetrecherche ist zweifellos problematisch, da sie einer Reihe von Verzerrungen unterliegen mag. Andererseits erschließt sie als Ergänzung zu anderen Suchquellen den Raum nicht publizierter Studien und wird daher als hilfreich im Hinblick auf die Vermeidung eines möglichen Publikationsbias verstanden.

Aus den Internetrecherchen wurden lediglich die Arbeiten verzeichnet, die nicht bereits an anderer Stelle aufgefunden worden waren. Eine Angabe der Zahl der einbezogenen Arbeiten, die insgesamt über das Internet lokalisiert werden konnten, ist daher nicht möglich. Fünf der Arbeiten gelangten hingegen ausschließlich über diese Strategie in den Studienpool. Drei weitere Arbeiten flossen nach einer gezielten Anfrage bei Institutionen/Autoren aufgrund von im Internet ermittelten Informationen ein.

7.1.2.5 Expertenanfragen

Eine weitere Quelle, die auch nicht veröffentlichte Arbeiten aufscheinen lässt, ist die gezielte Anfrage bei Experten in einem Feld. Im Rahmen dieser Untersuchung wurden 46 Experten bzw. Institutionen angeschrieben und nach Arbeiten gefragt, die den dargestellten Kriterien entsprechen. Diese Anfragen waren allgemein formuliert, zum Teil wurde jedoch neben einer allgemeinen Anfrage zusätzlich nach spezifischen Projekten gefragt, wenn Hinweise auf entsprechende Untersuchungen vorlagen. Auf diese Weise sollten Studien der angefragten Wissenschaftler bzw. Forschungs-institutionen selbst sowie Verweise auf andere Untersuchungen gefunden werden. Neben dem Zugang zu nicht für eine Veröffentlichung vorgesehenen Arbeiten, erschließt diese Suchquelle überdies neuere Studien, die noch nicht publiziert sind. Auf diese Weise wird eine aktuellere Erfassung des zum Zeitpunkt der Integration gegebenen Forschungsstandes ermöglicht. Sechs der einbezogenen Arbeiten wurden über solche Anfragen ermittelt, darunter befanden sich vier gezielte Anfragen.

7.1.2.6 Umgang mit Zufallsfunden

Es ist immer denkbar, dass man außerhalb expliziter Suchprozesse auf Arbeiten stößt, die für eine Metaanalyse relevant sein können. Das mag zum Beispiel in Literaturrecherchen geschehen, die sich auf ein anderes, aber verwandtes Thema beziehen, über Verlagsmeldungen zu neuen Veröffentlichungen oder im Rahmen sogenannter „Content Alerts" für neue Ausgaben einer Zeitschrift, durch Hinweise von Kolleginnen und Kollegen und vieles mehr. Natürlich sind solche Funde nur bedingt zufällig. Verschiedene Faktoren dürften die Art der zufälligen – oder besser: beiläufigen – Funde beeinflussen. Dazu gehören zum Beispiel die fachlichen Interessengebiete, der akademische Hintergrund und ähnliches. So kann man davon ausgehen, dass ein Psychologe eher auf Studien zu psychotherapeutischen als medikamentösen Interventionen stößt. Es besteht demnach eine Verzerrungsgefahr. Man könnte, um dieser Gefahr vorzubeugen, Zufallsfunde prinzipiell ausschließen. Da das Ziel dieser Metaanalyse in einer möglichst vollständigen Erfassung der Evaluationsforschung der Sexualstraftäterbehandlung bestand, sollte diese Beschränkung jedoch nicht vorgenommen werden. Keiner der Zufallsfunde erfüllte die Einschlusskriterien oder war nicht schon über eine andere Quelle erschlossen worden.[4] Dies deutet darauf hin, dass die systematischen Suchstrategien ein Mindestmaß an Vollständigkeit gewährleistet haben.

7.1.3 Ausschlussprozedur

Die über diese Quellen erschlossenen Arbeiten wurden in einem dreistufigen Auswahlverfahren hinsichtlich ihrer Eignung für die vorliegende Metaanalyse bewertet. In einem ersten Schritt erfolgte eine grobe Vorauswahl anhand ihrer Titel. Konnte anhand des Titels nicht ausgeschlossen werden, dass die Arbeit relevante Informationen enthielt, wurde das Abstract der betreffenden Arbeit zur weiteren Beurteilung untersucht. Auf Titelebene schied der Großteil der Arbeiten aus, weil Sexualstraftaten ausschließlich aus einer Opferperspektive betrachtet wurden oder sich auf präventive Interventionen bezogen. Allerdings gelangten auch eine ganze Reihe solcher Arbeiten in den zweiten Selektionsschritt, wenn durch den Titel nicht ausgeschlossen werden konnte, dass auch

---

[4] Für 21 Arbeiten ist ein Zufallsfund dokumentiert, sieben davon ergaben sich als indirekte Folge eines regulären Fundes (Beitrag in einem Herausgeberband wurde regulär gefunden, der Band besorgt, und andere Beiträge als möglicherweise relevant erachtet).

eine Täterperspektive behandelt wurde oder neben präventiven auch behandelnde Maßnahmen im engeren Sinne berücksichtigt waren. Bei der Durchsicht der Abstracts erfolgte eine genauere Beurteilung, ob eine Behandlungsmaßnahme für Sexualstraftäter dargestellt wurde, ob diese hinsichtlich ihrer Effektivität mittels Rückfallmaßen untersucht wurde und ob eine Vergleichsgruppe vorhanden war. Bei positiver Beurteilung dieser Faktoren oder wenn Unsicherheiten über das Zutreffen der Kriterien vorlagen, wurde versucht, die Arbeiten zu beschaffen und in einem dritten Schritt eine genaue Beurteilung der Ein- und Ausschlusskriterien vorgenommen. Dieses idealtypische Vorgehen wurde zwar generell angewandt, variierte aber von Quelle zu Quelle mehr oder weniger stark. Bei den Datenbanksuchen konnte dieses dreistufige Vorgehen am klarsten umgesetzt werden, da hier für gewöhnlich Titel- und Abstractinformationen verfügbar waren. Die einzelnen Selektionsergebnisse aus den Datenbanksuchen konnten gut dokumentiert werden und sind in Anhang A.1 für die einzelnen Datenbanken dargestellt. Bei den aus Überblicksarbeiten und nach dem Schneeballsystem ermittelten Arbeiten konnten Abstracts nur teilweise besorgt werden, auf der anderen Seite lagen hier aus den Beschreibungen in den Quellarbeiten genauere Informationen vor, die diesen Schritt mitunter überflüssig machten. Lagen keine Abstractinformationen oder sonstige weiterführende Informationen vor, wurde die Arbeit nach der Titelbeurteilung direkt besorgt. Bei den Expertenanfragen erfolgte ein erster Selektionsschritt naturgemäß bei den Experten selbst. Im Vertrauen auf deren Beurteilungskompetenz wurden zugeschickte Artikel vollständig überprüft. Referenzangaben wurden nach dem beschriebenen dreistufigen Auswahlschema beurteilt, wobei die ersten beiden Schritte – wiederum im Vertrauen auf die Sachkompetenz der Experten – wesentlich toleranter gehandhabt wurden.

Insgesamt wurden 66 Arbeiten einbezogen. Drei der Arbeiten (Huot, 2002; Marshall, Eccles & Barbaree, 1991; Song & Lieb, 1995) berichteten jeweils zwei Studien, die die Kriterien der vorliegenden Metaanalyse erfüllten, so dass sich 69 Studien ergaben, die in die Auswertungen einbezogen wurden. Eine Liste der einbezogenen Arbeiten findet sich in Anhang A.2.

Insgesamt durchliefen weit über 2 000 Arbeiten die Selektionsschritte. In Anhang A.3 befindet sich eine Auswahlliste der 496 ausgeschlossenen Studien, die im weitesten Sinne als Evaluationen eines Behandlungsprogrammes für Sexualstraftäter verstanden werden können und auf der Ebene der Abstracts oder nach einer Gesamtdurchsicht ausgeschlossen wurden. Die Hauptausschlussgründe waren das Fehlen einer Vergleichs-

gruppe (322) bzw. eine unangemessene Vergleichsgruppe (in der Regel Behandlungsabbrecher; 48) und/oder das Fehlen von Rückfalldaten (189). 56 Arbeiten duplizierten
eine der eingeschlossenen Studien. 21 Arbeiten konnten nicht besorgt werden, wobei
hierunter auch Arbeiten fallen, die aller Wahrscheinlichkeit nach nicht für die
vorliegende Metaanalyse in Frage gekommen wären, für die aber nicht genügend
Information vorlag, um einen Ausschluss zu rechtfertigen. Für zwei der Arbeiten
konnten anhand der Ergebnisdarstellung keine Effektstärken gewonnen werden (La
Macaza Clinic, 2002; Alaska Department of Corrections, 1996).

7.2 Definition der Analyseeinheiten

Ein besonderes Problem von Metaanalysen besteht in der Festlegung von Analyseeinheiten, die als einzelne Fälle in die Auswertungen eingehen. Erstrebenswert ist hierbei,
weitgehende Unabhängigkeit zwischen den Analyseeinheiten zu gewährleisten und zu
gleicher Zeit die Differenziertheit des verwendeten Materials zu erhalten. Eine
Möglichkeit bestünde darin, einzelne Publikationen bzw. unpublizierte Arbeiten als
Einheit zu wählen. Selbst auf dieser recht groben Ebene kann man die Unabhängigkeit
der Analyseeinheiten in Zweifel ziehen. Ein Problem besteht darin, dass die gleiche
Studie in mehreren Publikationen berichtet werden kann oder die Ergebnisse über die
Jahre hinweg anhand längerer Katamnesezeiträume aktualisiert werden (wie z.B. beim
California Sex Offender Treatment and Evaluation Program: Marques, 1988, 1999;
Marques, Day, Nelson & West, 1994). Umgekehrt kann – wie dies auch bei den hier
gesammelten Arbeiten vorkommt – eine einzelne Publikation mehrere Studien berichten.
Eine Zusammenfassung dieser Studien im Rahmen der Analyseeinheit „Publikation"
würde zu einer Aufgabe möglicherweise interessanter differentieller Information aus
den Einzelstudien führen.

Eine andere Definition von Analyseeinheiten liegt auf der Ebene einzelner Studien.
Wenn eine Untersuchung in mehreren Arbeiten repräsentiert ist, würden diese zusammengefasst, wenn hingegen eine einzelne Arbeit mehrere Studien umfasst, diese als
separate Analyseeinheiten verstanden und kodiert werden. Auch hier können sich
feinere Abhängigkeiten ergeben, wenn zum Beispiel eine Forschergruppe in verschiedenen Studien unterschiedliche Behandlungsprogramme evaluiert oder ein und dasselbe
Behandlungsprogramm in immer neuen Untersuchungen fortlaufend überprüft wird.

Eine noch stärkere Untergliederung kann sich auf Untergruppen der Stichproben einzelner Evaluationsstudien beziehen. Während sich diese Untergruppen in verschiedenen relevanten Variablen wie Alter, Vorstrafenbelastung, Indexdelikt etc. unterscheiden können, besteht eine Abhängigkeit, weil sie demselben Behandlungsprogramm unterzogen wurden. Eine noch weitergehende Abhängigkeit ergibt sich, wenn sich die Analyseeinheit auf die einzelne abhängige Variablen bezieht und in ein und derselben Studie für ein und dieselben Studienteilnehmer verschiedene Ergebnisvariablen berichtet werden. Ein bekanntes Beispiel für dieses Vorgehen ist die Metaanalyse zur Psychotherapieevaluation von Smith und Glass (1977). Im Falle der Sexualstraftäterbehandlung liegen Abhängigkeiten dieser Form dann vor, wenn die Rückfälligkeit hinsichtlich verschiedener Deliktbereiche und/oder auf Grundlage verschiedener Rückfallkriterien (Inhaftierung, Verurteilung etc.) berichtet wird. Ein besonderes Problem stellt dies dar, wenn einzelne Studien sehr viele Ergebnismaße berichten, andere dagegen nur eines oder wenige. Die vielen (abhängigen) Effekte der ersteren werden das Gesamtergebnis maßgeblicher beeinflussen als die wenigen Effekte der letzteren (vgl. Beelmann & Bliesener, 1994; Lösel, 1987).

In der vorliegenden Metaanalyse wurde eine weitgehende Unabhängigkeit der Analyseeinheiten angestrebt, gleichzeitig sollte aber eine gute Differenzierbarkeit und vor allem die bestmögliche Vergleichbarkeit von Behandlungs- und Vergleichsgruppe gewährleistet werden. Als Basiseinheit der Analysen wurden Einzelstudien gewählt. Von diesem Prinzip wurde in Einzelfällen abgewichen und statt dessen in der Primärstudie getrennt berichtete Untergruppen als Analyseeinheit herangezogen. Dies geschah, wenn die drei folgenden Bedingungen erfüllt waren:

a) für die Effektstärkekodierung notwendige Daten werden auf Subgruppenebene dargestellt

b) Behandlungs- und Vergleichsgruppe sind sich auf Subgruppenebene hinsichtlich ihrer Rückfallgefährdung ähnlicher als auf Gesamtgruppenebene

c) relevante Merkmale (Alter, Vorstrafenbelastung, Katamnesezeitraum) unterscheiden sich auf Subgruppenebene und werden gleich gut oder detaillierter dargestellt als auf Gesamtgruppenebene

Mit dieser Abweichung vom Studieneffektprinzip wird eine gewisse, durch die Identität von Behandlungsvariablen vermittelte Abhängigkeit der Analyseeinheiten in Kauf

genommen. Der Gewinn, der sich dadurch ergibt, ist eine durch die bessere Vergleich-
barkeit der Gruppen (Bedingung b) erhöhte interne Validität und damit die bessere
kausale Interpretierbarkeit der jeweiligen Behandlungseffekte sowie der höhere
Differenzierungsgrad für nachfolgende Analysen (Bedingung c). In erster Linie kommt
diese Option für methodisch schwächere Untersuchungen in Frage (Maryland Scale
Stufe 2, siehe Kapitel 7.3.1.3), da andere Studien Techniken verwenden, die die
Vergleichbarkeit der Gesamtgruppen gewährleisten (z.b. Berücksichtigung von
Kontrollvariablen im Rahmen von Regressionsanalysen, Matching-Prozeduren oder
Randomisierung). Ein Einwand gegen die getrennte Kodierung von Untergruppen stellt
die stärkere Gewichtung einer Studie durch die Einbeziehung mehrerer Subgruppenvergleiche dar. Dieser Effekt erscheint jedoch zumindest in gewichteten Integrationen
vernachlässigbar, da die Effektstärkengewichtung hauptsächlich von der Stichprobengröße abhängt und die Untergruppen naturgemäß kleiner sind als die Gesamtstichprobe.
Dieses Vorgehen betraf fünf der insgesamt 69 Studien (Allam, 1998; Barnes, 2000;
Marshall & Barbaree, 1988; Nutbrown & Stasiak, 1987; Stürup, 1953). Die Analysen
bezogen sich daher auf insgesamt 80 hinsichtlich der Stichproben voneinander
unabhängigen Vergleichen.

Wenn nur die ersten beiden Bedingungen gegeben waren, eine Effektstärkenberechnung auf Untergruppenebene also möglich war und die Gruppierungsvariable eine
bessere Vergleichbarkeit gewährleistete, so wurden Effektstärken separat für die
Untergruppen berechnet und anschließend zu einem Gesamtstudieneffekt zusammengefasst. Zum Beispiel trennen Friendship, Mann und Beech (2003) die untersuchten
Probanden je nach Rückfallrisiko in vier Untergruppen. In der Behandlungsgruppe
befinden sich mehr Täter mit hohem und weniger mit niedrigem Risiko als in der
Vergleichsgruppe. Bedingung b ist daher erfüllt: In den Untergruppen ist die Vergleichbarkeit erhöht, da jeweils eine behandelte Gruppe einer unbehandelten Gruppe mit
vergleichbarem Rückfallrisiko gegenübergestellt wird, während in der Gesamtgruppe
die behandelten Probanden ein höheres Rückfallrisiko aufweisen. Die Beschreibung
demographischer und weiterer Merkmale bezieht sich hingegen ausschließlich auf die
Gesamtstichprobe. Bedingung c ist somit nicht erfüllt.

Wenn in einer Studie mehrere abhängige Stichproben enthalten waren (z.B. stellen
Rice, Harris & Quinsey, 1993 neben dem Gesamtgruppenvergleich eine Subanalyse für
29 gematchte Paare aus dem Gesamtpool der 153 Studienteilnehmer dar), so wurde als
Primäreinheit der Vergleich mit der höchsten internen Validität gewählt, auch wenn sich

dadurch die Stichprobe verkleinerte (im Falle der genannten Untersuchung von Rice et al. also die 29 Paare).

Zum Teil werden in einer Studie mehrere Katamnesezeiträume berichtet. In solchen Fällen wurde nur einer der Katamneszeiträume herangezogen. Im allgemeinen war dies der längste verfügbare Katamnesezeitraum, da gerade im Bereich der Sexualkriminalität erst sehr spät ein Plateau erreicht wird und die Rückfallgefahr über lange Zeiträume besteht (vgl. Lösel, 2001a; Prentky, Lee et al., 1997). Von diesem Grundsatz wurde nur dann abgewichen, wenn für die Vergleichsgruppe keine vergleichbare Katamnesedauer berichtet wurde oder beträchtliche Mortalitätseffekte zu verzeichnen waren.

7.3 Kodierung der Studien

Die Ziele dieser Metaanalyse bestehen darin, den Stand der Evaluationsforschung im Bereich der Sexualstraftäterbehandlung zu beschreiben und die Effektivität der Behandlungsmaßnahmen zu überprüfen und gegebenenfalls Kriterien zu extrahieren, die den Erfolg einer Behandlung maßgeblich beeinflussen. Um diese Ziele zu erreichen, wurden verschiedene Beschreibungs- und Differenzierungskriterien festgelegt und für jede der einbezogenen Studien kodiert. Es wurde ein umfangreicher Kodierplan entwickelt, der eine Vielzahl potentieller Variablen umfasst, nach denen später Auswertungen vorgenommen werden konnten. Die Kodierung der Studien erfolgte auf zwei Ebenen. Die erste betrifft inhaltliche Aspekte der jeweiligen Studien. Auf der zweiten Ebene erfolgte für jede der Studien mindestens eine Effektstärkekodierung. Für jede Studie bzw. Analyseeinheit wurde ein Bogen zur Studienkodierung sowie je nach Anzahl der verfügbaren Ergebnismaße ein oder mehrere Bögen zur Effektstärkekodierung bearbeitet. Alle Kodierungen wurden vom Autor selbst durchgeführt.

7.3.1 Inhaltliche Studienkodierung

Die inhaltliche Kodierung erfasste 61 Kriterien, die der beschreibenden Analyse dienten sowie zum Teil als unabhängige Variablen in die Moderatoranalyse eingingen. Für diesen Teil der Kodierung erfolgte eine Bestimmung der Interraterreliabilität. Eine Stichprobe von zehn Studien wurde zusätzlich von einem erfahrenen Zweitkodierer eingeschätzt. Die Ergebnisse sind in den Tabellen 7.1 - 7.5 aufgeführt. Je nach

Datenniveau wurden verschiedene Kennwerte für die Reliabilität der Kodierungen berechnet. Im Falle von kategorialen Daten wurde die prozentuale Beurteilerübereinstimmung ermittelt. Bei den geordneten Rating-Skalen wurde neben der exakten Übereinstimmung zusätzlich ein Übereinstimmungskoeffizient ermittelt, der die unmittelbar angrenzenden Werte mit einbezog. Dieser gibt also an, ob die beiden Einschätzungen in der Tendenz übereinstimmen. Ein Großteil der einbezogenen Studien berichtete nur einen Teil der für die Kodierung benötigten Informationen. Bei der Beurteilung der Kodiererübereinstimmung wurden fehlende Werte als eigene Kategorie betrachtet. Wenn einer der Kodierer einen gültigen, der andere hingegen einen fehlenden Wert kodierte, so wurde das als mangelnde Übereinstimmung verstanden. In den Tabellen sind die durch Missing-Kodierungen verursachten Divergenzen zusätzlich aufgeführt. Darüber hinaus ist in den Tabellen vermerkt, für wie viele der gesamten 80 Vergleiche keine Einschätzung möglich war, da dies die späteren Moderatoranalysen beeinflusst.

Die inhaltliche Kodierung der Studien lässt sich in vier grobe Bereiche unterteilen: allgemeine Studienmerkmale, Stichprobenbeschreibung, Evaluationsdesign und Behandlungsvariablen. Im Folgenden sollen diese Bereiche kurz charakterisiert werden und einzelne Kodierentscheidungen exemplarisch erläutert werden. Viele der kodierten Variablen dürften hinreichend selbsterklärend sein. Die Tabellen 7.1 - 7.5 geben für jeden der inhaltlichen Bereiche die verwendeten Variablen wieder sowie die Kennwerte der Interraterreliabilität. Der vollständige Kodierplan sowie das Manual, in dem die Kodierrichtlinien vorgegeben sind, finden sich im Anhang B.1 (Kodierbogen) und B.3 (Manual). Der Kodierbogen ist zwar grundsätzlich an den hier dargestellten Inhaltsbereichen orientiert. Die Reihenfolge der einzelnen Variablen weicht aber an manchen Stellen von der Darstellung im Text ab, da dort in erster Linie pragmatische Aspekte der Kodierarbeit und des späteren Aufsuchens von Informationen zu berücksichtigen waren. Zum Teil können einzelne Variablen auch mehreren Bereichen zugeordnet werden.

7.3.1.1 Allgemeine Studienmerkmale

In diesem Bereich wurden allgemeine Aspekte der Studie bzw. der publizierten Arbeit wie das Publikationsjahr, die Publikationsform etc. aufgezeichnet. Eine bedeutsame Variable stellt der Bezug des Untersuchers zum Behandlungsprogramm dar. Die Beteiligung des Untersuchers mag höhere Behandlungseffekte erbringen, einerseits im Rahmen sich selbst erfüllender Prophezeiungen, andererseits mag in diesem Fall größere Aufmerksamkeit auf die sorgfältige Umsetzung des Programms gelegt werden und sich so auf dessen Effektivität auswirken. Das erschwert wiederum die Übertragbarkeit der ermittleten Behandlungseffekte auf andere Kontexte.

Die deskriptive Validität bezieht sich auf die Nachvollziehbarkeit und Ausführlichkeit der Darstellung der jeweiligen Studien. In Erweiterung von Cook und Campbells (1979) systematischer Zusammenstellung von Validitätsgefährdungen haben Lösel und Mitarbeiter (Lösel & Köferl, 1987, 1989; Lösel et al., 1987; Lösel & Nowack, 1987) diesen Aspekt hinzugefügt, um über eine adäquate Beurteilungssystematik für die Beschreibung von Studieninhalten zu verfügen. Dies ist insbesondere zur Dokumentation der Forschungslage hilfreich. Die ursprüngliche Konzeption von Lösel et al. wurde

Tabelle 7.1: Kodierung der allgemeinen Studiencharakteristika

Kodierte Variable	nicht kodierbar ($k = 80$)	Beurteilerübereinstimmung ($k = 10$)		
		exakt[a]	+/- 1[a]	als missing kodiert K1 / K2 / K1 & K2
Art der Publikation	0	1	–	–
nationale Herkunft	0	1	–	–
fachlicher Bezug des Autors	19	.7	–	1 / 4 / 1
Behandlungsbezug des Autors	7	.6	–	0 / 4 / 0
Deskriptive Validität				
Behandlungskonzept	0	.8	1	–
konkrete Behandlungsinhalte	0	.7	1	–
Verlaufs-/Abschlussdiagnostik	0	.7	1	–
Angabe von Elementarstatistiken	0	.8	1	–
methodische Aspekte	0	.7	1	–
Gesamteinschätzung	0	.8	1	–

Anmerkung. K1 = Missing-Urteile des Erstkodierers,   K2 = Missing-Urteile des Zweitkodierers, K1 & K2 = übereinstimmende Missing-Urteile
[a] Missing-Urteile wurden in die Beurteilung der Übereinstimmung einbezogen

in einigen Punkten abgewandelt. Der Aspekt der temporären Behandlungs- und Zielstabilität wurde im Rahmen der beiden Kodierungen zur Beschreibung der konkreten Behandlungsumsetzung bzw. Zielerreichung berücksichtigt und nicht separat kodiert. Hingegen wurde das System um den Aspekt der Beschreibung des methodischen Vorgehens erweitert, da die mangelnde methodische Qualität bei Evaluationen der Sexualstraftäterbehandlung viel diskutiert und bemängelt wird (Lösel, 2000; McConaghy, 1999; Rice & Harris, 2003). In diesem Rahmen mag der Aspekt der Beschreibung der verwendeten Methodik unter anderem einen Anhaltspunkt dafür liefern, wie stark solche Aspekte von Autoren überhaupt als Problem anerkannt werden. Zudem wurde explizit eine Gesamteinschätzung der Gefährdung der deskriptiven Validität vorgenommen, wohingegen Lösel et al. (1987) die Gesamteinschätzung rechnerisch aus den Einzelaspekten gewannen. Um Missverständnissen vorzubeugen: Die deskriptive Validität bezieht sich nicht auf die Qualität der Behandlung, Methoden etc. selbst, sondern auf die Qualität ihrer Beschreibung. So können die methodischen Schwächen einer Studie durchaus sorgfältig dokumentiert sein. Ebenso kann die methodisch gelungene Evaluation eines theoretisch fundierten, wohl implementierten Programms gravierende Mängel in der Erfassung und/oder Darstellung dieser Aspekte aufweisen. In beiden Fällen ist ihr Nutzen eingeschränkt. Im ersten Fall wegen der Schwächen der Studie, im zweiten Fall, weil die Stärken nicht erkennbar sind.

Die Interraterreliabilität weist in diesem Bereich gewisse Schwächen auf. Bei der Beurteilung des Bezuges des Untersuchers zur Behandlung sowie seines professionellen Hintergrundes ergibt sich dies aber in erster Linie wegen der fehlenden Werte. Der Erstkodierer hatte durch seine Beschäftigung mit dem Thema einen genaueren Einblick in die personellen Strukturen des Forschungsfeldes und war daher eher in der Lage, diese Aspekte einzuschätzen. Hinsichtlich der deskriptiven Validität ergab sich in der Richtung der Einschätzung immer eine Übereinstimmung. Insgesamt zeigte sich aber, dass der Erstkodierer in der Tendenz einen etwas strengeren Maßstab anlegte.

7.3.1.2 Stichprobenbeschreibung

Die Beschreibung der Stichproben betrifft zunächst die Anzahl der untersuchten Probanden und Aspekte der Altersverteilung. Es wurde zudem ein Klassifikationssystem aufgenommen, das die Deliktart der behandelten Sexualstraftäter erfasst. An einer deliktorientierten Klassifikation im Behandlungskontext kann mit einigem Recht Kritik geübt werden (Hoyer, 2001; vgl. auch Kapitel 2.2). Allerdings werden alternative Typologien, die eine stärker ätiologische Orientierung beinhalten, selten berichtet. Die Erfassung der Deliktart bot sich an, weil sie häufig dargestellt wurde. Zudem scheint im Hinblick auf differentielle Behandlungseffekte eine deliktspezifische Kategorisierung durchaus Nutzwert zu haben (siehe z.b. Alexander, 1999) und es liegen Überschneidungsbereiche zu ätiologischen Aspekten vor (Hoyer et al., 1999).

Bei der Risikoeinschätzung der Klientel wurde eine Dreiteilung in niedrig, mittel und hoch vorgenommen. In der Literatur werden bezüglich des Risikos zwei Trends beobachtet. Einerseits scheinen Täter mit geringem Risiko wenig zusätzlichen Profit aus einer Behandlung zu ziehen, da das Rückfallrisiko bereits aufgrund natürlicher protektiver Faktoren relativ niedrig liegt. Bei Hochrisikotätern besteht neben einem erhöhten Behandlungsbedarf auch mehr Spielraum für Behandlungserfolge. Andererseits mögen diese zum Teil (z.b. psychopathische Personen) besonders schwer über Behandlung zu erreichen sein. Daher wird neben einem schwachen linearen Trend von einer u-förmigen Beziehung ausgegangen (Lösel, 1996b, 2001a). Bei unklaren Angaben wurde von einem mittleren Risiko ausgegangen, um eine relativ eindeutige Trennung von hohen und niedrigen Risikostufen zu ermöglichen.

Die Einschätzung der Freiwilligkeit der Behandlungsteilnahme erfolgte in Bezug auf die Frage, ob ein Behandlungswunsch seitens des Täters eine notwendige Bedingung des Interventionserfolges ist, oder ob auch eine Behandlung, die unter erhöhtem Behandlungsdruck bzw. Zwang stattfindet, rückfallmindernd wirken kann. Dies ist insbesondere angesichts des neu formulierten § 9 I StVollzG von Bedeutung, da dieser für einen Teil der Sexualstraftäter unabhängig von der Freiwilligkeit einen behandlungsorientierten Vollzug der Freiheitsstrafe in einer sozialtherapeutischen Anstalt vorsieht und auch der § 56c III StGB wirft die Frage nach der Therapierbarkeit von Sexualstraftätern ohne anfängliche Behandlungsbereitschaft auf.

Die Beurteilerübereinstimmung weist für diesen Bereich keine gravierenden Mängel auf. Es zeigt sich jedoch der Trend, dass faktische Daten wie die Stichprobengröße unproblematisch in der Kodierung sind, während sich Divergenzen dann ergeben, wenn aus teilweise wenigen Informationen breitere Einschätzungen zu kodieren sind (z.B. Risikoeinschätzung). Auffällig ist die relativ hohe Zahl an nicht kodierbaren Aspekten, wobei selbst die Altersstruktur der Stichprobe in etwa einem Viertel der Fälle nicht angegeben wird. Die relativ vollständig erscheinenden Angaben zu den nach Deliktart

Tabelle 7.2: Kodierung der Populationsvariablen

Kodierte Variable	nicht kodierbar (*k* = 80)	Beurteilerübereinstimmung (*k* = 10)		
		exakt[a]	+/- 1[a]	als missing kodiert K1 / K2 / K1 & K2
Stichprobengröße				
anfänglich Behandlungsgruppe	0	*r* = 1		–
anfänglich Vergleichsgruppe	0	*r* = 1		–
Mortalität (Behandlungsgruppe)	1	*r* = 1		–
Mortalität (Vegleichsgruppe)	1	*r* = 1		–
Alter				
Behandlungsgruppe (*M*)	16	*r* = 1		–
Vergleichsgruppe (*M*)	25	*r* = 1		3 / 3 / 3
Altersgruppe (Erw. u./o. Jug.)	20	.8	.8	2 / 0 / 0
Altershomogenität	27	1	1	2 / 2 / 2
Deliktart (Mehrfachnennungen)				
Vergewaltigung	12	1	–	–
Kindesmissbrauch	12	1	–	–
Inzest	15	.9	–	1 / 0 / 0
Exhibitionismus	14	1	–	–
andere Delikte	12	1	–	–
Risikoeinschätzung der Klientel	0	.8	1	–
Freiwilligkeit der Teilnahme	19	1	1	1 / 1 / 1

Anmerkung. K1 = Missing-Urteile des Erstkodierers,   K2 = Missing-Urteile des Zweitkodierers,   K1 & K2 = übereinstimmende Missing-Urteile
[a] Missing-Urteile wurden bei der kategorialen Beurteilung der Übereinstimmung einbezogen, bei kontinuierlichen Daten erfolgte eine Bestimmung der Übereinstimmung mittels des Korrelationskoeffizienten, der die fehlenden Werte ausschloss

getrennten Tätergruppen müssen unter dem Vorbehalt betrachtet werden, dass dies nicht unbedingt die getrennte Ergebnisdarstellung für die einzelnen Tätergruppen implizierte, sondern lediglich die Angabe betraf, welche Deliktgruppen in der Gesamtstichprobe vertreten waren. In der Tat wurde die Deliktart nur relativ selten als Trennvariable bei der Ergebnisdarstellung genutzt.

7.3.1.3 Untersuchungsdesign

Einen breiten Raum bei der Kodierung der Studien nahmen Aspekte des methodischen Designs ein. Besonderes Augenmerk wurde hierbei auf die Vergleichbarkeit von Behandlungs- und Vergleichsgruppe gelegt. Je vergleichbarer die Gruppen sind, desto eher können Unterschiede in den Rückfallraten auf die unabhängige Variable „Behandlung" zurückgeführt werden. Eine allgemeine Beurteilung der methodischen Qualität im Hinblick auf die Vergleichbarkeit der Gruppen wurde mit Hilfe einer an der Maryland Scale for Scientific Rigor (MacKenzie & Hickman, 1998; Sherman et al., 1997) orientierten 5-stufigen Skala vorgenommen. Auf Grundlage des Vorhandenseins einer Kontroll- oder Vergleichsgruppe, der verwendeten Strategie der Gruppenbildung (Randomisierung, Matching, anfallende Stichproben), der Überprüfung von Gruppenunterschieden, der statistischen Kontrolle solcher Unterschiede sowie differentieller Mortalitätseffekte ergeben sich fünf Stufen, die folgendermaßen zu charakterisieren sind:

(1) *keine Kontrollgruppe/Vergleichsgruppe vorhanden*

(2) Vorliegen *nicht äquivalenter Kontrollgruppe/Vergleichsgruppe*: Es sind Gruppenunterschiede in zentralen Variablen dokumentiert oder es muss von solchen Unterschieden ausgegangen werden (z.B. wenn der Täter die Behandlung verweigert oder als ungeeignet für die Behandlung eingestuft wird)

(3) Vorliegen einer *Kontrollgruppe/Vergleichsgruppe, die weitgehend als äquivalent gelten kann*: Vergleichbarkeit der Gruppen wird anhand zentraler Variablen demonstriert oder es gibt keine Gründe, die systematische Rückfallunterschiede zwischen Behandlungs- und Vergleichsgruppe plausibel erscheinen lassen

(4) Eine Kontrollgruppe/Vergleichsgruppe liegt vor und es wurden *systematisch Maßnahmen ergriffen, um die Äquivalenz der Gruppen zu gewährleisten* (z.B. Matching-Prozedur, statistische Kontrolle der Auswirkungen differentieller Effekte) oder es erfolgte eine randomisierte Gruppenzuweisung mit leichten Mängeln

(5) *Zufallszuweisung* zu Behandlungs- und Kontrollgruppe/Vergleichsgruppe (ohne anfängliche Unterschiede in rückfallrelevanten Variablen)

Die erste Stufe ist hier nicht relevant, da die Einschlusskriterien das Vorliegen einer Vergleichsgruppe forderten. In der von Sherman et al. (1997) für den Maryland Report verwendeten Fassung der Skala wurden als Einschätzungskriterien auch die Verwendung adäquater statistischer Verfahren sowie die Stichprobengröße einbezogen. Dies geschah im Hinblick auf die daraus resultierende Teststärke der in der Primärstudien vorgenommenen Signifikanzprüfung. Da Sherman et al. die Befunde in erster Linie in einer Form des Signifikanzenzählens integrieren, ist das sinnvoll. In der vorliegenden Arbeit, in der die Integration ausschließlich über Effektstärkenberechnungen und unabhängig von deren statistischer Signifikanz erfolgt, sind diese Kriterien für die Einschätzung der methodischen Qualität weniger bedeutsam und gingen nicht in das Urteil ein.

Tabelle 7.3: Kodierung des Studiendesigns

Kodierte Variable	nicht kodierbar ($k = 80$)	Beurteilerübereinstimmung ($k = 10$)		
		exakt[a]	+/- 1[a]	als missing kodiert K1 / K2 / K1 & K2
Maryland Scale - Rating	0	1	1	–
Art der Vergleichsgruppe	9	.9	–	–
Zuweisungseinheit	2	1	–	–
Zuweisungsmethode	0	1	–	–
Gruppenunterschiede vorhanden?	29	1	–	5 / 5 / 5
Richtung der Unterschiede	38	.9	1	5 / 5 / 5
Katamnesezeitraum				
Behandlungsgruppe	0	$r = 1$	–	
Vergleichsgruppe	0	$r = 1$	–	
Beginn	4	1	–	–
Umgang mit Behandlungsabbrechern	3	1	1	1 / 1 / 1
Behandlung der Vergleichsgruppe				
Art der Behandlung	0	1	–	–
Umfang der Behandlung	0	.9	1	–

Anmerkung. K1 = Missing-Urteile des Erstkodierers,   K2 = Missing-Urteile des Zweitkodierers, K1 & K2 = übereinstimmende Missing-Urteile
[a] Missing-Urteile wurden bei der kategorialen Beurteilung der Übereinstimmung einbezogen, bei kontinuierlichen Daten erfolgte eine Bestimmung der Übereinstimmung mittels des Korrelationskoeffizienten, der die fehlenden Werte ausschloss

Eine Reihe von Variablen, die in diesem Gesamturteil der methodischen Qualität enthalten sind, wurden zusätzlich separat kodiert (Gruppenbildung, Gruppenunterschiede, Mortalität siehe Stichprobenbeschreibung). Da auch Studien einbezogen wurden, bei denen die Vergleichbarkeit der Gruppen nicht gegeben oder zumindest stark eingeschränkt ist, wurde zusätzlich eine Variable „relatives Rückfallrisiko" eingeführt, anhand derer eingeschätzt wurde, ob rückfallrelevante Unterschiede vorliegen und ob diese die Vergleichs- oder die Behandlungsgruppe bevorzugen. Bei einem Großteil der Fälle war diese Einschätzung nicht oder nur unter Vorbehalten möglich, da keine konkreten Angaben zu den Charakteristika der beiden Gruppen vorlagen. Bei randomisierten Designs oder solchen, die eine statistische Kontrolle vornehmen, mag man die Vergleichbarkeit dennoch annehmen können. Dieser Aspekt wurde jedoch erst bei der Auswertung berücksichtigt, nicht schon bei der Kodierung.

Ein Problem, auf das bereits hingewiesen wurde, sind Behandlungsabbrecher. Aus methodischer Sicht ist der Umgang mit dieser Gruppe relevant. Es wurde kodiert, ob sie in den Auswertungen Berücksichtigung fand, und falls ja, ob sie in der Primäruntersuchung als Teil der Behandlungs- oder der Vergleichsgruppe verstanden bzw. nach bestimmten Kriterien als der einen oder anderen Gruppe zugehörig betrachtet wurde. Wenn die Ergebnisse für die Behandlungsabbrecher separat dargestellt waren, so wurden sie bei der Effektstärkenberechnung grundsätzlich zur Behandlungsgruppe gezählt. In diesem Fall erfolgten jedoch zusätzliche Effektstärkekodierungen, die die Behandlungsabbrecher den beiden anderen Gruppen gegenüberstellte. Dies sollte spezifische Aussagen über die Bedeutung des Behandlungsabbruches für die Rückfälligkeit ermöglichen. Der konkrete Anteil der Abbrecher wurde im Rahmen der Behandlungsbeschreibung kodiert (siehe Tabelle 7.5 zu den Behandlungsvariablen).

Da sich die vorliegende Metaanalyse nicht auf Vergleiche von behandelten Probanden mit einer unbehandelten Kontrollgruppe beschränkte, sondern einen weiteren Raum von Vergleichsgruppen zuließ und diese Gruppen auch selbst eine Form der Behandlung erhalten haben konnten, wurde in zwei Variablen zum Ersten erfasst, ob und welches Treatment die Vergleichsgruppe erhalten hatte, und zum Zweiten eine Einschätzung des Umfanges dieser Behandlung vorgenommen. Im Umkehrschluss ergab sich daraus eine Einschätzung des Behandlungsvorteils der Behandlungsgruppe.

7.3.1.4 Behandlung

Ein zentraler Teil der Kodierungen betraf Behandlungsinformationen. Je differenzierter solche Aspekte zu erfassen sind, desto eher lässt sich nicht nur die Frage beantworten, ob Behandlung ein effektives Instrument der Verhinderung von Rückfällen ist, sondern auch welche Aspekte der Behandlung bessere Erfolge versprechen. Viele der Studien beschrieben die zugrunde liegende Behandlung nur ausschnitthaft und häufig konnte nur ein Teil der Variablen sicher eingeschätzt werden. Zum Teil lagen gar keine spezifischen Informationen zur Art der Behandlung vor oder sie beschränkten sich auf die bloße Nennung eines Labels wie „kognitiv-behavioral". Insbesondere die Integrität des Behandlungsprogrammes konnte nur in einem Drittel der Fälle beurteilt werden, da weder Angaben zum tatsächlichen Ablauf der Behandlung vorlagen noch Faktoren wie Supervision oder spezifische Schulungsmaßnahmen des therapeutischen Personals beschrieben wurden, aufgrund derer zumindest von einer gewissen Implementationstreue ausgegangen werden konnte. Für Untersuchungen zur operativen Kastration (10 % der Studien) wurde keine Beurteilung der Programmintegrität vorgenommen. Dennoch

Tabelle 7.4: Kodierung der Behandlungsinhalte

Kodierte Variable	nicht kodierbar ($k = 80$)	Beurteilerübereinstimmung ($k = 10$)		
		exakt[a]	+/- 1[a]	als missing kodiert K1 / K2 / K1 & K2
grundlegender Behandlungsansatz	4	1	–	–
Behandlungselemente				
kognitiv	10	.8	1	–
Relapse Prevention	11	.8	1	–
rein behavioral	14	.9	1	3 / 3 / 3
einsichtsorientiert	13	.8	1	3 / 3 / 3
systemisch	16	.9	.9	4 / 3 / 3
therapeutische Gemeinschaft	11	1	1	–
psychoedukativ	12	.9	1	3 / 3 / 3
hormonale Medikation	8	.6	.7	0 / 3 / 0
Programmintegrität	57	1	–	–
spezifisch für Sexualstraftäter	7	1	–	–

Anmerkung. K1 = Missing-Urteile des Erstkodierers, K2 = Missing-Urteile des Zweitkodierers, K1 & K2 = übereinstimmende Missing-Urteile
[a] Missing-Urteile wurden bei der Beurteilung der Übereinstimmung einbezogen

verbleiben in über der Hälfte der Studien fehlende Angaben. Bei den anderen Variablen dieses Bereiches war die Anzahl der Missings weniger gravierend, was aber nicht bedeutet, dass die Informationen immer ausführlich waren. Häufig mussten die Angaben durch Schätzungen ergänzt werden.

Da sich Programme im Straftäterbereich selten auf den Ansatz einer therapeutischen Schule beschränken, wurde neben einer Kategorisierung des grundlegenden Behandlungsansatzes auch das Vorhandensein einzelner Behandlungskomponenten, die anderen Ansätzen zuzurechnen sind, kodiert. Diese Kodierung diente im späteren Verlauf dazu, den Einfluss spezifischer Komponenten der Sexualstraftäterbehandlung abzuschätzen. Entsprechend den oft spärlichen Beschreibungen der Behandlung zeigen sich bei der Beurteilerübereinstimmung gewisse Schwächen, allerdings stimmten die Beurteilungen in der Regel tendenziell überein oder Unterschiede beruhten auf unterschiedlichen Auffassungen darüber, ob ein Aspekt beurteilbar war oder nicht.

Neben den konkreten Behandlungsinhalten wurde vermerkt, inwieweit Nachbetreuungsangebote vorgesehen waren oder die Behandlung durch spätere Kontrollmaßnahmen wie Führungsaufsicht ergänzt wurde. Zudem wurde beurteilt, inwieweit das Programm spezifisch für Sexualstraftäter angelegt war oder lediglich im Rahmen einer allgemeinen Straftäterbehandlung auch Sexualstraftäter versorgt wurden.

Die Einschätzung der Behandlungsdauer erfolgte getrennt für die geplante und die tatsächliche Dauer. Dies trug dem Umstand Rechnung, dass es sich im einen Fall um ein Idealmaß handelt, das in der konkreten Behandlung nicht unbedingt erfüllt ist (z.B. Behandlungsabbrecher), im anderen Fall um ein Realmaß. Während der Kodierung zeigte sich, dass häufig überhaupt Angaben zur Dauer der Behandlung fehlten, und wenn Informationen vorlagen, meist nur einer der beiden Aspekte beurteilt werden konnte. Mitunter waren die Angaben ungenau oder unstrukturiert dargestellt, so dass nur eine grobe Schätzung erfolgen konnte. Die Auswertungen bezogen sich daher auf die planmäßige Dauer der Behandlung, welche über die tatsächliche durchschnittliche Behandlungsdauer geschätzt wurde, wenn diese Angabe nicht vorlag. Durch die Kombination der beiden Maße konnte die Behandlungsdauer für 50 Vergleiche abgeschätzt werden. Ein problematisches Item stellt die Behandlungsintensität dar, die neben der Behandlungsdauer separat bestimmt wurde. Anstatt für die Intensität relevante Variablen wie Länge und Häufigkeit der Therapiesitzungen oder die Therapeuten-Klienten-Relation jeweils getrennt einzuschätzen, wurde ein Aggregatmaß bestimmt, das sich als Gesamtbild dieser Elemente ergab. Dies geschah deshalb, weil

Tabelle 7.5: Kodierung sonstiger Aspekte der Behandlung

Kodierte Variable	nicht kodierbar (k = 80)	Beurteilerübereinstimmung (k = 10)		als missing kodiert K1 / K2 / K1 & K2
		exakt[a]	+/- 1[a]	
Jahr der Initiierung der Behandlung	0	r = .99		–
Programmstatus	1	1	–	–
Behandlungsintensität	38	.7	.8	1 / 1 / 0
Behandlungsformat (Gruppe vs. Einzel)	20	.7	.9	–
Anteil der Behandlungsabbrecher	24	r = 1		1 / 1 / 1
Behandlungsdauer				
planmäßige Dauer	54 } 30	r = 1		4 / 5 / 4
tatsächliche Dauer	48	r = .94		4 / 4 / 4
Maßnahmen nach Ende der Behandlung				
therapeutische Nachbetreuung	10	.9	1	–
Überwachung/Kontrolle	15	1	–	–
Behandlungskontext				
Setting (JVA, Klinik, ambulant etc.)	2	1	1	–
Trägerschaft (staatlich, privat)	15	1	1	1 / 1 / 1
Therapeuten				
fachliche Einordnung	34	.7	–	3 / 5 / 3
Beteiligung nicht-therapeutischen Personals (z.B. Vollzugsbeamte)	34	.8	–	4 / 5 / 4

Anmerkung. K1 = Missing-Urteile des Erstkodierers,   K2 = Missing-Urteile des Zweitkodierers,   K1 & K2 = übereinstimmende Missing-Urteile
[a] Missing-Urteile wurden bei der kategorialen Beurteilung der Übereinstimmung einbezogen, bei kontinuierlichen Daten erfolgte eine Bestimmung der Übereinstimmung mittels des Korrelationskoeffizienten, der die fehlenden Werte ausschloss

die Angaben in den Studien zum Teil zu ungenau waren, um beispielsweise zu bestimmen wie viele Therapiesitzungen Klienten insgesamt oder pro Zeiteinheit besucht hatten. Eine grobe Einschätzung der Intensität schien jedoch möglich. Die Werte zur Beurteilerübereinstimmung bestätigen diese Annahme zumindest in der Tendenz. Auch hier lag das Problem zum Teil in der Einschätzung, ob das Item anhand der Informationen zu beurteilen war.

Das Jahr, in dem eine Behandlung eingeführt wurde, liegt naturgemäß einige Zeit vor der Publikation der Evaluationsuntersuchung. Aufgrund unterschiedlicher

Katamnesezeiträume und Behandlungsdauern schwanken die Unterschiede zwischen der Konzeption eines Programms und dem Publikationsjahr der Studien zum Teil beträchtlich. Die Kodierung einer eigenständigen Variable schien demnach eine realistischere Einschätzung der historischen Fortentwicklung der Sexualstraftäterbehandlung in inhaltlicher und auf die Wirksamkeit bezogener Hinsicht zu ermöglichen.

Die Kodierung des Programmstatus als Modellprojekt oder Routinepraxis wurde wie schon der Behandlungsbezug des Untersuchers im Hinblick auf die Übertragbarkeit der Ergebnisse auf andere Kontexte vorgenommen. Bei Modellprojekten ist von einer Sorgfalt bei der Umsetzung einer Behandlung auszugehen, die bei der Implementation im Rahmen der Routinepraxis vermutlich nicht in gleichem Ausmaß gewährleistet ist. Ein anderer Aspekt dieser Variable mag aber auch deutlichere Selektionsstrategien bei Modellprojekten beinhalten. Insgesamt ist die Übertragbarkeit der Effekte solcher Projektmaßnahmen auf die alltägliche Praxis nur bedingt gegeben.

7.3.2 Effektstärkekodierung

Für jede der einbezogenen Studien wurde mindestens eine Effektstärke berechnet. Für jedes verwendbare Ergebnismaß wurden neben der berechneten Effektstärke Angaben zu Art und Definition des Rückfalls, den dahinter stehenden Datenquellen sowie den der Effektstärkeberechnungen zugrunde liegenden Daten kodiert (z.B. Rückfallhäufigkeiten, Regressionsanalysen, Teststatistiken etc.; siehe Bogen zur Effektstärkekodierung, Anhang B.2, und Kodiermanual, Anhang B.3).

7.3.2.1 Kodierung von Angaben zu den Kriterien des Rückfalls

Hinsichtlich des Rückfallbereichs wurde erfasst welche Deliktarten als Rückfall erfasst wurden. Dies geschah in den Studien teilweise hinsichtlich spezifischer Delikte (z.B. Sexual-, Gewaltdelikte etc.), teilweise in allgemeiner Form (z.B. jegliche erneute Straftat). Insgesamt wurden bei dieser Variable sieben Kategorien unterschieden: Sexualdelikt, Gewaltdelikt, nicht-sexuelle Delikte, Delikte außerhalb der Bereiche Sexualität oder Gewalt, jegliche Straftat inklusive sowie ohne Verstöße gegen Bewährungsauflagen. Für jede der Studien wurde versucht, aus den berichteten Daten möglichst viele der Bereiche zu erschließen, d.h. wenn ein bestimmter Bereich nicht explizit angegeben wurde, so wurde dennoch untersucht, ob fehlende Bereiche aus den vorhandenen Daten zuverlässig rekonstruiert werden könnten. Maße des einschlägigen – also sexuellen – Rückfalls stehen im Mittelpunkt dieser Metaanalyse und werden daher in erster Linie betrachtet. Zum Teil wird in den Primärstudien statt einer separaten Kategorie des sexuellen Rückfalls nur eine Kategorie berichtet, die Sexual- und Gewaltstraftaten zusammenfasst. Wenn dies in einer Primärstudie geschah, so wurde diese Kategorie als ein naheliegender Schätzer für einschlägigen Rückfall verwendet. Um zu überprüfen, ob dies zu einer übermäßigen Verzerrung führen würde, erfolgte für jede Studie eine zusätzliche Kodierung dieser zusammengefassten Kategorie, wenn dies möglich war.

Hinsichtlich des Kriteriums, ab welchem Ereignis eine Handlung als Rückfall bezeichnet wird, wurde zwischen Inhaftierung, Verurteilung, Anklage sowie „unangemessenem Verhalten" unterschieden. Während die ersten drei Kategorien eine Straftat oder zumindest einen begründeten Verdacht voraussetzen, ist die letzte Kategorie breiter. Sie umfasst Handlungen, die entweder nicht entdeckt wurden und darum nicht strafverfolgt werden konnten, strafbare Handlungen, die wohl entdeckt wurden, bei denen aber von einer Strafverfolgung abgesehen wurde sowie bestimmte Verhaltensweisen, die zwar nicht strafbar sind, aber mit delinquentem Verhalten in sehr enger Verbindung stehen. Man könnte auch von Risikoverhaltensweisen sprechen, die erneute Straftaten begünstigen oder von einem „Lapse" im Sinne des Relapse Prevention-Modells (vgl. Kapitel 5.2.1.3). Auch Verstöße gegen Bewährungsauflagen können hierunter fallen. Insgesamt ist diese Kategorie weniger spezifisch für kriminelle Rückfälle, andererseits ermöglicht sie durch die breitere Anlage höhere Basisraten (vgl. Falshaw et al., 2003).

7.3.2.2 Vorgehen bei abhängigen Ergebnismaßen

Wurden in einem Vergleich Ergebnisse zu mehreren Rückfallbereichen berichtet (sexueller Rückfall etc.), so wurden die einzelnen Bereiche getrennt voneinander kodiert und ausgewertet. Von der oben beschriebenen Ausnahme abgesehen, die den sexuellen Rückfall im Einzelfall aus dem Bereich „Sexual- und Gewaltdelikte" schätzte, erfolgte in keiner der Analysen eine Vermischung der verschiedener Rückfallbereiche. Einerseits wurde davon ausgegangen, dass bestimmte Behandlungen en gros zu gleichgerichteten Effekten in den verschiedenen Deliktbereichen führen würden. Eine weitgehende

Unabhängigkeit der Effekte wäre daher nicht gegeben. Die Festlegung der Analyseeinheit auf Ebene der Effektstärken erschien aus diesem Grunde nicht angemessen. Andererseits wurde jedoch auch angenommen, dass eine spezifische Behandlung die Rückfälligkeit in jedem Bereich unterschiedlich stark beeinflussen kann. Die Zusammenfassung der Effekte in den verschiedenen Deliktbereiche zu einem Studiengesamteffekt hätte daher eine unerwünschte Nivellierung der Studieneffekte zur Folge gehabt.

Wurden hingegen innerhalb der Deliktbereiche verschiedene Rückfallkriterien berichtet (Inhaftierung, Verurteilung, Anklage, Risikoverhalten), so wurden diese einzeln kodiert und anschließend durch Mittelung der Effektstärken auf Studienebene zusammengefasst. Dies geschah, weil die jeweiligen Kriterien inhaltlich vergleichbares Verhalten erfassen und sich lediglich hinsichtlich ihrer Sensitivität unterscheiden. Zum Beispiel geht eine Anklage einer Verurteilung als notwendige Bedingung voraus, ist aber nicht hinreichend. Es besteht immer die Möglichkeit eines Freispruchs oder der Einstellung des Verfahrens aus anderen Gründen. Das Kriterium „Anklage" ist somit sensitiver, bezieht sich aber auf das prinzipiell gleiche Rückfallverhalten wie das Kriterium „Verurteilung". Es wurde daher angenommen, dass jede Behandlung über alle Kriterien hinweg in der Tendenz ähnliche Ergebnisse erbringen würde und eine Zusammenfassung die Reliabilität der Effektstärkenschätzung erhöhen würde. Systematische Unterschiede wären nicht so sehr eine Frage der evaluierten Behandlung, sondern der verwendeten Evaluationsmethodik.

7.3.2.3 Verwendetes Effektstärkemaß: Die Odds Ratio (OR)

Die Bewertung des Behandlungserfolges geschah auf Grundlage der Rückfälligkeit behandelter versus unbehandelter Probanden. Obwohl Rückfallergebnisse in verschiedener Form dargestellt werden können, ist die einfachste und am häufigsten verwendete Berichtsform die simple Nennung der Rückfallraten der beiden Gruppen. Für diesen Fall sind verschiedene Effektstärkemaße denkbar. Das wohl bekannteste und in Metaanalysen am häufigsten verwendete Effektstärkemaß ist Cohen's *d*, das sich jedoch seinem Wesen nach auf kontinuierliche Daten bezieht. Zwar gibt es die Möglichkeit, Cohen's *d* aus dichotomen Daten zu schätzen (Cohen, 1988). Das ist jedoch wenig sinnvoll, wenn dies für beinahe alle Studien notwendig ist. In diesem Fall wird die Verwendung der Odds Ratio (*OR*) empfohlen (Fleiss, 1994; Lipsey & Wilson, 2001). Dies soll auch in dieser Arbeit geschehen, da die Odds Ratio über verschiedene Studiendesigns hinweg eine sinnvolle Effektstärkenberechnung ermöglicht (vgl. Fleiss, 1994).

Die Odds Ratio zählt nicht zu den gängigen statistischen Kennwerten, und soll daher im Folgenden etwas näher dargestellt werden. Der Vorteil der Odds Ratio gegenüber dem für dichotome Maße häufig verwendeten Phi-Koeffizienten oder auch dem relativen Risikos (Rate Ratio; *RR*) besteht darin, dass der Wertebereich nicht durch die Grundrate – in der praktischen Anwendung ist das die Rückfallrate der Kontrollgruppe – beschränkt ist. Ist beispielsweise die Rückfallrate der Kontrollgruppe 25 %, so ergeben sich als Grenzen $0 \le RR \le 4$ (eigentlicher Wertebereich: $0 \le RR \le \infty$) bzw. $-.32 \le \Phi \le .71$ (eigentlicher Wertebereich: $-1 \le \Phi \le 1$; für weitere Beispiele siehe Fleiss, 1994). Diese Beschränkung stört die Vergleichbarkeit von Studien mit unterschiedlichen Basisraten unter Umständen erheblich. Beim Phi-Koeffizienten stellen ungleiche Stichprobengrößen in Behandlungs- und Kontrollgruppe einen zusätzlichen limitierenden Faktor dar. Für die Odds Ratio hingegen ergibt sich, unabhängig von der Basisrate des Rückfalls oder der Verschiedenheit der Stichprobengrößen, immer ein möglicher Wertebereich von $0 \le OR \le \infty$. Das Ausschöpfen dieses Bereiches hängt ausschließlich von der Rückfallrate der Behandlungsgruppe ab. Zudem sind Odds Ratios symmetrisch, d.h. es spielt keine Rolle, ob man das Eintreten eines Ereignisses untersucht oder sein Nicht-Eintreten, also beispielsweise Rückfälligkeit oder Legalbewährung als Kriterium heranzieht. Beide Varianten sind durch einen einfachen Umkehrbruch ineinander überführbar und die Interpretation daher äquivalent. Für die Rate Ratio gilt dies nicht. Ein Problem der Odds Ratio besteht allerdings darin, dass sie weniger intuitiv ist. Die Interpretation des Phi-Koeffizienten ist den meisten Sozialwissenschaftlern aus ihrer täglichen Arbeit vertraut. Allerdings ist der Phi-Koeffizient seinem Wesen nach ein Zusammenhangsmaß. Bei der Darstellung von Gruppendifferenzen ist er weniger anschaulich (Lipsey & Wilson, 2001; vgl. auch Rosenthal & Rubin, 1982, die zur Veranschaulichung das „Binomial Effect Size Display" vorschlagen). Die Interpretation der Rate Ratio (auch Risk Ratio) ist dagegen gerade für Gruppenunterschiede intuitiv. Eine Rate Ratio von 0.50 bedeutet, dass die Wahrscheinlichkeit eines Ereignisses in der einen Gruppe halb so hoch ist wie in der anderen, $RR = 3.70$ gibt eine 3.7-fach höhere Auftretenswahrscheinlichkeit an. Die Odds Ratio hingegen bezieht sich nicht auf die Auftretens*wahrscheinlichkeiten* (z.B. $P = .50$), sondern auf die *Chancen*, dass ein bestimmtes Ereignis eintritt (bei $P = .50$ stehen die Chancen 1:1; Odds = 1):

$$Odds = \frac{H\ddot{a}ufigkeit\ des\ Eintretens\ des\ Ereignisses}{H\ddot{a}ufigkeit\ des\ Nicht-\ Eintretens\ des\ Ereignisses}$$

Obwohl sich das englische „Odds" im Deutschen mit „Chancen" übersetzen lässt und das gleiche bedeutet, hat sich die Beibehaltung des englischen Begriffs eingebürgert.[5] Die Odds Ratio setzt schlicht die Odds eines Ereignisses in der Behandlungsgruppe (BG) mit denen in der Kontroll- bzw. Vergleichsgruppe (VG) ins Verhältnis:

$$OddsRatio\ (OR) = \frac{Odds_{BG}}{Odds_{VG}}$$

Eine Odds Ratio von $OR = 1$ bedeutet demnach gleiche Chancen für Behandlungs- und Vergleichsgruppe, dass ein Ereignis eintritt. Bei $OR > 1$ sind die Odds in der Behandlungsgruppe höher, bei $OR < 1$ sind sie in der Behandlungsgruppe niedriger. Auf das Kriterium Rückfall bezogen, heißt dies, dass eine Behandlung, umso positiver zu bewerten ist, je geringer die Odds Ratio ist. Eine Odds Ratio von 0.50 würde bedeuten, dass die Odds eines Rückfalls in der Behandlungsgruppe nur halb so hoch sind wie in der Vergleichsgruppe oder, umgekehrt formuliert, dass die Behandlung die Chancen, keine erneute Straftat zu begehen, verdoppelt hat. Das richtige Verstehen dieser Formulierung erfordert etwas Achtsamkeit: Es wurde nicht gesagt, dass sich in der Behandlungsgruppe die Rückfälligkeit gegenüber der Vergleichsgruppe halbiert hätte, sondern, dass sich die *Odds* eines Rückfalls halbiert haben. Ersteres würde sich auf eine Rate Ratio von 0.50 beziehen. Obwohl bei geringen Basisraten Odds Ratio und Rate Ratio nahe beieinander liegen, gehen ihre Werte mit steigender Häufigkeit des

---

[5] Das hat wohl damit zu tun, dass sich Odds und Odds Ratios vor allem in medizinischen Studien mit dem Ergebniskriterium „Tod" oder „Krankheit" durchgesetzt haben. Wie Tod und Krankheit ist ein krimineller Rückfall kaum als positiver Ausgang zu betrachten. Im natürlichen Sprachgebrauch versteht man unter Chance für gewöhnlich eine positive Möglichkeit, eine Gelegenheit, die einen guten Ausgang verspricht. Es wirkt daher etwas befremdlich, wenn nicht gar sarkastisch, von den „Chancen eines Rückfalls", den „Chancen einer Erkrankung" oder gar der „Chance zu sterben" zu sprechen.

Ereignisses zunehmend auseinander. So ergibt sich bei einer Kontrollgruppen-Basisrate von 50 % und einer um zehn Prozentpunkte geringeren Rückfälligkeit behandelter Probanden mit RR = .80 und OR = .67 doch ein substantieller Unterschied. Die geringe Anschaulichkeit der Odds Ratios kann etwas gemindert werden, indem sie in Form der Odds selbst dargestellt werden. Legt man als Vergleichsmaßstab in der Grundgesamtheit Chancengleichheit zugrunde, die Chancen stehen also „Fifty-Fifty" (50:50), so zeigt eine Odds Ratio von 0.50 an, dass sich in der Behandlungsgruppe die Odds auf 25:50 im Sinne geringerer Rückfälligkeit verbessert haben.[6] Während in der (unbehandelten) Grundgesamtheit also 50 rückfällig gewordenen Sexualstraftätern 50 gegenüberstehen, die sich bewähren konnten, kommt in der Behandlungsgruppe auf die gleiche Anzahl von 50 legalbewährten Sexualstraftätern eine geringere Anzahl von nur 25 Rückfälligen. So kann jede Odds Ratio auch als Veränderung der Odds gegenüber dem Chancenverhältnis der Grundgesamtheit dargestellt werden, indem man den Zähler des Chancenverhältnisses (also die Rückfallhäufigkeit) mit der Odds Ratio multipliziert und den Nenner übernimmt. Eine Odds Ratio von 1.40 würde demnach die Odds von 50:50 auf 1.4 × 50 = 70 → 70:50 verschlechtern, eine Odds Ratio von 0.30 auf 0.30 × 50 = 15 → 15:50 verbessern usw. Für diese „Übersetzung" muss das Chancenverhältnis zwar nicht ausgeglichen sein (z.B. OR = 0.50, 30:70 wird zu 15:70), es erleichtert jedoch die Bewertung der Veränderung. Im Ergebnisteil soll daher, wenn diese Übersetzung der Odds Ratios vorgenommen wird, immer auf ein Grundverhältnis von 50:50 Bezug genommen werden.

---

[6] Genau genommen haben sich die Chancen, rückfällig zu werden, natürlich verschlechtert, weil weniger Rückfälle zu verzeichnen sind. Im Sinne des Wunsches, mittels Behandlung Rückfälle zu vermeiden, soll hier und im Folgenden aber die Bewertung des Ergebnisses einfließen und von einer Verbesserung gesprochen werden, wenn die Behandlung ihr Ziel erreicht hat, d.h. die Behandlungsgruppe seltener rückfällig wurde.

7.3.2.4 Berechnung der Odds Ratio und logarithmische Transformation

Das Grundprinzip der Berechnung der Odds Ratio wurde bereits dargestellt. Auf der Basis einer Vierfeldertafel (Tabelle 7.6) ergibt sich folgende Berechnungsformel:

Tabelle 7.6: Absolute Häufigkeiten und darauf basierende Berechnung der Odds Ratio

	Rückfall	kein Rückfall
BG	n_{11}	n_{12}
VG	n_{21}	n_{22}

$$OR = \frac{\dfrac{n_{11}}{n_{12}}}{\dfrac{n_{21}}{n_{22}}} = \frac{n_{11} \times n_{22}}{n_{21} \times n_{12}}$$

Die Berechnung von Odds und Odds Ratio kann auch direkt aus Angaben zu den Rückfallraten (relative Häufigkeiten) von Behandlungs- und Vergleichsgruppe. Die Odds und die daraus resultierende Odds Ratio ergeben sich dann folgendermaßen (wobei P für die Rückfallrate steht):

$$Odds = \frac{p}{1 - p} \quad \text{und} \quad OR = \frac{\dfrac{p_{BG}}{1 - p_{BG}}}{\dfrac{p_{VG}}{1 - p_{VG}}} = \frac{p_{BG} \times (1 - p_{VG})}{p_{VG} \times (1 - p_{BG})}$$

Die Odds Ratio selbst eignet sich nicht zur metaanalytischen Integration. Erstens ergibt sich, wenn keine Gruppenunterschiede vorliegen, wie oben dargestellt nicht der Wert „0", sondern „1". Das ist zwar etwas unangenehm, weil ungewohnt, doch ist dies nicht das Argument. Durch die Verteilung um den Wert „1" ergibt sich vielmehr das Problem einer rechtsschiefen Kennwerteverteilung der Odds Ratios. Die Odds Ratio kann keine negativen Werte annehmen und ist damit linksseitig begrenzt, während Werte über 1 theoretisch ins Unendliche reichen können. Für statistische Analyseprozeduren eignet sie sich daher nur bedingt. Eine einfache Transformation allerdings verschafft ihr günstigere statistische Eigenschaften. Bildet man den natürlichen Logarithmus der Odds Ratio, so ergibt sich eine um den Mittelwert „0" symmetrische, annähernd normalverteilte Kennwerteverteilung (vgl. Fleiss, 1994; Lipsey & Wilson, 2001). Daher wurden die berechneten Odds Ratios für die Analysen entsprechend transformiert und im Anschluss daran wieder rücktransformiert. Ein Umstand, der in der Erweiterung der unten stehenden Formel angezeigt ist, und später noch von Interesse sein wird, ist, dass die logarithmierte Odds Ratio (*LOR*) nichts anderes als die Differenz der logarithmierten Odds der beiden Gruppen ist.

Transformation: Rücktransformation:

$$LOR = \ln(OR) = \ln \frac{p_{BG}}{1 - p_{BG}} - \ln \frac{p_{VG}}{1 - p_{VG}} \qquad OR = e^{LOR}$$

Ein weiterer Vorteil, der sich aus der logarithmischen Transformation ergibt, ist die einfache Berechnung des Standardfehlers der *LOR*. Unter Rückgriff auf die absoluten Häufigkeiten (vgl. Tabelle 7.6) lässt er sich folgendermaßen bestimmen:

$$SE_{LOR} = \sqrt{\frac{1}{n_{11}} + \frac{1}{n_{12}} + \frac{1}{n_{21}} + \frac{1}{n_{22}}}$$

7.3.2.5 Berechnung der Rückfallraten aus anderen Statistiken

Zum Teil wurden die Rückfalldaten nicht in Form von Rückfallraten bzw. -häufigkeiten berichtet. In diesen Fällen konnten bzw. mussten die Effektstärken nicht anhand der oben dargestellten Verfahren ermittelt werden.

Logistische Regression. Die Gewinnung der Odds Ratios aus einer logistischen Regression ist äußerst einfach, da die logistische Regression auf den logarithmierten Odds (Logits) basiert. Das β-Gewicht einer dichotomen Prädiktorvariable (behandelt – nicht behandelt) gibt die Differenz der Logits der verglichenen Variablenstufen unter Kontrolle der anderen Prädiktoren an. Wie oben bereits dargestellt wurde, entspricht diese Differenz der logarithmierten Odds Ratio und das meist auch angegebene Exponential e^{β} entspricht der Odds Ratio (vgl. Fleiss, 1994). Dieser angenehme Umstand erübrigt demnach jede weitere Effektstärkenberechnung.

Cox-Regression und Rate Ratio. Ähnlich wie bei der logistischen Regression kann im Rahmen der Cox-Regression eine Kontrolle von Gruppenunterschieden erfolgen. Darüber hinaus wird hier allerdings auch die „time at risk" jedes einzelnen Falles berücksichtigt. Dieses Verfahren eignet sich daher in besonderer Weise für Rückfall-untersuchungen. Im Unterschied zur logistischen Regression geben die β-Gewichte der Cox-Regression sowie deren Exponentiale nicht *LOR* und *OR* an, sondern die Rate Ratio bzw. deren Logarithmus (Wright, 2000). Obwohl die Rate Ratio und die Odds Ratio ähnlich sind, zumindest bei geringen Auftretenswahrscheinlichkeiten bzw. Odds, sind sie nicht identisch. Um zu einer adäquaten Schätzung von *OR* zu gelangen, wurden die berichteten Rate Ratios der Cox-Regression verwendet, um eine korrigierte Rückfallrate der Vergleichsgruppe zu schätzen, d.h. eine Rückfallrate, die die Vergleichsgruppe laut den Ergebnissen der Cox-Regression hätte, wenn sie in den kontrollierten Variablen der Behandlungsgruppe entspräche. Dies war, wenn die Rückfallrate der Behandlungsgruppe dargestellt war, nach einer der beiden folgenden Formeln möglich (je nach Kodierung der Behandlungsvariable):

$$p_{VG} = \frac{p_{BG}}{\beta} \quad bzw. \quad p_{VG} = p_{BG} \times \beta$$

Anhand der so geschätzten, korrigierten Rückfallrate der Vergleichsgruppe konnte dann die Odds Ratio nach dem bereits beschriebenen Vorgehen bestimmt werden.

Mittelwerte und Teststatistiken. In seltenen Fällen wurde neben der Rückfallrate auch die Anzahl der Rückfälle als Ergebnismaß berichtet. Um die Vergleichbarkeit mit Studien zu gewährleisten, die ausschließlich Rückfallraten berichteten, und angesichts der Seltenheit dieses Ergebnismaßes wurde entschieden, diese nur dann zur Effekt-stärkenschätzung heranzuziehen, wenn keine Rückfallraten berichtet wurden, anhand derer die Berechnung der Odds Ratios erfolgen konnte. Das war in zwei Fällen nötig und möglich (Looman, Abracen & Nicholaichuk, 2000: Schätzung aus t-Test; Nicholaichuk, 1996: Schätzung aus Signifikanzangabe eines t-Tests). Eine Effekt-stärkenschätzung erfolgte hier über den Umweg der Bestimmung von Cohen's *d* (Standardmethoden siehe Lipsey & Wilson, 2001), über das wiederum eine Schätzung der Odds Ratio erfolgen kann. Lipsey und Wilson (2001) sowie (ausführlicher) Hasselblad und Hedges (1995) stellen den umgekehrten Weg einer Schätzung von

Cohen's d anhand dichotomer Daten unter Verwendung der logarithmierten Odds Ratio dar (Logit-Transformation). Kehrt man die Transformationsrichtung um, indem man die Gleichung nach *LOR* auflöst, ergibt sich:

$$LOR = \frac{\pi}{\sqrt{3}} \times d$$

In ähnlicher Weise lässt sich auch der Standardfehler der logarithmierten Odds Ratio aus dem Standardfehler von Cohen's d abschätzen:

$$SE_{LOR} = \frac{\pi}{\sqrt{3}} \times SE_d$$

Diese Schätzung von Cohen's d über *LOR* bzw. von *LOR* über Cohen's d ist vertretbar, weil die Kennwerteverteilung von d nichts anderes ist als eine Standardnormalverteilung und ebenso die Kennwerteverteilung von *LOR* zumindest näherungsweise normalverteilt ist. Allerdings hat letztere einen etwas – um den Faktor $\pi/\sqrt{3}$ – größeren Standardfehler (vgl. Hasselblad & Hedges, 1995). Es bleibt jedoch eine Schätzung, die in Kauf genommen wurde, um die Daten nicht zu verlieren. Sie sollte aber die Ausnahme bleiben (Lipsey & Wilson, 2001).

7.4 Metaanalytische Integration

Die Integration der Effektstärken erfolgte einerseits im Hinblick auf die Abschätzung eines Gesamteffektes der Sexualstraftäterbehandlung auf die Rückfälligkeit. Zu diesem Zweck wurden mehrere Analysen durchgeführt, die verschiedene Gewichtungsprozeduren zugrunde legten. Neben einer ungewichteten Analyse wurde eine Gewichtung im Rahmen des Modells mit festen Effekten vorgenommen und die Homogenität der Effektstärkeverteilung überprüft, um die Voraussetzungen für eine Moderatoranalyse zu bestimmen. Daneben wurde der Gesamteffekt auf der Grundlage des Modells mit Zufallseffekten bestimmt, da die Primärstudien sowohl hinsichtlich ihrer Inhalte als auch der verwendeten Evaluationsmethodik als relativ heterogen anzusehen sind. Auf das genaue Vorgehen soll im Rahmen der Ergebnisdarstellung eingegangen werden, ebenso auf die methodischen Entscheidungen, die bei der Moderatoranalyse zu treffen waren.

Das rechnerische Vorgehen folgte den metaanalytischen Standardprozeduren wie sie von Hedges und Olkin (1985) entwickelt wurden. Die konkreten Berechnungen erfolgten mit SPSS für Windows (Version 11.5). Unter Verwendung der Standardprozeduren dieses Programmpakets ergibt sich das Problem, dass Gewichtungsfaktoren als Stichprobengrößen interpretiert werden, was natürlich falsch ist. Korrekterweise setzt sich die Stichprobengröße bei einer Metaanalyse schlicht aus der Anzahl der in eine Berechnung eingehenden Vergleiche zusammen. Während dies für eine Vielzahl deskriptiver Statistiken (z.B. arithmetisches Mittel, Korrelationen etc.) keine Rolle spielt, führt es zur fehlerhaften Bestimmung von inferenzstatistischen Kennwerten. Es müssen in diesen Fällen Korrekturen vorgenommen werden (siehe Lipsey & Wilson, 2001). Diese Prozeduren sind wenig kompliziert, aber mühsam in der Durchführung. Es wurde daher auf von David Wilson für SPSS erstellte Makro-Programme[7] zurückgegriffen, um die Berechnungen zur metaanalytischen Integration vorzunehmen.

---

[7] Die Makros werden von D. Wilson unter http://mason.gmu.edu/~dwilsonb/ma.html zum Download bereit gestellt und sind in Lipsey und Wilson (2001) ausführlicher dokumentiert.

8. Ergebnisse – Beschreibung des Studienpools

Insgesamt wurden 80 unabhängige Vergleiche aus 69 Studien einbezogen. Im Folgenden werden einige Merkmale dieser Studien und Vergleiche dargestellt. Dies soll einerseits einen Überblick über die aktuelle Forschungslandschaft geben, andererseits soll hierdurch der deskriptive Rahmen der nachfolgenden Analysen abgesteckt werden. Was den ersten Punkt betrifft sollte darauf hingewiesen werden, dass die hier einbezogenen Studien nur einen Ausschnitt der Forschung zur Behandlung von Sexualstraftätern darstellen. Es gingen erstens nur Evaluationsstudien in die Analyse ein, die, zweitens, bestimmte methodische Kriterien hinsichtlich Design und Ergebniskriterien erfüllten. Die hier dargestellten Ergebnisse müssen zudem unter dem Vorbehalt gelesen werden, dass für viele Variablen Einschätzungen nur bei einem Bruchteil der Vergleiche vorgenommen werden konnten. Die Beschreibung der allgemeinen Studienmerkmale legt die 69 Studien zugrunde, in den anderen Bereichen bezieht sich die Beschreibung auf die 80 unabhängigen Vergleiche.

8.1 Allgemeine Studienmerkmale

Publikation. Die Studien wurden in den Jahren 1953 bis 2003 publiziert (bzw. im Falle nicht oder noch nicht veröffentlichter Arbeiten in diesem Zeitraum fertiggestellt). Abbildung 8.1 zeigt eine Häufigkeitsaufstellung nach Jahrzehnten. Es zeigt sich eine deutliche Zunahme in den 80er Jahren. Seit diesem Zeitpunkt wurden 90 % der hier verwendeten Studien publiziert. In den 90er Jahren ergibt sich eine erneute Verdopplung und die Zunahme scheint anzuhalten, wenn man sich vor Augen führt, dass seit dem Jahr 2000 in nur gut drei Jahren bereits annähernd so viele Studien entstanden sind wie im Jahrzehnt zuvor. Hierunter fallen allerdings auch Arbeiten, die sich im Veröffentlichungsprozess befinden, und daher eigentlich erst in den kommenden Jahren veröffentlicht werden. Zudem wurde bei Doppelpublikationen für gewöhnlich die aktuellste Veröffentlichung einer Studie verwendet, so dass sich eine Verschiebung ergibt. Weiter dürfte auch durch die Literaturrecherche ein gewisser Bias in Richtung neuerer Arbeiten vorliegen, insbesondere durch die Einbeziehung nicht offiziell publizierter Studien. Es erwies sich in einigen Fällen als unmöglich gerade ältere Arbeiten zu lokalisieren, die als relevant für die vorliegende Analyse erschienen, da keine Ansprechpartner ermittelt werden konnten oder die betreffende Arbeit nicht mehr vorrätig war. Allerdings zeigt sich auch bei einer auf publizierte Studien begrenzten Aufstellung ein vergleichbares zeitliches Muster (85 % seit den 80er Jahren).

Abbildung 8.1: Publikationsjahr der einbezogenen Studien

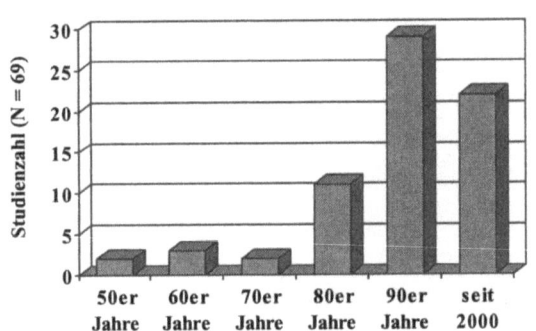

Insgesamt entstammten 44 der 69 Studien offiziellen Publikationen, wobei die Veröffentlichung hauptsächlich in Zeitschriften erfolgte. Tabelle 8.1 gibt eine Aufstellung der Publikationsweise dieser Studien. Ein beträchtlicher Teil der hier verwendeten Arbeiten wurde nicht veröffentlicht. Allerdings befinden sich darunter auch drei Arbeiten, die mit weniger aktuellen Daten oder in weniger ausführlicher Form publiziert wurden. Es ist einerseits erfreulich, dass durch die Ausweitung der Suche auf unpublizierte Studien der Pool deutlich erweitert werden konnte. Andererseits weist dies auch auf die Problematik hin, dass ein großer Teil relevanter Evaluationsarbeiten nur begrenzt und unter beträchtlichem Aufwand zugänglich ist.

Tabelle 8.1: Publikationsstatus der einbezogenen Studien

veröffentlicht			unveröffentlicht		
	n	%		n	%
Zeitschriftenartikel	34	49	Hochschulschriften	7	10
Buchkapitel	5	7	Berichte	15	22
Monographien	5	7	Konferenzbeiträge	3	4
	44	**64**		**25**	**36**

Anmerkung. Summationsfehler der Prozentwerte ergeben sich aus Rundungsungenauigkeiten

Regionale Herkunft der Studien. Die vorliegende Metaanalyse bezieht sich auf den internationalen Raum. Insgesamt befinden sich im Studienpool Untersuchungen aus zehn verschiedenen Ländern. Wie angesichts der Suchstrategie nicht anders zu erwarten war, stammen jedoch mit Ausnahme von drei Studien alle aus dem englischen und deutschen Sprachraum. Es ist ein Übergewicht von nordamerikanischen Arbeiten festzustellen, die mit 48 Studien den größten Anteil stellen (70 %, vgl. Tabelle 8.2). Acht Studien kommen aus dem deutschsprachigen Raum, allerdings finden sich hierunter nur drei aktuellere Arbeiten der letzten zehn Jahre. Für Deutschland selbst liegt diese Rate jedoch im Gesamtdurchschnitt. Drei der fünf Studien sind in den letzten zehn Jahren entstanden, zwei davon in den letzten beiden Jahren (Ortmann, 2002; Ziethen, 2002).

Tabelle 8.2: Regionale Herkunft der Studien und Aktualität der Evaluationen

Land	n	davon aktuell [a]	%
USA	31	22	71
Kanada	17	12	71
Großbritannien	8	6	75
Deutschland	5	3	60
Schweiz	2	0	0
Dänemark	2	0	0
Österreich	1	0	0
Niederlande	1	1	100
Australien	1	0	0
Neuseeland	1	1	100
Gesamt	**69**	**45**	**65**

[a] Publikation seit 1993

Autorenschaft. Bei den Studien, bei denen die fachliche Zugehörigkeit des Erstautors festgestellt werden konnte (74 %), zeigte sich, dass die Studien bis auf wenige Ausnahmen von Psychologen (65 %) oder Medizinern (25 %) durchgeführt wurden. In über der Hälfte der Fälle (56 %) waren die Untersucher auch in irgendeiner Form in das Behandlungsprogramm involviert.

Deskriptive Validität. Tabelle 8.3 gibt die Qualität der Darstellung der einzelnen Studien wieder. In fast allen Bereichen und auch in der Gesamteinschätzung liegen deutliche Gefährdungen der deskriptiven Validität vor. Insbesondere bei der Darstellung der konkreten Behandlungsinhalte sowie von Maßnahmen der Prozess- und Abschluss-diagnostik, mit deren Hilfe therapeutische Nahziele erfasst werden, finden sich beim Großteil der Studien ganz erhebliche Mängel bzw. oft überhaupt keine Angaben. Die gute Darstellung bezüglich der Elementarstatistiken ist zwar erfreulich, allerdings bezieht sich dies im Grunde auf die Nennung von Rückfallraten und beinhaltet keine komplexen Statistiken. Zudem können Studien mit deutlichen Mängeln in diesem Bereich schon in Folge der Auswahlkriterien nicht vertreten sein. Allerdings ergibt sich auch hier in einem Fall eine hohe Gefährdung, da keine Rückfallraten, sondern lediglich die Signifikanzergebnisse der Prüfung der Gruppenunterschiede berichtet wurde (Nicholaichuk, 1996). Die insgesamt mangelhafte deskriptive Validität wirkt sich auf die Analysemöglichkeiten der vorliegenden Metaanalyse negativ aus, da dadurch für viele Vergleiche nur ein Teil der differentiellen Variablen kodiert werden konnte bzw. viele Kodierungen nur als grobe Schätzungen verstanden werden können und die Auswertungen somit als Fehlerrauschen beeinflussen.

Tabelle 8.3: Deskriptive Validität der Studien (N = 69)

Bereich	M (SD)	hohe Gefährdung (%)
Behandlungskonzept	1.78 (0.99)	26
konkrete Behandlungsinhalte	2.49 (0.85)	68
Zielerreichung	2.42 (0.85)	61
Elementarstatistiken	0.42 (0.81)	1
Design / Methodik	1.88 (0.68)	16
Gesamteinschätzung	2.09 (0.70)	29

Anmerkung. 4-stufige Skala: keine (0) - geringe (1) - mittlere (2) - hohe (3) Gefährdung

8.2 Stichprobenmerkmale

Stichprobengröße und Mortalitätseffekte. Die Gesamtstichprobe über alle 80 Vergleiche hinweg umfasste 22 181 Probanden (M = 277.26, SD = 481.59, Md = 133.50), die sich mit n = 9 512 auf die Behandlungsgruppen (M = 118.90,

SD = 161.44, *Md* = 63.00) und *n* = 12 669 auf die Vergleichsgruppen (*M* = 158.36, *SD* = 373.14, *Md* = 40.00) verteilten. Die Verteilungen sind äußerst linkssteil. Es lagen einige Vergleiche mit sehr großen Fallzahlen von bis zu *N* = 2 790 vor. Der Großteil der Vergleiche bezog sich jedoch auf wesentlich kleinere Stichproben, deren Größe deutlich unter dem Mittelwert lag (Minimum *N* = 15). Dennoch beruhen über die Hälfte der hier einbezogenen Vergleiche auf Fallzahlen von *N* > 100 (vgl. Abbildung 8.2).

Abbildung 8.2: Verteilung der Stichprobengrößen der einbezogenen Vergleiche

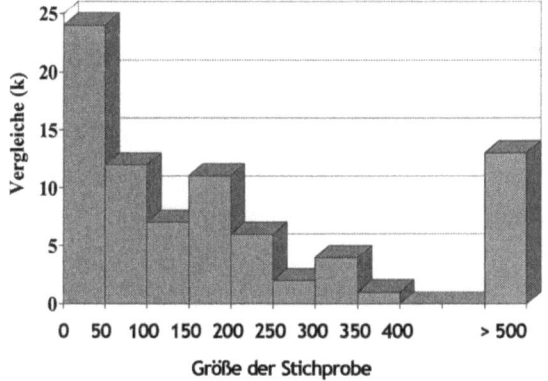

Die durchschnittliche Mortalität über die 80 Vergleiche hinweg erscheint mit 5.6 Prozent für die Behandlungsgruppen und 3.4 Prozent für die Vergleichsgruppen moderat. Das liegt auch daran, dass einige der retrospektiven Untersuchungen ihre Stichproben über offizielle Akten gewannen, die gleichzeitig auch die Straffälligkeit verzeichneten. Mortalitätseffekte waren hier also im Grunde ausgeschlossen. Wenn Ausfälle zu verzeichnen waren, lag das in der Regel an zu kurzen Risikozeiträumen bzw. noch bestehender Inhaftierung der Probanden. In einigen Studien ergab sich die Reduzierung der Stichprobe hingegen durch den Ausschluss von Behandlungs-abbrechern aus der weiteren Untersuchung.

Altersstruktur. Das durchschnittliche Alter der behandelten Probanden lag bei 34.56 Jahren (*SD* = 6.49), bei den Probanden der Vergleichsgruppen lag der Alterdurchschnitt mit *M* = 35.58 (*SD* = 4.90) ähnlich (jeweils *n*-gewichtet). Meist handelte es sich um

Erwachsenenstichproben (75 %), nur 12 % der Vergleiche bezogen sich ausschließlich auf jugendliche Sexualstraftäter. Dementsprechend selten waren die zugrundeliegenden Stichproben hinsichtlich ihres Alters als homogen einzustufen (13 %).

Freiwilligkeit der Behandlungsteilnahme. In den meisten Fällen erfolgte die Behandlung überwiegend auf freiwilliger Basis (61 %). In den anderen Fällen nahmen entweder alle Täter (26 %) oder zumindest ein Teil davon (13 %) auf expliziten äußeren Druck an der Behandlung teil. Allerdings war diese Information bei einem knappen Viertel der Vergleiche nicht einzuschätzen.

Risikogruppierung. Eine Risikoeinschätzung der Klientel war für die meisten der Vergleiche entweder nicht möglich oder es lag ein mittleres Niveau bzw. eine gemischte Gruppe hinsichtlich des Rückfallrisikos vor. In $k = 12$ Fällen konnte allerdings festgestellt werden, dass sich die Behandlung an eine Hochrisikogruppe richtete, in $k = 8$ Fällen war das Risiko als gering einzustufen.

Deliktarten. Tabelle 8.5 gibt eine Aufstellung von Deliktgruppen und in wie vielen der evaluierten Programme die jeweiligen Täter vertreten waren. Bei zwölf der

Tabelle 8.4: Deliktarten und deren Berücksichtigung in Behandlungsprogrammen

Deliktbereich	Vergleiche	nur dieses Delikt	
		k^a	n^b
Vergewaltigung /sexuelle Nötigung	44	2	0
sexueller Missbrauch von Kindern	59 }61[c]	9 }18[c]	2 }9[c]
Inzest	38	2	0
Exhibitionismus	24	4	4
andere oder unspezifische Angaben, davon:			
Hands-on-Delikte	5	2	1
Hands-off-Delikte	5	-	-
unklar	20	-	-

[a] Angaben beziehen sich auf $K = 80$ Vergleiche
[b] Angaben beziehen sich auf $N = 69$ Studien
[c] sexueller Missbrauch von Kindern und/oder Inzestdelikte

Vergleiche waren keine näheren Angaben über die Delikte der behandelten Straftäter verfügbar, bei 18 wurden neben den kategorisierten Bereichen weitere Deliktbereiche berücksichtigt. Größtenteils bezogen die Behandlungen verschiedene Tätergruppen ein. Nur wenige richteten sich gezielt an eine bestimmte Gruppe. Am häufigsten geschah dies, wenn Kinder viktimisiert wurden. Obwohl inzestuöse Straftaten nicht ausschließlich hierauf beschränkt sind, dürfte sich doch der größte Teil der so klassifizierten Taten auf Vater-Tochter-Inzest beziehen. Daher werden diese beiden Kategorien in Tabelle 8.5 zusätzlich verbunden dargestellt. Neben der Anzahl der Vergleiche ist auch die Verteilung der Tätergruppen anhand der Studien dargestellt, da ein Teil der Studien auf der Grundlage von Tätersubgruppen getrennt wurde und in den Vergleichen somit eine gewisse künstliche Erhöhung des Anteils an Interventionen, die sich auf spezifische Täter beziehen, stattfindet.

8.3 Behandlungsparameter

Behandlungsansatz. Fast alle der einbezogenen Vergleiche dienten der Evaluierung einer spezifischen Intervention für Sexualstraftäter (88 %). Von den 76 Vergleichen, für die es möglich war, den grundlegenden Behandlungsansatz zu eruieren, bezogen sich 14 auf eine organische Behandlung, was entweder chirurgische Kastration bedeutete oder eine sogenannte chemische Kastration mit Hormonpräparaten. Andere medikamentöse Therapien (z.B. mit Psychopharmaka) kamen nicht vor. Zwar gibt es Evaluationsuntersuchungen zu diesen Verfahren, allerdings erfüllte keine der dazu ermittelten Studien die Einschlusskriterien. Meist handelte es ich um Einzelfalldarstellungen. Von den verbleibenden 62 Vergleichen befasste sich einer mit einer vorwiegend psychoedukativen Maßnahme (Ohio Department of Rehabilitation and Correction, 1996), ansonsten handelte es sich um psychotherapeutische Interventionen im weitesten Sinne. Unter den psychotherapeutischen Maßnahmen nahmen kognitiv-behaviorale Ansätze den größten Raum ein (46 %). Tabelle 8.5 gibt eine detaillierte Aufstellung und einige Charakteristika der jeweiligen Ansätze wieder.

Dauer und Intensität. Die durchschnittliche Dauer der Behandlungsprogramme ist mit $M = 69.54$ Wochen ($SD = 61.43$) für therapeutische Programme als relativ lang einzuschätzen, was sich aber oft aus dem Haftsetting ergeben mag. Der Median liegt

Tabelle 8.5: Grundlegende Behandlungsansätze und Behandlungscharakteristika

Ansatz	k	spezifisch für Sexualtäter (%)	Dauer (Wochen)[b]		Intensität	Sitzungsform Gruppe - Einzel [c]	Abbrecher- quote
			M (SD)	Md	M (SD)	M (SD)	M (SD)
kognitiv-behavioral	35	97	63.56 (44.11)	52.00	3.13 (1.19)	1.94 (1.09)	.29 (.21)
mit Relapse Prevention	29	100	70.09 (42.70)	65.00	3.11 (1.20)	1.92 (0.98)	.31 (.21)
behavioral	7	100	18.33 (9.29)	21.00	3.00 (1.00)	4.00 (0.63)	.10 (.26)
einsichtsorientierte Ansätze	7	80	66.64 (45.88)	52.00	2.25 (1.26)	2.67 (1.63)	.11 (.13)
systemisch	2	100	21.00 (1.41)	21.00	3.50 (2.12)	4.00 (1.41)	.06 (.09)
therapeutische Gemeinschaft[a]	10	30	102.00 (81.80)	78.00	3.75 (0.96)	2.00 (0.94)	.21 (.22)
hierarchisch strukturiert	7	28	103.86 (92.23)	78.00	3.75 (0.96)	2.43 (0.79)	.17 (.17)
gering strukturiert	2	50	95.50 (48.79)	95.50	–°	1.00°°	.00°°
psychoedukativ	1	–°	–°	–°	–°	–°	–°
hormonal	6	100	93.40 (110.59)	78.00	2.40 (1.14)	4.20 (0.84)	.37 (.36)
chirurgische Kastration	8	100	–°°°	–°°°	–°°°	–°°°	–°°°
Gesamt	**76**	**88**	**68.54 (61.43)**	**43.45**	**3.02 (1.20)**	**2.48 (1.36)**	**.25 (.24)**

Anmerkung. Wegen Missing Data beziehen sich die Angaben zu Charakteristika der Behandlungsansätze auf unterschiedlich große Stichproben. [a] Für einen Vergleich konnte die Form der therapeutischen Gemeinschaft nicht festgestellt werden　[b] Grundlage war die planmäßige Behandlungsdauer. Wenn für einen Vergleich nur die tatsächliche Behandlungsdauer dargestellt war, so wurde diese als Schätzung der planmäßigen Dauer herangezogen.　[c] Die Einschätzung erfolgte auf einer 5-stufigen Skala von „nur Gruppensitzungen" (1) bis „nur Einzelsitzungen" (5)　° keine Angaben (k = 0)　°° k = 1　°°° Einschätzung nicht sinnvoll mit 43.45 Wochen allerdings deutlich niedriger und zeigt an, dass der Großteil der Programme kürzer ist. Dennoch dauern etwa 40 % der Programme länger als ein Jahr. Obwohl die durchschnittlichen Dauern deutliche Unterschiede zwischen einzelnen Behandlungsansätzen andeuten, zeigt sich dies in den Medianwerten bereits sehr viel moderater und auch ein Kruskal-Wallis-Test erbringt keinen signifikanten Unterschied zwischen den Ansätzen, H (k = 49) = 8.49, p = .13. Die Intensität der Behandlungen hinsichtlich Frequenz und Dauer der Einzelsitzungen lag mit einem Mittelwert von 3.02, was nach den Kodierrichtlinien etwa zwei mehrstündigen Sitzungen pro Woche gleichkommt. Sie ist über alle Behandlungsansätze hinweg im Mittel relativ ähnlich, liegt jedoch in institutionellen Settings erwartungsgemäß höher als in ambulanten (M = 3.63, SD = 1.01 versus M = 2.52, SD = 1.08), t (38) = 3.34, p = .002.

Für die Struktur der Einzelsitzungen als Gruppen- oder Einzelformate ergibt sich hingegen über die Behandlungsansätze hinweg ein deutlicher Effekt, F (5,53) = 7.07, p < .001. Insgesamt besteht zwar eine Tendenz zur Gruppenform, allerdings gilt dies nicht für behaviorale und medikamentöse Therapieprogramme, die in ihrer Struktur auf eine individuelle Behandlung ausgerichtet sind. Für eine medikamentöse Therapie scheint es ohnedies überraschend, dass überhaupt Gruppenelemente präsent sind. Dies hat damit zu tun, dass in den vorliegenden Programmen die Medikation in keinem Fall ohne eine begleitende Psychotherapie oder zumindest stützende Gespräche erfolgte, welche auch ein Gruppenformat annehmen konnten. Auch in den beiden systemischen Programmen zeigen sich eher am individuellen Fall orientierte Formate.

Behandlungselemente. Neben den generellen Behandlungsansätzen wurde auch erfasst, inwieweit den Ansätzen entstammende Behandlungselemente über verschiedene Programm hinweg zum Einsatz kamen. Chirurgische Kastration wurde nicht als Einzelelement berücksichtigt und dementsprechend wurden auch die Vergleiche, die sich auf die Evaluation dieser Behandlung bezogen, nicht in die folgenden Auswertungen einbezogen. Tabelle 8.6 stellt die Ergebnisse dar und wie nicht anders zu erwarten zeigt sich eine gewisse Deckung mit den in Tabelle 8.5 dargestellten Häufigkeiten, mit der die generellen Ansätze in der therapeutischen Arbeit zur Anwendung kamen. Allerdings ergeben sich auch einige Unterschiede. Einzelne Behandlungselemente gewinnen in dieser Aufstellung deutlich an Gewicht. Obschon psychoedukative Maßnahmen selten den Grundstock einer Intervention bildeten (k = 1),

Tabelle 8.6: Durchschnittliche Verwendung einzelner Behandlungselemente und Anzahl (Anteile) von Interventionen, die darauf zurückgreifen

Komponente (gültige Einschätzungen)	M (SD)	k (%)
kognitiv (62)	1.52 (0.90)	51 (82)
Relapse Prevention (61)	1.18 (1.02)	38 (62)
behavioral (58)	1.16 (1.04)	38 (66)
einsichtsorientiert (59)	0.75 (0.92)	30 (51)
systemisch (56)	0.41 (0.71)	18 (32)
therapeutische Gemeinschaft (61)	0.64 (1.13)	17 (28)
psychoedukativ (52)	1.02 (0.77)	44 (85)
hormonal (64)	0.31 (0.77)	11 (17)

ᵃ Skala von 0 (nicht verwendet) bis 3 (hauptsächliche Verwendung)

werden in fast zwei Dritteln der Behandlungen entsprechende Maßnahmen zumindest unterstützend einbezogen. Ein ähnlicher Effekt ist auch für einsichtsorientierte Vorgehensweisen festzustellen. Es wird zudem deutlich, dass sich die meisten Interventionen nicht auf einen einzelnen Ansatz begrenzen, sondern einen im Zentrum stehenden Behandlungsansatz durch andere Elemente systematisch ergänzen bzw. von vornherein einen multimodalen Ansatz verfolgen. Von den 59 Vergleichen, deren deskriptive Darstellung ausreichte, um eine differenziertere Kodierung von Behandlungselementen mit gewissem Vertrauen vornehmen zu können, beschränken sich lediglich vier auf das Hauptelement der Behandlung. Ein Großteil der hier einbezogenen Vergleiche verwendete drei bis fünf unterschiedliche Ansätzen zuzuordnende therapeutische Elemente (*M* = 3.88, *SD* = 1.58). Bei über der Hälfte der Interventionen

Abbildung 8.3: Anzahl der in einer Behandlung verwendeten Einzelelemente

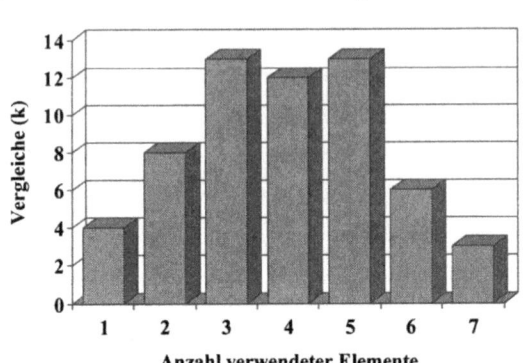

kamen mindestens vier der Elemente zum Einsatz. Abbildung 8.3 stellt das Ausmaß der Verwendung verschiedener therapeutischer Grundprinzipien über die einzelnen Behandlungen dar.

Nachbetreuung und Supervision. Die Kernbehandlungen wurden nur selten durch explizite Nachsorgeangebote ergänzt. In nur neun Fällen erfolgte eine solche Zusatz- und Erweiterungsbehandlung obligatorisch. In sechs Fällen bestand für Täter, die eine Behandlung beendet hatten, die Möglichkeit, auch später noch Betreuungsangebote in Anspruch zu nehmen. Ebenso selten – in sechs Fällen – erfolgten für behandelte Probanden nach der Entlassung spezifische Kontroll- und Aufsichtsmaßnahmen, die über das übliche Maß hinausgingen und somit als spezifische Zusatzmaßnahmen der Intervention verstanden werden können.

Integrität der Behandlung. Die in Abbildung 8.3 dargestellte Verwendung multipler Therapieelemente bezieht sich auf ein reines Auszählen von berichteten Vorgehensweisen. Dies muss nicht bedeuten, dass eine theoretisch fundierte und integrierte Zusammenfassung relevanter Interventionsmaßnahmen stattfindet. Zudem ist zu fragen, inwieweit ein Konzept auch den Maßgaben entsprechend implementiert wird. Nur in 17 Fällen ließen die Behandlungsbeschreibungen die Annahme zu, dass auch die Umsetzung der beschriebenen Behandlung als weitgehend gesichert betrachtet werden kann. Allerdings ließ sich eine solche Einschätzung überhaupt nur für 22 der Vergleiche vornehmen (ohne Kastrationsstudien). Obwohl dadurch das Verhältnis der Vergleiche mit anzunehmender Implementationstreue bei 77 Prozent liegt, muss dieser Wert mit Vorsicht betrachtet werden. Die Kodierrichtlinien waren so ausgelegt, dass eher eine positive als eine negative Beurteilung vorgenommen werden konnte. Man könnte fehlende Informationen zur tatsächlichen Umsetzung der Behandlung auch als mangelnde Kontrolle der Implementation interpretieren, was wiederum als Gefährdung der Programmintegrität zu verstehen wäre. Eine solch konservative Schätzung würde den Anteil angemessen implementierter Behandlungsmaßnahmen auf 21 Prozent senken.

Behandlungssetting. Der Großteil der Vergleiche evaluiert Behandlungsmaßnahmen, die der alltäglichen Praxis entstammen. Nur bei 10 Prozent der Programme handelt es sich um Modellprojekte. Alle anderen Vergleiche beziehen sich auf Maßnahmen, die standardmäßig zur Behandlung von Sexualstraftätern eingesetzt werden. Damit eignet

sich das vorliegende Material sehr gut, um den Ist-Zustand der Sexualstraftäterbehandlung in der Praxis zu dokumentieren.

Angesichts des geringen Anteils von reinen Modellprojekten mag es auch nicht
überraschen, dass 72 Prozent der Programme unter der Trägerschaft von staatlichen
Vollzugsbehörden stattfanden (k = 47). Von nicht-behördlichen Instituten geführte
Programme, die allerdings meist von staatlicher Seite unter Vertrag genommen werden,
um den Versorgungsauftrag zu erfüllen, wurden in etwa einem Viertel der Vergleiche
evaluiert (k = 16). In weiteren zwei Fällen treten staatliche und private Träger gemischt
auf, indem nur ein Teil der Sexualstraftäter und/oder einzelne Programmteile von
privaten Therapieträgern übernommen werden (Perkins, 1987; Stalans, Seng, Yarnold,
Lavery & Swartz, 2001).

Die Trägerschaft der Behandlung hängt auch eng damit zusammen, ob es sich um
eine ambulante oder stationäre Maßnahme handelt (C = .48, exakter Test nach Fisher:
$p < .001$). Während die überwiegende Mehrzahl der privaten Programme in ambulanten
Settings stattfindet (k = 13; 81 %), ist dieser Anteil bei staatlichen Programmen deutlich
niedriger (k = 12; 26 %). Eine entsprechende Umkehrung ergibt sich bei stationären
Therapiemaßnahmen (zwei der privaten Programme, 13 %; 30 der staatlichen, 64 %).
Eines der Programme mit gemischter Trägerschaft fand ambulant statt, das andere in
einem gemischten Setting. Insgesamt halten sich stationäre und ambulante Maßnahmen
in etwa die Waage (50 % versus 37 %; k = 39 versus k = 29). Die fehlenden Prozentpunkte entfallen auf Evaluationen, die Behandlungen aus verschiedenen Settings
zusammenfassen (k = 10; 13 %). Innerhalb stationärer Settings besteht ein Übergewicht
an Therapiemaßnahmen im Strafvollzug (k = 25) gegenüber der Behandlung in Kliniken
(k = 14). Keiner der hier einbezogenen Vergleiche untersuchte speziell Übergangswohn-
heime, obwohl diese in umfassenden Evaluationsuntersuchungen durchaus neben
anderen Vollzugsformen vertreten sein mögen.

Als Therapeuten waren überwiegend Teams mit gemischtem fachlichen Hintergrund
tätig (k = 24; 52 %). Bei 30 Prozent der Programme erfolgte die Behandlung ausschließlich durch Ärzte (k = 14) und in weiteren 17 Prozent waren Psychologen die
ausschließlichen Behandler (k = 8). In der Hälfte der Programme wurde auch anderes
Personal in den therapeutischen Prozess einbezogen (k = 23).

Behandlungsabbrecher. Durchschnittlich brachen 25 Prozent – also jeder vierte –
der Sexualstraftäter, die eine Behandlung begonnen hatten, diese wieder ab (vgl. Tabelle

8.5). Angesichts der erhöhten Rückfallgefahr, die in verschiedenen Untersuchungen für diese Tätergruppe berichtet wurde, erscheint diese Quote recht hoch. Über verschiedene Behandlungsansätze hinweg ergibt sich eine deutliche Variabilität der Abbrecheranteile, die sich zwischen 0 bis knapp 40 Prozent bewegen. Allerdings zeigen die größtenteils hohen Standardabweichungen auch eine sehr starke Variabilität innerhalb der einzelnen Ansätze an. Eine Überprüfung zeigt lediglich tendenziell signifikante Unterschiede der Abbrecherquoten an, F (5, 47) = 2.22, p = .07.[8] Vergleichsweise niedrige mittlere Abbruchraten ergeben sich mit je etwa 10 Prozent für die beiden systemischen, die einsichtsorientierten und die behavioralen Psychotherapien. Am höchsten liegt die Quote bei den Hormonbehandlungen (37 %). Allerdings sind sie auch hier sehr heterogen wie die hohe Standardabweichung (SD = 36 %) veranschaulicht. Hier mögen begleitende psychotherapeutische bzw. stützende Maßnahmen, die unter anderem die Nebenwirkungen thematisieren, eine Rolle spielen. Dies geschah beispielsweise in der von Maletzky (1991b) beschriebenen Behandlung, bei der es trotz der großen Stichprobe (N = 100) zu keinem Behandlungsabbruch kam. Allerdings war in den Studien generell die Dokumentation der Abbrecherquoten nicht immer eindeutig und die Ergebnisse müssen unter diesem Vorbehalt gelesen werden.

Wenig überraschend ist die hohe positive Korrelation zwischen der Abbrecherquote und der Dauer der Behandlung (r = .43, p = .01), da mit zunehmender Behandlungsdauer natürlich länger Gelegenheit besteht, eine Behandlung abzubrechen bzw. aus einer Behandlung ausgeschlossen zu werden. Allerdings ergibt sich die Dauer der Interventionen zum Teil lediglich durch höhere Strafmaße und es mag sich somit um einen Effekt der schwierigeren Klientel handeln. Diese Annahme wird durch die positive Korrelation der Risikogruppierung mit der Rückfallquote gestützt (r = .32, p = .02). Doch bleibt der Effekt der Dauer auch nach Partialisierung der Risikogruppe auf hohem und signifikantem Niveau (r_p = .37, p = .02). Ein gegenläufiger Zusammenhang der Abbrecherquote zeigt sich bezüglich der Intensität der Behandlung, die die Frequenz und Länge einzelner Sitzungen repräsentiert (r = - .33, p = .05). Wiederum mag hier die Klientel eine Rolle spielen und die Kontrolle des Risikostatus vermindert die Korrelation auf ein nicht signifikantes Niveau (r_p = - .26, p = .14), doch verbleibt ein nach wie vor recht hoher Trend bestehen. Die Ergebnisse mögen bedeuten, dass die Behandlungsmoti-

---

[8] Die inferenzstatistischen Analysen erfolgten auf Grundlage der winkeltransformierten Abbrecherquoten (vgl. Cohen & Cohen, 1983; Sachs, 1978).

vation zwar mit der Zeit abnimmt, aber zu Beginn durchaus ausreicht, um auch intensive Interventionen durchzuführen, ohne eine hohe Zahl an Behandlungsabbrüchen befürchten zu müssen bzw. die Motivation durch höhere Intensitäten möglicherweise sogar besser konserviert werden kann.

8.4 Methodische Aspekte

Studiendesign. Legt man die Maryland Scale of Scientific Rigor (MS) als Gesamt-indikator der methodischen Qualität an, so ergibt sich ein sehr deutlicher Überhang methodisch schwächerer Arbeiten (MS = 2), die weit über die Hälfte der Vergleiche ausmachten (k = 48). Vergleiche mit MS = 1 widersprachen den Einschlusskriterien und sind demnach nicht vertreten. Nur bei 32 der Vergleiche kann von einer annähernden Äquivalenz der Behandlungs- und Vergleichsgruppe wenigstens ausgegangen werden (MS ≥ 3; vgl. Abbildung 8.4).

Abbildung 8.4: Methodische Qualität der einbezogenen Vergleiche

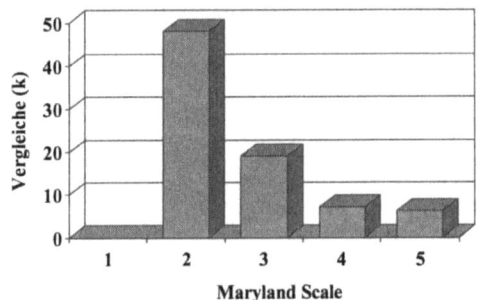

Ein Aspekt, der in die Maryland Scale eingeht, sind Prozeduren, die die Äquivalenz der Vergleichsgruppe gewährleisten sollen. Lediglich bei 16 der Arbeiten wurden konkrete Maßnahmen ergriffen, um die Gruppen hinsichtlich zentraler Aspekte vergleichbar zu halten. Das geschah in sieben Fällen in Form von Randomisierung, davon zweimal nach vorheriger Paarbildung. Allerdings wies einer der randomisierten Vergleiche gewisse Mängel in der Zuweisungsprozedur auf (Robinson, 1995; es erfolgte daher eine Herabstufung auf MS = 4). Bei neun Vergleichen erfolgte eine Par-allelisierung, entweder auf Paar- (k = 7) oder Gesamtgruppenebene (k = 2). Allerdings wurden hierbei zum Teil Variablen herangezogen, die nur am Rande mit Rückfälligkeit verbunden sind, während andere, relevante Variablen nicht berücksichtigt wurden. Der weitaus größte Teil der Arbeiten griff auf anfallende Stichproben zurück ($k = 64$). Meist wurde bei der grundlegenden Bestimmung von Behandlungs- und Kontrollgruppen der Umstand genutzt, dass Behandlungen nur regional ($k = 2$) oder in bestimmten Einrichtungen ($k = 36$) verfügbar waren und so Vergleichsgruppen aus Sexualstraftätern resultierten, die sich in anderen Einrichtungen bzw. außerhalb des Einzugsgebietes einer Behandlungsmaßnahme befanden. In 25 Fällen wurde retrospektiv anhand von Akten festgestellt, ob eine Behandlung erfolgte oder nicht und in zwei Fällen war die Art der Zuweisung unklar bzw. gemischt.

Vergleichbarkeit der Kontroll-/Vergleichsgruppe. In 20 Vergleichen ergaben sich zwischen Behandlungs- und Vergleichsgruppe keine Unterschiede hinsichtlich rückfallrelevanter Risikovariablen. In 29 Fällen wurden Gruppenunterschiede entweder gar nicht untersucht oder zumindest nicht dargestellt. Darunter befinden sich allerdings auch die sieben Vergleiche, die eine randomisierte Zuweisung vornahmen, so dass zumindest in diesen Fällen, trotz der fehlenden Prüfung von Gruppenunterschieden, die Vergleichbarkeit der Gruppen angenommen werden kann. In den verbleibenden 31 Vergleichen unterschieden sich die verglichenen Gruppen auf rückfallrelevanten Dimensionen. Die Einschätzung inwieweit die Unterschiede eine der beiden Gruppen hinsichtlich der Chance auf Legalbewährung begünstigte ergab in 17 Vergleichen einen Vorteil für die Kontrollgruppe und in 5 Fällen einen Vorteil für die behandelte Gruppe. Insgesamt also scheinen – zumindest was diese Variablen betrifft – die zu erwartenden Effekte der Behandlungsvergleiche eher einen Bias gegen die evaluierten Programme zu beinhalten. In 9 der 31 Fälle konnte die Richtung des Unterschiedes nicht einge-schätzt werden, weil die einzelnen Unterschiede widersprüchlich waren und teilweise bessere Chancen für die Behandlungsgruppe, teilweise für die Kontrollgruppe vermuten ließen. In fünf der Studien wurden die Unterschiede im Rahmen statistischer Analysen nachträglich kontrolliert, so dass die a priori bestehende Unterschiedlichkeit von Behandlungs- und Vergleichsgruppe in den Evaluationsergebnissen korrigiert ist. Berücksichtigt man diese Korrektur und geht weiter davon aus, dass die randomisierte Zuweisung die Vergleichbarkeit der Gruppen gewährleistet, so verblieben 26 Vergleiche mit a priori-Unterschieden, die auch in den Ergebnissen repräsentiert sind (14 × pro VG,

4 × pro BG, 8 × unklare Richtung), 32 Vergleiche, in denen das relative Rückfallrisiko ähnlich ist und 22 Vergleiche ohne nähere Informationen.

Die Einschätzung der relativen Rückfallgefährdung schloss den Aspekt der Behandlungsverweigerung, und damit möglicher Effekte von Leugnung und fehlender Veränderungsmotivation, nicht ein. In 27 Prozent der Vergleiche ($k = 21$) wurden als Vergleichsgruppe Probanden herangezogen, die eine Behandlung explizit abgelehnt hatten. Allerdings kann eine Verweigerung auch bedeuten, dass ein Sexualstraftäter die spezifische Maßnahme zurecht nicht als notwendig erachtet, um eine Veränderung herbeizuführen, bzw. andere therapeutische Angebote nutzen mag. Ein expliziter Behandlungswunsch wird jedoch in nur 16 Prozent ($k = 13$) der Vergleiche für die Kontrollgruppe berichtet. In einem Drittel der Vergleiche wurden historische, regionale oder sonstige Vergleichsgruppen herangezogen, für die die evaluierte Behandlung nicht zur Verfügung stand oder eine Einschätzung, ob diese Gruppen das Behandlungsangebot verweigert hätten oder nicht, aus anderen Gründen nicht zu beantworten ist. In weiteren 21 Prozent ($k = 15$) wurden die Probanden der Vergleichsgruppe als für eine Behandlung ungeeignet oder einer Behandlung nicht bedürftig beurteilt. Eine klare Richtung für die Rückfallgefährdung ist daraus nicht abzuleiten, es deutet jedoch auf Gruppenunterschiede hin, die auch im Hinblick auf die Legalbewährung von Bedeutung sein mögen.

Behandlungsumfang in der Vergleichsgruppe. Die Ein- und Ausschlusskriterien der vorliegenden Metaanalyse ließen auch Vergleichsgruppen zu, die selbst in irgendeiner Form behandelt worden waren. In 51 Prozent der Vergleiche geschah dies ($k = 41$). Meist waren nähere Angaben zu der Behandlung nicht verfügbar oder es wurde darauf hingewiesen, dass einzelne Mitglieder der Vergleichsgruppe behandelt worden waren und andere nicht ($k = 30$). In 11 Fällen nahm auch die Vergleichsgruppe an relativ umfassenden therapeutischen Interventionen teil, die allerdings weniger intensiv waren als die der jeweiligen Behandlungsgruppe. Diese Interventionen bestanden in der überwiegenden Zahl ($k = 9$) aus psychotherapeutischen Maßnahmen. In der anderen Hälfte der Vergleiche lag eine Kontrollgruppe im engeren Sinne vor, die keine Behandlung erhielt. In zwei der Vergleiche handelte es sich um eine Wartelistenkontrollgruppe. Insgesamt ergab sich auf der 5-stufigen Skala zum Behandlungsumfang der Vergleichsgruppe ein Durchschnittswert von 1.89 ($SD = 1.14$). Das stellt sicher, dass im Durchschnitt die Behandlung der Behandlungsgruppe deutlich stärker war, allerdings war die Behandlung der Vergleichsgruppe in fünf Vergleichen so umfassend, dass nur von einem minimalen Unterschied zwischen Behandlungs- und Kontrollgruppe ausgegangen werden konnte.

Katamnese. Die durchschnittlichen Katamnesezeiträume lagen zwischen 12 und 228 Monaten für die behandelten Gruppen ($M = 63.54$, $SD = 42.09$) und zwischen 10 und 240 Monaten für die Vergleichsgruppen ($M = 62.41$, $SD = 42.37$). Insgesamt waren die Katamnesezeiträume angesichts der oft lang andauernden Rückfallgefährdung bei Sexualstraftaten relativ kurz. Bei über der Hälfte der Vergleiche lagen sie unter fünf Jahren, was als Mindestdauer für solche Untersuchungen betrachtet wird (vgl. Tracy et al., 1983). Die Katamnesedauern von Behandlungs- und Vergleichsgruppen verteilen sich recht ähnlich (vgl. Abbildung 8.6). Das spricht zunächst für eine Vergleichbarkeit zwischen den Untersuchungsgruppen, doch waren die Unterschiede im Einzelfall enorm. Die Differenzen zwischen den Katamnesedauern (Behandlungsgruppe minus Vergleichsgruppe) spannen einen Raum von - 50 bis +91 Monaten auf ($SD = 16.44$). In sechs Vergleichen wurden diese Unterschiede im Rahmen von Methoden der Survivalanalyse (Cox-Regression) kontrolliert. Nimmt man diese Vergleiche heraus bleibt dennoch ein beträchtlicher Range bestehen (-30 bis +91 Monate, $SD = 15.64$). In 12 Vergleichen haben die Kontrollgruppen längere Katamnesezeiträume ($M = -9.84$, $SD = 9.69$), in 23 der Vergleiche hatte die Behandlungsgruppe längere Risikozeiten ($M = 14.98$, $SD = 22.12$). Insgesamt stehen die Risikozeiträume also eher zu Ungunsten der behandelten Probanden, deren Katamnesezeiträume im Durchschnitt um 2.84

Abbildung 8.5: Katamnesezeiträume getrennt für Behandlungs- und Vergleichsgruppen

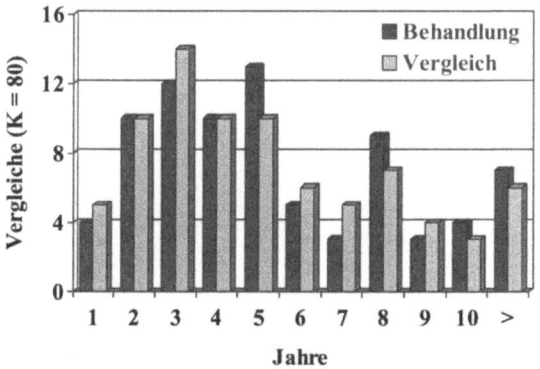

Monate länger dauerten. Ein Umstand, der das Problem der Differenzen in den Katamnesezeiträumen etwas mildert, ist die positive Korrelation der Differenzen mit den durchschnittlichen Zeiträumen ($r = .31$), d.h. größere Differenzen liegen bei insgesamt längeren Zeiträumen vor. Je länger aber der Katamnesezeitraum ist, desto weniger fallen Unterschiede ins Gewicht, da die Rückfallhäufigkeit mit der Zeit ein Plateau erreicht und daher mit zunehmender Dauer bei gleicher zeitlicher Differenz und sonst gleichen Bedingungen ein geringerer Unterschied in den Rückfallraten zu erwarten ist.

9. Ergebnisse zur Wirksamkeit von Sexualstraftäterbehandlung

9.1 Vorbemerkungen

9.1.1 Überprüfung der Kategorien „Sexualdelikt" und „Sexual- und Gewaltdelikt"

Wie im Methodenteil beschrieben, wurde in den Fällen, in denen keine separaten Daten zu sexueller Rückfälligkeit vorlagen, sondern nur die Kombination von Sexual- und Gewaltdelikten berichtet wurde, letzteres als Schätzer der einschlägigen Rückfälligkeit herangezogen. Dieses Vorgehen betraf zwei Vergleiche (Hanson, Steffy & Gauthier, 1992; Kaul, Huot, Epperson & Dornfeld, 1994). Eine Überprüfung, ob dieses Vorgehen vertretbar ist, wurde anhand der 14 Vergleichen vorgenommen, bei denen sowohl Daten für den sexuellen Rückfall als auch dem kombinierten Kriterium berichtet wurden. Die mittlere Differenz der logarithmierten Odds Ratios (sexuell minus kombiniert) fällt mit 0.08 (SD = 0.61) gering aus und ist nicht signifikant von 0 verschieden, t (13) = 0.50, p = .62. Zudem zeigt die hohe Korrelation von r = .86 an, dass in beiden Fällen jeweils äußerst ähnliche Effekte erzielt wurden. Angesichts der Tatsache, dass eine entsprechende Schätzung nur in zwei Vergleichen vorgenommen werden musste und der weitgehenden Vergleichbarkeit der beiden Outcome-Maße erscheint das gewählte Vorgehen gerechtfertigt.

9.1.2 Probleme des Vergleichs von Ergebnissen zu verschiedenen Rückfallbereichen

Einzelne Rückfallbereiche, die in den Vergleichen berichtet werden, sollen im folgenden getrennt voneinander betrachtet werden. Die Gründe hierfür wurden bei der Beschreibung der Effektstärkekodierung bereits dargelegt. Auch die vergleichende Beurteilung der Wirksamkeit der Sexualstraftäterbehandlung für die verschiedenen Rückfallbereiche ist in zweifacher Weise problematisch. Einerseits ist eine Ähnlichkeit zwischen den Effekten in verschiedenen Bereichen allein aufgrund der Überschneidung der Bereiche zu erwarten (z.B. umfasst der Bereich „jede erneute Straftat" natürlich auch Sexualdelikte). Differentielle Effekte sind also allein durch diese Abhängigkeit eingeschränkt. Andererseits jedoch beziehen sich die Ergebnisse in den einzelnen Bereichen auf mehr oder weniger unterschiedliche Studienpools. Obwohl etwa drei Viertel der Vergleiche (k = 59) Daten aus mehreren Rückfallbereichen berichten, konnten nur für einen Vergleich Effektstärken aus allen Bereichen kodiert werden. In den Unterschieden der mittleren Effekte zwischen verschiedenen Rückfallbereichen mögen sich daher schlicht Unterschiede in der generellen Wirksamkeit der Behandlungen widerspiegeln, die Ergebnisse für einen bestimmten Rückfallbereich berichten.

Beim Großteil der Vergleiche liegen Daten zu sexuellen Rückfällen vor ($k = 74$). Daten zur allgemeinen Rückfälligkeit werden immerhin noch in 49 Vergleichen dargestellt. Die anderen Kategorien sind weit schwächer besetzt ($10 \leq k \leq 22$). In den nachfolgenden Analysen zu den Gesamteffekten der Sexualstraftäterbehandlung werden alle Kategorien analysiert. Bei den anschließenden differentiellen Analysen soll hingegen ausschließlich die sexuelle Rückfälligkeit en detail auf Moderatoreffekte hin untersucht werden. Für diesen Bereich liegen genügend Vergleiche vor, um eine weitergehende Analyse zu ermöglichen, zudem ist es dieser Bereich, der bei Sexualstraftätern von besonderem Interesse ist. Nur in einzelnen Fällen soll auch die allgemeine Rückfälligkeit betrachtet werden, um die Spezifität oder Allgemeinheit der Moderatoren zu beleuchten. Die anderen Bereiche umfassen schlicht zu wenig Fälle, um eine differenzierte Analyse sinnvoll erscheinen zu lassen.

9.1.3 Ausreißeranalyse

Die Analyse von Ausreißern dient dem Zweck, Extremwerte zu identifizieren, die nicht lediglich als Ausdruck des Stichprobenfehlers gelten können, und aufgrund ihrer extremen Lage die Schätzung des mittleren Effektes stark verzerren. In einer bei Primärdaten üblichen und auch in Metaanalysen gängigen Vorgehensweise werden Ausreißerwerte anhand ihrer Abweichung vom Mittelwert in Standardabweichungseinheiten identifiziert (z.B. Werte außerhalb des Bereichs $M \pm 2 \times SD$). Für metaanalytische Daten ist dieses Kriterium allerdings mit dem Problem behaftet, dass die einem Vergleich zugrunde liegenden Stichproben für gewöhnlich deutlich unterschiedliche Größen haben. Huffcut und Arthur (1995) haben ein Maß – die „Sample-Adjusted Meta-Analytic Deviancy (SAMD) Statistic" – entwickelt, das die Stichprobengröße der jeweiligen Vergleiche berücksichtigt. Dahinter steht ein der gewichteten Effektstärkenintegration verwandter Gedanke: Je kleiner die Stichprobe, desto ungenauer ist die Parameterschätzung und desto eher sind Extremwerte im Rahmen des Stichprobenfehlers möglich. Eine Effektstärke, die außerhalb eines definierten Bereichs liegt, könnte im Rahmen einer kleinen Studie durchaus eine zufällige Abweichung darstellen und also lediglich den Stichprobenfehler repräsentieren. Beruht die Studie hingegen auf einer sehr großen Stichprobe, ist eine zufällige Abweichung extremen Ausmaßes unwahrscheinlich. Die SAMD berücksichtigt allerdings nicht, dass Charakteristika der Behandlung und der Evaluation durchaus zu wahren, also nicht zufällig bedingten, Unterschieden beitragen können. Dies ist in den vorliegenden, hinsichtlich Behandlung und Methodik recht heterogenen Studien durchaus zu erwarten. Eine rein am Stichprobenfehler orientierte Ausreißeranalyse würde diesem Umstand kaum gerecht werden. Aus diesem Grund wurde ein konservativeres Vorgehen gewählt, das einerseits überzufällige Abweichungen im Sinne Huffcut und Arthurs aufdeckt, und so möglichen Stichprobenfehlern Rechnung trägt, die so identifizierten Vergleiche aber nur als Ausreißer versteht, wenn sich die ermittelte Effektstärke deutlich außerhalb des Ranges der anderen Werte bewegt.

Es wurde daher zunächst – getrennt für die einzelnen Rückfallbereiche – für jede Effektstärke eine SAMD berechnet. Diese wurden wie von Huffcut und Arthur (1995) beschrieben in Form eines Screeplots aufgetragen, anhand dessen Vergleiche mit für ihre Stichprobengröße übermäßigen Abweichungen identifiziert wurden. In einem zweiten Schritt wurden die Effektstärken dieser Vergleiche hinsichtlich ihrer Lage zu den Effektstärken aus den anderen Vergleichen betrachtet. In zwei Rückfallbereichen

Abbildung 9.1: Boxplots der Rückfallbereiche mit Ausreißerwerten

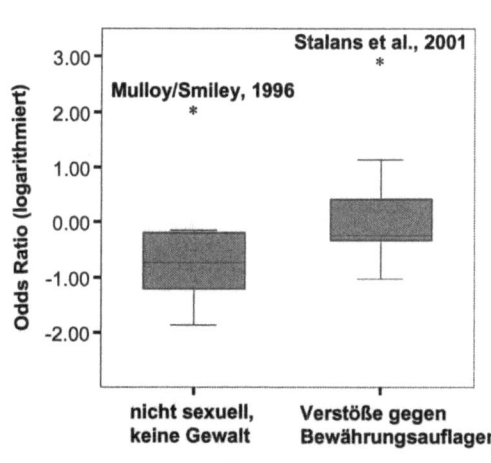

(Verstöße gegen Bewährungsauflagen, nichtsexuelle Rückfälligkeit ohne Gewaltdelikte) ergaben sich hierbei Vergleiche mit deutlich abseits liegenden Werten wie Abbildung 9.1 anhand von Boxplots illustriert. Diese Werte sollen im Folgenden nicht generell ausgeschlossen werden. Es werden vielmehr für die zwei betroffenen Rückfallbereiche jeweils in ergänzenden Analysen ohne Ausreißerwerte die Unterschiede aufgezeigt, die sich durch Extremwerte ergeben können.

9.2 Gesamteffekte

9.2.1 Ungewichtete Analyse

Eine ungewichtete Analyse soll zunächst verwendet werden, um die Behandlungseffekte für die verschiedenen Rückfallbereiche darzustellen, ohne auf die Stichprobengröße der Einzelstudien zu achten. Auf die Bereiche des sexuellen, nicht-sexuellen sowie allgemeinen Rückfalls wird näher eingegangen, um die Datenstruktur an diesen Beispielen etwas detaillierter darzustellen. Speziellere Rückfallbereiche sollen in einem weiteren Kapitel zusammenfassend dargestellt werden.

Für die mittleren Rückfallraten wird neben der ungewichteten Mittelung auch ein *n*-gewichteter Mittelwert berichtet, da dieser Wert den tatsächlichen Anteil rückfällig gewordener Sexualstraftäter wiedergibt. Auf die Probleme hinsichtlich des Vergleichs von Behandlungs- und Kontroll-/Vergleichsgruppe wird dabei schon im ersten Abschnitt zur sexuellen Rückfälligkeit einzugehen sein. Die Ergebnisse der ungewichteten Analyse sind am Ende des Kapitels in Tabelle 9.1 zusammenfassend dargestellt.

9.2.1.1 Sexueller Rückfall

Für den Bereich der sexuellen Rückfälligkeit konnten in 74 Vergleichen Effektstärken ermittelt werden. Die Analysen umfassen 17 945 Sexualstraftäter. Von 7 341 behandelten Sexualstraftätern wurden elf Prozent erneut sexuell rückfällig, bei den 10 665 Tätern der Vergleichsgruppen liegt die Rückfallrate ebenfalls bei elf Prozent. Dies scheint zunächst gegen einen positiven Effekt der Behandlung zu sprechen. Bei diesen Angaben besteht jedoch das Problem, dass sich die Stichprobengrößen von Behandlungs- und Vergleichsgruppen innerhalb der einzelnen Studie deutlich unterscheiden können. Wenn in einer Studie mit insgesamt geringer Rückfallquote (z.B. wegen eines kurzen Katamnesezeitraumes oder eines sehr restriktiven Rückfall-kriteriums) eine sehr große Vergleichsgruppe einer kleinen Behandlungsgruppe gegenübersteht, so beeinflusst diese eine Studie die Rückfallquote über alle Studien hinweg bei den Vergleichsgruppen stärker als bei den Behandlungsgruppen. In diesem Fall würde sich beim Vergleich der Gesamt-Rückfallrate ein Bias gegen das Auffinden eines Behandlungseffektes ergeben. Obwohl die n-gewichtete Mittelung also die tatsächlichen Rückfallraten korrekt widerspiegelt, lassen sich die so gemittelten ermittelten Werte nicht ohne weiteres vergleichen. In Tabelle 9.1 werden daher auch die ungewichteten durchschnittlichen Rückfallraten dargestellt. Diese wiederum geben zwar nicht die tatsächliche Rückfallquote aller untersuchten Sexualstraftäter wieder, allerdings erlauben sie einen angemesseneren Vergleich zwischen Behandlungs- und Vergleichsgruppen, da ungleiche Stichprobengrößen der Studiengruppen nicht verzerrend wirken können. Die so gemittelten Rückfallraten zeigen für die behandelten Sexualstraftäter einen Wert von zwölf Prozent, der nur halb so hoch liegt wie der Wert der Vergleichsgruppen (24 %). Es zeigt sich nun also ein Behandlungseffekt, der mit einem Unterschied von zwölf Prozentpunkten in etwa die gewohnten Verhältnisse der allgemeinen Straftäterbehandlung widerspiegelt (vgl. Lösel, 1995; Lösel et al., 1987). Schon hier zeigt sich allerdings das Problem einer Analyse, die sich auf die Gegenüber-stellung von Rückfallraten aus verschiedenen Studien beschränkt, da je nach In-tegrationsmethode stark unterschiedliche Interpretationen notwendig werden.

Eine andere Möglichkeit der Integration von Effekten, die neben anderen Aspekten auch das Problem ungleicher Stichprobengrößen umgeht, ist die Aggregation der Rückfalldifferenzen auf Einzelvergleichsebene durch die Verwendung von Effekt-stärkemaßen. Abbildung 9.2 zeigt ein Stamm-Blatt-Diagramm der Verteilung der logarithmierten Odds Ratios (*LOR*) zur sexuellen Rückfälligkeit. Die Verteilung wirkt zwar relativ homogen, doch spannen die einzelnen Effektstärken einen äußerst weiten Bereich auf, der von -3.51 (*OR* = 0.03) bis 1.76 (*OR* = 5.81) reicht. In Odds ausgedrückt und jeweils auf eine Chance von 50:50 bezogen, reicht dieser Bereich von einer Reduzierung der Odds auf etwa 2:50 bis hin zu einer deutlichen Erhöhung der Odds auf knapp 300:50. Die Verteilung zeigt einen klaren Schwerpunkt im negativen Werte-bereich, d.h. die Vergleiche fanden überwiegend einen positiven Behandlungseffekt, der sich in relativ zur Vergleichsgruppe geringeren Rückfallraten der behandelten Sexualstraftäter widerspiegelt. Insgesamt zeigt sich in 53 Vergleichen eine Reduzierung

*Abbildung 9.2: Stamm-Blatt-Diagramm der logarithmierten Odds Ratios
zur sexuellen Rückfälligkeit*

```
Häufigkeiten   Stamm  Blatt

     3          -3  .  025
    12          -2  .  122455668899
    17          -1  .  01222222344567888
    21          -0  .  011111123333345777779
    17           0  .  00012334445556789
     4           1  .  0147

Breite des Stamms: 1.00
```

der Rückfallraten bei den behandelten Sexualstraftätern (73 %), in drei Vergleichen (3 %) exakt die gleiche Rückfälligkeit und in den verbleibenden 18 Vergleichen (24 %) ein Vorteil für die Vergleichsgruppe. Die ungewichtete mittlere Odds Ratio liegt bei $OR_M = 0.43$, d.h. die Odds, mit einem Sexualdelikt rückfällig zu werden, reduzieren sich für behandelte Sexualstraftäter relativ zu den nicht oder weniger intensiv behandelten Sexualstraftätern der Vergleichsgruppen um mehr als die Hälfte. Das 95 % Konfidenzintervall ($0.32 \leq OR \leq 0.58$) schließt den Wert 1 nicht ein, so dass der gefundene mittlere Effekt bei $\alpha < .05$ signifikant ist. Eine exakte Signifikanzprüfung ergibt einen hochsignifikanten Effekt, $t (73) = -5.68, p < .001$.

Trichter-Diagramm. Eine Möglichkeit, einen kurzen Überblick über die Rohwerte zu geben und gleichzeitig einen Eindruck des mittleren Effektes zu vermitteln, bietet das Trichterdiagramm (Light & Pillemer, 1984). Dabei werden die Effektstärken, in diesem Fall logarithmierte Odds Ratios, gegen die Stichprobengröße aufgetragen. Obwohl hier natürlich keine Gewichtung der Einzeleffektstärken stattfindet, kommt diese Darstellungsform einer gewichteten Analyse insofern nahe als jede Effektstärke in Bezug zu einem denkbaren Gewichtungsfaktor – der ihr zugrunde liegenden Stichprobengröße – dargestellt wird. Im Idealfall homogener Effekte nimmt die Punktewolke eine umgekehrte Trichterform an, verjüngt sich also nach oben hin. Abbildung 9.3 zeigt das Trichterdiagramm für die vorliegenden Daten zur sexuellen Rückfälligkeit. Zunächst fallen zwei Vergleiche mit äußerst großen Stichproben auf. Diese scheinen aber dem groben Trichterverlauf zu folgen. Insgesamt liegen die Effekte mit zunehmender Stichprobengröße nahe Null. Mit abnehmender Stichprobengröße ergibt sich eine größere Heterogenität der Effektstärken, die sich zunächst symmetrisch und relativ

Abbildung 9.3: Trichterdiagramm der Effekte zur sexuellen Rückfälligkeit (k = 74)

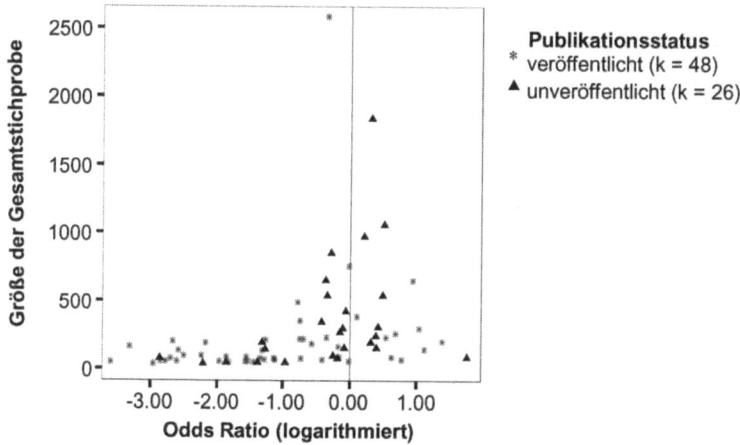

gleichmäßig innerhalb des Bereiches 0 ± 1 bewegen. Soweit ergibt sich eine relativ klare Struktur, die mit der Homogenitätsannahme konform ist. Mit der weiteren Abnahme der Stichprobengrößen hingegen ergibt sich ein deutlicher Überhang von negativen *LOR*-Werten, d.h. positiven Behandlungseffekten im Sinne der Reduzierung von (sexueller) Rückfälligkeit bei behandelten Sexualstraftätern. Es ergibt sich also im Bereich der „kleineren" Stichproben (diese umfassen noch immer ein *N* von bis zu 250), eine lediglich einseitige Erweiterung der Trichterform. Die Vermutung, dass es sich dabei um einen Publikationsbias handelt, weil die Bestätigung eines Behandlungseffektes eher veröffentlicht werden mag, wenn sie auf größeren Stichproben gründen, liegt zwar zunächst nahe und Trichterdiagramme dieser Form werden häufig dahingehend interpretiert (Light & Pillemer, 1984). In Abbildung 9.3 ist dieser Aspekt jedoch kontrolliert, indem eine Trennung von publizierten und unpublizierten Vergleichen vorgenommen wurde. Hier zeigt sich, dass dieser Effekt auch dann auftritt, wenn die Ergebnisse der Evaluation nicht veröffentlicht wurden. Eine Gesamtbetrachtung des Trichterdiagramms spricht dafür, dass die Stichprobengröße selbst als Moderator der Effekte in Frage kommt. Obwohl die Verteilung auf den ersten Blick regelmäßig wirkt, erscheint eine eingehende Untersuchung moderierender Faktoren angesichts der einseitigen Variabilität im Bereich kleinerer Stichproben angezeigt. Diese wird in Kapitel 9.3 erfolgen.

9.2.1.2 Nicht-sexueller Rückfall

Nur für 22 Vergleiche ließen sich Daten zu nicht-sexuellen Rückfällen extrahieren. Die Vergleiche umfassten 2 350 Täter, von denen 1 213 behandelt wurden und 1 137 als Vergleichspersonen herangezogen wurden. Die Rückfallquoten lagen bei n-gewichteten 28 (BG) und 40 (VG) Prozent bzw. 24 und 32 Prozent (ungewichtet). Die Ergebnisse der ungewichteten Effektstärken bestätigen den Eindruck der geringeren Rückfälligkeit der behandelten Sexualstraftäter zwar prinzipiell, doch ist der mittlere Effekt mit $OR_M = 0.68$ ($KI_{95\%}$: $0.38 \leq OR \leq 1.22$) weniger ausgeprägt als bezüglich der sexuellen Rückfälligkeit und überdies nicht signifikant, $t(21) = -1.39$, $p = .18$. Dies drückt sich auch in der Verteilung der logarithmierten Odds Ratios aus, die weniger einseitig zugunsten der Behandlungsgruppen sprechen (Tendenzen pro KG: 15, gleich: 1, pro VG: 6) und überwiegend nur schwache Effekte umfassen (vgl. Abbildung 9.4).

Abbildung 9.4: Stamm-Blatt-Diagramm der logarithmierten Odds Ratios zur nicht-sexuellen Rückfälligkeit

```
Häufigkeiten   Stamm   Blatt

      3         -2  .   245
      3         -1  .   146
      9         -0  .   234455688
      4          0  .   0357
      1          1  .   7
      2          2  .   03

Breite des Stamms: 1.00
```

9.2.1.3 Jegliche erneute Straftat

Fasst man alle erneuten Straftaten zusammen ($k = 49$, $N = 13\ 605$), so ergibt sich für die rohen Rückfalldaten wiederum ein leichter Vorteil für die behandelten Sexualstraftäter ($n = 5\ 442$; davon 22 % rückfällig) gegenüber den Tätern der Vergleichsgruppen ($n = 8\ 163$; davon 32 % rückfällig), der sich auch in den ungewichtet gemittelten Rückfallraten zeigt (27 % vs. 43 %). Entgegen der Ergebnisse für den nicht-sexuellen Rückfall, drückt sich dieser Unterschied jedoch nicht nur in der Tendenz aus, sondern ist mit einer mittleren Effektstärke von $OR_M = 0.47$ ($KI_{95\%}$: $0.34 \leq OR \leq 0.64$) von substantiellem Ausmaß und lässt sich statistisch auf hohem Niveau absichern,

t (48) = -4.43, p < .001. Insgesamt wurden im Rahmen der Behandlungsmaßnahmen die Chancen auf Legalbewährung in etwa verdoppelt bzw. in den Behandlungsgruppen lagen Bedingungen vor, darunter therapeutische Maßnahmen, die zu dieser Verdopplung der Chancen beitrugen. Von den insgesamt 49 Vergleichen zeigen etwa drei Viertel einen zumindest minimalen Behandlungsvorteil auf (k = 36), während in 13 Vergleichen ein Effekt zugunsten der Vergleichsgruppe gefunden wurde (vgl. Abbildung 9.5). Im Unterschied zu den beiden anderen bislang dargestellten Rückfallbereichen wirkt die Verteilung der Effektstärken weniger konsistent.

Abbildung 9.5: Stamm-Blatt-Diagramm der LOR zur generellen Rückfälligkeit

```
Häufigkeiten   Stamm   Blatt

    1          -4  .   2
    1          -3  .   6
    1          -3  .   0
    0          -2  .
    4          -2  .   0014
    7          -1  .   5556667
    2          -1  .   12
   12          -0  .   555667777889
    8          -0  .   12223344
    8           0  .   00122234
    2           0  .   57
    2           1  .   02
    1           1  .   9

Breite des Stamms:  0.50
```

9.2.1.4 Weitere Rückfallbereiche und Zusammenfassung

Tabelle 9.1 stellt die Ergebnisse der ungewichteten Analysen zusammenfassend dar. Neben den drei besprochenen Rückfallbereichen, sind hier auch die weiteren Deliktbereiche aufgeführt. Schon anhand der Gegenüberstellung der Rückfallraten zeigt sich in fast allen Deliktbereichen eine geringere Rückfallwahrscheinlichkeit der behandelten Gruppen. Für den sexuellen Rückfall sind diese Raten jedoch bei der n-gewichteten Mittelung identisch und hinsichtlich der Verstöße gegen Bewährungsauflagen ist die durchschnittliche Rückfälligkeit in der Behandlungsgruppe sogar erhöht. Auf die mangelhafte Interpretierbarkeit dieser Gesamtrückfallraten wurde jedoch hingewiesen.

Tabelle 9.1: Ungewichtete Integration der Einzelvergleiche getrennt für Rückfallbereiche und nach verschiedenen Indikatoren

Bereich des Rückfalls	Vergleiche (k)	Rückfallrate (p) ungewichtet		n-gewichtet		Bilanz BG:VG	Effektstärken OR_M	$KI_{95\%}$	t^b
		BG	VG	BG	VG				
sexuell	74	.12	.24	.11	.11	53 : 18	0.43	$0.32 \leq OR \leq 0.58$	– 5.68***
Gewalt	20	.07	.15	.07	.15	18 : 2	0.39	$0.26 \leq OR \leq 0.59$	– 4.87***
nicht-sexuell	22	.24	.32	.28	.40	15 : 6	0.68	$0.38 \leq OR \leq 1.22$	– 1.39
nicht-sexuell (ohne Gewalt)	12	.16	.27	.12	.21	11 : 1	0.55	$0.29 \leq OR \leq 1.04$	– 2.07†
jede erneute Straftat	49	.27	.43	.22	.32	36 : 13	0.47	$0.34 \leq OR \leq 0.66$	– 4.43***
Verstöße gegen Bewährungsauflagen	10	.25	.19	.29	.20	7 : 3	1.14	$0.51 \leq OR \leq 2.51$	0.36
alle Bereiche [a]	16	.30	.46	.32	.42	13 : 3	0.47	$0.32 \leq OR \leq 0.71$	– 3.92**

Anmerkung. BG = Behandlungsgruppe   VG = Vergleichsgruppe   Bilanz BG:VG = Verhältnis von Effektstärken, die in der Tendenz für BG bzw. VG sprechen OR_M = ungewichteter Mittelwert der Odds Ratios der k Einzelvergleiche $KI_{95\%}$ = 95 % Konfidenzintervall
[a] jede erneute Straftat und Verstöße gegen Bewährungsauflagen   [b] $df = k - 1$
† $p < .10$,   * $p < .05$,   ** $p < .01$ *** $p < .001$.

Allerdings zeigt sich der negative Trend zumindest für die Bewährungsverstöße auch bei den ungewichteten Rückfallraten. Auch die mittlere Odds Ratio deutet zumindest keinen positiven Behandlungseffekt an, sondern einen in die Gegenrichtung weisenden, allerdings nicht signifikanten Effekt von $OR_M = 1.14$. Das einzige Indiz für einen positiven Effekt ergibt die Angabe zu dem Verhältnis von Vergleichen mit positiven versus negativen Behandlungsergebnissen. Wie schon bei der Ausreißeranalyse ersichtlich, beruhen die negativen Indizes offenbar in erster Linie auf einer einzigen Effektstärke, die einen äußerst ungünstigen Befund erbrachte ($OR = 16.26$). Schließt man diesen Wert aus der Analyse aus, so verschiebt sich die mittlere Odds Ratio in Richtung eines günstigeren Behandlungseffektes ($OR_M = 0.84$, $KI_{95\%}$: $0.52 \leq OR \leq 1.37$), verbleibt aber nahe bei ausgeglichenen Odds und ist nicht signifikant, $t(8) = -0.81$, $p = .44$.

In allen anderen Bereichen sprechen die Effekte zum Teil sehr deutlich für eine positive Wirkung der Behandlungsmaßnahmen als Ganzes. Stellt man lediglich die Tendenzen der jeweiligen Effektstärken danach gegenüber, ob sie eine Reduzierung der Rückfälligkeit bei den behandelten Sexualstraftätern erbringen oder im Gegenteil einen Vorteil für die Vergleichsgruppen andeuten, so zeigt sich in allen Bereichen ein zum Teil deutliches Überwiegen der Odds Ratios mit Werten unter 1, also eine Mehrzahl von Effekten, die in Richtung der behandelten Täter zeigen. Zieht man nicht nur die Richtung, sondern auch die Höhe der jeweiligen Effekte in Betracht, so zeigen sich in den sechs verbleibenden Rückfallbereichen mittlere Odds Ratios, die unter 1 liegen und damit im Hinblick auf die Rückfälligkeit positive Behandlungsausgänge. Für die Bereiche der Sexual- und Gewaltdelikte sowie der allgemeinen Rückfallmaße erweisen sich die Effekte als hochsignifikant. In den Bereichen der nicht-sexuellen Rückfälligkeit (mit oder ohne Einbezug von Gewalttaten) sind die Ergebnisse weniger deutlich und können auch statistisch nicht abgesichert werden ($p = .18$ bzw. $p = .06$). Ein Grund hierfür liegt allerdings auch darin, dass für die nicht einschlägige Rückfälligkeit jeweils weniger Vergleiche zur Verfügung stehen und bei der Signifikanzprüfung somit niedrigere Teststärken resultieren. Zudem erhöht sich der mittlere Effekt für die gewaltlose nicht-sexuelle Rückfälligkeit, wenn man den relativ extremen Wert aus der Studie von Mulloy und Smiley (1996) entfernt. Die resultierende mittlere Odds Ratio liegt mit $OR_M = 0.43$ deutlich niedriger und passt sich in etwa in die Ergebnisse in den anderen Bereichen ein. Zudem reduziert sich die Variabilität der Effekte, das Konfidenzintervall hat engere Grenzen ($KI_{95\%}$: $0.29 \leq OR \leq 0.64$) und der Effekt ist statistisch auf hohem Niveau abzusichern, $t(10) = -4.68$, $p = .001$.

Insgesamt zeigt sich über die verschiedenen Deliktbereiche ein Effekt, der bei etwa $OR_M = 0.50$ liegt, die Odds rückfällig zu werden liegen also bei den Behandlungsteilnehmern nur bei etwa der Hälfte. Übersetzt in Cohen's *d*, das als Effektstärkemaß etwas geläufiger ist, entspricht das in etwa einem Wert von $d = -0.38$ was im sozialwissenschaftlichen Bereich in der Regel als schwacher bis mittlerer Effekt gewertet wird (Cohen, 1988). Die weitgehende Ähnlichkeit der mittleren Effekte über die verschiedenen Rückfallbereiche hinweg zeigt auch an, dass die Sexualstraftäterbehandlung nicht nur einen spezifischen Einfluss auf Sexualdelinquenz hat, sondern die Rückfallneigung auch in anderen Deliktbereichen günstig beeinflusst.

9.2.2 Gewichtete Analysen

Bislang wurde in den Analysen nicht berücksichtigt, dass die Ergebnisse unterschiedlicher Studien unterschiedlich stark fehlerbehaftet sein mögen. Die Ergebnisse jeder einzelnen Studie sind mehr oder weniger gute Schätzer des „wahren" Effektes der Behandlung. Die Güte der Schätzung hängt aus statistischer Sicht in erster Linie von der Größe der Stichprobe ab, die der Schätzung zugrunde liegt. Je größer die Stichprobe, desto stärker gleichen sich Zufälligkeiten aus. Eine sinnvolle Überlegung ist daher, einer Studie umso mehr Gewicht beizumessen je größer die verwendete Stichprobe ist. Der einfachste Weg, die Güte der Parameterschätzung zu berücksichtigen, wäre, die jeweiligen Effektstärken einzelner Vergleiche durch die Größe der zugrundeliegenden Stichprobe zu gewichten. Dies ist jedoch nicht der beste Weg wie Hedges (1982) zeigt. Die optimale Schätzung der Güte einer Parameterschätzung beruht sich auf den Standardfehler der verwendeten Effektstärke. Im Falle der Odds Ratio bzw. ihrer logarithmisch transformierten Form hängt der Standardfehler von der Stichprobengröße sowie der Höhe der in die Berechnung eingehenden Wahrscheinlichkeiten des Ereigniseintritts ab (siehe Kapitel 7.3.2.4). Die Gewichtung erfolgt über das inverse Quadrat dieses Standardfehlers (Fleiss, 1994; Lipsey & Wilson, 2001):

$$w_{LOR} = \frac{1}{SE_{LOR}^2}$$

9.2.2.1 Modell mit festen Effekten

Das „fixed effects" Modell beschränkt sich bei der Gewichtung auf die inverse Varianz der Effektstärke. Dies geschieht unter der Annahme, dass allen Effektstärken der gleiche Populationsparameter zugrunde liegt und die Variabilität der Effektstärken daher einzig auf Stichprobenfehler zurückzuführen ist.

Die Ergebnisse der Analyse mit dem Modell mit festen Effekten sind in Tabelle 9.2 zusammengestellt. Obwohl sich im Groben das Bild der ungewichteten Analyse widerspiegelt, gibt es einige Unterschiede. Der augenscheinlichste ist, dass in der gewichteten Analyse der mittlere Effekt in Bezug auf die sexuelle Rückfälligkeit weniger ausgeprägt ist, aber dennoch hoch signifikant ist (OR_{FE} = 0.80, z = – 3.96, $p < .001$). Angesichts der Effektstärkeverteilung im Trichterdiagramm (Abbildung 9.3) war dies zu erwarten, da sich eine relativ deutliche Beziehung zwischen den Effektstärken und den Stichprobengrößen zeigte. Da die Gewichtung unter dem Modell mit festen Effekten in erster Linie von der Größe der Stichprobe abhängt, ergibt sich die Verschiebung der mittleren Odds Ratio aus mathematischer Sicht zwangsläufig.

Obwohl sich für einige Bereiche deutlichere Effekte zeigen (nicht-sexuell: OR_{FE} = 0.50; nicht-sexuell ohne Gewaltdelikte: OR_{FE} = 0.48, ausreißerkorrigiert OR_{FE} = 0.47), liegen die Behandlungseffekte im Vergleich mit der ungewichteten

Tabelle 9.2: Modell mit festen Effekten (Gesamteffektstärken und Homogenitätsprüfung)

Deliktbereich	k	OR_{FE}	mittlere Effektstärke		Homogenität
			$KI_{95\%}$	z	$Q^{\,b}$
sexuell	74	0.80	$0.72 \le OR \le 0.90$	– 3.96***	237.14***
Gewalt	20	0.54	$0.43 \le OR \le 0.67$	– 5.53***	19.68
nicht-sexuell	22	0.50	$0.40 \le OR \le 0.63$	– 6.13***	53.14***
nicht-sexuell (ohne Gewalt)	12	0.48	$0.36 \le OR \le 0.63$	– 5.33***	17.60†
jede erneute Straftat	49	0.69	$0.62 \le OR \le 0.76$	– 7.22***	159.80***
Verstöße gegen Bewährungsauflagen	10	1.25	$0.99 \le OR \le 1.57$	1.85†	69.81***
alle Bereiche [a]	16	0.59	$0.52 \le OR \le 0.68$	– 7.66***	46.64***

Anmerkung. k = Anzahl der Vergleiche OR_{FE} = mittlere Odds Ratio nach Modell mit festen Effekten („fixed effects") $KI_{95\%}$ = 95 % Konfidenzintervall
[a] jede erneute Straftat und Verstöße gegen Bewährungsauflagen [b] χ^2-verteilt mit $df = k - 1$
† $p < .10$, *** $p < .001$

Analyse insgesamt eher auf etwas schlechterem Niveau. Dennoch ergeben sich mit einer Ausnahme hoch signifikante Behandlungseffekte, da mit der Gewichtung auch die Variabilität der Effekte vermindert wurde. Die Ausnahme im Gesamtbild ist wie schon in der ungewichteten Analyse der mittlere Effekt für das Kriterium „Verstöße gegen Bewährungsauflagen". Auch bei der gewichteten Analyse liegt der Wert – jetzt sogar noch etwas deutlicher – im Bereich höherer Odds für die behandelten Sexualstraftäter und wird in der Tendenz signifikant ($z = 1.85$, $p = .06$). Die ausreißerkorrigierte Schätzung bringt jedoch wiederum eine Richtungsänderung des Effektes mit sich, der sich aber in einem moderaten Bereich bewegt ($OR_{FE} = .87$, $KI_{95\%}$: $0.68 \leq OR \leq 1.12$, $z = -1.07$, $p = .29$).

Der Integration im Rahmen des Modells mit festen Effekten liegt die Annahme zugrunde, dass alle Effektstärken, die zusammengefasst werden sollen den gleichen Populationsparameter schätzen bzw. Unterschiede auf isolierbare Studiencharakteristika zurückzuführen sind. Bei genereller Gleichheit der Studien, ergibt sich nach dieser Vorstellung die Variabilität der Effekte ausschließlich als Folge des Stichprobenfehlers, der mit dem Standardfehler der Effektstärke quantifizierbar ist und mittels der Gewichtung mit der inversen Varianz bei der Integration der Effekte berücksichtigt wird.

Dieses Modell ist nicht adäquat, wenn diese Grundannahme nicht erfüllt ist, wenn also nicht allein Stichprobenfehler zur Variabilität der Effektstärken beitragen, sondern weitere Faktoren hinzutreten, die die Studien voneinander unterscheiden. In diesem Fall sind die Effektstärken nicht als Schätzer eines gemeinsamen Populationsparameters zu verstehen. Vielmehr variieren auch die den Effektstärken zugrunde liegenden wahren Werte. Die Varianz der Effektstärkeverteilung setzt sich somit aus zwei Komponenten zusammen: dem Stichprobenfehler als Fehler in der Schätzung des Populationsparameters und der Variabilität der Populationsparameter. Mit Hilfe der Homogenitätsprüfung wird untersucht inwieweit die integrierten Effekte höhere Variabilität aufweisen als allein durch Stichprobenfehler zu erwarten wäre. Trotz der gegenüber der ungewichteten Analyse geringeren Variabilität, die sich in engeren Konfidenzintervallen ausdrückt, ergibt eine Überprüfung der Unterschiedlichkeit der Effekte innerhalb der einzelnen Rückfallbereiche meist sehr deutliche Anhaltspunkte für die Ablehnung der Homogenitätsannahme. Lediglich hinsichtlich der Rückfälligkeit mit Gewaltdelikten ($p = .41$) und der nicht-sexuellen Rückfälle ohne Gewaltdelikte ($p = .09$) zeigen sich homogene Effektstärkeverteilungen, wobei auch in letzterem Fall Heterogenität zumindest in der Tendenz festzustellen ist. Die Heterogenität verringert sich hier aber weiter, wenn man den identifizierten Ausreißerwert aus der Analyse entfernt, $Q(10) = 14.18, p = .16$. Für das Kriterium „Verstoß gegen Bewährungsauflagen" zeigt sich insgesamt zwar eine heterogene Effektstärkeverteilung. Nach Elimination des einen Ausreißerwertes verbleibt jedoch ein recht homogenes Bild, $Q(8) = 4.78, p = .78$. Dies ließ sich angesichts des Boxplots (Abbildung 9.1) schon vermuten. Eine äußerst heterogene Verteilung zeigt sich dagegen insbesondere bezüglich der einschlägigen Rückfälligkeit und hinsichtlich jeglicher neuer Straftaten (je $p < .001$), doch auch in den beiden verbleibenden Bereichen ergibt sich eine enorme Variabilität der Effektstärken.

Es bestehen zwei Möglichkeiten, mit der gefundenen Heterogenität umzugehen (vgl. Lipsey & Wilson, 2001). Zum ersten kann ein sogenanntes „random effects" Modell zur Schätzung der Gesamteffektstärke verwendet werden. Zum zweiten kann anhand spezifischer Studiencharakteristika versucht werden, die Ursachen der Effektstärkevariabilität zu ergründen und auf diese Weise systematische Unterschiede aus den Effektstärken zu eliminieren. Beide Möglichkeiten sollen im Folgenden genutzt werden. Zunächst wird eine Schätzung des Gesamteffektes der Sexualstraftäterbehandlung auf die Rückfälligkeit in den verschiedenen Bereichen auf der Grundlage des Modells mit Zufallseffekten vorgenommen werden. An späterer Stelle wird für die sexuelle Rückfälligkeit eine Moderatoranalysen durchgeführt.

9.2.2.2 Modell mit Zufallseffekten

Es wurde bereits beschrieben, dass sich die Varianz der Effektstärkeverteilung in zwei Komponenten unterteilen lässt. Beim Modell mit Zufallseffekten werden beide Varianzanteile berücksichtigt, indem zu den Varianzen der Einzeleffektstärken jeweils eine Varianzkomponente hinzugefügt wird, die sich aus der Heterogenität der Effektstärken ergibt (Lipsey & Wilson, 2001):

$$v_{Total} = v_{ES} + v_{Random}$$

Die Gesamtvarianz setzt sich also aus einem für jede Effektstärke spezifischen Anteil (der Varianzanteil, der sich aus dem Stichprobenfehler des Einzelvergleichs ergibt) und einem für alle Effektstärken gleichen Anteil, der die Variabilität der wahren Effekte repräsentiert:

wobei: $v_{ES} = SE_{LOR}^2$ und: $v_{Random} = \dfrac{Q - (k - 1)}{\sum w_{LOR} - \dfrac{\sum w_{LOR}^2}{\sum w_{LOR}}}$

Praktisch werden also zunächst die Fehlervarianzen der einzelnen Effektstärken berechnet (v_{ES}), in unserem Fall der logarithmierten Odds Ratio. Aus diesen werden dann die Gewichte nach dem Modell mit festen Effekte bestimmt, welche gemeinsam mit der Homogenitätsstatistik Q und der Anzahl der Effektstärken k in die Randomvarianz eingehen. Die Summe aus der individuellen Effektstärkevarianz und der allgemeinen, für jede Effektstärke konstanten Randomvarianz, ergibt die Gesamtvarianz, deren Inverses als Gewichtung der einzelnen Effektstärken herangezogen wird:

$$w_i = \frac{1}{v_{LOR_i} + v_{Random}}$$

Faktisch bedeutet das, dass die Güte der Parameterschätzung, die einer einzelnen Effektstärke zugesprochen wird, relativ zum Modell mit festen Effekten weniger Gewicht erhält. Dies umso mehr, je heterogener die Effektstärkeverteilung ist. So können sich gegenüber dem Modell mit festen Effekten deutliche Verschiebungen der mittleren Effektstärke ergeben, insbesondere aber werden in der Regel die Konfidenzintervalle größer. Bei den vorliegenden Daten zeigt sich ersterer Effekt sehr deutlich hinsichtlich der sexuellen Rückfälligkeit, wo der mittlere Effekt deutlich in Richtung günstigerer Behandlungsergebnisse verschoben ist (Tabelle 9.3). Wiederum zeichnet hier der Zusammenhang von Stichprobengröße und Effektstärken verantwortlich, da – wie beschrieben – die relative Bedeutsamkeit der Stichprobengröße im Rahmen des Modells mit Zufallseffekten eingeschränkt ist. Ansonsten bleiben die mittleren Effekte für die jeweiligen Bereiche weitgehend konstant und auch die statistische Absicherung führt zu vergleichbaren Ergebnissen, wenn auch die Konfidenzintervalle etwas weitere Bereiche einschließen. Für die Rückfälle mit Gewaltdelikten ($OR_{RE} = 0.53$) und die nicht-sexuellen Delikte ohne Gewalt ($OR_{RE} = 0.47$, ausreißerkorrigiert $OR_{RE} = 0.45$)

Tabelle 9.3: Gesamteffekte nach Modell mit Zufallseffekten

Deliktbereich	k	OR_{RE}	mittlere Effektstärke		v_{Random}
			$KI_{95\%}$	z	
sexuell	74	0.59	$0.47 \leq OR \leq 0.74$	– 4.96***	0.51
Gewalt	20	0.53	$0.43 \leq OR \leq 0.67$	– 5.36***	0.01
nicht-sexuell	22	0.54	$0.35 \leq OR \leq 0.83$	– 2.85**	0.47
nicht-sexuell (ohne Gewalt)	12	0.47	$0.32 \leq OR \leq 0.69$	– 3.82***	0.15
jede erneute Straftat	49	0.60	$0.48 \leq OR \leq 0.75$	– 4.52***	0.33
Verstöße gegen Bewährungsauflagen	10	1.26	$0.53 \leq OR \leq 3.01$	0.51	1.45
alle Bereiche [a]	16	0.51	$0.39 \leq OR \leq 0.68$	– 4.69***	0.18

Anmerkung. k = Anzahl der Vergleiche OR_{RE} = mittlere Odds Ratio nach Modell mit Zufallseffekten („random effects") $KI_{95\%}$ = 95 % Konfidenzintervall v_{Random} = Randomvarianz
[a] jede erneute Straftat und Verstöße gegen Bewährungsauflagen
[†] $p < .10$,   *** $p < .001$

wäre eine Überprüfung nach dem Modell mit Zufallseffekten ohnedies unnötig gewesen, da die Homogenitätsprüfungen nicht signifikant waren. Sie sind hier der Vollständigkeit halber aufgeführt. Die Randomvarianz ist aufgrund der geringen Heterogenität in beiden Fällen minimal, weshalb die Gewichtung weitgehend der des Modells mit festen Effekten entspricht. Das gleiche gilt für die ausreißerkorrigierte mittlere Effektstärke für den Bereich der Verstöße gegen Bewährungsauflagen. Die Randomvarianz ist $v_{Random} = 0$, so dass sich gegenüber dem „fixed effects" Modell keinerlei Veränderung ergibt ($OR_{RE} = 0.87$).

Die gewichteten Analysen zeigen wie schon die ungewichteten Analysen auf, dass die Behandlung von Sexualstraftätern gerade für den Bereich der einschlägigen Rückfälligkeit keine höheren Effekte mit sich bringt als hinsichtlich der anderen Bereiche. Im Gegenteil zeigt sich bei den Analysen nach dem Modell mit festen Effekten sogar ein etwas schlechteres Behandlungsergebnis. Gerade hier scheint sich auch angesichts der deutlichen Heterogenität der Effekte eine Moderatoranalyse besonders anzubieten.

9.2.3 Sensitivitätsanalyse „Maryland Scale"

Die Einschlusskriterien dieser Arbeit schlossen alle Arbeiten ein, die in irgendeiner Form eine Vergleichsgruppe verwendeten. Die Äquivalenz von Behandlungs- und Vergleichsgruppe wurde dabei nicht gefordert. Die folgende Analyse untersucht im Rahmen einer sogenannten Sensitivitätsanalyse welche Ergebnisse sich für die Gesamteffekte ergeben hätten, wenn ein strengeres Vergleichsgruppenkriterium gewählt worden wäre. Ab der dritten Skalenstufe der Maryland Scale kann von einer Äquivalenz der Untersuchungsgruppen zumindest näherungsweise ausgegangen werden. Insgesamt befinden sich im Studienpool 32 Vergleiche, die dieses Kriterium erfüllen. Für die einzelnen Rückfallbereiche wurden auf der Grundlage dieser Vergleiche Gesamteffektstärkenschätzungen nach dem Modell mit festen Effekten sowie dem Modell mit Zufallseffekten vorgenommen (Tabelle 9.4).

Insgesamt zeigen sich ähnliche Befunde wie in der Gesamtanalyse der 80 Vergleiche. Hinsichtlich der mittleren Effektstärken weisen die Werte der restriktiveren Analyse lediglich in der Tendenz geringere Effekte auf als die Gesamtanalyse. In der Analyse nach dem Modell mit Zufallseffekten fallen die Unterschiede noch geringer aus. Nur hinsichtlich des Bereichs der nicht-sexuellen Rückfälligkeit ohne Gewaltdelikte ergibt

Tabelle 9.4. Mittlere Effektstärken für äquivalente Vergleiche (Maryland Scale $\geq$ 3)

Deliktbereich	k	OR_{FE}	$KI_{95\%}$	Q	OR_{RE}	$KI_{95\%}$
		feste Effekte			Zufallseffekte	
sexuell	29	0.69***	$0.58 \leq OR \leq 0.81$	**	0.61***	$0.46 \leq OR \leq 0.79$
Gewalt	8	0.60*	$0.38 \leq OR \leq 0.93$		0.50*	$0.28 \leq OR \leq 0.89$
nicht-sexuell	7	0.61**	$0.42 \leq OR \leq 0.89$		0.61**	$0.42 \leq OR \leq 0.89$
nicht-sexuell (ohne Gewalt)	6	0.27***	$0.17 \leq OR \leq 0.44$		0.27***	$0.17 \leq OR \leq 0.44$
jede erneute Straftat	16	0.62***	$0.52 \leq OR \leq 0.74$	**	0.49***	$0.35 \leq OR \leq 0.69$
Verstöße gegen Bewährungsauflagen	3	0.75	$0.42 \leq OR \leq 1.32$		0.75	$0.42 \leq OR \leq 1.32$
alle Bereiche [a]	5	0.42***	$0.31 \leq OR \leq 0.59$		0.43***	$0.31 \leq OR \leq 0.59$

Anmerkung. k = Anzahl der Vergleiche mit Maryland Scale $\geq$ 3 OR_{FE} = mittlere Odds Ratio nach Modell mit festen Effekten OR_{RE} = mittlere Odds Ratio nach Modell mit Zufallseffekten Q = Homogenitätsstatistik (Signifikanz kennzeichnet heterogene Verteilungen) $KI_{95\%}$ = 95 % Konfidenzintervall
[a] *jede erneute Straftat und Verstöße gegen Bewährungsauflagen* [b] *$df = k - 1$*
$^\dagger p < .10$. * $p < .001$ *** $p < .001$

sich hier eine relevante Erhöhung des Effektes. Augenfällig ist hingegen, dass die Homogenitätstests seltener heterogene Effektstärkeverteilungen anzeigen. Während noch bei der Gesamtanalyse fast alle Bereiche hohe Heterogenität aufwiesen, beschränkt sich dies nun auf den Bereich der sexuellen sowie der generellen Rückfälligkeit (jede erneute Straftat). Der seltenere statistische Nachweis heterogener Effekte in den anderen Bereichen mag allerdings auch daher rühren, dass die Analysen sehr viel weniger Vergleiche umfassen und daher bestehende Unterschiedlichkeit aufgrund geringer Teststärke weniger schnell als überzufällig charakterisierbar ist. Aufgrund der geringeren Zahl von Vergleichen ergeben sich zum Teil auch weitere Konfidenzintervalle. Allerdings ist diese Veränderung weniger gravierend als man annehmen könnte. Hinsichtlich der Verstöße gegen Bewährungsauflagen spiegelt sich im Groben das Ergebnis der ausreißerkorrigierten Gesamtanalyse wieder, da der entsprechende Vergleich keine äquivalente Vergleichsgruppe beinhaltet und daher nicht in dieser Analyse enthalten ist. So ergibt sich auch hier durch die Sensitivitätsanalyse eine weitgehende Bestätigung der Gesamtbefunde.

Trotz der scheinbaren Vergleichbarkeit der Ergebnisse ergeben sich in der Studienstruktur, die den Analysen zugrunde liegt, Unterschiede. So sind zum Beispiel die Kastrationsstudien in der restriktiveren Analyse ausgeschlossen, da sie sich alle auf nicht äquivalente Vergleichsgruppen beziehen. Es sind aber gerade diese Studien, die besonders hohe Effekte zeigen, zumindest hinsichtlich sexueller Rückfälligkeit. So müssen trotz der hier gezeigten Ähnlichkeit der Befunde gewisse Zusammenhänge zwischen methodischer Qualität und Effektstärke vermutet werden. In der anschließenden Moderatoranalyse soll dieser Aspekt neben anderen näher untersucht werden.

9.3 Moderatoranalysen

Im Folgenden sollen einige Aspekte der hier einbezogenen Studien bzw. Vergleiche hinsichtlich ihres Einflusses auf die individuellen Effektstärken herausgearbeitet werden. Dabei wird eine Beschränkung auf den Bereich des sexuellen Rückfalls erfolgen, zum Teil ergänzt durch Analysen zur allgemeinen Rückfälligkeit (jede erneute Straftat). Das hat mehrere Gründe: Erstens liegen für diesen Bereich in der Mehrzahl der Vergleiche Ergebnisse vor, so dass von einer Repräsentativität der Befunde ausgegangen werden kann. Zweitens liegt hier eine ausreichende Zahl an Vergleichen vor, um eine solche Analyse überhaupt sinnvoll durchführen zu können. Drittens ist die sexuelle Rückfälligkeit als spezifisches Ziel der Sexualstraftäterbehandlung von besonderem Interesse. Und viertens hat sich für diesen Bereich über die verschiedenen Integrationen hinweg eine deutliche Heterogenität der Befunde ergeben. Eine Moderatoranalyse ist für die vorliegenden Daten daher auch angezeigt. Zwar erfolgte eine Berücksichtigung dieser Heterogenität im Rahmen der Schätzung eines Gesamt-effektes nach dem Modell mit Zufallseffekten. Es konnten jedoch im Rahmen der Studienkodierung eine Vielzahl methodischer, die Behandlung und die behandelte Population betreffende Unterschiede festgestellt werden, die Einfluss auf die gefundenen Effektstärken haben können. Die Identifikation relevanter Moderatorvariablen verspricht daher eine deutliche Reduzierung der unerklärten Varianz sowie Hinweise auf differentielle Behandlungseffekte und den Einfluss methodischer Besonderheiten auf die Evaluationsergebnisse. Aufgrund der Vielzahl an Einzelanalysen haben die Auswertungen einen primär deskriptiven und explorativen Charakter. Ein zentrales Anliegen der Moderatoranalyse ist, sensible Aspekte bei der Planung einer Behandlung und deren Evaluation aufzudecken. Der Bericht von Signifikanztests sollte daher nicht im Lichte einer Hypothesenprüfung im strengen Sinne verstanden werden, sondern als Maßnahme, um die Verlässlichkeit der jeweiligen Befunde abzuschätzen.

Die Analysen werden sich in einem ersten Schritt auf Ebene der Einzelvariablen bewegen. Anschließend werden die Einzelaspekte in einem komplexeren Modell integriert und insbesondere betrachtet, inwieweit der konkreten Ausgestaltung von Behandlungsmaßnahmen eine Bedeutung hinzukommt, die über methodische Aspekte der jeweiligen Evaluationsstudie hinausgeht.

9.3.1 Anmerkungen zur Auswertungsstrategie

9.3.1.1 Wahl des Analysemodells

Wie bei der Schätzung des Gesamteffektes der Sexualstraftäterbehandlung sollen im Rahmen der Moderatoranalyse gewichtete Berechnungen vorgenommen werden. Und wie dort stellt sich auch hier die Frage, auf Grundlage welchen Modells die Gewichtung vorzunehmen ist. Beim Modell der festen Effekte wird davon ausgegangen, dass die beobachtete Heterogenität sämtlich durch die identifizierten Moderatorvariablen aufzuklären ist und die verbleibende Restvarianz allein auf Stichprobenfehler zurückgeht. Unter der Annahme des Modells mit Zufallseffekten wird von einer mit Hilfe der verwendeten Moderatorvariablen nicht erklärbaren Restvarianz ausgegangen, die bei der Gewichtung der einzelnen Effektstärken in Form einer Random-Komponente berücksichtigt wird. Im Unterschied zur Gesamtanalyse wird zur Schätzung der Randomvarianz nicht die Gesamtvariabilität der einzelnen Effektstärken herangezogen, sondern lediglich der Varianzanteil der nicht durch die einbezogenen Moderator-variablen aufgeklärt werden kann. Daher wird auch von einem Modell mit gemischten Effekten gesprochen (Lipsey & Wilson, 2001). Insgesamt entscheidet ein Modell mit festen Effekten sehr viel liberaler und geht mit einem beträchtlichen Fehler erster Art einher, wenn die Modellannahmen nicht erfüllt sind. Das Gegenteil trifft für das Modell mit Zufalls- bzw. gemischten Effekten zu (Overton, 1998). Generell ist im Bereich der kriminologischen Evaluationsforschung von beträchtlicher Effektheterogenität auszugehen (vgl. Wilson, 2001) und insgesamt dürften nur wenige Bereiche vorstellbar sein, bei denen heterogene Verteilungen weitgehend systematisch geklärt werden können (Overton, 1998). Daher dürften in den meisten Fällen und im besonderen in kriminologisch orientierten Metaanalysen Analysen unter den Annahmen eines Modells mit gemischten Effekten angebracht sein. Je mehr Aspekte jedoch kontrolliert, d.h. systematisch kodiert, werden können, desto eher können die Annahmen eines Modells mit festen Effekten erfüllt werden.

Im Folgenden wurde aus diesen Gründen für die Analysen der Einzelvariablen generell mit dem Modell mit gemischten Effekten gearbeitet, da weitgehend ausge-schlossen werden konnte, dass bereits einzelne Variablen die Effektstärkevariabilität auf ein Ausmaß reduzieren könnte, das als reiner Stichprobenfehler zu interpretieren wäre. Hingegen wurde bei der komplexeren Gesamtanalyse zunächst eine Spezifizierung auf Grundlage des Modells mit festen Effekten vorgenommen. Auf diese Weise sollte untersucht werden wie sehr die verwendeten Variablen in der Lage sind, die Heterogenität zu vermindern. Allerdings sollte bei einem hohen Maß an verbleibender Heterogenität eine Überprüfung der Ergebnisse im Rahmen einer Analyse mit gemischten Effekten vorgenommen werden.

9.3.1.2 Missing Data

Wie bereits erwähnt, ließen die zum Teil knappen Beschreibungen der Studien nicht immer die Kodierung aller Variablen zu. Daraus ergibt sich das Problem, in verschiedenen Analysen auf unterschiedliche Teile des Studienpools zurückgreifen zu müssen, sowie der Verlust an statistischer Power. Bei den zunächst darzustellenden Einzelanalysen der verschiedenen Moderatoren muss dies in Betracht gezogen werden. Eine Ersetzung der fehlenden Werte erfolgte bei der Analyse einzelner Variablen nicht. Zwar könnte dadurch die Teststärke dieser Analysen erhöht werden, doch hängt von der Anzahl der fehlenden Werte bei einer bestimmten Variable auch das Vertrauen ab, das man in die jeweiligen Befunde setzen kann. Eine geringere Teststärke spiegelt demnach auch die tatsächliche Datenlage korrekt wieder. Bei der gemeinsamen Betrachtung mehrerer Variablen wurde in Einzelfällen eine Ersetzung vorgenommen, um die Information der nicht fehlenden Werte aus anderen Variablen zu erhalten. Diese Ausnahmen werden bei den entsprechenden Analysen vermerkt.

Für die am Ende des Kapitels dargestellte Gesamtanalyse erfolgte hingegen generell eine Ersetzung fehlender Werte, da sich das Missing Data-Problem mit zunehmender Komplexität der Analyse verschärft. Der Verzicht auf eine Ersetzung würde zu einer Reihe von Problemen führen (vgl. Cohen & Cohen, 1983). Ein Rückgriff auf die Vergleiche, für die in allen Variablen gültige Werte vorliegen, reduziert die Fallzahl erheblich. Tatsächlich gibt es keinen einzigen Vergleich, für den alle Variablen des recht detaillierten Kodierplanes vollständig bewertet werden konnten. Der paarweise Ausschluss im Rahmen der Regressionsanalyse belässt zwar alle Vergleiche in der Analyse, doch folgt daraus angesichts der hohen Anzahl fehlender Werte in einzelnen Variablen und einzelnen Vergleichen, dass die resultierende Korrelations-Matrix nicht unbedingt eindeutig ist. Dies gilt insbesondere, da eine Konfundierung der fehlenden Werte untereinander besteht sowie Zusammenhänge zu den ermittelten Effektstärken vorliegen. Als Indikator für fehlende Informationen können die Kodierungen zur

deskriptiven Validität herangezogen werden. Tabelle 9.5 stellt die Befunde zusammenfassend dar. Insbesondere im Bereich der Beschreibung des Behandlungskonzeptes und
damit hinsichtlich der Kodierung behandlungsrelevanter Variablen ergibt sich ein
deutlicher Bezug zu den in einer Untersuchung ermittelten Behandlungseffekten. Je
ungenügender die zugrunde liegende Behandlung beschrieben war, desto geringer waren
die gewonnen Effekte. Hinsichtlich der konkreten Behandlungsinhalte zeigt sich diese
Tendenz zwar nicht, doch war die Gefährdung der deskriptiven Validität in diesem
Bereich für fast alle Studien so hoch (in gut zwei Dritteln wurde gar nicht darauf
eingegangen), dass eine sinnvolle Bewertung des Zusammenhanges kaum möglich
scheint. Auch hinsichtlich der Ergebnisdarstellung ergibt sich ein signifikanter
Zusammenhang gleicher Richtung wie für die Behandlungskonzepte. Je mehr die
Effektstärkenberechnung also auf Schätzungen angewiesen war, umso geringer fiel die
Effektstärke aus. Das liegt auch daran, dass die verschiedenen Prozeduren der
Schätzung in der Tendenz konservativ ausgelegt sind, um Extremwerte, die die
Gesamtergebnisse verzerren könnten, zu vermeiden. Im direkten Gegensatz zu den
konkreten Behandlungsinhalten war jedoch die Darstellung der deskriptiven Validität
nur in Einzelfällen gefährdet. Ähnlich gilt dementsprechend auch hier ein Vorbehalt
gegenüber einer übertriebenen Interpretation dieses Zusammenhanges. Dennoch besteht
die Gefahr, dass Effektstärken allein durch den Grad der Genauigkeit der ergebnis-
relevanten Darstellung beeinflusst werden, und somit systematische Artefakte der
Effektstärkenberechnung beinhalten.

Tabelle 9.5: Deskriptive Validität und Effektstärken (k = 66) [a]

Gefährdung bezüglich	r	z	p
Behandlungskonzept	.33	2.95	.003
konkrete Behandlungsinhalte	-.10	-0.89	.37
Zielerreichung	.11	0.92	.36
Elementarstatistiken	.24	2.18	.03
Design / Methodik	.12	1.02	.31
Gesamteinschätzung	.19	1.62	.10

Anmerkung. Negative Korrelationen zeigen eine stärkere Reduzierung der
Rückfallrate bei behandelten relativ zu unbehandelten Sexualstraftätern an
[a] Vergleiche aus Studien zur chirurgischen Kastration (k = 8) sind nicht in
die Ergebnisse einbezogen (zur Begründung s. Kapitel 9.2.2.1).

In der Gesamtschau zeigen die Befunde, dass Mängel in der Darstellung mit niedrigeren Effektstärken einhergehen, wie sich dies in der Gesamteinschätzung der deskriptiven Validität widerspiegelt, wenn hier auch nur ein tendenzieller Zusammenhang vorliegt. Allerdings fasst die Gesamteinschätzung gegenläufige Effekte der Einzelbereiche zusammen und vermindert somit den Zusammenhang. Fasst man die deskriptive Validität nicht im Rahmen der Gesamteinschätzung zusammen, sondern bezieht die einzelnen Bereiche getrennt voneinander in ein gemeinsames Regressionsmodell ein, so „erklären" diese immerhin einen signifikanten Anteil von 21 Prozent der gesamten Effektstärkevariabilität, Q (5, k = 66) = 17.85, p = .003.

In der Zusammenschau der dargestellten Probleme wurde für die integrierte Gesamtanalyse der Moderatoreffekte also ein Vorgehen gewählt, das den Unzulänglichkeiten der Datenstruktur Rechnung trägt. Variablen, die eine übermäßige Anzahl fehlender Werte enthielten, wurden aus der Analyse ausgeschlossen. Für die anderen Variablen erfolgte eine Mittelwertersetzung, um die Vergleiche für die Analyse zu erhalten. Wenn die Anzahl fehlender Werte bedeutend war (mehr als 10 %), wurde überprüft inwieweit die fehlenden Werte einen signifikanten Zusammenhang zu den ermittelten Effektstärken aufwiesen (Signifikanzniveau für Anpassungstests: α = .20). War dies der Fall, so wurden die fehlenden Werte in Form einer den Missing-Status kennzeichnenden Dummyvariable kontrolliert soweit die betreffende Kodiervariable selbst im spezifizierten Modell enthalten war (vgl. Cohen & Cohen, 1983). Wenn eine Variable im Rahmen der Spezifizierung des Gesamtmodells eliminiert wurde, wurde auch die entsprechende Missing-Kontrolle entfernt.

9.3.2 Behandlungscharakteristika

9.3.2.1 Behandlungsansätze

Bei der Überprüfung des Behandlungseffektes verschiedener Behandlungsansätze erfolgte eine etwas gröbere Zusammenfassung der Vergleiche als dies im Kodierplan vorgesehen war, da einzelne Ansätze nur sehr selten vorkamen und aufgrund der konzeptuellen Nähe zu anderen Ansätzen kategorisierbar blieben. Die beiden systemischen Behandlungen beziehen in hohem Maße kognitiv-behaviorale Interventionen ein und wurden daher diesem Bereich zugeordnet. Bei vier der Vergleiche konnte zwar der Behandlungsansatz nicht im Detail bestimmt werden, es ist jedoch deutlich, dass es sich dabei um nicht-organische Verfahren handelt. Sie wurden gemeinsam mit einer auf pädagogische Maßnahmen beschränkten Intervention in einer Restkategorie zusammengefasst. Für die vergleichende Analyse der Behandlungsansätze wurden außerdem die Trennungen von hoch und gering strukturierten therapeutischen Gemeinschaften sowie von kognitiv-behavioralen Ansätzen mit oder ohne Relapse Prevention fallengelassen. Unterschiede in den Effektstärken sollen für diese jedoch in internen Vergleichen erfolgen.

Betrachtet man die verschiedenen Ansätze der Behandlung hinsichtlich ihrer Wirksamkeit im Hinblick auf eine Reduzierung der sexuellen Rückfälligkeit, so zeigt sich als augenfälligster Befund der große Unterschied zwischen organischen (chirurgische Kastration, Hormonbehandlung) und nicht-organischen Verfahren, Q (1, $k = 74) = 30.47, p < .001$. Für die organischen Ansätze ($k = 14$) ergibt sich ein äußerst starker Behandlungseffekt von $OR_{ME} = 0.14$ mit einem 95 % Konfidenzintervall ($KI_{95\%}$) von 0.08 bis 0.24 ($p < .001$).[9] Legt man als grundlegendes Chancenverhältnis in der (unbehandelten) Grundgesamtheit 50:50 zugrunde, so ergäbe sich für die organisch behandelten Sexualstraftäter ein deutlich günstigeres Chancenverhältnis von 7:50. Bei den nicht-organischen Ansätzen ($k = 60$) ergibt sich ein weniger massiver, aber dennoch deutlich signifikanter Behandlungseffekt von $OR_{ME} = 0.76$ ($KI_{95\%}$: $0.62 \leq OR \leq 0.94$, $p = .01$), was einer Verbesserung des Chancenverhältnisses auf 38:50 entspricht.

Eine detailliertere Aufschlüsselung der Behandlungsansätze vermittelt Abbildung 9.6. Wie der bloße Anblick bereits aufzeigt, sind die Unterschiede erheblich, Q (6, $k = 66) = 52.99, p < .001$. Man sieht, dass die chirurgische Kastration ($k = 8$) mit einer Odds Ratio von 0.07 ($KI_{95\%}$: $0.03 \leq OR \leq 0.14$, $z = -7.25$, $p < .001$) klar aus dem Gesamtbild herausfällt. Die Odds, erneut in strafrechtlicher Hinsicht sexuell auffällig zu werden, liegen für die kastrierten Sexualstraftäter äußerst niedrig (4:50). Die Hormonbehandlung ($k = 6$), die in ihrem angenommenen Wirkmechanismus der chirurgischen Kastration sehr ähnlich ist, zeigt mit einer Odds Ratio von 0.32 ($KI_{95\%}$: $0.15 \leq OR \leq 0.71$, $z = -2.80$, $p = 0.01$) zwar einen klar signifikanten Effekt auf die sexuelle Rückfälligkeit, der aber weit weniger extrem liegt. Einsichtsorientierte Verfahren ($k = 5$), therapeutische Gemeinschaft ($k = 8$) und die nicht näher klassifizierbaren Ansätze ($k = 5$) haben Odds Ratios nahe 1 ($OR_{ME} = 1.02$, $OR_{ME} = 1.17$ und

---

[9] OR_{ME} = mittlere Odds Ratio der Einzelvergleiche einer Kategorie im Rahmen der Integration mit dem Modell für gemischte Effekte („mixed effects").

Abbildung 9.6: Mittlerer Effekt und Konfidenzintervalle (95 %) verschiedener Behandlungsansätze bezüglich sexueller Rückfälligkeit (Anzahl der Vergleiche in Klammern)

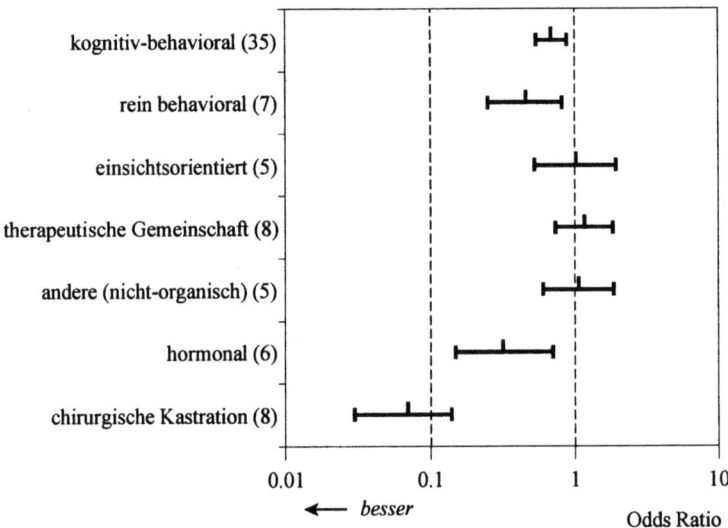

$OR_{ME} = 1.07$, jeweils $p > .50$), d.h. es ergeben sich keine systematischen Unterschiede der sexuellen Rückfälligkeit zwischen den Behandlungs- und Vergleichsgruppen. Dagegen zeigt sich innerhalb der psychotherapeutischen Maßnahmen ein signifikanter Effekt sowohl für die kognitiv orientierten ($k = 35$; $OR_{ME} = 0.69$, $KI_{95\%}$: $0.54 \leq OR \leq 0.89$, $z = -2.85$, $p < .01$) als auch die rein behavioralen Ansätze ($k = 7$; $OR_{ME} = 0.46$, $KI_{95\%}$: $0.25 \leq OR \leq 0.82$, $z = -2.63$, $p = .01$).

Aufgrund der sehr viel höher liegenden Effekte bei den einbezogenen Kastrationsstudien, der hohen Homogenität der Effekte in diesen Studien, Q $(7, k = 8) = 1.32$, $p = .99$, sowie der in vielerlei Weise besonderen Stellung der chirurgischen Kastration als Behandlungsmaßnahme und ihrer Evaluation (z.B. hoch selegierte Behandlungsgruppe), wurden diese in den folgenden Moderatoranalysen ausgeschlossen, um die Ergebnisse nicht durch die extremen Effektstärken dieser Vergleiche über die Maßen zu verzerren. Die weiteren Moderatoranalysen beschränken sich daher auf die 66 Vergleiche, die psychotherapeutische Verfahren oder medikamentöse Behandlungsmaßnahmen evaluieren. Auch ohne die Kastrationsstudien verbleibt ein signifikanter Gesamteffekt für die Behandlung von Sexualstraftätern erhalten ($OR_{RE} = 0.74$, $KI_{95\%}$:

$0.61 \leq OR \leq 0.90, z = -2.95, p = .003$). Ebenso verbleibt ein signifikanter Unterschied zwischen den einzelnen Behandlungsansätzen, Q (5, $k = 66$) = 12.60, $p = .03$.

Therapeutische Gemeinschaft. Ein interner Vergleich unterschiedlich ausgestalteter therapeutischer Gemeinschaften, der die Trennung zwischen hierarchisch strukturierten ($k = 5$) und weniger strukturierten ($k = 2$) therapeutischen Gemeinschaften aufnimmt, soll hier nur ergänzend dargestellt werden. Für erstere ist ein etwas höherer Behandlungseffekt festzustellen ($OR_{ME} = 0.90$, $KI_{95\%}$: $0.47 \leq OR \leq 1.73$, $z = -0.31, p = .76$) als für zweitere ($OR_{ME} = 1.46$, $KI_{95\%}$: $0.64 \leq OR \leq 3.50$, $z = 0.90$, $p = .37$). Allerdings umfassen die weniger strukturierten Ansätzen lediglich zwei Vergleiche, deren Effekte zudem weit auseinander liegen (0.66 und 2.56) und die Prüfung des Unterschiedes zwischen den beiden Formen der therapeutischen Gemeinschaft ist bei weitem nicht signifikant, Q (1, $k = 7$) = 0.80, $p = .37$. Eine weitreichende Interpretation des gefundenen Unterschiedes ist damit nicht denkbar. Allerdings zeigt sich hier eine Richtung, die auch in der Gesamtschau der psychotherapeutischen Ansätze zu finden ist: Stärker strukturierte Programme – als solche kann man auch die kognitiv-behavioralen und die verhaltenstherapeutischen Ansätze betrachten – weisen in der Tendenz höhere Effekte auf als weniger strukturierte ($OR_{ME} = 0.67$, $KI_{95\%}$: $0.54 \leq OR \leq 0.84$ vs. $OR_{ME} = 1.10$, $KI_{95\%}$: $0.68 \leq OR \leq 1.80$), Q (1, $k = 55$) = 3.34, $p = .07$.

Kognitiv-behaviorale Ansätze. Die kognitiv-behavioralen Behandlungen umfassten verschiedene Ausrichtungen. Am häufigsten kamen Relapse Prevention-Ansätze vor, die in 28 Vergleichen zu kognitiv-behavioralen Behandlungen mehr oder weniger stark integriert waren. Zwei weitere Studien evaluierten Behandlungen, die sich zwar auf kognitiv-behaviorale Methoden berufen, aber eine systemische Perspektive einnehmen, die insbesondere das familiäre Umfeld (von in beiden Fällen Jugendlichen) in die Behandlung einbindet. Eine dritte Kategorie könnte man als „klassische" Ansätze bezeichnen, die sich aber im Rahmen der hier unterschiedenen Ausrichtungen de facto dadurch kennzeichnen, dass sie weder Relapse Prevention-Elemente integrieren noch eine dezidiert systemische Perspektive einnehmen ($k = 5$). Ein Vergleich der drei Ausrichtungen weist deutliche, wenn auch nicht signifikante Unterschiede auf, Q (2, $k = 35$) = 5.55, $p = .06$. Dabei zeigt sich, dass es die beiden systemischen Behandlungen sind, die durch besonders hohe Behandlungseffekte aus dem Rahmen fallen ($OR_{ME} = 0.14$, $KI_{95\%}$: $0.04 \leq OR \leq 0.51$). Die beiden anderen Ausrichtungen unterscheiden sich hingegen nur minimal. Ansätze, die Relapse Prevention-Elemente integrieren weisen nur unwesentlich bessere Behandlungseffekte auf als die anderen kognitiv-behavioralen Ansätze (OR_{ME} = 0.74, $KI_{95\%}$: 0.58 ≤ OR ≤ 0.94 versus OR_{ME} = 0.79, $KI_{95\%}$: 0.38 ≤ OR ≤ 1.66).

Allgemeine Rückfälligkeit. Vor der Darstellung der Ergebnisse zur allgemeinen Rückfälligkeit muss auf den Umstand hingewiesen werden, dass nur ein Teil der Vergleiche Daten zur generellen Rückfälligkeit berichtete, zum Teil wurden in den Vergleichen aber auch ausschließlich Befunde zur allgemeinen Rückfälligkeit dargestellt. Die folgende Analyse bezieht sich daher nicht auf den gleichen Studienpool wie die Analyse zur sexuellen Rückfälligkeit. Zum Beispiel ließ sich aus den Vergleichen zu verhaltentherapeutischen Behandlungsansätzen nur in einem Fall dieses Datum extrahieren (Perkins, 1987; *OR* = 0.45, $KI_{95\%}$: 0.08 ≤ OR ≤ 2.45). Dieser wurde nicht in die Analyse einbezogen. Keiner der medikamentösen Ansätze berichtete Daten zur generellen Rückfälligkeit.

Dennoch ergibt sich ein ähnliches Muster wie hinsichtlich der sexuellen Rückfälligkeit (vgl. Abbildung 9.7), allerdings erscheinen die Unterschiede zwischen den

Abbildung 9.7: Mittlerer Effekt und Konfidenzintervalle (95 %) verschiedener Behandlungsansätze bezüglich allgemeiner Rückfälligkeit (Anzahl der Vergleiche in Klammern)

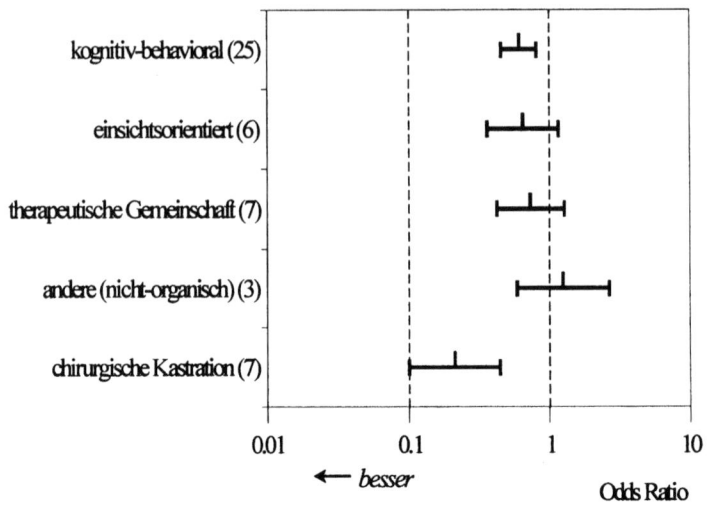

einzelnen Behandlungsansätzen weniger ausgeprägt. Das liegt in erster Linie an dem im Vergleich zur sexuellen Rückfälligkeit deutlich schwächeren Effekt der chirurgischen Kastration. Dennoch ergibt sich auch im Rahmen der generellen Rückfälligkeit ein klar signifikanter Behandlungseffekt (OR_{ME} = 0.21, $KI_{95\%}$: 0.10 ≤ OR ≤ 0.44, z = -4.17, p < .001).

Innerhalb der psychotherapeutischen Ansätze bleibt die Reihenfolge der Effekte für die jeweiligen Ansätze zwar im Groben erhalten und nur für die kognitiv-behavioralen Ansätze lässt sich der Effekt statistisch absichern (OR_{ME} = 0.61, $KI_{95\%}$: 0.45 ≤ OR ≤ 0.81, z = -3.35, p < .001), doch zeigen auch die einsichtsorientierten Verfahren ähnlich hohe Behandlungseffekte (OR_{ME} = 0.65). Eine statistische Absicherung dieses Effektes ist jedoch angesichts der geringen Fallzahl nicht möglich ($KI_{95\%}$: 0.65 ≤ OR ≤ 1.16, z = -1.47, p = .14). Etwas niedriger liegen die Behandlungen, die auf dem Konzept der therapeutischen Gemeinschaft basieren (OR_{ME} = 0.73, $KI_{95\%}$: 0.42 ≤ OR ≤ 1.28). Die nicht näher klassifizierten Verfahren zeigen wie schon hinsichtlich der sexuellen Rückfälligkeit einen schwach nachteiligen Behandlungseffekt (OR_{ME} = 1.25, $KI_{95\%}$: 0.59 ≤ OR ≤ 2.68). In dieser Kategorie befanden sich allerdings lediglich drei Vergleiche mit zudem recht unterschiedlichen Effekten.

9.3.2.2 Behandlungselemente

Der Großteil der einbezogenen Behandlungen beschränkte sich nicht auf eine eng begrenzte Behandlungsform. Vielmehr wurden häufig von einem generellen Behandlungsansatz ausgehend auch andere Behandlungselemente integriert. Aus diesem Grund wurden die jeweiligen Elemente separat kodiert und im Rahmen einer Regressionsanalyse die Effektivität der einzelnen Elemente im Hinblick auf die sexuelle Rückfälligkeit analysiert. Teilweise konnten für die Vergleiche nicht alle Elemente kodiert werden. Um eine übermäßige Reduktion der Fallzahl bei der Analyse zu vermeiden, wurde für die Vergleiche, in denen die Einzelelemente wenigstens zum Teil kodiert werden konnten, die fehlenden Kodierungen durch Mittelwertsetzungen ergänzt. Das betraf je nach Behandlungselement zwischen zwei und acht Vergleiche. In keinem der Fälle wurde ein bedeutender Zusammenhang von Missing-Status und Effektstärke festgestellt (jeweils p > .20).

Tabelle 9.6: Regressionsanalyse der Behandlungselemente

Element	β	z	p
kognitiv	-.36	-2.12	.03*
behavioral	-.26	-2.09	.04*
Relapse Prevention	.15	0.90	.37
einsichtsorientiert	-.01	-0.08	.94
systemisch	-.10	-0.79	.43
Milieu	.04	0.28	.78
pädagogisch	.11	0.86	.39
hormonal	-.26	-2.05	.04*

Anmerkung. Gesamtmodell R^2 = .21, Q (8, k = 62) = 15.52, p = .05
Negative β-Gewichte zeigen eine stärkere Reduzierung der Rückfälligkeit bei
behandelten relativ zu unbehandelten Tätern an.
* $p < .05$

Die Regressionsanalysen spiegeln in etwa das Bild der Analyse zu den Behandlungsansätzen wieder (siehe Tabelle 9.6). Insgesamt zeigt sich, dass die verschiedenen
Behandlungselemente ein gutes Fünftel (21 %) der Gesamtvarianz aufklären, was sich
auch statistisch absichern lässt. Dabei tragen insbesondere die kognitven und behavioralen Elemente sowie medikamentöse Behandlungselemente zur Reduzierung der
Rückfälligkeit bei. Ein etwas überraschendes Ergebnis ist das positive, wenn auch nicht
signifikante β-Gewicht von Relapse Prevention, das einen negativen Behandlungsaus-
gang andeutet. Es handelt sich dabei immerhin um eine Behandlungsform, die als „state-
of-the-art" für Sexualstraftäter gilt und gerade in neueren Programmen zunehmend
eingesetzt wird. Es ist auch insofern überraschend als sich die kognitiv-behavioralen
Behandlungen, die Relapse Prevention-Elemente integrierten, in der Analyse der
verschiedenen Ansätze als ähnlich wirksam erwiesen, sogar etwas günstigere Effekte
hatten. Daher wäre allenfalls eine negative Korrelation schwacher Ausprägung zu
erwarten. Eine genauere Untersuchung der Zusammenhänge zeigt, dass eine hohe
Korrelation zwischen kognitiven und Relapse Prevention-Elementen vorliegt (r = .62)
und Relapse Prevention als Suppressorvariable gegenüber den kognitiven Elementen
fungiert. Die einfache Korrelation des Ausmaßes, in dem Relapse Prevention in eine
Behandlung eingeht, ergibt keinen Zusammenhang zur Effektstärke (r = -.02, z = -0.15,
p = .88). Schließt man Relapse Prevention aus der Gesamtanalyse aus, so fällt das β-
Gewicht für die kognitiven Elemente beträchtlich, bleibt jedoch knapp am Signifikanzniveau (β = -.27, z = -1.94, p = .05). Bei den anderen Elementen ergeben sich dagegen

nur minimale Veränderungen. Das Gesamtmodell klärt nach wie vor einen hohen Varianzanteil von 20 Prozent auf, der sich statistisch absichern lässt, Q (7, $k = 62) = 14.58, p = .04$. Das spricht insgesamt dafür, dass es im Rahmen der Relapse Prevention-Behandlungen eher die sonstigen kognitiv-behavioralen Elemente sind, die zum Erfolg beitragen und nicht so sehr die spezifische Vorgehensweise, die sich aus dem Relapse Prevention-Modell ableitet. Relapse Prevention ist in erster Linie ein Selbstkontrollansatz. Die Freiwilligkeit der Behandlungsteilnahme kann als Indikator für die Motivation eines Täters, seine deviante Sexualität unter Kontrolle zu bringen, herangezogen werden. Beschränkt man sich auf die Vergleiche, die Relapse Prevention mehr oder weniger stark in die Behandlung einbezogen haben ($k = 28$), so zeigt sich für die „motivierten" Teilnehmer ($k = 16$) ein negativer Zusammenhang der andeutet, dass die Verwendung von Relapse Prevention-Elementen die Behandlungswirkung gefördert hat ($r = -.14, z = -.59, p = .56$), während bei „unmotivierten" Teilnehmern ($k = 12$) ein gegenläufiger Zusammenhang festgestellt werden muss ($r = .38, z = 1.34$, $p = .18$). Dies deutet einen gewissen Interaktionseffekt an, der aber ebenso wie die Untergruppenkorrelationen nicht statistisch abzusichern ist ($z = -1.51, p = .13$).

Multimodalität. Angesichts der eigenständigen Beiträge einzelner Behandlungselemente ließe sich schließen, dass die Integration mehrerer Behandlungsmaßnahmen zu besseren Effekten führen würde. Diese Annahme wurde überprüft, indem für jeden Vergleich das Ausmaß der in die Behandlung integrierten Elemente aufsummiert wurde. Der Effekt ist nur schwach und erweist sich nicht als signifikant, $r = -.12, z = -0.95, p = .34$.

9.3.2.3 Implementationstreue

Die Kodierung der Integrität einer Behandlung erfolgte unter der Annahme, dass eine bessere Implementierung eines Behandlungskonzeptes mit einer höheren Effektivität der Maßnahme einhergehen sollte. Ein Problem bei dieser Variable stellt allerdings dar, dass die Vergleiche kaum Informationen bieten, die eine differenzierte Analyse ermöglichen. Nur für 21 der 66 Vergleiche zur sexuellen Rückfälligkeit konnte eine entsprechende Einschätzung vorgenommen werden. Mit entsprechender Vorsicht sind die Analysen zum Einfluss der Implementationstreue auf die Behandlungseffekte zu lesen.

Die getrennte Analyse von Behandlungen mit (vermutlich) gelungener Implementation und solchen mit (offensichtlich) misslungener Implementation zeigt zwar einen deutlichen Unterschied: Während die wohl implementierten Programme ($k = 16$) einen rückfallverhindernden Effekt andeuten, der sich gleichwohl statistisch nur tendenziell absichern lässt ($OR_{ME} = 0.68$, $KI_{95\%}$: $0.44 \leq OR \leq 1.08$, $z = -1.65$, $p = .10$), zeigt sich für die schwach implementierten Programme ($k = 5$) keinerlei Behandlungswirkung ($OR_{ME} = 1.14$, $KI_{95\%}$: $0.59 \leq OR \leq 2.18$, $z = 0.38$, $p = .70$). Allerdings ist die Differenz nicht statistisch abzusichern, $Q (1, k = 21) = 1.56$, $p = .21$.

Eine differenziertere Analyse der Zusammenhänge von Behandlungsintegrität und Behandlungseffektivität unter Verwendung weiterer Moderatorvariablen oder Interaktionstermen wäre äußerst interessant, verbietet sich aber angesichts der geringen Zahl von Vergleichen, für die eine entsprechende Einschätzung überhaupt vorgenommen werden konnte.

9.3.2.4 Spezifität der Behandlung

56 der Behandlungen wurden als spezifisch für Sexualstraftäter eingestuft, nur fünf der Vergleiche als allgemein an Straftäter gerichtet, von denen Sexualstraftäter lediglich eine Untergruppe darstellten. Hinsichtlich des sexuellen Rückfalls erweist sich die besondere Berücksichtigung von Sexualstraftätern als spezifische Tätergruppe als bedeutsamer Faktor, $Q (1, k = 61) = 4.70$, $p = .03$. Während die spezifischen Programme einen deutlichen Behandlungseffekt zeitigen ($OR_{ME} = 0.64$, $KI_{95\%}$: $0.52 \leq OR \leq 0.79$, $z = -4.15$, $p < .001$), ergibt sich für die unspezifischen Programme sogar ein leicht nachteiliger Effekt für die Behandlungsgruppen, ohne allerdings signifikant zu sein ($OR_{ME} = 1.31$, $KI_{95\%}$: $0.71 \leq OR \leq 2.41$, $z = 0.86$, $p = .39$).

Dieser Effekt gilt im übrigen nicht nur hinsichtlich der sexuellen Rückfälligkeit. Er zeigt sich, allerdings in etwas schwächerer Form, auch hinsichtlich der allgemeinen Rückfälligkeit. Von den sexualstraftäterspezifischen Programmen berichten 36 Vergleiche Daten für die generelle Rückfälligkeit und erzielen eine klar signifikante mittlere Odds Ratio von 0.48 ($KI_{95\%}$: $0.12 \leq OR \leq 0.61$, $z = -6.14$, $p < .001$). Acht nichtspezifische Behandlungen weisen einen mittleren Effekt von $OR_{ME} = 0.82$ auf, der sich – allerdings auch aufgrund der kleinen Fallzahl – als nicht-signifikant erweist ($KI_{95\%}$: $0.50 \leq OR \leq 1.35$, $z = -0.76$, $p = .44$). Der Unterschied zwischen im Hinblick auf

Sexualstraftäter spezifischen und unspezifischen Programmen liegt knapp an der Signifikanzgrenze, Q (1, k = 44) = 3.73, p = .05.

9.3.2.5 Nachbetreuungs- und Kontrollmaßnahmen

Nach Beendigung der Hauptmaßnahme werden zum Teil Nachbetreuungsangebote gemacht, die entweder obligatorische Auffrischungssitzungen darstellen oder ein optionales Angebot umfassen, das der Programmteilnehmer auch nach Abschluss der Behandlung noch in Anspruch nehmen kann. Bei den vorliegenden Vergleichen waren in 14 Fällen obligatorische oder optionale Nachbetreuungsangebote integriert. Allerdings ergeben sich hierdurch keine besseren Behandlungsergebnisse wie die fast identischen Odds Ratios mit oder ohne Nachbetreuungsmaßnahmen zeigen (0.69 und 0.66), Q (1, k = 61) = 0.04, p = .85.

Auch eine stärkere externe Kontrolle der behandelten Teilnehmer erbringt keine positiven Behandlungseffekte. Programme, die Überwachungsmaßnahmen wie häufige Hausbesuche von Bewährungshelfern integrieren (k = 8), unterschieden sich nur minimal von Programmen ohne solche Zusatzmaßnahmen (k = 45) bzw. weisen sogar etwas schwächere Behandlungseffekte auf (OR_{ME} = 0.71 versus OR_{ME} = 0.60), Q (1, k = 53) = 0.20, p = .65.

9.3.2.6 Dauer, Intensität und Format der Behandlung

Weder die Dauer (r = -.10, z = -0.69, p = .49; k = 45) noch die Intensität (r = .02, z = 0.10, p = .92; k = 39) weisen einen systematischen Effekt bezüglich der sexuellen Rückfälligkeit auf und auch die multiplikative Zusammenfassung der beiden Aspekte, um eine Gesamtschätzung des Behandlungsumfanges zu erhalten, erweist sich als weitgehend unabhängig von Effekten auf die sexuelle Rückfälligkeit (r = -.05, z = -0.45, p = .65; k = 34). Allerdings beziehen sich diese Analysen nur auf einen kleinen Teil der einbezogenen Vergleiche, da zumeist keine Angaben zu diesen Aspekten vorlagen.

Hinsichtlich des Formates der Sitzungen (Gruppe versus Einzel) ergibt sich kein signifikanter Zusammenhang zum Behandlungserfolg, gleichwohl zeigt sich eine Tendenz zugunsten von Einzelsettings (r = -.23, z = -1.82, p = .07; k = 56). Hier besteht allerdings eine gewisse Konfundierung mit den Behandlungsansätzen, da primär bei den als vergleichsweise effektiv einzustufenden verhaltenstherapeutischen, hormonalen und den beiden systemisch orientierten Interventionen Einzelbehandlungen stattfanden. In Bezug auf die systemische Behandlung sei zur Erinnerung darauf hingewiesen, dass unter Gruppenbehandlung verstanden wurde, dass mehrere Straftäter gemeinsam behandelt werden. Selbstverständlich sind bei einer systemischen Behandlung Familienangehörige usw. einbezogen. Die therapeutischen Sitzungen beschränken sich dabei aber auf den Einzelfall, der als gemeinsames Produkt des Systems verstanden wird bzw. bei dem das System als geeignete Zielgruppe der Behandlung verstanden wird.

9.3.2.7 Behandlungssetting und Umfeld der Maßnahmen

Ein deutlicher Effekt ergibt sich bei einer Betrachtung des Settings, in dem die Behandlung stattfand. Während stationäre Behandlungen vergleichweise geringe Effekte zeigten, gleichgültig ob sie in Vollzugsanstalten (OR_{ME} = 0.86, $KI_{95\%}$: 0.62 ≤ OR ≤ 1.20; k= 21) oder in Kliniken (OR_{ME} = 0.91, $KI_{95\%}$: 0.51 ≤ OR ≤ 1.61; k = 8) stattfanden, ergibt sich für die ambulanten Behandlungen ein deutlicher Effekt der Reduzierung sexueller Rückfälligkeit (OR_{ME} = 0.52, $KI_{95\%}$: 0.36 ≤ OR ≤ 0.74; k = 27). Für Behandlungen in gemischten Settings zeigt sich ein zwischen diesen Werten liegender Effekt von OR_{ME} = 0.73 ($KI_{95\%}$: 0.73 ≤ OR ≤ 1.28; k = 10). Bringt man die Settings in eine geordnete Reihe von institutionellen hin zu ambulanten Programmen, so ergibt sich ein klarer Zusammenhang (r = –.27, z = –2.27, p = .02).

Ein weniger deutlicher Zusammenhang zeigt sich bezüglich der Trägerschaft der Behandlung, wo sich nur eine nicht signifikante Tendenz ergibt, die privaten Programmen einen Vorteil gegenüber staatlichen Programmen gibt (r = –0.20, z = –1.54, p = .12; k = 60). Allerdings besteht hier eine große Überschneidung zu ambulanten Behandlungen, die eher unter privater Trägerschaft stattfinden. Kontrolliert man die gemeinsamen Anteile dieser Aspekte in einem gemeinsamen Regressionsmodell, so zeigt sich, dass insbesondere der Effekt der Trägerschaft stark abnimmt (β = –.03, z = –0.22, p = .82), die Settingvariable bleibt zwar hinsichtlich der Stärke des Effektes weitgehend erhalten (β = –.24), fällt aber doch aus dem Signifikanzbereich (z = –1.61, p = .11).

Auch der Status der Programme zeigt zwar eine Tendenz für bessere Effekte bei Modellprojekten (OR_{ME} = 0.41, $KI_{95\%}$: 0.21 ≤ OR ≤ 0.84; k = 9) im Vergleich mit Programmen, die routinemäßig Anwendung finden (OR_{ME} = 0.76, $KI_{95\%}$: 0.61 ≤ OR ≤ 0.94; k = 57), doch ist der Unterschied auch hier nicht statistisch signifikant, Q (1, k = 66) = 2.63, p = .11.

Hingegen ergibt sich ein sehr deutlicher Effekt für den Bezug des Autors zur evaluierten Behandlung. Wenn der Untersucher selbst an der Behandlung beteiligt war oder zumindest im engeren Umfeld der Behandlung stand (k = 32), ergab sich ein sehr deutlicher mittlerer Behandlungseffekt von OR_{ME} = 0.52 ($KI_{95\%}$: 0.39 ≤ OR ≤ 0.70, z = – 4.43, p < .001). Bei weitgehender personeller Unabhängigkeit von Evaluation und therapeutischen Maßnahmen (k = 30) konnte kein Behandlungseffekt nachgewiesen werden (OR_{ME} = 1.00, $KI_{95\%}$: 0.77 ≤ OR ≤ 1.31). Der Unterschied zwischen den beiden mittleren Odds Ratios ist mit Q (1, k = 62) = 10.95, p < .001 hoch signifikant.

9.3.2.8 Historische Entwicklung der Behandlungseffekte

Im deskriptiven Ergebnisteil wurde bereits gezeigt, dass die Anzahl an Evaluationsuntersuchungen zur Sexualstraftäterbehandlung im Laufe der Jahre deutlich zugenommen hat. Eine Frage, die sich aufdrängt, ist, ob mit der zunehmenden Untersuchung der Wirksamkeit von Behandlung auch eine Verbesserung der Behandlungen im Hinblick auf die Reduzierung von Rückfällen einhergeht. Als maßgeblicher Zeitpunkt wurde nicht das Publikationsjahr der Evaluation herangezogen, sondern das Jahr, in dem die evaluierte Behandlung stattfand bzw. initiiert wurde. Der korrelative Zusammenhang deutet zwar eine Verbesserung über die Zeit an, bleibt jedoch relativ schwach und ist deutlich von der statistischen Signifikanz entfernt (r = – .16, z = – 1.44, p = .15). Die grafische Darstellung der Entwicklung der Effektivität in Bezug auf sexuellen Rückfall (Abbildung 9.8) verdeutlicht, dass keine lineare Optimierung der Behandlungsprogramme zu beobachten ist, vielmehr ein Sprung in den 70er Jahren stattfindet, der sich in den beiden folgenden Dekaden wieder auf niedrigerem Niveau einzupendeln scheint.

Abbildung 9.8: Historische Entwicklung von Behandlungseffekten

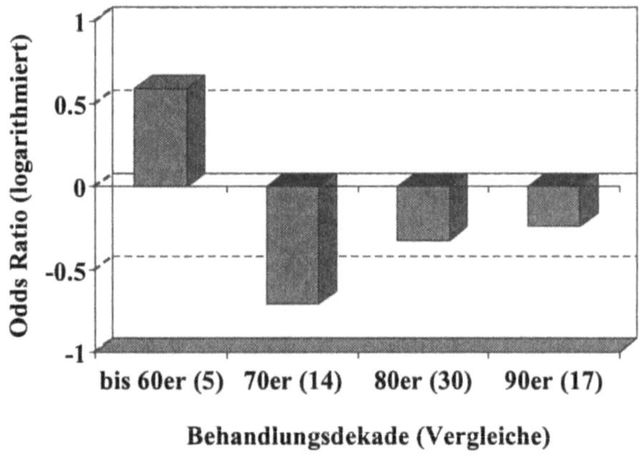

Behandlungsdekade (Vergleiche)

9.3.3 Moderatoreffekte der behandelten Population

9.3.3.1 Alter

Das Alter scheint den Erfolg der Behandlung nur wenig zu beeinflussen. Es ergibt sich kein signifikanter Effekt, obwohl eine gewisse Tendenz für bessere Effekte bei jüngeren Sexualstraftätern festzustellen ist ($r = .12$, $z = 0.93$, $p = .35$; $k = 57$). Isoliert man die sieben Programme, in denen ausschließlich jugendliche Sexualstraftäter behandelt wurden, so ergibt sich für diese eine günstigere Odds Ratio von 0.43 ($KI_{95\%}$: $0.18 \leq OR \leq 0.92$). Dies ist ein knapp signifikanter Effekt ($z = -2.00$, $p = .05$), der sich aber nicht signifikant von den anderen Programmeffekten unterscheidet ($OR_{ME} = 0.75$, $KI_{95\%}$: $0.61 \leq OR \leq 0.92$), Q (1, $k = 66$) $= 1.62$, $p = .20$.

Im Hinblick auf die Altershomogenität der behandelten Sexualstraftäter besteht eine Tendenz dahingehend, dass homogenere Gruppen bessere Effekte zeigen ($r = -.23$, $z = -1.67$, $p = .10$). Allerdings mögen sich hierin auch die etwas besseren Behandlungsergebnisse bei Jugendlichen ausdrücken, die per definitionem relativ enge Altersgrenzen haben. Untersucht man diese beiden Aspekte im Rahmen eines gemeinsamen Regressionsmodells, so ergibt sich für den Aspekt der Homogenität zwar ein gegenüber der einfachen Korrelation etwas geringeres und nicht signifikantes β-Gewicht von $-.22$ ($z = -1.21$, $p = .23$), dennoch scheint sich der Effekt der hinsichtlich des Alters homogeneren Gruppen nicht ausschließlich daraus ableiten zu lassen, dass die Behandlung von Jugendlichen höhere Effekte zeigt, da diesem Aspekt mit einem β-Gewicht von -.01 ($z = -.07$, $p = .95$) im gemeinsamen Modell keine eigenständige Bedeutung zukommt.

9.3.3.2 Risikogruppierungen

Hinsichtlich des Risikostatus der Behandlungsgruppe ergeben sich zwar deskriptive Trends, die aber nur sehr schwach ausgeprägt sind. Einerseits zeigt sich, dass die Behandlungseffekte für Sexualstraftäter mit geringem Risiko ($OR_{ME} = 0.97$, $KI_{95\%}$: 0.53 $\leq OR \leq 1.81$, $k = 7$) niedriger ausfallen als für Hochrisikotäter ($OR_{ME} = 0.79$, $KI_{95\%}$: 0.48 $\leq OR \leq 1.30$, $k = 10$), der Unterschied ist aber gering und bei weitem nicht signifikant, Q (1, $k = 17$) = 0.15, $p = 0.70$. Überdies erweist sich der Effekt der Behandlung bei Tätern mit mittlerer Risikoeinschätzung als etwas ausgeprägter und signifikant, was jedoch in erster Linie an der größeren Zahl an Vergleichen in dieser Gruppe liegen dürfte ($OR_{ME} = 0.67$, $KI_{95\%}$: 0.52 $\leq OR \leq 0.85$, $k = 49$). Überprüft man dieses Muster im Hinblick auf die in der Literatur berichtete U-Form (mittleres Risiko vs. niedriges und hohes Risiko), so erweist sich der Unterschied als schwach, Q (2, $k = 66$) = 1.17, $p = .28$.

9.3.3.3 Freiwilligkeit der Behandlung, Behandlungsmotivation

Ob sich die behandelten Sexualstraftäter freiwillig einer Behandlung unterzogen oder zumindest bei Teilen der behandelten Sexualstraftäter strafrechtlicher Druck ausgeübt wurde, indem eine Behandlung gerichtlich angeordnet wurde, ergibt zwar einen Unterschied, der erwartungsgemäß freiwilligen Behandlungsmaßnahmen einen Vorteil gibt: Für diese Vergleiche ($k = 28$) ergibt sich eine signifikante Reduzierung der Rückfälligkeit ($OR_{ME} = 0.70$, $KI_{95\%}$: 0.53 $\leq OR \leq 0.92$, $z = -2.52$, $p = .01$). Bei den unfreiwilligen Maßnahmen ($k = 22$) ergibt sich hingegen kein Effekt ($OR_{ME} = 0.98$, $KI_{95\%}$: 0.71 $\leq OR \leq 1.35$, $z = -0.15$, $p = .88$). Allerdings ist der Unterschied zwischen den mittleren Odds Ratios nicht statistisch abzusichern, Q (1, $k = 50$) = 2.40, $p = .12$. Überdies weisen sowohl die Effektstärken der freiwilligen als auch und insbesondere der nicht freiwillig gewählten Behandlungen hohe Heterogenität auf, Q (27) = 44.82, $p = .02$ und Q (21) = 59.89, $p < .001$.

In den Vergleichen, die freiwillige Behandlungen evaluierten, wurden überproportional häufig (70 %) Behandlungsverweigerer als Vergleichsgruppe herangezogen. Bei den anderen Vergleichen kam dies in keinem einzigen Fall vor. Kontrolliert man diesen Aspekt im Rahmen eines Regressionsmodells, so ergibt sich für den Aspekt der Freiwilligkeit der Behandlung nur ein geringes β-Gewicht von $-.14$ ($z = -0.90, p = .37$). Eine Schätzung der Odds Ratios, die die Art der Vergleichsgruppe berücksichtigt, veranschaulicht die Verringerung des Unterschiedes von freiwilliger ($OR_{ME} = 0.72$, $KI_{95\%}$: $0.53 \leq OR \leq 0.97$) und gerichtlich angeordneter ($OR_{ME} = 0.87$, $KI_{95\%}$: $0.62 \leq OR \leq 1.22$) Behandlung. Allerdings verbleibt der Effekt der freiwilligen Behandlungsmaßnahmen nach wie vor signifikant ($z = -2.16, p = .03$).

9.3.3.4 Indexdelikt als Moderator

Subgruppenvergleiche. Nur wenige Studien brachen die Rückfallraten nach der Deliktart aus. Die Analyse zur differentiellen Wirksamkeit der Sexualstraftäterbehandlung ist daher mit einer gewissen Vorsicht zu betrachten. Erstens kann sie nur einen Bruchteil der Vergleiche einbeziehen. Zweitens wurden einige der in den bisherigen Analysen verwendeten 66 Hauptvergleiche weiter unterteilt, wenn sie die Ergebnisse nach Deliktgruppen getrennt berichtet hatten. Es ergeben sich somit weitere Abhängigkeiten. De facto bezieht sich die folgende Analyse auf 28 Vergleiche, die aus nur 18 Studien extrahiert wurden, wobei durch die Trennung nach Tätergruppen natürlich die Stichprobenunabhängigkeit der Vergleiche gewahrt bleibt. Darüber hinaus waren in einigen Studien Inzesttäter und extrafamiliäre Missbrauchstäter nicht zu trennen. Diese wurde in einer gemeinsamen Kategorie mit den drei Vergleichen, die explizit Ergebnisse für Inzesttäter berichteten, zusammengefasst. Andere Studien stellten lediglich Ergebnisse für die Kategorie „Missbrauchstäter" dar, ohne Inzesttäter explizit zu erwähnen. In diesen Fällen wurde davon ausgegangen, dass es sich um extrafamiliären Missbrauch handelte. Es ist aber durchaus denkbar, dass in den Primärstudien lediglich keine Differenzierung nach familiärem Kontext vorgenommen wurde. Die als „Kindesmissbrauch (extrafam.)" bezeichnete Deliktkategorie mag daher durchaus auch Fälle von Inzest umfassen. Unter diesen Vorbehalten zeigt sich für die Trennung nach Deliktbereichen ein signifikanter Moderatoreffekt, Q (3, $k = 28$) = 9.04, $p = .03$. Der Unterschied besteht vor allem zu den Vergleichen, die Inzesttäter

Tabelle 9.7: Behandlungseffekte nach einzelnen Täter-/Deliktgruppen

Delikt	k	OR_{ME}	$KI_{95\%}$	z	p
Vergewaltigung	5	0.20	$0.07 \leq OR \leq 0.61$	- 2.85	.004
Kindesmissbrauch (extrafam.)	9	0.47	$0.24 \leq OR \leq 0.90$	- 2.27	.02
Kindesmissbrauch inkl. Inzest	10	0.98	$0.55 \leq OR \leq 1.73$	- 0.07	.94
Exhibitionismus	4	0.27	$0.09 \leq OR \leq 0.79$	- 2.39	.02

Anmerkung. Gesamtmodell Q (3, $k = 28$) = 9.04, $p = .03$
OR_{ME} = Odds Ratio nach Modell mit gemischten Effekten, $KI_{95\%}$ = 95 % Konfidenzintervall

einbeziehen. Für diese ergibt sich kein Behandlungseffekt (OR_{ME} = 0.98). Für alle anderen Deliktbereiche zeigt sich eine deutliche Reduzierung der Odds, erneut sexuell rückfällig zu werden, die sich in jedem Fall trotz der geringen Zahl an Vergleichen statistisch absichern lässt. Der mittlere Effekt für extrafamiliären Missbrauch (OR_{ME} = 0.47) fällt etwas bescheidener aus als für Vergewaltigung (OR_{ME} = 0.20) und Exhibitionismus (OR_{ME} = 0.27), ist aber dennoch substantiell (vgl. Tabelle 9.7).

Für die meisten Primärstudien war lediglich eine Eingrenzung auf Hands-on oder Hands-off-Delikte möglich, entweder weil eine entsprechende Unterteilung in der Primärstudie vorgenommen wurde oder nur die eine oder andere Art von Delikten in der Behandlung repräsentiert war und daher eine Zuordnung möglich war. In einer weiteren Analyse wurde daher diese Grobunterteilung übernommen, wobei die Vergleiche, die detailliertere Tätergruppierungen vornahmen den beiden Kategorien zugeordnet wurden. Wiederum gelten die vorigen Ausführungen über die erhöhte Abhängigkeit der Vergleiche (k = 50 bei n = 35). Es ergibt sich ein signifikanter Moderatoreffekt, Q (1, k = 48) = 5.62, p = .02. Für Hands-off-Delikte (k = 6; OR_{ME} = 0.25, $KI_{95\%}$: 0.10 $\leq OR \leq$ 0.62, z = -3.02, p = .002) zeigen sich signifikant bessere Ergebnisse als für Hands-on-Delikte (k = 42; OR_{ME} = 0.78, $KI_{95\%}$: 0.61 $\leq OR \leq$ 1.00, z = - 1.94, p = .05).

Die Odds Ratios der zweiten Analyse erbringen für die Hands-on-Delikte einen deutlich schlechteren Effekt als die einzeln dargestellten Hands-on-Delikte der ersten Analyse. Es wird hier die Problematik deutlich, die sich ergeben kann, wenn verschiedene Analysen aufgrund fehlender Angaben auf unterschiedliche Studienpools zurückgreifen müssen, insbesondere wenn die resultierende Anzahl an Vergleichen sehr klein ist.

Einbezogene Tätergruppen. Obwohl, wie eben gesehen, nur ein Bruchteil der 66 Hauptvergleiche die Ergebnisse nach verschiedenen Sexualdelikten getrennt berichtete, konnte für einen Großteil der Vergleiche zumindest festgestellt werden, welche Tätergruppen einbezogen worden waren ($k = 54$). Diese Information wurde genutzt, um im Rahmen einer Regressionsanalyse abzuschätzen, ob die Gesamtergebnisse systematisch mit den einbezogenen Tätergruppen variierten. Die Ergebnisse in Tabelle 9.8 bestätigen noch einmal, dass Inzesttäter im Vergleich mit anderen Tätergruppen offenbar kaum von einer spezifischen Therapie profitieren. Die Einbeziehung von Inzesttätern geht mit geringeren Behandlungseffekten einher. Dieser Zusammenhang ist zwar nur in der Tendenz signifikant, entspricht aber in der Richtung dem Ergebnis der vorigen Analyse. Ein Grund hierfür mag sein, dass die Rückfallrate bei Inzesttätern ohnedies recht gering ist, dies deutet zumindest die hohe Korrelation zwischen der Einbeziehung von Inzesttätern und der Rückfallrate der Vergleichsgruppe an ($r = -.58$, $p < .001$). Überdies mag die Vermeidung von Rückfällen in erster Linie durch strukturelle Maßnahmen, z.B. die dauerhafte Trennung des Täters von seinem Opfer, gewährleistet werden. Hinsichtlich des ebenfalls positiven β-Gewichtes bei Missbrauchstätern sei erneut auf die Problematik der Kategorisierung hingewiesen. In dieser Gruppe mag sich unter Umständen ein gewisser Teil an Inzesttätern befinden. Allerdings erweist sich der Zusammenhang ohnedies nicht als signifikant. Auch hinsichtlich der Einbeziehung von Vergewaltigern sowie exhibitionistischen Tätern ergeben sich keine signifikanten Zusammenhänge. Dies steht in gewissem Widerspruch zu den vorigen Analysen.

Tabelle 9.8: Auswirkung der einbezogenen Tätergruppen auf den Gesamtstudieneffekt

Tätergruppen	β	z	p
Vergewaltiger	-.02	-0.13	.90
Missbrauchstäter	.18	1.22	.22
Inzesttäter	.27	1.84	.07
Exhibitionisten	-.10	-0.70	.48

Anmerkung. Gesamtmodell $R^2 = .16$, $Q(4, k = 54) = 9.93$, $p = .04$. Negative β-Gewichte zeigen eine stärkere Reduzierung der Rückfälligkeit bei behandelten relativ zu unbehandelten Tätern an.

9.3.4 Behandlungsabbruch

9.3.4.1 Differentielle Effekte nach Art der Beendigung der Behandlung

Eine Gruppe, die in der Literatur als hoch rückfallgefährdet beschrieben wird, sind Behandlungsabbrecher. In 14 Vergleichen wurden die Daten zur sexuellen Rückfälligkeit separat für die Gruppe der Behandlungsabbrecher berichtet. Stellt man diese Gruppe der jeweiligen Vergleichsgruppe gegenüber, so ergibt sich ein sehr deutlicher Unterschied (OR_{RE} = 1.95; 1.50 $\leq OR \leq$ 2.54, z = 4.98, p < .001). Die Odds, erneut rückfällig zu werden, liegen für die Behandlungsabbrecher im Vergleich mit den nicht behandelten Sexualstraftätern etwa doppelt so hoch. Ein zugrunde gelegtes Chancenverhältnis von 50:50 verschlechtert sich demnach bei Behandlungsabbrechern auf knapp 100 Rückfällige bei 50 Legalbewährten. Die Effekte der 14 Vergleiche für Behandlungsabbrecher sind relativ homogen, Q (13) = 11.52, p = .57, d.h. die Auswirkungen eines Behandlungsabbruchs bzw. die Charakteristika, die zu einem Abbruch führen, sind offenbar über verschiedene Behandlungsformen etc. weitgehend konstant.

Ein gegenläufiges Ergebnis ergibt sich hingegen, wenn man die Behandlungsgruppe auf jene Sexualstraftäter beschränkt, die eine Behandlung nicht nur begonnen, sondern auch planmäßig beendet haben. In 44 Vergleichen bzw. Subvergleichen, die keine Behandlungsabbrecher beinhalten, zeigt sich ein deutlich positiver Behandlungseffekt (OR_{RE} = 0.63, 0.49 $\leq OR \leq$ 0.82, z = -3.50, p < .001). Anstatt einer Verdopplung der

Abbildung 9.9: Mittlere Effekte nach Art der Beendigung der Behandlung

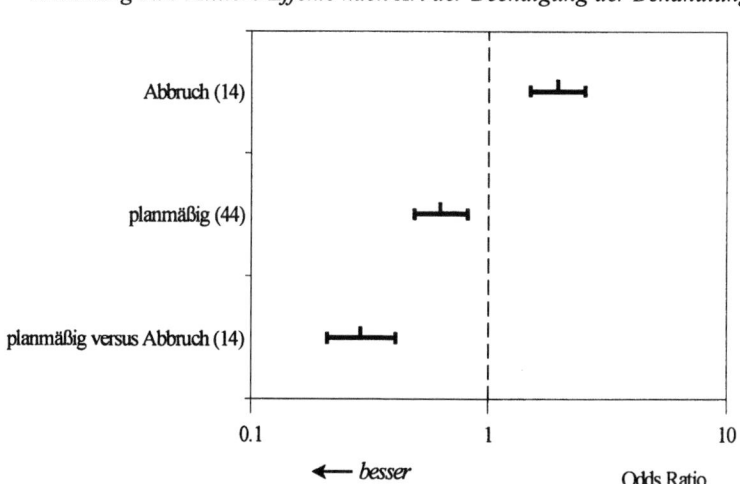

Odds, wie sie bei Behandlungsabbruch zu beobachten war, reduzieren sich die Odds eines Rückfalls bei regulärer Beendigung der Behandlung auf etwa 32:50. Auch hinsichtlich der Homogenität der Einzelbefunde ergibt sich bei regulärer Beendigung ein anderes Bild: In dieser Gruppe scheinen andere Faktoren von hoher Bedeutung für die Effektstärkevariabilität zu sein, Q (46) = 100.20, $p < .001$. Die Effekte verbleiben heterogen.

Eine weitere Analyse zeigt die Problematik auf, die sich ergibt, wenn man – wie dies in vielen Evaluationsstudien geschieht – Behandlungsabbrecher als Vergleichsgruppe heranzieht. Der mittlere Behandlungseffekt liegt bei einem recht extremen Wert von $OR_{RE} = 0.29$ ($KI_{95\%}$: $0.21 \le OR \le 0.41$, $z = -6.99$, $p < .001$). Der Effekt scheint in erster Linie auf der Wahl der Vergleichsgruppe zu basieren und weniger auf anderen Charakteristika der Behandlung, sonstiger Faktoren der behandelten Population oder methodischer Aspekte, Q (13) = 13.17, $p = .43$. Abbildung 9.9 veranschaulicht die stark unterschiedlichen Befunde je nach Auswahl der verglichenen Gruppen.

9.3.4.2 Umgang mit Behandlungsabbrechern

Auf die Problematik, Behandlungsabbrecher als Vergleichsgruppe heranzuziehen, wurde hingewiesen. Ob man in der Konsequenz die Behandlungsabbrecher aus der Evaluation ausschließt oder als Teil der Behandlungsgruppe beibehält, ist zunächst eine inhaltliche Frage. Die Entscheidung ist allerdings auch aus methodischer Sicht relevant, denn wie mit behandelten Sexualstraftätern, die eine Therapie abgebrochen haben bzw. aus einer laufenden Behandlung ausgeschlossen wurden, verfahren wird, dürfte die ermittelten Effekte angesichts der oben dargestellten differentiellen Effekte wesentlich beeinflussen. Unter den 63 unabhängigen Vergleichen, für die ermittelt werden konnte, wie mit Behandlungsabbrechern verfahren wurde, befanden sich 35, bei denen in der Behandlungsgruppe auch Abbrecher enthalten waren bzw. bei denen separat berichtete Rückfallmaße im Rahmen der Effektstärkenkodierung dieser Metaanalyse zur Behandlungsgruppe gezählt wurden. Für diese ergibt sich ein nicht signifikanter Unterschied von $OR_{ME} = 0.86$ ($KI_{95\%}$: $0.65 \le OR \le 1.14$, $z = -1.06$, $p = .29$). Für die 28 Vergleiche, die ausschließlich Probanden einschlossen, die die Behandlung regulär beendet hatten, entweder weil Behandlungsabbrecher aus der Untersuchung ausgeschlossen wurden oder weil es keine Behandlungsabbrüche gab, erzielten einen besseren und signifikanten Behandlungseffekt ($OR_{ME} = 0.65$, $KI_{95\%}$: $0.48 \leq OR \leq 0.89$, $z = -2.70$, $p = .01$). Allerdings ist der Unterschied der Effekte nicht statistisch abzusichern, Q (1, $k = 63) = 1.20$, $p = .27$.

9.3.5 Methodische Faktoren der Effektstärkevariabilität

Die einzelnen Evaluationsstudien unterscheiden sich nicht nur darin was sie auf ihre Wirksamkeit überprüfen, sondern auch danach in welcher Art und Weise dies geschieht. Eine identische Behandlung mag bei einer Wirksamkeitsüberprüfung recht verschiedenen Ergebnisse erbringen je nachdem, welche methodischen Vorgehensweisen gewählt werden.

9.3.5.1 Vergleichbarkeit von Behandlungs- und Vergleichsgruppe

Die erste Gruppe von Faktoren, die hier untersucht werden soll, bezieht sich auf Charakteristika der Vergleichsgruppe und auf die Frage inwieweit von einer Vergleichbarkeit ausgegangen werden kann.

Maryland Scale. Eine Gesamteinschätzung der methodischen Qualität erfolgte mittels der Maryland Scale (Sherman et al., 1997). Zwar zeigt sich eine gewisse Variabilität über die verschiedenen Stufen hinweg und es ergibt sich eine Tendenz, dass Vergleiche mit zumindest näherungsweiser Äquivalenz von Behandlungs- und Vergleichsgruppe hinsichtlich rückfallrelevanter Merkmale (Maryland Scale ≥ 3) etwas höhere Effekte zeigen als die nicht-äquivalenten Vergleiche (vgl. Tabelle 9.9). Allerdings erweist sich dieser Effekt als wenig systematisch, da mit zunehmendem Vertrauen in die Äquivalenz (also höheren Werten in der Maryland Scale) nur eine schwache lineare Zunahme der Effektstärken verbunden ist ($r = -.11$, $z = -0.91$, $p = .36$).

Randomisierung. Die Befunde zur Maryland Scale erfahren ihre logische Entsprechung, wenn man den Einfluss der randomisierten Zuweisung auf die Höhe der ermittelten Behandlungseffekte überprüft. Die sechs Vergleiche, die eine Zufallszuweisung vornahmen und Daten zur sexuellen Rückfälligkeit darstellen, ergaben mit $OR_{ME} = 0.66$ einen nur unwesentlich günstigeren mittleren Effekt als die nicht randomisierten

Tabelle 9.9: Einfluss des methodischen Designs auf die Effektstärke

Varianzanalysen	k	OR_{ME}	$KI_{95\%}$	p
Maryland Scale ($Q = 6.13$)				.11
Stufe 2	37	0.86	$0.67 \leq OR \leq 1.11$	
Stufe 3	17	0.48	$0.33 \leq OR \leq 0.71$	
Stufe 4	6	0.84	$0.47 \leq OR \leq 1.48$	
Stufe 5	6	0.68	$0.34 \leq OR \leq 1.35$	
Äquivalenz ($Q = 3.46$)				.06
ja (Maryland Scale Stufen 3 - 5)	29	0.59	$0.44 \leq OR \leq 0.79$	
nein (Maryland Scale Stufe 2)	37	0.86	$0.66 \leq OR \leq 1.11$	
Randomisierung ($Q = 0.07$)				.79
ja	6	0.66	$0.37 \leq OR \leq 1.35$	
nein	60	0.73	$0.59 \leq OR \leq 0.90$	

Anmerkung. OR_{ME} = Odds Ratio nach Modell mit gemischten Effekten, $KI_{95\%}$ = 95 % Konfidenzintervall

Vergleiche (OR_{ME} = 0.73). Überdies weisen die Effektstärken der randomisierten Vergleiche eine sehr große Spannweite auf. Die Odds Ratios reichen von 0.05 bis 2.00. Im „Normalbereich" zwischen 0.20 bis 1.00 befindet sich nur eine der sechs Effektstärken und die Überprüfung der Homogenität zeigt eine deutliche und signifikante Variabilität innerhalb der randomisierten Vergleiche, $Q(5) = 14.05, p = .02$.

Relatives Rückfallrisiko von Behandlungs- und Vergleichsgruppe. Ein etwas überraschender Befund ist die Unabhängigkeit der Effektstärken von a priori vorliegenden Unterschieden auf rückfallrelevanten Variablen. Zwar zeigt sich in Vergleichen, bei denen keine relevanten Unterschiede vorliegen ($k = 18$), ein deutlicher und signifikanter Behandlungseffekt (OR_{ME} = 0.59, $KI_{95\%}$: $0.40 \leq OR \leq 0.89, z = -2.55, p = .01$), was für die 27 Vergleiche, bei denen relevante Unterschiede auftreten, nicht der Fall ist (OR_{ME} = 0.83, $KI_{95\%}$: $0.62 \leq OR \leq 1.12, z = -1.23, p = .22$). Doch zum ersten erweist sich der Unterschied zwischen diesen Odds Ratios nicht als signifikant, $Q(1, k = 45) = 1.79, p = .18$, und zum zweiten verschwindet der Zusammenhang vollständig, wenn man beachtet in welche Richtung die relative Rückfallgefährdung weist, also berücksichtigt, ob die Unterschiede eher für oder gegen die Behandlungsgruppe sprechen. Bei 37 Vergleichen konnte eine klare Richtung des Unterschiedes festgestellt werden, bei sechs weiteren konnte trotz fehlender Überprüfung von a priori Unterschieden davon ausgegangen werden, dass sich die Gruppen aufgrund der randomisierten Zuweisung nicht unterscheiden und in vier Fällen erfolgte eine statistische Kontrolle von Unterschieden. Insgesamt war es so für 44 Vergleiche möglich, das relative Rückfallrisiko von Behandlungs- und Vergleichsgruppe einzuschätzen. Die Korrelation mit den Effektstärken liegt bei $r = .01$ ($z = 0.05$, $p = .96$).

Diese Analyse leidet unter dem Umstand, dass in 22 Vergleichen nicht beurteilt werden konnte, ob zwischen Behandlungs- und Vergleichsgruppe ein Unterschied in der Rückfallgefährdung besteht ($k = 15$) bzw. welche der beiden Gruppen einem höheren Risiko unterliegt ($k = 7$). Ob die Vergleiche, für die aufgrund widersprüchlicher Risikomerkmale keine Einschätzung vorgenommen werden konnte, auf „0" (kein Unterschied) gesetzt wurden, spielte für das Ergebnis der Analyse keine Rolle. Es kann natürlich nicht ausgeschlossen werden, dass sich gerade in den Studien, für die überhaupt keine Informationen zu rückfallrelevanten Risikovariablen vorlagen, Unterschiede bestehen, die mit den Effektstärken in systematischem Zusammenhang stehen. Das ist aber Spekulation. Nach den hier dargestellten Ergebnissen erweisen sich die (scheinbar) rückfallrelevanten Unterschiede zwischen Behandlungs- und Vergleichsgruppe im Hinblick auf die Effektstärken zur sexuellen Rückfälligkeit als irrelevant.

9.3.5.2 Charakteristika der Vergleichsgruppe

Behandlungsbereitschaft und Behandlungsbedarf. Da zumeist anfallende Stichproben herangezogen wurden, setzten sich die Vergleichsgruppen nicht immer aus Sexualstraftätern zusammen, die selbst eine Behandlung angestrebt hatten und somit zumindest ein Mindestmaß an Behandlungsmotivation zeigten. Zum Teil wurden Vergleichsgruppenteilnehmer aus Sexualstraftätern gebildet, für die kein Behandlungsangebot bestand (z.B. frühere Kohorte), bei denen kein Behandlungsbedarf gesehen wurde oder die ein Angebot schlicht verweigerten. Insbesondere die letzte Gruppe wird als Hochrisikogruppe betrachtet. Die Ergebnisse bestätigen dies nur teilweise (vgl. Tabelle 9.10). In der Tat schneiden die Behandlungen am besten ab, für deren Evaluation Behandlungsverweigerer als Vergleichsmaßstab herangezogen wurden ($OR_{ME} = 0.51$) und dies ist die einzige Gruppe von Vergleichen, für die ein signifikanter Behandlungseffekt zu verzeichnen ist ($z = -2.67$, $p = .01$). Doch die Effekte sind auch

Tabelle 9.10: Gründe der Nichtbehandlung der Vergleichsgruppe und Effektstärken

Vergleichsgruppe	k	Varianzanalyse		Regression [a]	
		OR_{ME}	$KI_{95\%}$	r_p [b]	p
auch Behandlungswunsch	9	0.61	$0.33 \leq OR \leq 1.10$	-.08	.53
kein Angebot vorhanden	15	0.79	$0.50 \leq OR \leq 1.24$	.06	.66
kein Bedarf	16	0.71	$0.44 \leq OR \leq 1.13$	-.01	.95
Behandlung verweigert	11	0.51	$0.31 \leq OR \leq 0.83$	-.18	.14
andere Gründe, gemischt	7	0.77	$0.44 \leq OR \leq 1.32$	-.03	.80
keine Angaben	8	1.05	$0.58 \leq OR \leq 1.91$	.17	.17

Anmerkung. Gesamtanalyse $R^2 = .06$, $Q(5, k = 66) = 3.98, p = .55$.
OR_{ME} = Odds Ratio nach Modell mit gemischten Effekten $KI_{95\%}$ = 95 % Konfidenzintervall.
[a] Effektkodierung der Kategorienstufen   [b] β-Gewichte sind bei der Analyse effektkodierter Variablen nicht sinnvoll interpretierbar, es werden daher die Partialkorrelationen angegeben (vgl. Cohen & Cohen, 1983); negative Korrelationen zeigen eine stärkere Reduzierung der Rückfälligkeit bei behandelten relativ zu unbehandelten Sexualstraftätern an.

etwas höher, wenn die Vergleichsgruppe ebenfalls eine Behandlung angestrebt hatte (OR_{ME} = 0.61). Hier ist der Effekt zwar nicht signifikant, das liegt jedoch auch an der relativ kleinen Anzahl an Vergleichen, die die einzelnen Kategorien umfassen. Eine Regressionsanalyse wurde mit Hilfe einer Effektkodierung der Variablen vorgenommen, um die relative Bedeutsamkeit der einzelnen Kategorienstufen abzuschätzen. Der Verweigerungsstatus der Vergleichsgruppe erweist sich hier mit einer Partialkorrelation von $r_p = -.18$ als stärkster, wenn auch nicht signifikanter Prädiktor ($z = -1.49, p = .14$). Insgesamt erlaubt das Gesamtmodell nur eine recht bescheidene Aufklärung der Effektstärkevariabilität ($R^2 = .06$).

Bringt man die einzelnen Gruppen in eine hinsichtlich der Änderungsmotivation geordnete Rangreihe, mit Behandlungswunsch und Behandlungsverweigerung an den Extrempolen und den anderen Kategorien (ohne fehlende Werte) dazwischen, so ergibt sich nur ein schwacher Zusammenhang zu den Effektstärken ($r = -.08, z = -0.65, p = .51$). Auch eine etwas detailliertere Analyse, die die Motivationslage von behandelten und Vergleichsprobanden zueinander in Beziehung setzt, zeigt nur eine schwache Tendenz. Für diese Analyse wurden sowohl Behandlungsgruppe als auch Vergleichsgruppe hinsichtlich ihrer Motivationslage in eine Rangreihe gebracht (BG: unfreiwillig, teils/teils, freiwillig; VG: Verweigerer, andere Vergleichsgruppen, auch Behandlungswunsch) und anschließend die Differenz gebildet und ausgewertet. Hier deutet sich zwar an, dass sich ein Behandlungseffekt umso deutlicher zeigt, je stärker das Gefälle der

Behandlungsmotivation zwischen Behandlungs- und Vergleichsgruppe ist ($r = -.16$), doch ist auch dieser Zusammenhang bei weitem nicht statistisch abzusichern ($z = -1.21$, $p = .22$).

Insgesamt deutet sich in diesen Analysen ein gewisser Effekt der Wahl der Vergleichsgruppe auf das Behandlungsergebnis an, indem Vergleiche, die auf Behandlungsverweigerer als Kontrollgruppe zurückgreifen etwas höhere Effekte aufweisen. Allerdings lässt sich dieser (schwache) Befund im Rahmen einer Analyse der Veränderungsmotivation nur bedingt nachvollziehen.

Behandlungsumfang der Vergleichsgruppe. Ein wenig plausibler Befund ergibt sich, wenn man betrachtet, ob sich das Ausmaß der Behandlung, das der Vergleichsgruppe zuteil wurde, einen systematischen Zusammenhang zu den Evaluationsergebnissen aufweist. Es ergibt sich zwar ein äußerst deutlicher Zusammenhang ($r = -.34$, $z = -3.00$, $p < .01$), doch ist die Richtung des Zusammenhangs entgegen der Erwartung: Je intensiver auch die Vergleichsgruppe behandelt wurde, je geringer also der Behandlungsüberschuss der evaluierten Behandlung ausfällt, desto günstigere Effekte erbringt die Evaluation.

Es besteht eine gewisse Konfundierung mit anderen relevanten Variablen. So erfolgen zum Beispiel medikamentöse Therapien, die sich in vorhergehenden Analysen als sehr wirksam erwiesen haben, zumeist als Ergänzung zu einer in sich vollständigen Psychotherapie und die Vergleichsgruppen setzen sich für gewöhnlich aus Sexualstraftätern zusammen, die auf diese Weise psychotherapeutisch behandelt wurden, ohne eine zusätzliche medikamentöse Behandlung zu erhalten. In diesen Fällen wäre also der Behandlungsumfang der Vergleichsgruppe hoch bei gleichzeitig hohen Effektstärken für die evaluierte medikamentöse Therapie. Allerdings zeigt eine grafische Inspektion, dass dem hier gefundenen Zusammenhang ein recht deutlicher Trend zugrunde liegt, der nicht allein auf diesem Aspekt beruhen kann. Eine Analyse, die eine Vielzahl behandlungsrelevanter und methodischer Aspekte kontrolliert – und hier nicht im Detail dargestellt werden soll – führt zu einer Vorzeichenumkehr ($\beta = .10$). Dies spricht dafür, dass es sich bei diesem Befund in der Tat um ein Artefakt handelt. Ein deutlicher Zusammenhang, dass weniger intensiv behandelte Vergleichsgruppen mit besseren Evaluationsergebnissen einhergehen, zeigt sich allerdings nicht.

9.3.5.3 Katamnese

Katamnesedauer. Die Annahme, dass Behandlungseffekte erst bei längeren Katamnese-
zeiträumen zum Tragen kommen, bestätigt sich in der vorliegenden Analyse nicht. Die
Länge des Risikozeitraumes hat keinen Einfluss auf die resultierende Effektstärke
($r = .00$). Die grafische Inspektion verdeutlicht, dass dies keine Folge von Ausreißerwerten der Katamnesedauer darstellt. Nur ein Vergleich zeigt einen sehr langen
Katamnesezeitraum von knapp 20 Jahren, liegt aber im Trend der anderen Vergleiche.
Beschränkt man die Analyse auf Vergleiche mit einem Risikozeitraum von maximal
10 Jahren ($k = 63$), so zeigt sich zwar ein gewisser Zusammenhang, der der Annahme
entspricht, dieser ist aber moderat und bei weitem nicht signifikant ($r = -.12, z = -0.96,$
$p = .34$).

Differenzen in der Katamnesedauer. In einigen der Vergleiche bestanden für die
Behandlungsgruppe andere Risikozeiträume als für die Vergleichsgruppe, d.h. die
beiden Gruppen hatten unterschiedlich lange die Gelegenheit, rückfällig zu werden. Es
liegt nahe, dass die resultierende Effektstärke höher ausfällt, wenn der Katamnesezeitraum für die Vergleichsgruppe länger ist als für die Behandlungsgruppe und vice
versa. In zwei der Vergleiche erfolgte eine Kontrolle bestehender Unterschiede im
Rahmen einer Überlebensanalyse. Für die anderen Vergleiche wurde eine Variable
gebildet, die die Differenz der Katamnesezeiträume zwischen Behandlungs- und
Vergleichsgruppen abbildet. Diese ergibt allerdings nur einen schwachen Zusammenhang zu den Effektstärken, der zudem in die Gegenrichtung weist ($r = -.12, z = -0.99,$
$p = .32$). Die negative Korrelation deutet an, dass die gewonnenen Behandlungseffekte
bei Vergleichen ausgeprägter sind, in denen die Risikozeiträume der Behandlungsgruppe
länger waren als jene der Vergleichsgruppe. Beschränkt man die Analyse auf die
Vergleiche, in denen tatsächlich eine Differenz vorlag ($k = 26$), so zeigt sich dies noch
etwas deutlicher ($r = -.18, z = -0.96, p = .34$), wenngleich auch hier keine statistische
Signifikanz aufscheint. Dennoch verbleibt ein logischer Widerspruch, da auf der Hand
liegt, dass längere Risikozeiträume die Rückfallraten ausschließlich erhöhen und nicht
verringern können. Wer nach drei Jahren rückfällig wurde, wird diesen Status in den
Folgejahren nicht mehr ablegen können. Wer dagegen erst nach vier Jahren rückfällig
wurde, wird bei einem Katamnesezeitraum von nur drei Jahren als legalbewährt gelten,
da er bis zu diesem Zeitpunkt keine erneute Straftat begangen hatte. Wenn also für eine

Gruppe ein längerer Risikozeitraum vorliegt, sollte sich dies in einem systematischen Fehler ausdrücken. Da die Ergebnisse dieser Analyse der logischen Notwendigkeit zuwider laufen, scheint eine Konfundierung mit anderen Faktoren vorzuliegen. Allerdings erweist sich die negative Korrelation als gegenüber verschiedenen Kontrollanalysen relativ stabil. In jedem Fall sind die ermittelten Zusammenhänge jedoch relativ schwach und statistisch nicht abzusichern. Man kann daher davon ausgehen, dass die Unterschiede der Risikozeiträume im Rahmen der hier einbezogenen Vergleiche nur einen unwesentlichen Einfluss auf die Ergebnisse ausüben. Ohnehin sind die Unterschiede in der Regel gering und größere Unterschiede ergeben sich in erster Linie bei Vergleichen mit insgesamt langen Katamnesezeiträumen.

9.3.5.4 Rückfalldefinition

Die verschiedenen Studien bestimmten Rückfälligkeit auf verschiedene Weise. Das betrifft zunächst die verschiedenen Deliktbereiche, die jedoch in dieser Analyse keine Rolle spielen, da sie sich auf die Ergebnisse zum einschlägigen Rückfall beschränken. Relevante Unterschiede betreffen hingegen das Kriterium, ab dem abweichendes Verhalten als Rückfall gezählt wurde, und die Quellen, die zur Feststellung der Rückfälligkeit herangezogen wurden. Tabelle 9.11 gibt einen Überblick über die mittleren Odds Ratios, die sich in Vergleichen mit unterschiedlichen Rückfallkriterien und Datenquellen ergaben. Während die Ergebnisse bezüglich des Kriteriums relativ ähnlich sind ($p = .56$), ergibt sich für die Quellen ein deutlicher Unterschied ($p = .02$). Dabei zeigt sich ein Trend, der anzeigt, dass mit zunehmender Sensitivität der Quelle die ermittelten Behandlungseffekte ansteigen. In etwas schwächerer Ausprägung zeigt sich dieser Trend auch hinsichtlich des Kriteriums. Um diese Zusammenhänge näher zu untersuchen wurden beide Variablen in eine Rangreihe hinsichtlich ihrer Sensitivität gebracht und einer gemeinsamen Regressionsanalyse unterzogen. Die Rangreihe der Rückfallkriterien reichte von Inhaftierung über Verurteilung und Anklage bis zu Risikoverhaltensweisen. Vergleiche, die mehrere Kriterien berichteten, und deren Ergebnisse zusammengefasst worden waren, wurden, je nachdem welche Rückfallkriterien in das Kompositmaß eingingen, zwischen den anderen Kriterien platziert. Bei der Quelle erfolgte eine Reihung entsprechend der Darstellung in Tabelle 9.11. Für Vergleiche, bei denen nur für eine der beiden Variablen Angaben vorlagen, wurde der fehlende Wert

Tabelle 9.11: Einfluss verschiedener Rückfalldefinitionen auf die Effektstärken

Varianzanalysen	k	OR_{ME}	$KI_{95\%}$	p
Rückfallkriterium, Q (5, k = 60) = 3.45				.49
Inhaftierung	17	0.91	$0.65 \leq OR \leq 1.28$	
Verurteilung	21	0.63	$0.46 \leq OR \leq 0.88$	
Anklage	15	0.58	$0.37 \leq OR \leq 0.90$	
Risikoverhaltensweisen	3	0.74	$0.23 \leq OR \leq 2.43$	
mehrere Kriterien	4	0.72	$0.34 \leq OR \leq 1.52$	
Datenquelle, Q (2, k = 62) = 7.91				.02
nur offizielle Statistiken	49	0.84	$0.68 \leq OR \leq 1.05$	
auch inoffizielle Angaben	8	0.47	$0.26 \leq OR \leq 0.85$	
auch Selbstbericht	5	0.30	$0.13 \leq OR \leq 0.71$	

gemeinsame Regression		
R^2 = .11, Q (2, k = 66) = 8.48, p = .01	β	p
Rückfallkriterium	-.08	.54
Datenquelle	-.28	.04

Anmerkung. OR_{ME} = Odds Ratio nach Modell mit gemischten Effekten, $KI_{95\%}$ = 95 % Konfidenzintervall
Negative β-Gewichte zeigen eine stärkere Reduzierung der Rückfälligkeit bei behandelten relativ zu
unbehandelten Sexualstraftätern an.

der anderen Variablen durch eine Mittelwertersetzung ergänzt. So konnten alle 66 Vergleiche in die Analyse einbezogen werden. Das Ergebnis zeigt zunächst, dass das Gesamtmodell einen recht hohen Varianzanteil von 11 Prozent aufklärt. Dieser prädiktive Einfluss der Sensitivität der verwendeten Rückfalldefinition auf die Effektgröße lässt sich statistisch auf dem 1 % - Niveau absichern. Ein Blick auf die Einzelprädiktoren zeigt, dass die Vorhersageleistung in erster Linie von der Datenquelle rührt (β = -.28, z = -2.11, p = .04). Zwar zeigt sich der Trend wie schon in der Varianzanalyse abzulesen war, auch für das Rückfallkriterium, ist aber weit weniger ausgeprägt (β = -.08, z = -0.61, p = .54).

Hinsichtlich der Datenquelle ergibt sich ein gravierendes Problem der Analyse dadurch, dass eine äußerst enge Verbindung zu den Behandlungsansätzen besteht. Der Selbstbericht als sensitivstes Maß wurde ausschließlich in Studien verwendet, die hormonale Behandlungen evaluieren und alle Studien zur hormonalen Behandlung umfassten neben anderen Quellen auch selbstberichtete Rückfälle. Beschränkt man die Analyse auf die zwei verbleibenden Datenquellen ($k = 56$), so bleibt jedoch der Effekt der Sensitivität bestehen ($r = -.25$), fällt aber knapp über die Signifikanzgrenze ($z = -1.93$, $p = .05$).

9.3.5.5 Basisrate des Rückfalls

In engem Zusammenhang mit der Definition des Rückfalls steht die Basisrate des Rückfalls. Je sensitiver ein Maß ist, desto mehr Rückfälle werden erfasst bzw. vice versa, je insensitiver ein Maß ist, desto mehr Ereignisse, die als Rückfall zu betrachten wären, entgehen der Dokumentation. Um zu untersuchen, inwieweit die Basisrate des Rückfalls mit dem gemessenen Behandlungserfolg zusammenhängt, wurde zunächst ein sinnvolles Maß für dieses Datum benötigt. Die Verwendung der Rückfallrate einer im Idealfall unbehandelten Kontrollgruppe mag als plausible Alternative erscheinen. Allerdings geht diese ohnedies direkt in die Berechnung der Effektstärke ein. Eine Korrelation mit diesem Maß wäre daher wenig aussagekräftig. Als plausibleres Maß erscheint die Rückfallrate der Gesamtstichprobe, also das n-gewichtete Mittel der jeweiligen Rückfallraten von Behandlungs- und Vergleichsgruppe. Der daraus resultierende Wert enthält – zumindest aus mathematischer Sicht – keine Varianz, die auf der Unterschiedlichkeit der Gruppen beruht, sondern lediglich Aspekte der Studienstichprobe als Ganzes und des methodischen Vorgehens bei der Erhebung der Rückfalldaten. Mathematisch betrachtet ist dieses Maß insofern unabhängig von der Effektstärke als letztere die Unterschiedlichkeit der Gruppen abbilden soll. Ob die Rückfallrate der Behandlungsgruppe 10 Prozent beträgt und die der Vergleichsgruppe 20 Prozent oder die Raten gerade umgekehrt liegen, spielt für die mittlere Rückfallrate keine Rolle. In beiden Fällen ergibt sich für die Gesamtstichprobe eine Rückfälligkeit von 15 Prozent. Für die Effektstärke macht dies hingegen einen fundamentalen Unterschied ($OR = 0.44$ versus $OR = 2.25$). Im Grunde wäre daher kein Zusammenhang zwischen beiden Maßen zu erwarten.

Entgegen dieser Erwartung ergibt sich bei den vorliegenden Vergleichen eine recht deutliche Korrelation zwischen Basisrate und Effektstärke ($r = -.30$, $z = -2.59$, $p = .01$). Dies deutet an, dass in den Effekten Aspekte enthalten sind, die nichts mit der Unterschiedlichkeit der Gruppen zu tun haben (inkl. dem Unterschied behandelt worden zu sein oder nicht). Dennoch können sich hier behandlungsrelevante Variablen verbergen (z.b. relativ bessere Wirksamkeit bei Hochrisikotätern). Allerdings mag der Zusammenhang lediglich Effektstärkeartefakte repräsentieren. Geht man beispielhaft davon aus, dass nur halb so viele behandelte Sexualstraftäter rückfällig werden wie nicht behandelte, so kann das je nach Höhe der jeweiligen Rückfallraten einen deutlichen Unterschied in der resultierenden Odds Ratio bedeuten. Bei Rückfallquoten von 10 und 20 Prozent ergibt sich $OR = 0.44$, liegen die Rückfallquoten hingegen bei 30 und 60 Prozent so ergibt sich eine deutlich günstigere Odds Ratio von 0.29. Man kann hingegen argumentieren, dass im ersten Fall der Unterschied lediglich 10 Prozentpunkte beträgt, im zweiten hingegen 30. Betrüge dieser Unterschied auch im zweiten Fall lediglich zehn Prozentpunkte und lägen die Rückfallquoten also bei 30 und 40 Prozent, so ergäbe sich eine ungünstigere Odds Ratio als im ersten Fall ($OR = 0.64$). Die Odds Ratio bildet somit eine Mischung aus dem Unterschied der Rückfallraten und dem Verhältnis der Rückfallraten ab, was dem Gegenstand vermutlich weitgehend angemessen ist. Die Beispiele zeigen aber auf, dass die Höhe der Rückfallrate die Effektstärken aus rein rechnerischen Gründen beeinflusst und der gefundene Zusammenhang somit zumindest teilweise artifizieller Natur ist.

Zum Teil mag in diesem Umstand auch der Effekt der Datenquelle zu suchen sein, der im vorigen Abschnitt aufgezeigt wurde. Je sensitiver die herangezogenen Quellen Rückfälle erfassen, desto höher liegen die Rückfallquoten. In den vorliegenden Daten beträgt dieser Zusammenhang $r = .46$. Überprüft man daher den Effekt der Datenquelle erneut, diesmal unter Kontrolle der mittleren Rückfallquote, so verringert sich der Effekt und ist nicht mehr signifikant ($\beta = -.23$, $z = -1.80$, $p = .07$). Allerdings verbleibt ein gewisser Effekt, der zumindest in der Tendenz signifikant ist, was dafür spricht, dass der Sensitivität der Datenquelle eine Bedeutung zukommt, die über der reinen Erhöhung der Rückfallraten liegt.

9.3.5.6 Stichprobengröße

Wie sich bereits im Trichterdiagramm grafisch veranschaulichen ließ, liegt ein beträchtlicher Zusammenhang zwischen der Stichprobengröße und den bei der Evaluation ermittelten Behandlungseffekten vor ($r = .26$, $z = 2.19$, $p = .03$). Je größer die untersuchte Stichprobe war, desto stärker stiegen die Odds der sexuellen Rückfälligkeit relativ zur Vergleichsgruppe an. Zum Teil waren die Stichprobengrößen von Behandlungs- und Vergleichsgruppe sehr unterschiedlich. Daher wurde geprüft, ob sich der Effekt der Gesamtstichprobengrößen in der Hauptsache aus einer der beiden Gruppengrößen speist oder für beide in äquivalenter Weise gilt. Dabei ergab sich sowohl für die Behandlungsgruppe ($r = .26$, $z = 2.21$, $p = .03$) als auch die Vergleichsgruppe ($r = .23$, $z = 1.96$, $p = .05$) ein deutlicher Effekt.

Der Zusammenhang von Stichprobengröße und Effektstärken wird zum Teil als Publikationsbias interpretiert (Light & Pillemer, 1984). Interessanterweise zeigt sich jedoch bei einer nach Publikationsstatus getrennten Analyse des Einflusses der Stichprobengröße ein gerade gegenläufiger Effekt. Während der Zusammenhang bei den publizierten Vergleichen ($k = 40$) etwas geringer und nicht signifikant ausfällt ($r = .20$, $z = 1.23$, $p = .22$), liegt der Zusammenhang für die unpublizierten Vergleiche ($k = 26$) bei $r = .34$ und nur knapp über dem 5 % - Signifikanzniveau ($z = 1.79$, $p = .07$). Obwohl sich die Zusammenhänge nicht signifikant voneinander unterscheiden ($z = 0.57$, $p = .57$), widerspricht die Richtung des Unterschiedes einer Interpretation im Rahmen eines Publikationsbias. Zudem verbleibt in einer Regressionsanalyse, die für die Veröffentlichung einer Untersuchung kontrolliert, ein signifikanter Effekt der Stichprobengröße erhalten ($\beta = .23$, $z = 1.96$, $p = .05$). Dies spricht, wie dies schon bei der Darstellung des Trichterdiagramms festgestellt wurde, für einen eigenständigen Beitrag der Stichprobengröße oder zumindest ihrer Funktion als Drittvariable außerhalb des Rahmens der Veröffentlichung einer Untersuchung.

9.3.6 Publikationsbias

Dass die Stichprobengröße einen eigenständigen Beitrag zur Effektstärkevariabilität beizusteuern hat, bedeutet allerdings nicht, dass ein Publikationsbias nicht vorliegen kann. Die Entscheidung, auch unpublizierte Arbeiten systematisch zu erfassen und auszuwerten, erlaubt die dezidierte Analyse der Zusammenhänge von Publikationsstatus und Effektstärken. Von den insgesamt 66 Vergleichen lagen 40 in veröffentlichter Form vor, 26 stammten aus unveröffentlichten Quellen. Es zeigt sich ein nicht signifikanter Trend dahingehend, dass veröffentlichte Arbeiten höhere Behandlungseffekte berichten als nicht veröffentlichte ($OR_{ME} = 0.62$, $KI_{95\%}$: $0.47 \leq OR \leq 0.81$ versus $OR_{ME} = 0.88$, $KI_{95\%}$: $0.65 \leq OR \leq 1.20$), $Q\,(1, k = 66) = 2.91$, $p = .09$. Eine Veröffentlichung hängt aber von vielen Faktoren ab. Die selektive Publikation positiver Befunde ist nur eine mögliche Prädiktorvariable für das Maß „Publikation vs. Nicht-Publikation". Methodische, ebenso wie Variablen der Behandlungsumgebung, fachlicher Ausrichtung des Untersuchers u.ä. dürften weitere, eventuell gewichtigere Aspekte sein. Eine weitere Nivellierung dieses Befundes nach Kontrolle entsprechender Faktoren wäre durchaus denkbar und die weiter unten dargestellte umfassendere Analyse bestätigt dies auch.

9.4 Hierarchische Regression: Spezifische Einflüsse der Behandlung

Die Moderatoranalysen zu spezifischen Charakteristika erfolgreicher Behandlungsmaßnahmen erbrachten einige relevante Unterschiede. Zum Teil jedoch sind Behandlungscharakteristika mit methodischen Eigenheiten der jeweiligen Evaluation oder Eigenschaften der behandelten Sexualstraftäter konfundiert. Der Interpretation der ermittelten Zusammenhänge haftet demnach die Unsicherheit an, dass sie zumindest teilweise diese Unterschiede transportieren und somit lediglich Artefakte darstellen mögen.

Um diesem Umstand Rechnung zu tragen wurde in Anlehnung an Lipsey (1992) in einer komplexeren Gesamtanalyse untersucht, inwieweit behandlungsrelevante Variablen über methodische Aspekte und Spezifika der behandelten Population hinaus zur Varianzaufklärung beitragen. Zu diesem Zweck wurde eine hierarchische Regressionsanalyse berechnet, die in sechs aufeinander folgenden Schritten (1) potentielle Artefakte bei der Effektstärkenberechnung, (2) methodische Variablen, (3) Aspekte der behandelten Population, (4) Aspekte des Umfeldes, in dem die Behandlung stattfindet, (5) Strukturmerkmale der Behandlung und schließlich (6) die spezifischen Behandlungsinhalte einbezog. Auf diese Weise kann zunächst beurteilt werden wie viel die jeweiligen Variablencluster zusätzlich, über die vorherigen Cluster hinausgehend, an Effektstärkevariabilität aufzuklären im Stande sind. Die statistische Prüfung des jeweiligen Zuwachses erfolgt anhand des Anstieges der Quadratsumme des Modells von einer hierarchischen Stufe zur nächsten (z.B. $\Delta Q_{Stufe\,2} = Q_{Stufe\,2} - Q_{Stufe\,1}$). Dieser Wert ist χ^2-verteilt mit der Anzahl hinzugetretener Prädiktoren als Freiheitsgrade (Hedges, 1994). Neben der Interpretation auf Clusterebene kann auch innerhalb der Cluster betrachtet werden welche spezifischen Aspekte des jeweiligen Blocks den

Hauptanteil der zusätzlichen Varianzaufklärung übernehmen. Auf diese Weise können spezifischere Aussagen getroffen werden.

Eine detaillierte Analyse leidet allerdings unter dem Umstand, dass die Anzahl der Vergleiche in der vorliegenden Arbeit zu klein ist, um allen potentiell relevanten Variablen Rechnung zu tragen. Um die Analyse nicht durch eine Vielzahl irrelevanter Prädiktoren zu überfrachten, wurde eine Selektion relevanter Variablen in zwei Schritten vorgenommen. Erstens wurden lediglich solche Variablen in die Regressionsgleichung aufgenommen, die in den einfachen Analysen bedeutsame Effekte gezeigt hatten (r bzw. $\beta \geq .20$). Vereinzelt wurden Variablen hinzugefügt, die aus konzeptueller Sicht bedeutsam erschienen, um zu prüfen, ob sie im Verbund mit den anderen Variablen an Relevanz gewinnen würden. Wenn verschiedene Variablen hoch korreliert waren, wurde überprüft inwieweit eine dieser Variablen die relevante Information am besten widerspiegelte, oder ob eine der Variablen neben der gemeinsamen Varianz weitere spezifische Varianz im Hinblick auf die Effektstärke umfasste, und daher als den anderen überlegen anzusehen war. In solchen Fällen wurde diese Variable als Repräsentant der gemeinsamen Information ausgewählt und die anderen Variablen ausgeschlossen. Der zweite Schritt der Variablenselektion erfolgte im Laufe der Analyse. Das Modell wurde nach und nach spezifiziert, indem innerhalb der einzelnen hierarchischen Stufen die Variablen ausgeschlossen wurden, die nur geringe Aussagekraft besaßen. Als Kriterium diente hierbei eine Signifikanzgrenze von $p \leq .10$. Dabei wurde auch darauf geachtet, inwieweit die Variablen eines Clusters untereinander konfundiert waren, und die jeweiligen Koeffizienten allein aufgrund dieser Tatsache geringer ausfielen. Eine Variable, die am Ende der betreffenden hierarchischen Stufe im vorläufigen Modell belassen wurde, wurde in folgenden Stufen selbstverständlich nicht mehr in Frage gestellt. Naturgemäß ändern sich im Laufe der Analyse auch die Koeffizienten der auf vorherigen Stufen in die Analyse eingeführten Variablen und können dabei über das 10 % - Kriterium fallen. Dies ist ein erwünschter Effekt, der andeutet, dass die entsprechende Variable tatsächlich andere, später hinzugefügte Variablen zu kontrollieren vermag. Ein nachträglicher Ausschluss würde die hierarchische Prozedur ad absurdum führen.

Fehlende Werte wurden durch Mittelwertersetzungen ergänzt. Der Missing-Status wurde in einer Dummy-Variable repräsentiert, wenn der Anteil fehlender Werte zehn Prozent überstieg (vgl. Cohen & Cohen, 1983) und den gleichen Ein- und Ausschlusskriterien unterzogen wie die anderen Variablen. Wenn fehlende Werte als Variable im

Modell verblieben, wurden sie in der hierarchischen Analyse dem jeweiligen Cluster vorangestellt, um zu prüfen, inwieweit das entsprechende Cluster über die inhaltlich nicht interpretierbare Missingvarianz hinaus einen Erklärungsbeitrag zu leisten vermag. Die Analyse wurde im Rahmen des Modells mit festen Effekten vorgenommen. Das hatte zwei Gründe: Zum ersten sollte überprüft werden, ob das Erklärungsmodell in der Lage wäre, die Heterogenität der Einzelvergleiche durch den Einbezug relevanter Variablen soweit zu verringern, dass eine homogene Effektstärkeverteilung resultiert. Zum zweiten wirft das Modell mit gemischten Effekten bei der Spezifizierung der Regressionsgleichung das Problem auf, dass eine Schätzung der Randomvarianz des Gesamtmodells erst nach abgeschlossener Spezifizierung möglich ist. Im Laufe der Spezifizierung und über die hierarchischen Stufen hinweg verändern sich jedoch die Gewichtungsfaktoren, da die Random-Komponente je nach einbezogenen Variablen variiert. Folglich ist kaum sicherzustellen, dass die Bedeutsamkeit der Variablen im Laufe des sukzessiven Ein- und Ausschlusses von Variablen unverändert bleibt. Allerdings wurde geprüft, ob die unter den Annahmen des Modells mit festen Effekten spezifizierte hierarchische Regression im Rahmen des Modells mit gemischten Effekten vergleichbare Resultate erbringt. Dazu wurde nach abgeschlossener Spezifizierung des Modells die Randomvarianz des Gesamtmodells berechnet und eine Gewichtung auf dieser Grundlage vorgenommen.

9.4.1 Spezifizierung der Regressionsgleichung

Im Folgenden soll die Spezifizierung der Regressionsgleichung sowie die Ergebnisse für jeden Schritt dargestellt und anschließend das Gesamtmodell betrachtet werden, welches in Tabelle 9.12 zusammengefasst ist.

Cluster 1: Korrektur möglicher Artefakte der Effektstärkenberechnung. In einem ersten Schritt wurden Aspekte eingebracht, die zur Heterogenität allein im Rahmen der Effektstärkenberechnung beitragen mögen, ohne weitere inhaltliche Varianz zu transportieren. Als Variablen wurden hier die Basisrate des Rückfalls sowie die Einschätzung der Gefährdung der deskriptiven Validität im Bereich der Elementarstatistiken einbezogen. Beide Variablen zeigen für sich betrachtet einen hoch signifikanten Effekt auf. Der gesamte Komplex erklärt bereits 18 Prozent der Effektstärkevariabilität

Tabelle 9.12: Hierarchische Regression nach dem Modell mit festen Effekten

Schritt	Cluster Variablen	β	p	ΔR^2	ΔQ	df	p
1	ES-Artefakte			.18	28.93	2	.000
	DV 'Elementarstatistiken'	.33	.000				
	Basisrate des Rückfalls	-.25	.002				
2	Methodik			.10	16.11	2	.000
	Einbezug von Abbrechern in BG	.24	.005				
	Sensitivität der Datenquelle	-.21	.009				
vor 3	Missingkontrolle 'Population' [a]			.04	6.08	1	.01
3	Population			.08	12.23	3	.01
	Freiwilligkeit der Behandlung	-.21	.01				
	Altershomogenität	-.18	.04				
	Einbezug von Inzesttätern	.23	.05				
4	Behandlungsumfeld			.05	8.73	1	.003
	Beteiligung des Untersuchers	-.29	.003				
5	Strukturmerkmale der Behandlung			.07	10.72	2	.005
	ambulante Behandlung	-.34	.004				
	Einzelsitzungen	.22	.07				
6	Behandlungsinhalte			.06	9.94	1	.002
	Element 'kognitiv'	-.35	.002				
Gesamtmodell				**.57**	**92.74**	**12**	**.000**

Anmerkung. Modell mit festen Effekten. Fehlende Werte wurden durch Mittelwertsetzung ergänzt.
Schrittweiser Ausschluss von Variablen auf Clusterebene ($p \leq .10$; s. Text).
Negative β-Gewichte zeigen eine stärkere Reduzierung der Rückfälligkeit bei behandelten relativ zu unbehandelten Sexualstraftätern an.
ES = Effektstärke, DV = Gefährdung der deskriptiven Validität, BG = Behandlungsgruppe
[a] einbezogene Variable: Missing bezüglich 'Freiwilligkeit der Behandlung'

auf und erweist sich als hoch signifikant, $\Delta Q (2, k = 66) = 28.93, p < .001$. Angesichts der Tatsache, dass sich hierin in erster Linie Aspekte versammeln, die Berechnungseffekte ausdrücken, erscheint dieser Varianzanteil äußerst hoch. Es sei aber bereits an dieser Stelle darauf hingewiesen, dass bei der sukzessiven Anordnung der hierarchischen Schritte eine Strategie verfolgt wurde, die im Zweifel Effekte als artifizielle Varianz verstand. Im Verlauf der Analyse ergeben sich daher mit jedem Schritt zunehmend konservativere Schätzungen des Varianzbeitrages.

Cluster 2: Methodik der Evaluationsstudien. In diesen Bereich wurden aufgrund der in den einfachen Analysen gefundenen Effekte die Sensitivität der Datenquellen, die zur Gewinnung der Rückfallinformationen herangezogen wurden, sowie die Stichprobengröße einbezogen. Von vornherein ausgeschlossen wurde dagegen trotz eines sehr deutlichen Effektes der Behandlungsumfang der Vergleichsgruppe. Die in der einfachen Analyse gefundenen Zusammenhänge erscheinen kontraintuitiv und die eingehendere Analyse stärkt die Vermutung, dass es sich bei dem Befund um ein Artefakt handelt. Es musste daher davon ausgegangen werden, dass durch den Einbezug dieser Variable eine unerwünschte Verzerrung der Ergebnisse auftritt. Hingegen wurden angesichts ihrer Bedeutung im Bereich der Evaluationsmethodik der Umgang mit Behandlungsabbrechern, die Verwendung von Behandlungsverweigerern als Kontrollgruppe sowie die Maryland Scale-Einschätzung einbezogen, obwohl sie sich in den einfachen Analysen als weniger relevant erwiesen hatten. Die Entscheidung, die Maryland Scale als Gesamtskala an Stelle der Dichotomie „äquivalent – nicht äquivalent" heranzuziehen, die in den Einzelanalysen einen höheren Effekt gezeigt hatte, beruhte auf der Annahme, dass die Maryland Scale das Ausmaß der Äquivalenz zwischen den beiden Untersuchungsgruppen besser und differenzierter abbildet. Aus diesem Grund erschien sie in theoretischer Hinsicht als dem in Frage stehenden Merkmal angemessener.

Von den einbezogenen Variablen verblieben nach dem schrittweisen Ausschluss lediglich die Sensitivität der Datenquelle sowie die Tatsache, dass Behandlungsabbrecher als Teil der Behandlungsgruppe aufgefasst wurden. Beide Variablen zeigen einen recht deutlichen Effekt, der sich statistisch auf hohem Niveau absichern lässt. Dementsprechend leistet das Methodencluster als Ganzes einen signifikanten zusätzlichen Beitrag zur Klärung der Effektstärkevariabilität, $\Delta Q (2, k = 66) = 16.11, p < .001$, der bei $\Delta R^2 = .10$ liegt.

Cluster 3: Effekte der behandelten Population. Die altersbezogenen Variablen wiesen einen sehr großen Überschneidungbereich auf. Als über den gemeinsamen Effekt hinausgehend bedeutsam erwies sich dabei lediglich die Altershomogenität der behandelten Sexualstraftäter. Diese Variable wurde daher einbezogen. Darüber hinaus wurde im Rahmen der populationsspezifischen Aspekte berücksichtigt, ob ein Vergleich Inzesttäter umfasste, und ob die Behandlung seitens der Sexualstraftäter auf freiwilliger Basis erfolgte oder nicht. Hinsichtlich der Freiwilligkeit der Behandlung lagen eine ganze Reihe fehlender Werten vor (24 %), die mit den Effektstärken korrelierten, und auch im Rahmen des Gesamtmodells auf einem hohen Niveau verblieben $\beta(\beta = -.22$, $z = -2.47, p = .01$). Was die Tatsache bedeutet, dass Vergleiche, die keine Angaben über die Freiwilligkeit der Behandlung machen, höhere Behandlungseffekte erzielen, lässt sich inhaltlich nicht interpretieren. Der Gesamtanstieg von 12 Prozentpunkten, der auf Faktoren der behandelten Population zurückzuführen ist, muss daher um die vier Prozentpunkte, die inhaltlich nicht festzulegen sind, reduziert werden. Damit verbleiben lediglich zwei Drittel der durch Populationsaspekte geklärten Varianz, die sich inhaltlich sinnvoll zuordnen lassen. Alle drei einbezogenen Variablen leisten hierbei einen signifikanten Anteil, der in allen Fällen einen β-Betrag von rund .20 annimmt. Obwohl das β-Gewicht des Einbezugs von Inzesttätern mit .23 den höchsten Betrag aufweist, ergibt die Signifikanzprüfung hier den höchsten α-Fehler (5 %). Das hat damit zu tun, dass hier eine gewisse Suppressionswirkung vorliegt, die von der Sensitivität der Datenquelle ausgeht. In der Tat beschränken sich nämlich die Behandlungsevaluationen, die auch Inzesttäter betreffen, am ehesten auf offizielle Rückfallstatistiken. Durch die sich daraus ergebende Multikollinearität steigt der Standardfehler des Regressionskoeffizienten und damit unmittelbar der α-Fehler.

Fasst man die ersten drei Stufen zusammen, so ergibt sich eine Varianzaufklärung von 39 Prozent [10], die auf Faktoren zurückgeht, die weitgehend unabhängig von Charakteristika der Behandlung sind, wenngleich noch einmal darauf hingewiesen werden soll, dass eine Konfundierung mit Behandlungsaspekten im Rahmen dieser Analyse immer zugunsten der anderen Aspekte gewertet wurde. Dieser Wert stellt somit eher eine Überschätzung des Varianzanteils nicht behandlungsrelevanter Studiencharakteristika dar.

---

[10] Summationsfehler der Varianzanteile ergeben sich aus Rundungsungenauigkeiten, da bei Gesamtangaben jeweils die ungerundeten Anteile herangezogen wurden.

Cluster 4: Behandlungsumfeld. In diesem Cluster wurden Aspekte zusammengefasst, die sich nicht explizit auf die Behandlung bezogen, aber der tatsächlichen Behandlung ihren Rahmen gaben. Darunter wurde unter anderem verstanden, ob die Behandlung ein Modellprojekt darstellte oder als routinemäßiger Bestandteil des Umgangs mit Sexualstraftätern gilt. Diese Variable lag an der Kriteriumsgrenze von $r = .20$ und wurde zunächst in das Gesamtmodell einbezogen, erwies sich hier aber als wenig bedeutsam ($\beta = .05$, $z = 0.50$, $p = .62$) und wurde daher wieder ausgeschlossen. Ein weiterer Aspekt, der in diesem Bereich berücksichtigt wurde, betrifft die Trägerschaft der Behandlung, ob es sich also um eine von einer staatlichen oder privaten Institution organisierte Intervention handelt. Diese Variable wurde allerdings nicht eingeschlossen, da die vorigen Analysen gezeigt hatten, dass der Effekt der Trägerschaft in erster Linie auf das konkrete Behandlungssetting (institutionell vs. ambulant) zurückzuführen war. Als letzte Variable verblieb in diesem Bereich daher die Involviertheit des Untersuchers in die Behandlung, die einen signifikanten Beitrag zur Vorhersage der Effektstärke beisteuerte ($\beta = -.29$, $z = -2.95$, $p = .003$). Das Cluster „Behandlungsumfeld" besteht mithin lediglich aus einer Variable und erhöht die Gesamtaufklärung des Gesamtmodells um weitere fünf Prozentpunkte.

Man kann diskutieren, ob die Beteiligung des Autors an der Behandlung nicht schon an früherer Stelle geschehen müsste. Die Entscheidung, die Variable im Rahmen des Umfeldes der Behandlung mit aufzunehmen, ergab sich aus der Überlegung, dass die Beteiligung des Untersuchers das Behandlungsengagement beflügeln würde und somit mittelbar zum Beispiel die adäquate Umsetzung der Behandlung fördern würde. Ebenso könnte der Effekt jedoch im Rahmen selbsterfüllender Prophezeiungen verstanden werden und sollte dann am Beginn der Analyse stehen. Allerdings ergibt eine versuchsweise Umstellung der hierarchischen Sequenz, die den Bezug des Untersuchers in das erste Cluster stellt, keine wesentlichen Unterschiede in der Spezifizierung des Modells. Lediglich die beiden methodischen Variablen fallen schwächer aus, verbleiben aber im Modell. Behandler, die selbst an der Evaluation beteiligt sind, verwenden offenbar spezifische methodische Vorgehensweisen, unter anderem über offizielle Statistiken hinausgehende Quellen zur Ermittlung der Rückfälligkeit oder den selteneren Einbezug von Behandlungsabbrechern. Es erscheint jedoch gewinnbringender zu erfahren, wie sehr die methodischen Faktoren selbst das Ergebnis beeinflussen, da diese – auch wenn Behandler und Untersucher in einer Person zusammenfallen – steuerbar sind. Zudem zeigt sich auf diese Weise, dass die Nähe des Autors zur Behandlung einen Effekt hat, der auch nach Kontrolle der methodischen Aspekte verbleibt.

Missing-Variable: Gefährdung der deskriptiven Validität. Im Unterschied zu den vorigen Schritten, wo die Missing-Variablen jeweils einzeln geprüft und unter Umständen in die Analyse einbezogen wurden, zeigt sich für die Behandlungsvariablen eine sehr starke Überschneidung der fehlenden Werte, d.h. für eine Reihe von Vergleichen lagen sehr viele fehlende Werte hinsichtlich der Behandlungscharakteristika vor, die aufgrund ihrer Abhängigkeit sehr ähnliche Bezüge zu den Effektstärken aufweisen. In diesem Fall ist es wenig sinnvoll, die Missing-Variablen einzeln zu untersuchen, da sie vergleichbare Varianz tragen. Statt dessen empfiehlt sich die Zusammenfassung der einzelnen Missing-Variablen in einem gemeinsamen Indikator (vgl. Cohen & Cohen, 1983). Durch die Kodierung der Gefährdung der deskriptiven Validität bezüglich der Behandlungsbeschreibung liegt eine recht differenzierte Variable vor, die es erlaubt, systematische Zusammenhänge des Ausmaßes an fehlenden Werte mit den Ergebnissen zu prüfen. Darüber hinaus erlaubt die Einschätzung der Gefährdung der deskriptiven Validität auch die Kontrolle der Unsicherheit, die einigen Kodierungen zugrunde liegt. Die Überprüfung dieser Variablen an dieser Stelle der hierarchischen Regression zeigt, dass die Spezifika der Vergleiche, die die zugrunde liegende Behandlung gar nicht bzw. nur ungenau beschreiben, keinen systematischen Einfluss hat, der über die bereits kontrollierten Variablen hinausgeht ($\beta = .13$, $z = 1.16$, $p = .24$). Den in dieser Analyse festgelegten Kriterien folgend, verblieb die Variable daher nicht im Modell.

Cluster 5: Strukturmerkmale der Behandlung. Dieses Cluster umfasst Faktoren der Behandlungsgestaltung, die sich jedoch nicht auf die Inhalte beziehen. Dazu gehören Aspekte wie das Behandlungssetting (institutionell vs. ambulant), das Format der einzelnen Sitzungen (Gruppen- vs. Einzelsitzungen) und inwieweit sich die Behandlung spezifisch an Sexualstraftäter richtete. Daneben wurden zu diesem Bereich auch die Dauer der Behandlung, die Behandlungsintensität bzw. der Behandlungsumfang als Ganzes sowie Maßnahmen der Kontrolle und Nachsorge, die nach Abschluss der Behandlung für die behandelten Sexualstraftäter vorgesehen sind, gezählt. Allerdings zeigten diese Variablen schon in den einfachen Analysen nur schwache Zusammenhänge zur Wirksamkeit der Behandlung (je $p > .50$) und wurden daher im Gesamtmodell nicht berücksichtigt.

Am Ende verbleiben in diesem Cluster als Variablen mit relevanten Vorhersagebeiträgen das ambulante Setting der Behandlung, was den Befund der Einzelanalyse bestätigt und das Sitzungsformat. Hier ergibt sich ein klarer Widerspruch zur einfachen Korrelation. Während diese ein negatives Vorzeichen hatte ($r = -.23$) und damit andeutete, dass Therapien, die im Rahmen von Einzelsettings durchgeführt wurden, Rückfälligkeit effektiver verhindern konnten, ergibt sich nun ein gegenläufiger Effekt ($\beta = .22$). Nach Kontrolle der bislang eingeschlossenen Variablen erweisen sich gruppentherapeutische Settings als tendenziell überlegen. Wie die einfache Korrelation, lässt sich dieser Effekt aber nicht auf dem 5 % - Niveau absichern. Es zeigt sich hier jedoch wie die Berücksichtigung anderer Variablen die Ergebnisse, und damit die Schlussfolgerungen in Bezug auf die Effektivität von therapeutischen Maßnahmen, beeinflusst. Man muss sich hier aber auch bewusst sein, dass die Schätzung der Koeffizienten bei der geringen Anzahl von Vergleichen, die für die Analyse zur Verfügung stehen, mit zunehmender Zahl an Variablen, die in das Modell eingehen, instabiler werden. Die übermäßige Interpretation einzelner Variablenbefunde muss also zunehmend einer vorsichtigen Bewertung der Ergebnisse weichen.

Cluster 6: Behandlungsinhalte. Die Beurteilung der Behandlungsinhalte erfolgte anhand der Kodierungen zu den Behandlungselementen, da diese als differenziertere Repräsentanten der Behandlungsinhalte begriffen wurden als die Zuordnung zu einem exklusiven Behandlungsansatz. Entgegen der bisherigen Strategie wurden zunächst auch die Elemente in die Analyse aufgenommen, die in vorigen Analysen keine Behandlungseffekte gezeigt hatten. Diese wurden schrittweise nach dem $p \leq .10$ - Kriterium ausgeschlossen. Einzig das Element „Relapse Prevention" wurde aufgrund seiner äußerst engen Korrelation mit kognitiv-behavioralen Inhalten und der daraus in der Einzelanalyse resultierenden Suppression nicht in die Analyse einbezogen. Ebenso nicht einbezogen wurden die Angaben zur Behandlungsintegrität, obwohl sich dort ein aufgrund der geringen Zahl an Vergleichen zwar nicht signifikanter, aber in seinem Ausmaß doch klarer Effekt zeigte. Der Grund für diese Entscheidung lag schlicht darin, dass die Einschätzung in nur einem knappen Drittel der Fälle möglich war und daher nicht zu erwarten war, dass die Resultate eine reliable Abschätzung des Einflusses der Behandlungsintegrität erlauben würden.

Die einzelnen Behandlungselemente erhöhen die Varianzaufklärung des Modells um lediglich sieben Prozent. Angesichts der Vielzahl der Variablen ist dieser Zuwachs nicht signifikant, ΔQ (7, $k = 66$) = 11.60, $p = .11$. Die Vielzahl der Variablen erweist sich insbesondere deshalb als Problem, da die meisten Elemente nur einen äußerst geringen Beitrag zur Varianzklärung leisten. Der schrittweise Ausschluss belässt lediglich die Verwendung kognitiv orientierter Behandlungsmaßnahmen im Modell, welche einen recht deutlichen Effekt aufweisen, der sich auch statistisch absichern lässt ($\beta = -.35$, $z = -3.15$, $p = .002$). Allein dieses Element fügt sechs Prozentpunkte über die mittels der anderen Variablen bereits geklärten Varianz hinzu, also nur unmerklich weniger als alle Behandlungselemente zusammen. Alle anderen Elemente weisen nur äußerst geringe, meist nahe null liegende Effekte auf und wurden daher sukzessive aus dem Modell entfernt.

Gesamtmodell. Insgesamt klärt das so spezifizierte Modell 57 Prozent der Effekt-stärkenvarianz auf, Q (12, $k = 66$) = 92.74, $p < .001$. Davon entfallen lediglich 13 Prozentpunkte, also 23 Prozent der aufgeklärten Varianz, auf Behandlungsaspekte im engeren Sinn. Erweitert man die Behandlungsaspekte um das Behandlungsumfeld, so ergeben sich 18 Prozentpunkte bzw. 32 Prozent. Allerdings besteht dieses Cluster lediglich aus der Beteiligung des Untersuchers an der Behandlung, und inwieweit dieser Aspekt behandlungsrelevante Varianzanteile umfasst, wurde bereits problematisiert. Immerhin 39 Prozent der aufgeklärten Varianz entfallen auf Aspekte, die nicht als inhaltliche Varianz im engeren Sinne zu betrachten sind (Cluster 1 und Missing-Variablen). Das bedeutet auch, dass inhaltliche Aspekte genau genommen nur 35 Prozent der Gesamtvarianz zu klären im Stande sind.

Bei diesen Angaben muss allerdings berücksichtigt werden, dass die Varianz-zuwächse der einzelnen Stufen nicht angeben wie viel Varianz die jeweiligen Cluster aufklären, sondern wie viel *zusätzliche* Varianz sie aufklären, nachdem die Varianz-anteile aller vorherigen Variablen kontrolliert wurden. Dadurch stellen insbesondere die Varianzanteile der behandlungsrelevanten Variablen untere Schätzungen dar. Es herrscht eine gewisse Multikollinearität, die zwar nicht so massive Ausmaße annimmt, dass die Interpretierbarkeit gefährdet wäre, aber doch anzeigt, dass die einzelnen Variablen Überschneidungen aufweisen (die Toleranzwerte für behandlungsrelevante Variablen liegen zwischen .42 und .62). Das ist natürlich zu erwarten und andernfalls wäre eine hierarchische Analyse nicht erforderlich. Es lässt sich jedoch nicht eindeutig beurteilen, ob bestimmte gemeinsame Varianzanteile ihre Ursache in den methodischen oder den Behandlungsvariablen haben. So zeigt sich zum Beispiel eine erhebliche Überschneidung zwischen der Datenquelle und den hormonalen Behandlungen. Die Datenquelle geht auf einer früheren Stufe ein und zeigt einen deutlichen Effekt. Die hormonale Behandlung wird erst im letzten Schritt der Regression einbezogen und erweist sich als weitgehend irrelevant. Es stellt sich die Frage, ob nicht zumindest ein Teil der Prädiktorwirkung der Datenquelle lediglich daraus resultiert, dass hormonale Behandlungen sehr wirkungsvoll sind. Ist dies der Fall, so „stiehlt" die frühere Einbeziehung der Datenquelle letztlich Varianz, die eigentlich der hormonalen Behandlung zustünde. Für andere behandlungsrelevante Variablen mögen ähnliche Effekte auftreten, wenn die Beziehungen zwischen den Variablen auch weniger ausgeprägt sind. Somit muss auch gefolgert werden, dass Charakteristika der Behandlung trotz der konservativen Vorgehensweise nach wie vor signifikant zur Effektstärkevariabilität beisteuern.

9.4.2 Überprüfung im Rahmen des Modells mit gemischten Effekten

Obwohl eine ganze Reihe von Variablen im Gesamtmodell repräsentiert sind und die Spezifizierung stark empirisch geleitet war, d.h. Variablen nur dann in das Modell Eingang fanden, wenn sie relevante Varianz beisteuerten, weist die Effektstärkeverteilung auch nach Kontrolle dieser Variablen starke Heterogenität auf. Die Prüfung der Homogenitätsannahme ergibt einen knapp auf dem 5 % - Niveau signifikanten Effekt, Q (53, $k = 66$) = 71.18, $p = .05$. Aufgrund dieses Befundes wurde die hierarchische Regression im Rahmen des Modells mit gemischten Effekten überprüft. Als Randomvarianz ergibt sich für das Gesamtmodell v_{Random} = 0.09. Die hierarchische Regression wurde mit den spezifizierten Variablen wiederholt und die Effektstärkengewichtung um die Random-Komponente korrigiert. Tabelle 9.13 fasst das Ergebnis dieser Überprüfung zusammen. Insgesamt ergeben sich hinsichtlich der relativen Stärke der einzelnen Cluster und Variablen keine übermäßigen Veränderungen, nur in Einzelfällen zeigen sich deutlichere Unterschiede. Allerdings lassen sich die einzelnen Effekte als Folge der konservativeren Signifikanzprüfung nur auf geringerem Niveau bzw. gar nicht statistisch absichern. Bezüglich der Missingkontrolle der Populationsvariablen zeigt sich ein etwas schwächerer und nicht signifikanter Effekt ($p = .09$). Ansonsten

Tabelle 9.13: Prüfung der hierarchischen Regression nach dem Modell mit gemischten Effekten

Schritt	Cluster Variablen	β	p	ΔR^2	ΔQ	df	p
1	ES-Artefakte			.17	18.61	2	.000
	DV 'Elementarstatistiken'	.29	.002				
	Basisrate des Rückfalls	-.29	.002				
2	Methodik			.08	8.93	2	.01
	Einbezug von Abbrechern in BG	.16	.11				
	Sensitivität der Datenquelle	-.23	.02				
vor 3	Missingkontrolle 'Population' [a]			.03	2.80	1	.09
3	Population			.07	7.73	3	.05
	Freiwilligkeit der Behandlung	-.17	.09				
	Altershomogenität	-.16	.13				
	Einbezug von Inzesttätern	.28	.05				
4	Behandlungsumfeld			.04	4.27	1	.04
	Beteiligung des Untersuchers	-.24	.04				
5	Strukturmerkmale der Behandlung			.07	7.43	2	.02
	ambulante Behandlung	-.30	.03				
	Einzelsitzungen	.27	.06				
6	Behandlungsinhalte			.06	6.39	1	.01
	Element 'kognitiv'	-.32	.01				
Gesamtmodell				**.50**	**56.16**	**12**	**.000**

Anmerkung. Modell mit gemischten Effekten: $v_{Random} = 0.09$. Fehlende Werte wurden durch Mittelwertersetzung ergänzt (s. Text). Negative β-Gewichte zeigen eine stärkere Reduzierung der Rückfälligkeit bei behandelten relativ zu unbehandelten Sexualstraftätern an.
ES = Effektstärke, DV = Gefährdung der deskriptiven Validität, BG = Behandlungsgruppe
[a] einbezogene Variable: Missing bezüglich 'Freiwilligkeit der Behandlung'

leisten die einzelnen Cluster weiterhin signifikante Erklärungsbeiträge. Die Gesamt-regression klärt nun etwas weniger Varianz ($R^2 = .50$), die Erklärungsleistung des Modells ist aber nach wie vor hoch signifikant, Q (12, $k = 66$) = 56.16, $p < .001$. Wie im Modell mit festen Effekten erklären Variablen, die Artefakte kontrollieren sollen (Cluster 1 und Missingkontrollen), einen recht großen Varianzanteil ($R^2 = .19$). Das sind 38 Prozent der durch das Gesamtmodell erfassten Varianz. Auf die behandlungs-relevanten Aspekte im engeren Sinne entfallen 12 Prozentpunkte bzw. 24 Prozent der aufgeklärten Varianz. Das ist nur wenig mehr als im Rahmen des Modells mit festen Effekten. Auf Ebene der Einzelvariablen ergibt sich die stärkste Veränderung für die Einbeziehung von Behandlungsabbrechern in die Behandlungsgruppe. Das β-Gewicht sinkt von vorher .24 auf .16, ein geringerer Effekt, der sich nun auch nicht mehr als signifikant erweist ($z = 1.62, p = .11$).

Der Publikationsstatus war nicht als erklärende Variable einbezogen worden, da er kaum als Ursache eines ermittelten Behandlungseffektes zu verstehen ist. Das verletzt schon die logische Voraussetzung des temporären Verlaufs von Kausalität (vgl. Cook & Campbell, 1979). Eine interessante Frage verblieb aber dahingehend, ob nach Kontrolle methodischer und inhaltlicher Variablen, die die Publikation einer Studie maßgeblich beeinflussen mögen, diese Form der Verzerrung zu beobachten wäre. Die Analyse zeigte keinerlei Zusammenhang von Publikationsstatus und Effektstärke ($\beta = .00$). Diese Unabhängigkeit bleibt auch bestehen, wenn man den Bezug des Autors zur Untersuchung als Kontrollvariable ausschließt. Der Effekt scheint also nicht dadurch verdeckt zu sein, dass ein Publikationsbias die Tendenz eines Therapeuten betrifft, seine eigene Behandlung nicht der öffentlichen und wissenschaftlichen Kritik aussetzen zu wollen.

10. Diskussion

10.1 Repräsentativität und Größe des Studienpools

Die Suchstrategie der vorliegenden Metaanalyse war breit angelegt und sollte gewährleisten, möglichst viele der potentiell relevanten Studien zu ermitteln. Mit insgesamt 69 Studien, die letztendlich Eingang in die Analyse fanden, kann dieser Versuch als weitgehend gelungenen betrachtet werden. Die umfangreichste Metaevaluation von Alexander (1999) umfasste nur unwesentlich mehr Studien ($N = 79$), legte aber einen bedeutend niedrigeren Maßstab der methodischen Qualität an, indem auch Rückfalluntersuchungen ohne kontrolliertes Design einbezogen wurden. Auch die Metaanalyse von Hanson et al. (2002) legte einen etwas niedrigeren Standard an und bezog lediglich 43 Studien ein. Schließt man die Studien aus, die als Vergleichsgruppe die Behandlungsabbrecher verwendeten, so verbleiben 32 Untersuchungen. Die vorliegende Analyse bezieht sich also – bei vergleichbarem methodischen Mindeststandard – auf etwas mehr als die doppelte Zahl von Studien. Die vorliegenden Ergebnisse stützen sich damit auf eine vergleichsweise breite Basis.

Die relative Vergrößerung des Studienpools im Vergleich mit anderen Arbeiten hat verschiedene Gründe. Zunächst standen eine Reihe von Überblicksarbeiten zur Verfügung, aus denen bereits eine große Zahl an relevanten Untersuchungen extrahiert werden konnte. Die jeweils leicht unterschiedlichen Studienpools der einzelnen Metaevaluationen konnten auf diese Weise bis auf einzelne Ausnahmen zusammengeführt werden. Zudem wurde neben den gängigen Literaturdatenbanken eine große Zahl weiterer Quellen einbezogen. Ein weiterer Grund für den größeren Studienpool ist darin zu sehen, dass keine regionalen oder zeitlichen Grenzen gesetzt wurden. Der Pool erweiterte sich insbesondere um eine Reihe von Arbeiten aus dem deutschsprachigen Raum. Überdies wurden keine Grenzen bezüglich der Art der Intervention gesetzt und im Vergleich zu Hanson et al. (2002) gingen daher auch Evaluationsuntersuchungen zur medikamentösen Behandlung sowie Kastrationsstudien ein. Es konnten aber auch einige Arbeiten lokalisiert werden, die auch den Einschlusskriterien der anderen Metaanalysen entsprochen hätten. Daneben kamen einige neuere, teils im Veröffentlichungsprozess stehende Untersuchungen hinzu.

Obwohl keine zeitlichen Grenzen gesetzt wurden zeigt sich, dass der Studienpool in erster Linie Arbeiten seit den achtziger Jahren umfasst und somit keine historischen Behandlungsergebnisse referiert, sondern im Rahmen der Möglichkeiten aktuell ist. Damit kann man, sowohl was die Anzahl der Studien betrifft als auch deren Aktualität, davon ausgehen, dass die Ergebnisse einen zuverlässigen Überblick über kontrollierte Evaluationsuntersuchungen zur Wirksamkeit der Sexualstraftäterbehandlung ermöglichen.

10.2 Gesamteffekte

10.2.1 Sexuelle Rückfälligkeit

Im Hinblick auf die zwar allgemeine, aber bedeutsame Frage, ob Sexualstraftäterbehandlung in der Lage ist, Rückfälle zu verhindern, soll zunächst die sexuelle Rückfälligkeit betrachtet werden. Der Großteil der Studien berichtet Daten zur sexuellen Rückfälligkeit. Im überwiegenden Teil der Studien zeigt sich ein mindestens schwacher, positiver Behandlungseffekt hinsichtlich der einschlägigen Rückfälligkeit. Die mittlere Rückfallrate liegt über die verschiedenen Vergleiche hinweg für die behandelten Gruppen gut zehn Prozentpunkte unter der der Kontrollgruppen. Das liegt in etwa im Rahmen der Unterschiede, die sich auch in anderen Metaevaluationen zur Sexualstraftäterbehandlung zeigen und entspricht grob dem Bild, das man aus der allgemeinen Straftäterbehandlung kennt (vgl. Lösel, 1995, 1996a). Der deskriptive Eindruck eines insgesamt positiven Behandlungseffektes lässt sich über die verschiedenen Integrationsstrategien hinweg (ungewichtet, Gewichtung nach dem Modell mit festen und Zufallseffekten) jeweils auf hohem Niveau statistisch absichern. Die ermittelten mittleren Odds Ratios reichen je nach verwendeter Gewichtungsmethode von 0.43 (ungewichtet) bis 0.80 (Modell mit festen Effekten). Angesichts der erheblichen Heterogenität der Effektstärken über die einzelnen Vergleiche hinweg ergibt sich der angemessenste Schätzer der mittleren Effektstärke über die Gewichtung nach dem Modell mit Zufallseffekten (vgl. Lipsey & Wilson, 2001). Die Odds Ratio liegt bei 0.59 (Cohen's $d = 0.29$). Die in Abhängigkeit von der Gewichtungsmethode festgestellten Unterschiede zwischen den mittleren Effektschätzungen sind recht groß, allerdings findet sich in Metaanalysen mit anderem inhaltlichen Schwerpunkt ein vergleichbares Ausmaß an Variabilität in Abhängigkeit von der bei der Integration verwendeten Gewichtungsmethode (z.B. Lösel & Beelmann, 2003, zum Training sozialer Fertigkeiten für Kinder in der Prävention von antisozialem Verhalten). Diese Unterschiedlichkeit beruht auf zwei Aspekten: Erstens ist die Effektstärkeverteilung äußerst heterogen und zweitens liegt ein Zusammenhang zur Stichprobengröße vor, da sich die Gewichtungsfaktoren in erster Linie durch den Einfluss der Stichprobengröße unterscheiden. Auf diese Aspekte soll an späterer Stelle ausführlicher eingegangen werden. Sie zeigen aber an, dass die mittlere Effektstärke nur als grober Repräsentant der einbezogenen Studien dienen kann. Es ergibt sich insgesamt ein positiver Behandlungseffekt, wenn dieser Effekt auch nicht über alle Behandlungsformen und -situationen hinweg in gleicher Weise gelten mag.

Vergleich mit früheren Metaanalysen. Zieht man den mittleren Effekt nach dem Modell mit Zufallseffekten als Vergleichsmaßstab heran, so ist das hier gefundene Ergebnis prägnanter als bei Hanson et al. (2002; $d = 0.12$), etwa vergleichbar mit Halls (1995; $d = 0.24$) Analyse und geringer als bei Gallagher et al. (2000; $d = 0.47$). Die Metaanalysen unterscheiden sich jedoch in einigen Punkten. Hanson et al. integrierten die Studien im Rahmen des Modells mit festen Effekten. Unter dieser Maßgabe decken sich die Ergebnisse mit den hier gefundenen. Obwohl das eine Vergleichbarkeit der beiden Analysen andeutet, ergibt ein genauerer Blick, dass die gleichen Effekte auf unterschiedlichen Wegen zustande kommen. Einerseits bezogen Hanson et al. nur Psychotherapiestudien ein, d.h. die Evaluationen der Hormonbehandlung und der chirurgischen Kastration, die besonders hohe Effekte aufweisen, waren nicht enthalten. Andererseits jedoch waren in ihrer Analyse Studien enthalten, die die Behandlungsabbrecher als Kontrollgruppe nutzten. Diese waren in der vorliegenden Untersuchung ausgeschlossen worden. Die zahlenmäßig vergleichbaren Ergebnisse haben also andere Ursachen. Die höheren Werte von Gallagher et al. (2000) dürften darin begründet sein, dass die Primärstudien auf der Grundlage des Modells mit Zufallseffekten integriert wurden und überdies sowohl Kontrollgruppen mit Behandlungabbrechern als auch organische Behandlungsansätze beinhalteten. Letzteres gilt ebenso für Halls Analyse, der jedoch das Modell mit festen Effekten zugrunde legte. Der von ihm berichtete durchschnittliche Effekt liegt folgerichtig zwischen den anderen. Berücksichtigt man die unterschiedlichen Vorgehensweisen, so kommen letztlich alle Metaanalysen zu ähnlichen Ergebnissen. Obwohl die dargestellte Abhängigkeit der Ergebnisse von den metaanalytischen Vorgehensweisen zeigt, dass die präzise Angabe eines „wahren" mittleren Effektes der Sexualstraftäterbehandlung allgemein kaum gerechtfertigt ist, zeigt sich auch, dass jede der Analysen trotz aller Unterschiede einen wenigstens schwach positiven, in jedem Fall aber statistisch abzusichernden Effekt erbrachte.

Einschränkungen. Den gefundenen positiven Gesamteffekt kann man allerdings mit Blick auf die methodische Qualität der integrierten Primärstudien in Frage stellen (z.B. Quinsey et al., 1993; Rice & Harris, 2003). Viele der in die vorliegende Metaanalyse einbezogenen Studien weisen offensichtliche methodische Mängel auf. Die Äquivalenz der Kontrollgruppen war in mehr als der Hälfte der Vergleiche entweder eindeutig nicht gegeben oder zumindest fragwürdig. Eine klare kausale Interpretation eines Behandlungseffektes ist in diesen Fällen kaum möglich (vgl. Cook & Campbell, 1979). Allerdings zeigen die Ergebnisse auch, dass die Effektstärken bei diesen Studien nicht etwa bessere Werte annehmen, sondern eher schlechtere. Die Sensitivitätsanalyse mit einer Beschränkung des Studienpools auf Studien, die annähernd als äquivalent betrachtet werden können, zeigt vergleichbare Behandlungseffekte auf wie die Gesamtanalyse. Berücksichtigt man überdies, dass keine der Kastrationsstudien eine äquivalente Kontrollgruppe beinhaltete, so zeigen die methodisch höher einzustufenden Arbeiten sogar bessere Effekte. Auch wenn man die methodische Grenze noch höher anlegt und nur randomisierte Designs als aussagekräftig gelten lässt, bestätigt sich der gefundene Behandlungseffekt. Allerdings ist er hier nicht statistisch abzusichern und das liegt nicht allein an der geringen Zahl von sechs Vergleichen. Die in den randomisierten Studien ermittelten Effekte sind sehr heterogen und reichen von sehr positiven (Borduin et al., 1990; Borduin & Schaeffer, 2001; McConaghy et al., 1988) bis hin zu klar negativen Behandlungseffekten (Romero & Williams, 1983). Die Heterogenität der Studien bezieht sich aber nicht ausschließlich auf die Effektstärken. Sie weisen auch eine enorme Breite an zugrunde liegenden Behandlungsformen auf, die von einer systemischen Perspektive (Borduin et al., 1990; Borduin & Schaeffer, 2001) über psychoanalytisch orientierte (Romero & Williams, 1983), den Prinzipien einer therapeutischen Gemeinschaft folgenden (Ortmann, 2002) und Relapse Prevention-Ansätzen (Marques, 1999) bis hin zu hormonaler Medikation (McConaghy et al., 1988) reichen. Das deutet an, dass die Effektstärkevariablität nicht ausschließlich eine Funktion des Studiendesigns ist, sondern auch inhaltliche Faktoren eine Rolle spielen dürften. Umso mehr sind Evaluationen mit hohen methodischen Standards zu fordern, da sie gerade die so wichtigen Befunde zu differentiellen Behandlungseffekten klarer vermitteln können. Ob die Argumentation mit methodischen Unzulänglichkeiten eine prinzipielle Absage an Hinweise auf Behandlungseffekte umfassen muss, erscheint hingegen fraglich. Dies umso mehr als sich zeigt, dass in den Studien, in denen sich offensichtliche Unterschiede zwischen Behandlungs- und Vergleichsgruppe zeigen, diese in der Tendenz eher einen Bias *gegen* die behandelten Gruppen bedeuten. Das gilt auch für Unterschiede in den Katamnesezeiträumen, die bei den behandelten Probanden im Mittel eher länger sind. So sehr Studien mit klarer interpretierbaren Designs zu wünschen sind, so unangebracht scheint es, andere Hinweise nicht zu würdigen. Die Umstände für „saubere" Evaluationen sind hier schlicht zu sehr von praktischen Notwendigkeiten gestört (vgl. Lösel, 2001a; Marshall, Jones et al., 1991). Methodisch hochwertige Studien in diesem Bereich sind – trotz der positiven Entwicklungen der letzen Jahre – nach wie vor zu selten. Das zeigt sich als Manko der vorliegenden Arbeit in identischer Weise wie in früheren Zusammenfassungen.

Ein anderer methodischer Aspekt ist die Größe der verwendeten Stichprobe. Generell gilt – zumindest in einem statistischen Sinn –, dass den Ergebnissen umso mehr Vertrauen zu schenken ist, je größer die zugrunde liegende Datenbasis ist. Die vorliegenden Analysen zeigen einen klaren Zusammenhang der Stichprobengröße zur ermittelten Effektstärke. Dieser Umstand führt auch zu den doch recht großen Unterschieden der mittleren Effekte über die verschiedenen Gewichtungsprozeduren hinweg. Die Effektstärken der Studien mit sehr großen Stichproben zeigen eher keinen Behandlungsvorteil für die behandelten Sexualstraftäter. In Vorgriff auf die später zu besprechenden Moderatoreffekte sei bei den beiden Studien mit den größten Stichproben darauf hingewiesen, dass sie beide relativ kurze Katamnesezeiträume von zwei bzw. drei Jahren umfassten mit entsprechend niedrigen Basisraten (je kleiner 5 %). Das Programm, das einen schwach positiven Behandlungseffekt zeigte (Friendship et al., 2003; $N = 2\,557$, $OR = 0.71$) war in seiner Natur kognitiv-behavioral angelegt. Die Darstellung der Ergebnisse erfolgte nach Risikogruppen getrennt, so dass dieser Aspekt bei der Effektstärkenberechnung kontrolliert werden konnte. In der Hauptsache handelte es sich um Täter mit geringem bis mittlerem Risiko. Das andere Programm (Lowden et al., 2003; $N = 1\,822$, $OR = 1.38$) beinhaltete in erster Linie Täter mit geringem Risiko und arbeitete auf der Grundlage einer therapeutischen Gemeinschaft. Die Zuweisung zu Behandlungs- und Kontrollgruppe ist relativ unklar, es ist jedoch von Gruppenunterschieden auszugehen. Die Kontrollgruppe scheint sexuell weniger massiv vorbelastet, indem ihre sexuellen Vor-„Strafen" häufig nicht in Verurteilungen mündeten, sondern auf Anklageebene verblieben und auch ihr aktuelles Delikt häufig keine Sexualstraftat war. Das mögen unter Umständen auch Folgen von „plea bargaining" - Prozessen sein. Bei den behandelten Tätern war die sexuelle Vorstrafenbelastung allerdings eindeutiger. In beiden Studien waren die Untersucher nicht direkt an der Behandlung beteiligt, die Programme stellten einen Teil der routinemäßig angebotenen Maßnahmen in institutionellen Kontexten dar und zur Rückfallbestimmung wurden ausschließlich offizielle Statistiken herangezogen. Beide Studien, insbesondere aber die von Lowden et al. (2003) beschriebene, vereinen einige Aspekte, die in früheren Metaanalysen (Gallagher et al., 2000; Hall, 1995) und der sonstigen Literatur mit geringeren Effekten in Verbindung gebracht werden bzw. aus methodischen Gründen nur begrenzt interpretier sind (Hanson & Bussière, 1998; Lösel, 1995, 2001a; McConaghy, 1999; Rice & Harris, 2003). Beide Untersuchungen zeigten klar positive Effekte, wenn Gewaltdelikte, die auch höhere Basisraten aufwiesen, als Rückfallkriterium herangezogen wurden. In der Studie von Lowden et al. scheint die Kontrollgruppe zwar im Hinblick auf die allgemeine Kriminalität stärker belastet zu sein. Für die Analysen zum Rückfall mit Gewaltdelikten werden diese Aspekte aber statistisch kontrolliert. Die vergleichsweise schwachen bzw. negativen Effekte zur einschlägigen Rückfälligkeit mögen unter Umständen die ohnedies geringe sexuelle Rückfallgefährdung der untersuchten Gruppen ausdrücken und/oder eine geringe Spezifität der Behandlung bedeuten. Dennoch repräsentieren sie Beispiele für die „übliche" Behandlung von Sexualstraftätern. Insgesamt relativiert also der Befund, dass größere Stichproben eher keine Effekte zeigen die mittlere Effektstärke. Größere Stichproben mögen allerdings nicht nur im Rahmen statistischer Überlegungen zum Standardfehler der Effektstärke eine Rolle spielen. Studien mit großen Stichproben beziehen sich für gewöhnlich auf längere Zeiträume oder fassen verschiedene Behandlungsanbieter zusammen. In inhaltlicher Hinsicht ist daher auch denkbar, dass in diesen Fällen die Implementation der Behandlung von Anbieter zu Anbieter bzw. über die Zeit variiert und insgesamt schlechter kontrollierbar ist. Daher mag die Stichprobengröße unter anderem auch über die Güte der Behandlung auf die resultierenden Effekte wirken.

Ein anderer kritischer Aspekt mag sein, dass Evaluationen eher dann veröffentlicht werden, wenn sie positive Behandlungseffekte nachweisen. Dieser Verdacht bestätigt sich in der vorliegenden Analyse zunächst, allerdings wurden genau aus diesem Grund auch unveröffentlichte Evaluationen einbezogen. Es wäre jedoch vermessen anzunehmen, dass im Rahmen der Literaturrecherche alle oder auch nur ein Großteil der grauen Literatur abgedeckt worden wäre. Die recht große Zahl an einbezogenen, nicht publizierten Studien ermöglichte hingegen eine etwas weitergehende Analyse dieses Problems. Hier zeigte sich, dass der Publikationsstatus keine Bedeutung mehr erlangt, wenn andere Aspekte der Effektstärkevariabilität kontrolliert werden. Zumindest im Bereich der Sexualstraftäterbehandlung mag das „File Drawer"-Problem somit von untergeordneter Bedeutung sein. Dennoch erscheint die Berücksichtigung von unpublizierten Arbeiten gewinnbringend, da sie häufig von Vollzugsbehörden ausgehen und die Wirksamkeit von Programmen des Vollzugsalltages widerspiegeln.

10.2.2 Die Bewertung der Höhe der Effekte

Cohen (1962) hat Standards für die Bewertung von Effektstärken festgelegt. Nach diesen Standards nimmt sich der hier ermittelte durchschnittliche Behandlungseffekt bescheiden aus und würde als schwacher Effekt klassifiziert werden. Allerdings gibt es andere und möglicherweise angemessenere Maßstäbe, um den Erfolg der Sexual-straftäterbehandlung einzuschätzen. Cohens Konventionen ergeben sich aus dem, was er als typische Effekte in der klinischen und sozialpsychologischen Forschung ermittelt hat. Eine ausschließliche Messung an diesen Werten lässt somit unberücksichtigt, dass die Bedingungen für das Erreichen eines Effektes über verschiedene Bereiche sozialwissenschaftlicher Forschung höchst unterschiedlich sein können. In Metaana-lysen zur allgemeinen Straftäterbehandlung werden regelmäßig Effektstärken berichtet, die etwa bei $d = 0.20$ liegen (vgl. Lösel, 1995). Zieht man dies als Vergleichsmaßstab heran, so zeigen sich in der vorliegenden Analyse je nach verwendetem Gewichtungs-modell und über verschiedene Rückfallbereiche hinweg gleiche bis größere Effekte.

Man muss sich bei der Bewertung demnach auch fragen, was in einem Bereich realistisch an Behandlungswirkung erwartet werden kann (vgl. Lösel, 1996b). Sowohl die allgemeine Straftäterbehandlung als auch die Sexualstraftäterbehandlung geschehen unter Bedingungen, die nicht das Idealbild einer therapeutischen Situation wider-spiegeln. Während in gewöhnlichen psychotherapeutischen Settings eine Behandlung in der Regel aus einem inneren Leidensdruck heraus aufgesucht wird, liegt der Anlass bei der Straftäterbehandlung in einem äußeren Ereignis begründet. Die Behandlung mag explizit strafrechtliche Konsequenz sein, indem z.B. eine Behandlungsauflage richterlich erteilt wird, oder implizit aus der Hoffnung auf frühere Haftentlassung, bessere Haftbedingungen und ähnlichem resultieren (vgl. Dahle, 1997). Es soll

Sexualstraftätern nicht generell eine intrinsische Behandlungsmotivation abgesprochen werden, aber sie kann nicht als Regelfall vorausgesetzt werden (Dahle, 1994). Neben diesem inneren Hemmnis einer erfolgreichen Therapie stehen zumindest institutionelle Behandlungen vor der schwierigen Aufgabe, eine vertrauensvolle therapeutische Beziehung in einem für den Täter äußerst beschränkenden Umfeld aufzubauen. So erweisen sich in der vorliegenden Analyse die Effekte institutioneller Maßnahmen den ambulanten als deutlich unterlegen. Ein vergleichbarer Effekt, und damit in Verbindung stehend, zeigt sich hinsichtlich der staatlichen oder privaten Trägerschaft der Maßnahme. Neben anderen Aspekten wie dem Risikostatus der betreffenden Klientel oder der erleichterten Übertragung von Behandlungsinhalten auf das Leben in Freiheit, mag sich hierin auch die teilweise Unvereinbarkeit von Strafe und Behandlung, von Besserung und Sicherung, ausdrücken. Weiter zeigen Straftäter in höherem Maße Charakteristika, die es ohnedies erschweren, einen therapeutischen Prozess in Gang zu bringen und aufrecht zu erhalten (vgl. Lösel & Bender, 1997). Ein „schwacher" Effekt bedeutet demnach auch ein Effekt gegen starke Widerstände.

Zudem wurden in der vorliegenden Analyse ausschließlich Arbeiten einbezogen, die den Erfolg einer Behandlung in Bezug auf ein Rückfallkriterium evaluierten. Eine Straftat ist ein multideterminiertes Ereignis. Viele Aspekte, die außerhalb der Reichweite einer Behandlung liegen oder nur am Rande erreichbar sind, spielen dabei eine Rolle. Eine Behandlung kann nicht direkt auf das Merkmal „Rückfälligkeit" zielen, sondern muss an Risikofaktoren ansetzen, die mit diesem Ereignis in Zusammenhang stehen. Bei einer Heranziehung solcher therapienaher Kriteriumsmaße zeigen sich auch in anderen Interventionsbereichen höhere Effekte (z.B. Lösel & Beelmann, 2003). Ein „schwacher" Effekt heißt demnach auch ein Effekt gegenüber einem harten Kriterium. Zudem dienen als Grundlage in aller Regel offizielle Statistiken, die die tatsächlichen Rückfallzahlen zum Teil deutlich unterschätzen. Bei der Messung treten neben den Rückfall Faktoren wie Anzeigebereitschaft, Aufklärungsquote, Aspekte des justitiellen Systems etc., die die Reliabilität des verwendeten Erfolgsmaßes beeinträchtigen (Lösel, 1996b). Das Kriterium ist zugleich ein Ereignis, das bei Misserfolg öffentliche Aufmerksamkeit findet, bei Erfolg hingegen nicht. Im Grunde wird eine Behandlung gefordert, die Rückfälle vollständig eliminiert. Realistisch kann nur die Erwartung sein, die Rückfälligkeit zu reduzieren. Die Studien der vorliegenden Metaanalyse erbrachten für die Behandlungsgruppen eine durchschnittliche sexuelle Rückfallrate von 12 Prozent und 24 Prozent für die Vergleichsgruppen. Der Unterschied von „nur" zwölf Prozentpunkten bedeutet jedoch zu gleicher Zeit eine Reduzierung der Rückfallraten um 50 Prozent. Bezieht man sich auf die *n*-gewichtete Rückfallrate von elf Prozent in den Vergleichsgruppen und den entsprechenden Odds der Rückfälligkeit von 11:89, so zeigt die ermittelte Odds Ratio von 0.59 an, dass sich die Odds für die behandelten Sexualstraftäter auf circa 6:89 verbessert haben. Als Rückfallrate dargestellt sind das sechs bis sieben Prozent, mithin eine Senkung der Rückfalläufigkeit um etwa 40 Prozent. Im medizinischen Bereich werden ähnliche und zum Teil wesentlich geringere Effekte als bedeutsam erachtet. Bei einem Mangel an angemessenen Alternativen sind daher durchaus Maßnahmen als positiv zu bewerten, die (scheinbar) schwache Erfolgsaussichten haben (Lipsey & Wilson, 1993; Lösel, 1996b; Marshall, 2002).

Überdies muss bei der Beurteilung der Effekte die Kosten-Nutzen-Relation betrachtet werden. Selbst scheinbar geringe Effekte können allein aus ökonomischer Sicht rentabel sein und eine Reihe von Kosten-Nutzen-Analysen aus dem Bereich der Sexualstraftäterbehandlung demonstrieren diese Relation. McGrath (1994, zit. n. Steele, 1995) errechnet für eine ambulante Behandlung in Vermont, USA, eine Einsparung von $ 35 000, wenn die Rückfallrate durch die Behandlung um nur einen Prozentpunkt gesenkt werden kann. De facto ergab sich in einer Wirksamkeitsuntersuchung des betreffenden Programms eine Reduzierung um 14 Prozentpunkte (McGrath, Hoke & Vojtisek, 1998). Andere Beispiele demonstrieren zum Teil geringere, aber meist positive Kosten-Nutzen-Effekte (Donato & Shanahan, 2001; Prentky & Burgess, 1990; Steele, 1995). Die erheblichen Kosten weiterer Viktimisierungen auf nicht-materieller Ebene sind hier zum Teil gar nicht berücksichtigt.

10.2.3 Andere Rückfallbereiche

Sexualstraftäter zeigen häufig auch in nicht sexuellen Bereichen kriminelles Verhalten. Es ist daher notwendig, auch andere Rückfallbereiche in die Betrachtung einzubeziehen, um die Effektivität der Sexualstraftäterbehandlung zu beurteilen. In der vorliegenden Analyse erweist sich die Sexualstraftätertherapie keineswegs als spezifisch für den sexuellen Rückfall. Es sind auch Behandlungseffekte hinsichtlich Gewaltdelikten oder allgemeiner Delinquenz zu beobachten. Insgesamt ergeben sich vergleichbare Effekte, in einzelnen Analysen und Rückfallbereichen sogar etwas günstigere Ergebnisse. Obwohl der Vergleich der Bereiche mit aller Vorsicht vorzunehmen ist, da sich die

Analysen nicht auf identische Vergleiche beziehen und teilweise ohnedies nur wenige Studien die einzelnen Bereiche berücksichtigen, kann dies doch als Bestätigung dafür dienen, dass die Reduzierung der sexuellen Rückfälligkeit nicht in einer Verschiebung der Kriminalität begründet ist, sondern ein genereller Effekt auf die Legalbewährung festzustellen ist. Auch die wenigen Moderatoranalysen, die für die allgemeine Rückfälligkeit durchgeführt wurden, zeigen ähnliche Befundmuster wie für die einschlägige Rückfälligkeit. Diese Vergleichbarkeit von sexueller und genereller Rückfälligkeit berichten auch Hanson et al. (2002). Das ist insofern nicht überraschend, als viele der in der Behandlung von Sexualstraftätern angesprochene Problembereiche wie Empathie, Selbstkontrolle, Coping-Fertigkeiten und Selbstwertgefühl auch Bestandteile der allgemeinen Straftäterbehandlung darstellen und generelle Risikofaktoren betreffen. Erstaunlicher ist hingegen, dass trotz der scheinbaren Vergleichbarkeit der Effekte über verschiedene Deliktbereiche hinweg der Umstand eine Rolle zu spielen scheint, ob sich ein Programm spezifisch an Sexualstraftäter wendet. Man würde annehmen, dass spezifische Programme auch spezifische Inhalte sexueller Delinquenz umfassen und damit eine spezifische Wirkung hinsichtlich sexueller Rückfälligkeit zeigen. Das ist nicht der Fall und es zeigt sich darüber hinaus, dass auch die allgemeine Rückfälligkeit bei Programmen geringer ist, die sich speziell an Sexualstraftäter wenden. Diese Befunde darf man nicht überbewerten. Erstens waren die meisten Programme speziell an Sexualstraftäter gerichtet und zweitens war dieser Effekt im Rahmen der hierarchischen Regressionsanalyse nicht mehr zu beobachten. Andererseits war dieses Gesamtmodell im Hinblick auf die behandlungsrelevanten Aspekte konservativ ausgerichtet, indem differentielle Behandlungseffekte erst nach Kontrolle einer Vielzahl anderer Variablen untersucht wurden. Man mag daher vorsichtig interpretieren. Eine Behandlung, die die spezifischen Bedürfnisse eines Täters berücksichtigt, scheint erfolgreicher zu sein (need principle nach Andrews, Bonta & Hoge, 1990). Das deutet sich hier an, wenngleich in einer schwachen Operationalisierung, und wird auch in der allgemeinen Straftäterbehandlung bestätigt (Andrews, Zinger et al., 1990; Antonowicz & Ross, 1994; Lösel, 1995). Dabei mag es gar nicht so sehr auf die deliktspezifischen Inhalte der Behandlung ankommen, sondern die Differenzierung von Sexualstraftätern mag ein generelles therapeutisches Verständnis ausdrücken, dass Kriminalität keine monokausale Begründung hat, sondern eine differenziertere Betrachtung erfordert. Unter einem solchen therapeutischen Verständnis stünde eine generelle Orientierung an kriminogenen Faktoren des jeweiligen Täters im Vordergrund und hätte sowohl auf sexuelle wie nicht sexuelle Risikofaktoren einen positiven Einfluss. Oder in die andere Richtung formuliert: Wenn noch nicht einmal grobe Differenzierungen berücksichtigt werden, ist auch keine differenzierte Behandlung zu erwarten. Die sich daraus ergebenden Konsequenzen mögen sich über verschiedene Rückfallbereiche hinweg in äquivalenter Weise niederschlagen.

10.3 Moderatoranalysen

Was in der Literatur anschaulich als „Äpfel-und-Birnen"-Problem beschrieben wird (Lösel, 1987), die Integration sehr verschiedener Untersuchungen, könnte man der vorliegenden Metaanalyse zurecht zuschreiben, wenn sie auf der Ebene der Gesamt-effekte stehen bleiben würde. Es wurde bereits auf die Vorbehalte hingewiesen, die bei der Interpretation der Gesamteffektstärken notwendig sind. Die verschiedenen Vergleiche erbrachten ein äußerst heterogenes Bild der Wirksamkeit der Sexual-straftäterbehandlung. Der generell positive Gesamteffekt täuscht darüber hinweg, dass die einzelnen Interventionen zum Teil sehr erfreuliche Behandlungsergebnisse berichten konnten, teils aber auch stark erhöhte Rückfallraten in den behandelten Gruppen zu verzeichnen waren. Im Rahmen der Moderatoranalyse wurden differentielle Aspekte der einzelnen Vergleiche näher untersucht, es wurde sozusagen das Obst nach Früchten sortiert. Teils war darunter allerdings „faules" Obst.

10.3.1 Probleme der Moderatoranalysen

Die detaillierte Untersuchung war durch zwei Faktoren wesentlich beeinträchtigt. Zum einen konnte auf der Grundlage der verfügbaren Informationen eine Vielzahl der Kodierungen nicht oder nur als vorsichtige Einschätzung vorgenommen werden. Die Einschätzung der Gefährdungen der deskriptiven Validität dokumentiert dieses Defizit recht deutlich. Gerade die Darstellung der konkreten Umsetzung von Behandlungs-maßnahmen ist in zwei Drittel der Fälle vollkommen unzureichend. Aber auch in anderen Bereichen überwiegen die kritischen Einschätzungen. Die vorliegenden Befunde decken sich mit den von Lösel et al. (1987) berichteten Werten zur Evaluation der Sozialtherapie relativ genau. Das ist bedauerlich, da letztere Arbeit immerhin 15 Jahre zurückliegt und sich somit eine Stagnation auf niedrigem Niveau andeutet.

Für die Kodierung ergeben sich daraus je nach Studie und Variable unterschiedlich gravierende Konsequenzen. Während manche Studien die verschiedenen Aspekte aus dem methodischen und inhaltlichen Bereich sehr vollständig und klar darstellen, sind in anderen Studien deutliche Dokumentationslücken festzustellen. Das bedeutet nicht in jedem Fall einen Vorwurf an die entsprechenden Arbeiten. Zum Teil war die Sexualstraftäterbehandlung nur ein Nebenaspekt der Untersuchung. Zum Beispiel berichtet Ortmann (2002) eine sehr fundierte Evaluation der sozialtherapeutischen Anstalten in Düren und Gelsenkirchen. Die Differenziertheit der Evaluation drückt sich unter anderem darin aus, dass Sexualstraftäter als separate Gruppe berichtet werden. Da es keine spezifische Evaluation der Sexualstraftäterbehandlung ist, fehlen nähere Informationen zu dieser Untergruppe.

Hinsichtlich der Variablen erwies sich die Behandlungsintegrität als besonders schwierig einzuschätzen. Aber auch bei anderen Variablen traten erhebliche Probleme auf. So machten viele der Evaluationsuntersuchungen nur rudimentäre Angaben zum Umfang und zu den konkreten Inhalten der Behandlung. Auch die einbezogenen Deliktgruppen wurden nicht immer berichtet, noch seltener die Ergebnisdarstellung nach diesem Aspekt getrennt. Spezifischere Klassifikationsansätze wie sie eingangs der Arbeit dargestellt wurden, kamen allenfalls in Bezug auf einzelne Aspekte vor (z.B. Trennung von verheirateten und nicht verheirateten Tätern; Marques, 1999). Selbst Angaben, die man bei Untersuchungen als Standard voraussetzt, wie das Alter der Probanden, fehlten häufig. Das führte zu einer hohen Zahl an Missing-Kodierungen oder nur groben Einschätzungen. Die Ergebnisse der Moderatoranalysen sind daher mit einigen Unsicherheiten behaftet. Insbesondere die Gesamtanalyse ist davon betroffen, da durch die notwendige Ersetzung fehlender Werte durch den „neutralen" Mittelwert Information verloren geht und Abhängigkeiten zwischen Variablen zum Teil verwischt werden. Zum Teil erwiesen sich fehlende Informationen geradezu als systematische Einflussfaktoren der Effektstärken. Die mangelhafte Dokumentation des einer Behandlung zugrunde liegenden Konzeptes ging mit deutlich geringeren Behandlungseffekten einher. Dieser Umstand erwies sich zwar in der Gesamtanalyse und nach Kontrolle methodischer und populationsspezifischer Faktoren sowie Aspekten des Behandlungsumfeldes als weniger gravierend. Es deutet aber dennoch an, dass hierdurch relevante Information in den Analysen nicht zur Verfügung stand. In noch deutlicherer Ausprägung zeigt sich dieser Effekt hinsichtlich der Freiwilligkeit der

Behandlung. Allein das Fehlen dieser Information „erklärte" im Gesamtmodell vier Prozent der Effektstärkenvarianz.

Die Moderatoranalyse leidet überdies unter den vielfältigen Beziehungen der Moderatorvariablen untereinander. Eine systematische Analyse der einzelnen Moderatorvariablen im Rahmen eines komplexen Modells wurde zwar in einem bescheidenen Versuch unternommen, indem die Varianzanteile der einzelnen Variablenbereiche (Evaluationsdesign und Methodik, Population, Behandlungsinhalte und -settings sowie andere studienbezogene Aspekte) im Rahmen einer hierarchischen Regression untersucht wurden. Doch bleibt auch hier das Problem der Konfundierung von Variablen aus verschiedenen Bereichen bestehen (z.B. Behandlungsansatz und Evaluationsdesign). Die Gesamtanalyse ist überdies durch die vergleichsweise geringe Anzahl an Studien, die in die Metaanalyse einbezogen werden konnten, betroffen. Sie musste daher auf einem relativ simplen Niveau bleiben. Ein komplexeres Regressionsmodell, das den vielfältigen Verbindungen der Variablen Rechnung tragen könnte, war aufgrund der geringen Fallzahlen nicht sinnvoll anzuwenden, da dadurch die Teststärke in einer Weise in Mitleidenschaft gezogen werden würde, die eine statistische Absicherung einzelner Effekte unmöglich macht. Dennoch ergeben sich in den Analysen einige differentielle Befunde.

10.3.2 Methodische Faktoren

Eine Reihe methodischer Faktoren wurden bereits im Rahmen der Diskussion der Gesamteffekte angesprochen. Insgesamt scheint sich die Qualität der Studien nicht systematisch auf die Höhe der Effekte auszuwirken. Allerdings fand sich ein sehr klarer, wenn auch in der Richtung unerwarteter, Zusammenhang zum Umfang der Behandlung, der der Vergleichsgruppe zuteil wurde. Dieser Effekt ist nicht ohne weiteres interpretierbar. Es liegt eine erhebliche Konfundierung mit anderen Variablen vor und unter Kontrolle dieser Variablen ließ sich der Zusammenhang nicht mehr nachweisen. Aufgrund dieses Ergebnisses wurde der Zusammenhang als Artefakt betrachtet und in der weiteren Analyse nicht berücksichtigt. Es ist jedoch auch denkbar, dass die meist unspezifische Behandlung der Vergleichsgruppe die Rückfallgefahr geradezu erhöht. Man kann z.B. annehmen, dass es sich bei solchen Maßnahmen häufiger um individualtherapeutische Maßnahmen handelt, die nach Ergebnissen von Ortmann (2002) eher negative Prädiktoren des Rückfalls darstellen. Eine genauere Beurteilung dieses Aspektes würde allerdings nähere Auskunft über die Behandlung der Vergleichsgruppe erfordern. Schon die evaluierten Behandlungen sind oft unzureichend beschrieben. Es ist kaum zu erwarten, dass die Behandlung der Vergleichsgruppe besser beschrieben wird. Die Erwartung wird leider nicht enttäuscht. Für gewöhnlich ist dem Bericht allenfalls zu entnehmen, dass überhaupt eine Behandlung der Vergleichsgruppe stattfand. Selbst bei einer genaueren Beschreibung verbliebe allerdings ein gewisses Dilemma bei der Beurteilung der Angemessenheit der Behandlung, da die vorliegende Arbeit ja erst versucht, Faktoren zu bestimmen, die adäquate Behandlungen kennzeichnen. Es böte sich jedoch die Gelegenheit, Faktoren der Angemessenheit von Behandlungsmaßnahmen gerade aus den mehr oder weniger großen Rückfallunterschieden der einzelnen Behandlungsvergleiche zu extrahieren. Es ist daher Lösels (2001a) Forderung zuzustimmen, auch der Behandlungsbeschreibung der Vergleichsgruppe mehr Gewicht beizumessen.

Aus welchen Gründen die Vergleichsgruppe nicht der evaluierten Behandlung unterzogen wurde, spielte eine untergeordnete Rolle. Lediglich die Behandlungsverweigerung wies einen gewissen Bezug zu den Effektstärken auf, jedoch in nur schwacher Form. Eine Interpretation dieses Zusammenhangs ist ohnedies schwierig, da auf Ebene der Vergleiche eine Konfundierung mit der Freiwilligkeit der Behandlungsteilnahme vorliegt, die für sich zur Effektstärkevariabilität beiträgt.

In der vorliegenden Analyse fanden sich klare Zusammenhänge zur Basisrate des Rückfalls. Das können zum Teil schlicht mathematische Artefakte im Rahmen der Effektstärkenberechnung sein. Andererseits bieten höhere Rückfallraten auch mehr Spielraum für positive Behandlungseffekte. Wenn die Rückfälligkeit ohnedies sehr gering ist, kann durch Behandlung nicht viel gewonnen werden. Mit der Basisrate des Rückfalls in Zusammenhang steht die Sensitivität der Erfassung der Rückfälligkeit. Der gefundene Effekt der Datenquelle ist allerdings nicht allein auf die dadurch erhöhten Rückfallraten zurückzuführen, da der Zusammenhang zu den Effektstärken auch nach Kontrolle dieses Aspektes erhalten bleibt. Einerseits scheint dieser Effekt ein Hinweis für die Wirksamkeit der Sexualstraftäterbehandlung zu sein, da durch die Ausweitung der Datenquellen eine validere Erfassung der tatsächlichen Rückfälligkeit ermöglicht wird, die weniger stark durch Aspekte wie Verfolgungsaktivität der Polizei und Gerichte begrenzt ist und so auch das Dunkelfeld besser erreicht. Andererseits mag der Befund auch das Gegenteil implizieren, da der Effekt offenbar bei weniger gravierenden

Delikten, die eher unverfolgt bleiben oder keine strafrechtlichen Konsequenzen nach sich ziehen, größer ist. Eine starke Konfundierung mit dem Behandlungsansatz macht eine klare inhaltliche Interpretation des Effektes jedoch unmöglich (vgl. auch Gallagher et al., 2000). Rückfallmaße, die auch sensitivere Quellen und Definitionen erfassen, sind wünschenswert und hilfreich. Eine detaillierte Aufstellung der Ergebnisse ist hier aber erforderlich, um die Vergleichbarkeit mit anderen Studien zu gewährleisten.

Insgesamt zeichneten methodische Variablen gemeinsam mit anderen nicht inhaltlich zu klassifizierenden Variablen allein für etwa die Hälfte der im Gesamtmodell aufgeklärten Varianz verantwortlich. Dies deutet auch auf die Schwierigkeit hin, inhaltliche Moderatoren der Sexualstraftäterbehandlung aufzudecken, da sie durch ein „Grundrauschen" überdeckt sind.

10.3.3 Behandlungsinhalte

Hinsichtlich der Wirksamkeit verschiedener Ansätze im Rahmen der Sexualstraftäterbehandlung ergeben sich relativ deutliche Unterschiede. In der Zusammenschau der Befunde lassen sich zwei grobe Tendenzen ausmachen. Behandlungen, die an der sexuellen Erregung ansetzen, sowie Ansätze, die sich durch eine stärkere Strukturierung des therapeutischen Geschehens auszeichnen, scheinen bessere Behandlungseffekte zu erbringen.

Reduzierung der sexuellen Erregbarkeit. Die größten Unterschiede zwischen den einzelnen Behandlungsansätzen ergeben sich zwischen der chirurgischen Kastration und den anderen Interventionen. Auf diese Maßnahme soll später noch detaillierter eingegangen werden. Gemeinsam mit den hormonalen Behandlungen führt sie zu einer deutlichen Überlegenheit der organischen Ansätze gegenüber den psychosozialen Interventionen. Der hauptsächliche Wirkmechanismus besteht in beiden Fällen organischer Behandlung in dem Einfluss auf die Testosteronproduktion bzw. -wirkung und der damit verbundenen generellen Triebdämpfung. Die grundlegende Idee der verhaltenstherapeutischen Konditionierungstechniken ist dem nicht unähnlich. Unter den psychosozialen Interventionen zeigten diese die deutlichsten Effekte. Anstatt allerdings auf eine generelle Reduzierung des sexuellen Arousals zu zielen, beziehen sie sich spezifisch auf deviantes Arousal. Der positive Befund zu den verhaltenstherapeutischen Maßnahmen steht im Gegensatz zu Halls (1995) Ergebnissen. Auf die Problematik seiner Kategorisierung wurde jedoch bereits eingegangen und überdies bezog er sich auf lediglich drei bzw., wenn man die wohl fehlerhaft klassifizierte Arbeit von McConaghy et al. (1988) ausnimmt, nur zwei Studien. Die vorliegende Analyse bezog dagegen acht Vergleiche aus sechs Studien ein und stützt sich somit auf eine breitere Basis. Der positive Effekt der hormonalen Behandlung bestätigt sich dagegen auch in Halls und anderen Metaevaluationen (z.b. Gallagher et al., 2000; Grossman et al., 1999). Angesichts der Bedeutung, die sexueller Devianz als Risikovariable zukommt (vgl. Hanson & Bussière, 1998), erscheint dies plausibel. Der positive Effekt der beiden Maßnahmen zeigt sich zunächst auch auf Ebene der separat kodierten Behandlungselemente. Allerdings verliert sich dieses Bild im Rahmen der Gesamtanalyse. Weder die rein behavioralen Elemente, noch die hormonale Medikation erscheinen hier als besonders wirksam und fallen daher aus dem endgültigen Modell. Dabei ist allerdings zu berücksichtigen, dass bei der hierarchischen Analyse eine für die Aufdeckung von spezifischen Effekten der Behandlung äußerst konservative Strategie angewendet wurde. Die Konfundierung von Variablen aus verschiedenen hierarchischen Stufen wurde auf diese Weise jeweils zuungunsten von Behandlungsaspekten aufgefasst. Gerade bei den medikamentösen Ansätzen lagen eine Reihe sehr spezifischer Abhängigkeiten vor. So war der Selbstbericht als sensitivste Datenquelle ausschließlich im Rahmen der Evaluation von hormonalen Interventionen angewandt worden. Eine genaue Bewertung des Effektes hormonaler Medikation auf die Reduzierung der sexuellen Rückfälligkeit ist daher nicht möglich. Ebenso wie für die Konditionierungstechniken dürfte jedoch der Grundsatz gelten, dass diese Maßnahmen insbesondere dann sinnvoll sind, wenn sich deviante sexuelle Erregung überhaupt zeigt. Täter, deren Weg zu sexueller Delinquenz über andere ätiologische Pfade läuft, mögen von solchen Maßnahmen nur bedingt profitieren (vgl. Hall, 1996).

In Bezug auf die Hormonbehandlung ist überdies zu bedenken, dass der Effekt nicht nachhaltig ist, d.h. mit dem Absetzen der Medikation verliert sich auch die Wirkung. Dies ist insofern ein gravierendes Problem, als die Hormontherapie nicht spezifisch auf deviante Sexualität gerichtet ist, sondern Sexualverhalten in sehr allgemeiner Weise betrifft. Überdies sind eine Reihe von Nebenwirkungen zu erwarten, die durch den Eingriff in das Hormonsystem bedingt sind. Diese Aspekte erhöhen die Gefahr eines Behandlungsabbruchs. In solchen Fällen ist mit einem deutlichen Anstieg der Rückfallrate zu rechnen (z.B. Berlin & Meinecke, 1981; Meyer, Cole & Emory, 1992).

Daher erscheint die hormonale Medikation insbesondere als Ergänzung zu psychotherapeutischen Interventionen gewinnbringend (vgl. Maletzky, 1991a; Meyer & Cole, 1997).
Letztere mögen die Compliance in Bezug auf die medikamentöse Behandlung erhöhen
(vgl. Langevin et al., 1979), darüber hinaus die Nachhaltigkeit der Behandlung fördern
und zudem Risikofaktoren, die über die sexuelle Erregung hinausgehen, therapeutisch
gezielt ansprechen. Neuere Entwicklungen im Bereich der medikamentösen Behandlung
von Sexualstraftätern (GnRH-Agonisten, SSRI) scheinen zwar vielversprechend,
allerdings fehlen bislang kontrollierte Untersuchungen, die ihre Wirksamkeit auch in
Bezug auf ein Legalkriterium bestätigen können (Gijs & Gooren, 1996; Rösler &
Witztum, 2000).

Strukturierte Behandlung. Im Rahmen der psychosozialen Ansätze erwies sich neben
den rein behavioralen Maßnahmen die kognitiv-behaviorale Therapie als relativ
wirksame Strategie im Umgang mit Sexualstraftätern. Dies zeigte sich über alle
Auswertungsstrategien hinweg. Im Gesamtmodell verbleibt die Einbeziehung kognitiver
Elemente in eine Behandlungsmaßnahme als einzige inhaltliche Behandlungsvariable
erhalten. Dies bestätigt die Befunde anderer Autoren im Bereich der Sexualstraftäterbehandlung (Aos et al., 2001; Gallagher et al., 2000; Hall, 1995; Hanson et al., 2002;
Lösel & Schmucker, 2003; Marshall, Jones et al., 1991; Marshall & Pithers, 1994) und
spiegelt die vorherrschende Meinung auch in der allgemeinen Straftäterbehandlung
wider (Izzo & Ross, 1990; Lösel, 1995, 2001d). Ein Grund mag in der relativ starken
empirischen Grundlage der Risikofaktoren zu suchen sein, die im Rahmen kognitiv-
behavioraler Behandlungsmaßnahmen angezielt werden. Das ist einer der Aspekte, die
Andrews, Bonta et al. (1990) als Kriterium angemessener Behandlung identifiziert
haben. Ein weiterer Grund mag die höhere Strukturierung des Ansatzes darstellen. Eine
ähnlich hohe Strukturierung des Vorgehens können auch Vorgehensweisen der
klassischen Verhaltenstherapie für sich beanspruchen. Eine in die gleiche Richtung
weisende, wenn auch schwach ausgeprägte Tendenz zeigt sich bei einer genaueren
Unterteilung der therapeutischen Gemeinschaften nach diesem Kriterium. Die
Strukturierung mag eine geringere „Ablenkbarkeit" des therapeutischen Prozesses
unterstützen und damit eine stärkere Fokussierung auf die kriminogenen Faktoren des
einzelnen Täters ermöglichen (vgl. Lösel, 1996b). Sie mögen überdies im Sinne des
Ansprechbarkeitsprinzips (Andrews, Bonta et al., 1990) den Lernstilen der Täter besser
entsprechen. Zuletzt mögen sie den therapeutischen Prozess vor Manipulationsversu-

chen eines Täters effektiver schützen (vgl. Lösel, 1998). Die Strukturierung mag auch dem Therapeuten in zweifacher Hinsicht eine Hilfestellung sein. Sexualstraftaten können starke emotionale Reaktionen provozieren. Das nimmt Therapeuten nicht aus. Die Strukturierung des Behandlungsablaufes mag dem Therapeuten eine gewisse Distanz zu den mit der, wenn auch nur verbal präsenten, Tat verbundenen persönlichen emotionalen Konflikten ermöglichen (vgl. Berner, Kleber & Lohse, 1998 zur Problematik der Gegenübertragung in der Sexualstraftäterbehandlung). Überdies dürfte die höhere Strukturierung eines Verfahrens die Implementationsgüte einer Behandlung erhöhen und auf einem konstanteren Niveau halten. Inwieweit dieser Aspekt, die Integrität einer Behandlung, systematisch mit dem Erfolg der Behandlung zusammenhängt, ließ sich in der vorliegenden Metaanalyse nur andeutungsweise überprüfen, da schlicht zu selten eine Einschätzung möglich war. Die wenigen Vergleiche, die diese Einschätzung erlauben, sprechen in der Tendenz dafür. Eine nähere Untersuchung wäre wünschenswert, erfordert aber neben einer rein ergebnisorientierten Prüfung von Sexualstraftäterbehandlung eine stärkere Einbeziehung formativer Evaluationsbemühungen (vgl. Lösel, 2001a).

Kognitiv-behaviorale Ansätze bildeten in etwa der Hälfte der hier einbezogenen Vergleiche die Grundlage der Intervention und zum Großteil waren dabei auch Elemente des Relapse Prevention-Modells einbezogen worden. Das Modell hat eine hohe Augenscheinvalidität, was ein Grund für seine Popularität sein mag, und es wurde relativ schnell als ein „Heilsmodell" der Sexualstraftäterbehandlung übernommen. Dieses Versprechen wurde aber selbst von den Advokaten des Ansatzes in dieser Form nie ausgesprochen (siehe Laws, 2000) und die Analysen dieser Arbeit unterstützen die Vorsicht bzw. deuten an, dass solche Versprechen nicht eingelöst werden. Obwohl Programme, die Relapse Prevention in die Behandlung einbeziehen, positive Resultate erzielen, deutet eine etwas weitergehende Analyse an, dass dies weniger eine spezifische Folge der Relapse Prevention-Elemente zu sein scheint. Vielmehr scheinen sie in Programme eingebettet zu sein, die für sich wirksame Strategien darstellen, insbesondere durch die Verwendung allgemeiner kognitiv-behavioraler Techniken. Schon Hanson (1996) weist darauf hin, dass Relapse Prevention den kognitiv-behavioralen Behandlungsansätzen in erster Linie sprachliche, weniger konzeptionelle Neuerungen mitgegeben habe. Dieses Bild scheint sich in den vorliegenden Ergebnissen zu bestätigen. Bei der Bewertung des Relapse Prevention-Ansatzes in der vorliegenden Arbeit muss man allerdings berücksichtigen, dass er „en vogue" ist. Das führt auch zu einer möglicherweise wenig elaborierten Übernahme einzelner Bestandteile, ohne auf eine sinnvolle Integration dieser Aspekte im Rahmen einer Gesamtbehandlung zu achten (Laws, 2000). Die vorliegende Analyse musste mit den Informationen arbeiten, die zur Verfügung standen. Die Daten zur deskriptiven Validität zeigen, dass schon die zugrunde liegenden Behandlungskonzepte selten ausführlich dargestellt sind und das gilt für die Darstellung der tatsächlichen Umsetzung in noch stärkerem Maße. Gerade hinsichtlich der in den Programmen eingesetzten Strategien des Relapse Prevention-Ansatzes besteht daher die Gefahr, dass in einzelnen Behandlungen nicht sehr viel mehr als das zeitgemäße Label „Relapse Prevention" übernommen wurde.

Andererseits zeigen auch die neuesten Daten des „California Sexual Offender Treatment and Evaluation Program" keinen positiven Behandlungseffekt ($OR = 1.14$; Marques, 1999). Dieses Behandlungsprogramm wird mit Janice Marques von einer der Begründerinnen des Relapse Prevention-Ansatzes in der Sexualstraftätertherapie mitgetragen und die Evaluation des Programms hebt sich als eines der wenigen randomisierten Designs in diesem Feld in methodischer Hinsicht positiv aus dem Studienpool ab. Die oben genannten Einschränkungen können in diesem Fall kaum geltend gemacht werden. Es sind weitere Gründe hervorgebracht worden warum bzw. unter welchen Umständen Relapse Prevention kritikwürdig ist. Launay (2001) weist darauf hin, dass es zentral sei, die Intervention auf Täter zu beschränken, die frei von kriminalitätsstützenden kognitiven Verzerrungen sind und überdies motiviert, ihrer Delinquenz entgegenzutreten. In schwacher Form bestätigen das die vorliegenden Ergebnisse. Allerdings deuten sie weniger eine Indikation von Relapse Prevention bei motivierten Tätern als eine Kontraindikation bei nicht motivierten Tätern an. Ohnedies ergeben sich für Sexualstraftäter, die auf freiwilliger Basis an einer Behandlung teilnehmen, in der vorliegenden Analyse relativ gute Ergebnisse, mit oder ohne Relapse Prevention. Es ist wohl dringlicher, Methoden zu entwickeln, die auch in der Lage sind, ungünstige Motivationslagen zu überwinden. Es scheint in jedem Fall notwendig, einem Relapse Prevention-Modul diagnostische und therapeutische Maßnahmen vorauszu-schalten, um sicher zu stellen, dass ein Täter Selbstkontrolle überhaupt als Verhaltens-ziel übernimmt (vgl. Marques, Nelson, Alarcon & Day, 2000). Mann (1998, zit. n. Marshall, Anderson et al., 1999) formuliert ein weiteres Problem des Relapse Prevention-Ansatzes. Das Konzept lade dazu ein, sich an Vermeidungszielen zu orientieren, und dadurch die für psychotherapeutische Strategien generell als zentral wirksam erachtete, in ihrer Perspektive positiver angelegte Ressourcenorientierung aus den Augen zu verlieren (vgl. auch Grawe & Grawe-Gerber, 1999). Eccles und Marshall (1999) deuten auf die damit verbundene Gefahr hin, selbst dem motivierten Behandlungsteilnehmer jegliche Hoffnung auf einen erfolgreichen Ausgang seiner Bemühungen zu nehmen. Neuere Entwicklungen widmen sich diesen Aspekten und versuchen, das Relapse Prevention-Modell in theoretischer Hinsicht zu verfeinern und mit Blick auf seinen praktischen Nutzen zu erweitern (v.a. Ward & Hudson, 2000).

Während die Relapse Prevention-Programme zumindest in Verbindung mit weiteren kognitiv-behavioralen Techniken günstige Behandlungseffekte erbrachten, liegen die Ergebnisse für andere psychosoziale Interventionen nahe Null. Weder einsichtsorientierte Ansätze noch Programme, die in erster Linie auf die Wirkung der therapeutischen Gemeinschaft bauen, erweisen sich als effektive Maßnahmen zur Verhütung sexueller Rückfälle. Das scheint zwar im Grundsatz die Ergebnisse aus der allgemeinen Straftäterbehandlung zu replizieren (vgl. Lösel & Bender, 1997), allerdings zeigt sich dieser geringere Effekt gerade hinsichtlich der generellen Rückfälligkeit nicht. Ein Grund mag sein, dass bei diesen Programmen eine stärkere Selektion stattgefunden hat, die Täter mit einer spezifischeren sexuellen Problematik einer Behandlung zugewiesen hat. In der oben kurz charakterisierten Untersuchung von Lowden et al. (2003) scheint dies zumindest der Fall gewesen zu sein. Das würde sowohl den schwachen Effekt hinsichtlich der sexuellen Rückfälligkeit als auch die höheren Effekte für den allgemeinen Rückfall relativieren. Generell konnten in diesen Kategorien aber nur relativ wenige Evaluationsstudien lokalisiert werden, die überdies auch hinsichtlich der im einzelnen verwendeten therapeutischen Strategien durch die vorgenommen Kategorisierung nur grob beschrieben sind, und, zumindest bei den einsichtsorientierten Verfahren, zum großen Teil älteren Datums waren. Was Pfäfflin (2000) für die tiefenpsychologisch orientierte Straftäterbehandlung formuliert, kann man hier wohl übernehmen: *"Weil psychoanalytisch und psychodynamisch arbeitende Therapeuten über Jahrzehnte versäumt haben, entsprechend* [wie Vertreter kognitiv-behavioraler Ansätze] *positivistisch zu forschen und Ergebnisse vorzulegen, bleibt ihre Arbeit in den heutigen Metaanalysen unberücksichtigt oder sie schneidet schlecht ab, weil nur überholte Studien beigezogen werden können"* (S. 53).

Noch schwächer ist die systemische Perspektive in der vorliegenden Metaanalyse vertreten. Nur zwei Studien konnten hierzu ermittelt werden. In beiden Fällen handelt es sich um Evaluationen der multisystemischen Therapie, die sich auf jugendliche Sexualstraftäter bezieht (Borduin et al., 1990; Borduin & Schaeffer, 2001). Die

Ergebnisse sind sehr ermutigend und gründen in beiden Fällen auf randomisierten Designs. Allerdings sind weitreichende Folgerungen auf der Basis von zwei Untersuchungen nicht möglich, insbesondere da es sich um zwei Modellprojekte unter Anleitung der Programmautoren handelt, die nur relativ kleine Stichproben umfassen. Während eine dritte Untersuchung gleicher Art eben begonnen wurde (Borduin, persönliche Mitteilung), wäre eine Erweiterung der Evaluierung dieses Ansatzes von unabhängiger Seite wünschenswert. Wie sich in der vorliegenden Analyse gezeigt hat, sind in diesen Fällen prinzipiell geringere Behandlungseffekte zu erwarten. Überdies müsste sich die Behandlung im Alltag bewähren um letztliche Sicherheit über die Wirksamkeit zu erlangen. Oft ebben die Effekte neuerer Behandlungsmodi ab, nachdem die Anfangseuphorie gebremst ist, der Enthusiasmus der Therapeuten dem Alltagsgeschäft Platz macht und Behandlungen in eine Routinephase eintreten.

Chirurgische Kastration. In der vorliegenden Untersuchung zeigten sich für die chirurgische Kastration außerordentlich starke Effekte. Eine Bewertung dieses Ansatzes muss einige Aspekte einbeziehen. Das betrifft zunächst die tatsächlichen Wirkungen der Operation. Durch die Kastration wird in erster Linie die Zeugungsunfähigkeit erreicht. Die Erektionsfähigkeit kann erhalten bleiben, wenn sie auch in der Regel reduziert ist. In jedem Fall bietet die Kastration hierfür keine Gewähr (Heim, 1998). Dennoch zeigen die verschiedenen hier einbezogenen Studien zur chirurgischen Kastration für die so behandelten Sexualstraftäter sehr geringe Rückfallquoten, die zwischen 0 und 7.6 Prozent bei vergleichsweise langen Katamnesezeiträumen von etwa zehn Jahren liegen. Sie liegen damit jeweils deutlich niedriger als für die nicht kastrierten Vergleichsprobanden. Ein prinzipielles Problem bei der Interpretierbarkeit der in Zahlen ausgedrückten Unterschiede besteht in der Vergleichbarkeit der Gruppen. Generell erfolgte die Kastrationsmaßnahme unter Zustimmung des Täters. Die Probanden der Kontrollgruppe zeichnen sich dadurch aus, dass sie die chirurgische Kastration ablehnten. Man kann davon ausgehen, dass jemand, der dieser recht drastischen Behandlungsmaßnahme zustimmt, in sehr viel höherem Maße motiviert ist und geringere Rückfälligkeit sich allein aus diesem Umstand ableiten ließe (Heim, 1977). Selbst in der Studie von Wille und Beier (1989), deren Vergleichsgruppe aus Probanden bestand, die sich für eine Kastrationsbehandlung beworben hatten, zeigt sich, dass bei einem Großteil der Probanden die Anträge nicht etwa von der zuständigen

Ethik-Kommision abgelehnt, sondern diese noch vor deren Entscheidung von den Tätern selbst wieder zurückgezogen wurden.

Wenn vorher auch festgestellt wurde, dass im Rahmen der psychotherapeutischen und medikamentösen Verfahren die Behandlungsverweigerung nur einen moderaten Einfluss auf die Ergebnisse hat, so muss auch klar sein, dass die Teilnahme an diesen Behandlungsformen immer die Möglichkeit einschließt, die Behandlung wieder abzubrechen, die Entscheidung, „es einmal zu probieren" also sehr viel leichter fällt als bei einer Behandlung, die irreversiblen Charakter hat. Auch ob der Wirkmechanismus in einer tatsächlich physiologisch bedingten Minderung der Potenz zu suchen ist, und nicht etwa in der psychisch bedingten *Erwartung* geminderter Potenz, ist umstritten. Selbst in der tierexperimentellen Forschung ist dieser Zusammenhang nicht eindeutig. In Bezug auf die menschliche Sexualität sind hier demnach noch sehr viel klarere Zweifel angebracht (vgl. Ford & Beach, 1969). Zudem sind die Behandlungseffekte bezüglich nicht-sexueller Delinquenz sehr viel widersprüchlicher und reichen von ähnlichen Effekten wie bei der sexuellen Rückfälligkeit bis hin zu deutlich höheren Rückfallraten. Wie effektiv die chirurgische Kastration tatsächlich ist, lässt sich nur schwer bestimmen. Angesichts der Zahlen, scheinen die Effekte trotz aller Unwägbarkeiten Substanz zu haben. Das wird selbst von den Kritikern der Methode nicht bestritten (vgl. Heim, 1998; Pfäfflin, 1988). Ein sehr viel gewichtigerer Einwand betrifft allerdings die ethische Dimension, die über die Wirksamkeitsprüfung hinausgeht, und die Frage aufwirft, ob jedes Mittel recht sein kann. Es steht außer Frage, dass eine Behandlung mehr bedeutet als die hier extrahierte Dichotomie „Rückfall vs. Legalbewährung". Eine Therapie greift in einen Gesamtkomplex ein, der über Kriminalität hinausgeht und Aspekte der Verhältnismäßigkeit und der Relation von Behandlung und Strafe umfasst. Vor diesem Hintergrund müssen auch die Ergebnisse zur chirurgischen Kastration beurteilt werden. Während sich einige der kastrierten Täter äußerst positiv über die subjektive Wirkung des Eingriffes äußern, stellt sich bei anderen eine deutliche soziale Desintegration dar (Heim, 1977, 1998). Man mag geneigt sein, die Frage der ethischen Rechtfertigung mit Hinweis auf die Freiwilligkeit der Behandlung hintan zu stellen. Allerdings wird die Operationsbereitschaft für gewöhnlich vor der Perspektive langer, teils lebenslanger Inhaftierung gezeigt (Sigusch, 2001). Es ist auch zu fragen, inwieweit der regelmäßige Ruf nach Kastration bei Sexualstraftätern das tatsächliche Vertrauen in die therapeutische Potenz der Methode oder nicht vielmehr Rachegefühle und Strafbedürfnisse nach dem mittelalterlichen Prinzip der Körperstrafe ausdrückt

(Heim & Hursch, 1979). Die Reaktion auf Straftaten gleich welcher Schwere darf sich ohnedies nicht nur aus kriminalpräventiven Überlegungen ergeben, sondern muss sich immer auch an den humanitären Grundsätzen einer Gesellschaft orientieren. Provokanter formuliert: Die sicherste Abwehr erneuter Gefahren durch Sexualstraftäter wäre die Todesstrafe. Trotz ihrer unbestreitbaren spezialpräventiven Wirksamkeit, ist sie in Deutschland aus gutem Grund unter keinen Umständen zulässig. Der Vergleich mit einer Kastrationsbehandlung ist sicher übertrieben. Das Beispiel macht aber deutlich, dass eine Entscheidung für oder gegen bestimmte strafrechtliche Maßnahmen, immer auch das Ergebnis eines rechtsphilosophischen Diskurses sein muss.

10.3.4 Deliktart

In gewissem Widerstreit zu anderen Autoren (Alexander, 1999; Marshall, Jones et al., 1991), finden sich in der vorliegenden Analyse keine Anhaltspunkte für schlechtere Behandlungsergebnisse bei Vergewaltigern. Im Gegenteil zeigen sich bei einer Beschränkung auf Vergleiche, die sich ausschließlich auf Vergewaltigungstäter beziehen, sogar sehr günstige Behandlungseffekte. Diese Aussage bezieht sich allerdings auf nur fünf Vergleiche und es mag hier eine Art „interner Publikationsbias" vorliegen, indem Ergebnisse spezifischer Tätergruppen vor allem dann berichtet werden, wenn sich positive Effekte demonstrieren lassen. Ob die positive Behandlungswirkung bei dieser Tätergruppe also besonders ausgeprägt ist, lässt sich aus diesen Daten nicht sicher ableiten. Allerdings zeigt sich auch unter Heranziehung aller Vergleiche, dass die Einbeziehung von Vergewaltigern zumindest nicht mit schlechteren Behandlungseffekten verbunden ist. Auch hier ist allerdings anzumerken, dass diese Gruppe in fast allen Vergleichen enthalten war.

Im Einklang mit anderen Befunden zeigen sich hingegen klar schwächere Effekte für Inzesttäter. Ein Grund dafür mag in erster Linie in der generell geringen Rückfallrate dieser Gruppe zu suchen sein. Gerade bei solchen Tätern, deren Tat sich aus einer spezifischen familiären Konstellation ergibt, scheint es sich sehr häufig um singuläre Phasen zu handeln, die zwar bis zur Entdeckung in Frequenz und Intensität gravierend sein können, hernach jedoch enden (vgl. Beier, 1995). Offenbar sind andere Faktoren, die außerhalb einer Behandlung liegen ausreichend, um Rückfälle zu verhindern. Es stellt sich die Frage, ob sich die Mühe, nach effektiven Behandlungsstrategien für diese

Tätergruppe zu suchen, angesichts der ohnehin geringen Rückfallgefahr lohnt (vgl. Marshall, Jones et al., 1991). Davon zu unterscheiden wären dann allerdings die im engeren Sinne pädophil motivierten Inzesttäter, denen das familiäre System lediglich eine besonders günstige Gelegenheit bietet, welche unter anderen Umständen jedoch andernorts gesucht werden würde (Beier, 1995).

10.3.5 Behandlungsabbruch

Behandlungsabbrecher sind in zweifacher Hinsicht eine kritische Gruppe. Die erste Problematik betrifft einen methodischen Aspekt. Die Evaluationsergebnisse hängen relativ stark davon ab, ob eventuell vorhandene Behandlungsabbrecher bei der Bewertung der Therapie einbezogen werden oder nicht. Eine Evaluation, die sich nur auf Probanden mit regulär durchlaufener Behandlung bezieht, zeigt positivere Ergebnisse. Das deutet auf das zweite Problem hin, das gleichsam die Ursache für diesen methodisch bedingten Unterschied ist. Sexualstraftäter, die eine Behandlung abbrechen, schneiden hinsichtlich der Rückfälligkeit besonders schlecht ab. Das kann zwei Gründe haben: Entweder Abbrecher tragen Charakteristika, die sowohl die Wahrscheinlichkeit für Behandlungsabbrüche als auch die Rückfallgefahr erhöhen, oder der Behandlungsabbruch an sich erhöht die Rückfallgefahr, weil ein Täter nur „antherapiert" wurde, wodurch möglicherweise kritische Aspekte geöffnet wurden, ohne die Möglichkeit zu haben, diese Aspekte im Laufe der weiteren Therapie zu bearbeiten. Eine Rückverlegung mag überdies auch beim Täter den Eindruck zurücklassen, nicht „heilbar" zu sein. Beide Aspekte spielen vermutlich eine Rolle. Es gibt sowohl Hinweise darauf, dass Behandlungsabbrecher bestimmte Merkmale tragen, die mit erhöhtem Rückfallrisiko in Verbindung stehen (z.B. Miner & Dwyer, 1995; Ortmann, 2002), als auch Hinweise, dass über sorgfältige Strategien der Rückverlegung die negativen Effekte eines Abbruchs gemindert werden mögen (Dolde, 1996; Lösel, 2001a). Geeignete Motivierungsstrategien mögen den freiwilligen Abbruch von Seiten des Täters, eine weniger restriktive Handhabung formaler Kriterien den unfreiwilligen Abbruch, der von therapeutischer Seite ausgeht, verhindern. Ob dies dann die Chancen auf Legalbewährung verbessert, müsste allerdings untersucht werden, indem beispielsweise „Fast-Abbrecher" systematisch nachverfolgt werden und/oder die jeweiligen Gründe des Abbruchs detailliert mit dem Outcome in Verbindung gebracht werden. In manchen Fällen mag es hingegen durchaus sinnvoll sein, wenig motivierte Teilnehmer aus der Behandlung auszuschließen, um für die verbleibenden, motivierteren Teilnehmer ein wirksameres therapeutisches Klima zu erhalten. Geeignete Selektionsstrategien können diese Notwendigkeiten allerdings schon im Vorfeld abfangen (Lösel, 2001a).

10.3.6 Freiwilligkeit der Behandlungsteilnahme

Obwohl der Begriff der Freiwilligkeit problematisch sein mag – für gewöhnlich steht die Entscheidung für eine Behandlung in enger Verbindung zu möglichen oder tatsächlichen strafrechtlichen Konsequenzen –, zeigt sich in der vorliegenden Arbeit doch ein klarer Effekt für die (relativ) freiwillige Behandlungsteilnahme gegenüber einer angeordneten Behandlungsverpflichtung. Angesichts des neu formulierten § 9 I StVollzG, der jetzt unter bestimmten Umständen die obligatorische Behandlung von Sexualstraftätern vorsieht, ist dies ein äußerst kritischer Befund. Therapie, die auf äußeren Druck hin initiiert wird, mag in erster Linie Reaktanz und eine Abwehrhaltung erzeugen (vgl. Dahle, 1997). In der vorliegenden Untersuchung zeigte sich allerdings innerhalb der unfreiwilligen Maßnahmen eine erhebliche Heterogenität der Effekte, was zeigt, dass auch eine Therapie, die in erster Linie extern motiviert ist, positiv wirken kann. Inwieweit therapeutische Maßnahmen zur Motivierung des Täters seine Bereitschaft erhöhen, sich auch innerlich am Therapiegeschehen zu beteiligen, konnte in dieser Arbeit nicht untersucht werden. Prinzipiell scheinen Konstruktionen möglich, die auch über äußeren Druck zu einer erfolgreichen Behandlung führen können (z.B. § 35 BtMG; Egg, 1993). Am ehesten scheint dies allerdings möglich, wenn dem Täter die Möglichkeit bleibt, unter dieser Druck- (bzw. Anreiz-) Situation eine freie Wahl treffen zu können (Dahle, 1997). Dies ist im § 9 I StVollzG für Sexualstraftäter, die die Kriterien erfüllen, nicht gegeben. Vielmehr ist eine mögliche Rückverlegung vorgesehen, wenn sich der Täter als nicht motivierbar erweist, was angesichts der höheren Rückfallgefährdung von Behandlungsabbrechern eher ein zusätzliches Problem als eine sinnvolle Lösungsstrategie im Umgang mit wenig behandlungsbereiten Tätern darstellt.

10.4 Notwendigkeiten und Perspektiven

10.4.1 Intensivierung der Evaluationsbemühungen

Es wurde mehr als einmal auf die methodischen Probleme der vorliegenden Arbeiten zur Wirksamkeitsevaluation der Sexualstraftäterbehandlung hingewiesen. Dieser Umstand ist in zweifacher Hinsicht unangenehm. Zum Ersten laden methodisch schwache Untersuchungen zur Kritik ein und lassen sich unabhängig von den Ergebnissen in sehr unterschiedlicher Weise interpretieren. Präzise Schlussfolgerungen sind daraus nicht zu ziehen. Zum Zweiten behindert die sich dadurch ergebende Ergebnisvarianz der Primärstudien eine systematische Analyse in mehrfacher Weise. Die Notwendigkeit, systematische Methodenvarianz zu kontrollieren, vermindert die Teststärke der Analysen, die angesichts der recht geringen Zahl an verfügbaren Vergleichen ohnedies schwach ist. Die Konfundierung methodischer und inhaltlicher Anteile macht die Kontrolle zum Teil unmöglich bzw. belässt die Ergebnisse hinsichtlich ihrer inhaltlichen Bedeutung in Unsicherheit. Zudem überdeckt die durch schwache Designs eingeführte unsystematische Varianz eventuelle Moderatoreffekte.

Zwei Entwicklungen könnten diese Schwierigkeiten reduzieren. Die erste Möglichkeit betrifft schlicht die Fortsetzung und Intensivierung der Evaluation von Sexualstraftäterbehandlung. Auf diese Weise würden in Metaanalysen größere Studienpools zur Verfügung stehen, die eine sinnvolle Analyse auch mit komplexen statistischen Prozeduren erlauben und somit der methodischen und inhaltlichen Heterogenität der einzelnen Evaluationsuntersuchungen Rechnung tragen könnten. Diese Option könnte man unter dem Motto „Masse statt Klasse" zusammenfassen. Eine alternative – und ausdrücklich zu bevorzugende – Fortführung der Evaluationsforschung zur Sexualstraftäterbehandlung sollte methodischen Gesichtspunkten stärkere Berücksichtigung schenken. Eine Anreicherung der Forschung in diesem Bereich mit gut geplanten, adäquaten Kontrollgruppen verpflichteten Evaluationsstudien würde detaillierten (Meta-)Analysen die Bürde ersparen, durch die Kontrolle solcher Artefakte Teststärke einzubüßen. Auch das eigentlich größere Problem, die unsystematische Varianz, die durch die methodische Heterogenität verursacht wird, würde sich durch die zweite Alternative reduzieren lassen. Selbst die statistische Kontrolle methodischer Artefakte ist lediglich in der Lage, systematische Artefakte aufzudecken, die dadurch verursachte Ergebnisvarianz zu binden und für weitere Analysen zu eliminieren. Unsystematische Varianzanteile bleiben auch bei solchen Analysestrategien als Fehler erhalten und erschweren die Interpretation der Ergebnisse. Wünschenswert sind randomisierte Designs. Die Vergleichbarkeit der Gruppen kann durch vorherige Paarbildung noch erhöht werden. Solche individuellen Matching-Prozeduren mögen auch für sich genommen geeignet sein, um die Vergleichbarkeit der Gruppen zu gewährleisten, wenn sie sich auf eine Reihe relevanter Risikomerkmale stützt. Die statistische Kontrolle erscheint demgegenüber als ergänzende Strategie sinnvoll, die die methodisch sorgfältige Zuweisung von Probanden zu den Untersuchungsgruppen nicht ersetzen sollte. Selbst kleinere Untersuchungen, die für sich genommen nur beschränkte Aussagekraft besitzen, können in der Akkumulation zu verwertbaren Ergebnissen führen, wenn sie methodisch anspruchsvoll geplant sind (vgl. Hanson et al., 2002). Die Entwicklung der Forschungslandschaft, sowohl was Menge als auch die methodische Qualität betrifft, ist erfreulich und sollte bei anhaltender Entwicklung zu eindeutigeren Aussagen führen können.

Ein anderes Qualitätsmerkmal von Therapieevaluationen, das in der allgemeinen Diskussion ein wenig untergeht, betrifft die inhaltliche Darstellung. Die Evaluationsforschung steht in einem Bereich wie der Straftäterbehandlung vor einer Reihe pragmatischer und ethischer Schwierigkeiten, die den Einsatz valider Designs erschweren. Gerade wenn schwächere Designs gewählt werden, ist es erforderlich, die Unterschiede detailliert zu dokumentieren. Dies ermöglicht zumindest eine Bewertung der jeweiligen Problembereiche und eine systematische Analyse von Unterschieden. Für über das *ob* der Wirksamkeit hinausgehenden Fragen nach dem *wem, was, wo* und *warum* benötigt man überdies entsprechende Informationen über die Inhalte der Behandlung, der Population etc. (Lösel, 2001a; Lösel et al., 1987). Zentrale Aspekte mögen der vorliegenden Arbeit schlicht durch die häufig fehlenden Angaben oder unklaren Angaben, die die Reliabilität der Kodierung beeinträchtigen, entgangen sein. In diesem Bereich ist die Entwicklung der letzten Jahre leider weniger erfreulich und die Forderung nach qualitativ hochwertigen Untersuchungen sollte gerade diesen Aspekt beinhalten.

10.4.2 Zur Situation in Deutschland

Die Intensivierung der Evaluationsforschung zur Sexualstraftäterbehandlung erscheint in Deutschland angesichts der neuen gesetzlichen Regelungen, die der Behandlung ein deutlich höheres Gewicht einräumen, besonders angezeigt. Entsprechende Anträge des Bundesrates und der CDU/CSU-Bundestagsfraktion, die die stärkere Evaluation sozialtherapeutischer Maßnahmen mit besonderer Berücksichtigung der Sexualstraftäter einfordern, sind daher begrüßenswert. Allerdings liegen in den gesetzlichen Reformen selbst Hindernisse, die die Ergebnisevaluation der Behandlung erschweren. Eine Zufallszuweisung scheidet aufgrund der gesetzlichen Formulierungen aus (vgl. auch Rehn, 2002). Durch die obligatorische Behandlung fällt es auch sonst schwer, vergleichbare Kontrollgruppen zu etablieren. Die im Regelvollzug verbleibenden Sexualstraftäter haben eine andere Deliktstruktur, kürzere Haftstrafen (< 2 Jahre), sind nicht behandlungsbedürftig oder erweisen sich als ungeeignet für eine sozialtherapeutische Maßnahme und werden deshalb rückverlegt. Jeder der genannten Faktoren gefährdet die Vergleichbarkeit mit den Tätern, die letztlich in einer sozialtherapeutischen Anstalt behandelt werden. Überdies sind auch für die vorgenannten Täter Behandlungsmaßnahmen vorzusehen. Zwei Strategien mögen dennoch eine gewisse Bewertung der nun geforderten Behandlung im Hinblick auf die rückfallpräventive Wirkung ermöglichen.

Zumindest in der Übergangsphase bietet sich im Grunde eine sehr günstige Gelegenheit, die Behandlung von Sexualstraftätern mittels historischer Kontrollgruppen zu prüfen. Dadurch, dass in Zukunft viele Gruppen, die vorher im Regelvollzug verblieben sind, zwangsverlegt werden, kann es möglich sein, zumindest für bestimmte Untergruppen geeignete Matching-Parameter anzulegen. Grenzen solcher Matching-Prozeduren ergeben sich unter Umständen jedoch durch die fehlende Dokumentation relevanter Charakteristika. Überdies wären systematische Veränderungen der Rückfallindizes über die Zeit zu überprüfen. Dass sich hier starke Veränderungen ergeben können, zeigt die Untersuchung von Friendship und Thornton (2001), die für England und Wales im Laufe der letzten 20 Jahre eine Halbierung der Verurteilungsraten bei konstantem Niveau polizeilicher Registereinträge festgestellt haben.

Eine weitere Möglichkeit betrifft die Wirksamkeitsprüfung anhand von proximalen Therapiemaßen und Maßen zu dynamischen Risikofaktoren (vgl. auch Barbaree, 1997; Hanson, 1997). Eine erfolgreiche Veränderungen dieser Indizes könnte dann auf die

Wirksamkeit im Hinblick auf Rückfallmaße extrapoliert werden. Das setzt allerdings zwei Dinge voraus: Erstens müssen Faktoren identifiziert werden, die mit Rückfälligkeit in Zusammenhang stehen, und überdies einer therapeutischen Veränderung zugänglich sind. Die Forschungsbefunde sind bislang rar, es deuten sich aber Faktoren an wie kognitive Verzerrungen, mangelnde Empathie, Intimitätsdefizite, sexualisiertes Coping, mangelnde Selbstkontrolle etc. (vgl. Kapitel 4.2; Craissati & Beech, 2003; Hanson & Harris, 1998, 2001; Schneider, 2002). Darüber hinaus müssten jedoch nicht nur die dynamischen Risikofaktoren mit Rückfälligkeit in Verbindung gebracht werden, sondern insbesondere deren therapiebezogene Veränderung. Dieser Aspekt ist äußerst wichtig, denn es ist nicht gesagt, dass therapeutisch induzierte Veränderungen solcher Variablen tatsächlich mit geringerer Rückfälligkeit einhergehen. Ebenso gut mögen Drittvariablen die gefundenen Zusammenhänge zwischen vermeintlichen Risikovariablen und Rückfälligkeit vermitteln, die dann der eigentliche Kausalfaktor wären (vgl. McConaghy, 1999). Ob für die Identifikation von Prozessmaßen, die in Bezug auf Rückfälligkeit valide sind, randomisierte Studien notwendig sind, wie McConaghy (1999) meint, ist fraglich. Im Grunde scheinen solche Untersuchungen durchaus über ein relativ einfaches korrelatives Design realisierbar zu sein. Hudson et al. (2002) demonstrieren dieses Vorgehen und finden dabei z.B. Zusammenhänge zwischen sexuellem Rückfall und Änderungen hinsichtlich Ärgerkontrolle, Perspektivenübernahme und interpersonale Reaktivität. Allerdings sind die Korrelationen schwach (ca. $r = .20$). Die stärkste Korrelation ergab sich für unpersönliche sexuelle Phantasien, allerdings in Richtung geringerer Rückfälligkeit bei unpersönlicherem Phantasieren. Das zeigt zugleich die Schwierigkeiten auf, die mit diesem Ansatz verbunden sind. Es müssen erst valide Prozessindikatoren identifiziert werden, und generell sind hohe Zusammenhänge kaum zu erwarten. Dennoch erscheinen solche proximaleren Therapiemaße allein schon deshalb lohnenswert, da sie einen Hinweis darauf geben, ob eine Behandlung die therapieimmanenten Ziele zufriedenstellend zu erreichen im Stande ist.

10.4.3 Was ist von Sexualstraftäterbehandlung zu erwarten?

Die vorliegenden Analysen zeichnen ein Bild, das durchaus eine optimistische Bewertung der Sexualstraftäterbehandlung zulässt. Die gefundenen Effekte zeugen nicht von Wunderheilungen, aber ein über verschiedene methodische Kriterien hinweg

weitgehend stabiler, wenn auch schwacher Behandlungseffekt zeigt an, dass Möglichkeiten bestehen, die Rückfallrate bei Sexualstraftätern durch geeignete Maßnahmen zu
senken. Behandlungen, die empirisch gut gesicherte Risikovariablen wie sexuelle
Devianz und kognitive Faktoren anzielen, scheinen sich einen Vorteil gegenüber
anderen Behandlungsmodi zu erarbeiten. Gerade hinsichtlich der kognitiv-behavioralen
Ansätze besteht überdies eine (vergleichsweise) breite Basis an Primärstudien.

Im Hinblick auf die in Deutschland zu erwartenden Effekte sollte allerdings vor
übertriebenem Optimismus gewarnt werden. Die durch die Gesetzesreform von 1998
geschaffene Behandlungssituation bewegt sich in vielen Aspekten auf einer Ebene, die
eher ungünstige Voraussetzungen für Behandlungserfolge darstellen: Eine vorwiegend
instituionalisierte Behandlung einer oft wenig behandlungswilligen Klientel und
vermutlich höhere Rückverlegungsanteile im Rahmen sich neu konstituierender
Strukturen. Der letzte Aspekt bietet allerdings auch die Chance, als erfolgversprechend
identifizierte Konzepte ohne den Ballast bereits existierender Strukturen umzusetzen
(vgl. auch Rehn, 2001b). Das wird allerdings einige Zeit erfordern und sicher nicht ohne
„Rückfälle" vonstatten gehen. Ob die Gesetzgebung nicht lediglich ein symbolischer
Akt war, wird sich auch daran erweisen müssen, dass Mittel, Zeit und Rückhalt zur
Verfügung gestellt werden, um das sich bietende Potential auszuschöpfen.

11. Zusammenfassung

Einige spektakuläre Sexualstraftaten erregten in den letzten Jahren große mediale und öffentliche Aufmerksamkeit. Nicht zuletzt als Reaktion darauf wurde 1998 das „Gesetz zur Bekämpfung von Sexualstraftaten und anderen gefährlichen Straftaten" verabschiedet. Dieses sieht neben Maßnahmen der Sicherung unter bestimmten Bedingungen auch eine obligatorische Behandlung von Sexualstraftätern vor. In den letzten Jahren sind erhebliche Bemühungen zu beobachten, diesen gesetzlichen Anforderungen nachzukommen.

Vor diesem Hintergrund gibt die vorliegende Arbeit zunächst einen Überblick über das Phänomen „Sexualkriminalität". Es wird aufgezeigt, dass es den „typischen" Sexualstraftäter nicht gibt und dass sich die gestiegene öffentliche Wahrnehmung nicht mit der Entwicklung offiziell registrierter Sexualdelikte deckt. Dennoch erweist sich Sexualkriminalität als relevante Größe sowohl was das Ausmaß betrifft als auch angesichts der zum Teil gravierenden Folgen für die Opfer. Mit Blick auf Ansatzpunkte therapeutischer Maßnahmen werden ätiologische und Risikofaktoren sexueller Kriminalität sowie Interventionsansätze, die im Rahmen der Sexualstraftäterbehandlung zur Anwendung kommen können, dargestellt. In einem weiteren Kapitel erfolgt ein Überblick über Problembereiche bei der Evaluation von Sexualstraftäterbehandlung sowie eine Zusammenfassung der bisherigen Wirksamkeitsforschung anhand von Metaevaluationen. Dabei ergeben sich zum Teil sehr unterschiedliche Einschätzungen. Die Gründe hierfür liegen unter anderem in der Selektion der herangezogenen Studien und in der verwendeten Integrationsmethode. Ein deutliches Manko aller Arbeiten ist die regionale Begrenzung auf den meist englischsprachigen Raum.

In der vorliegenden Metaanalyse wird der Studienpool früherer Metaevaluationen ergänzt und insbesondere um die deutschsprachige Forschung erweitert. Eingeschlossen wurden Untersuchungen, die den Erfolg einer Behandlung von Sexualstraftätern anhand von Rückfalldaten überprüften. Es erfolgte eine Beschränkung auf kontrollierte Evaluationsdesigns, um ein Mindestmaß an methodischer Güte aufrechtzuerhalten. Die Literaturrecherche stützte sich auf einen breiten Quellenbereich und konnte auf diese Weise den Pool der bereits in anderen Metaanalysen einbezogenen Studien beträchtlich erweitern. Besondere Rücksicht wurde auf das Auffinden unpublizierter Untersuchungen genommen. Insgesamt gingen 69 Studien in die Analyse ein, aus denen 80 unabhängige Vergleiche extrahiert wurden. Die deskriptive Analyse zeigt allerdings erhebliche methodische Schwächen der Primärstudien auf, die in der Mehrzahl der Fälle auf nicht-äquivalente Kontrollgruppen zurückgreifen. Gleichermaßen zeigen sich auch deutliche Mängel in der Dokumentation der Studien hinsichtlich der Angaben zur konkreten Behandlungsumsetzung sowie zu spezifischen Merkmalen der behandelten Population.

Für die Integration der Studien wurden Odds Ratios als Effektstärkemaß zugrunde gelegt. Unter Heranziehung verschiedener Gewichtungsmodelle ergaben sich regelmäßig klar signifikante Behandlungseffekte im Hinblick auf sexuelle Rückfälligkeit, die jedoch in ihrem Ausmaß je nach Gewichtungsmethode variieren. Unter Heranziehung des Modells mit Zufallseffekten, das angesichts der festgestellten Heterogenität der in den einzelnen Vergleichen gefundenen Effektstärken für die Integration am angemessensten erscheint, wurde eine mittlere Odds Ratio von 0.59 ($d = 0.29$) ermittelt. Das entspricht einer Verbesserung des Chancenverhältnisses (Rückfall : Legalbewährung) von 50 : 50 auf 30 : 50 unter der Behandlungsbedingung. Eine vergleichbare Reduzierung der Rückfallhäufigkeit behandelter Sexualstraftäter zeigt sich auch in anderen Deliktbereichen. Diese Effekte konnten unter Heranziehung eines strengeren methodischen Einschlusskriteriums bestätigt werden.

Angesichts der heterogenen Effektstärkeverteilung im Bereich der sexuellen Rückfälligkeit erfolgte eine Moderatoranalyse. Im Hinblick auf die evaluierten Behandlungsmaßnahmen lassen sich zwei generelle Trends ableiten: Stärker strukturierte Maßnahmen und solche, die an der sexuellen Erregung ansetzen, erweisen sich als erfolgreicher hinsichtlich der Reduzierung einschlägiger Rückfälligkeit. Besonders hohe Effekte ergaben sich für die chirurgische Kastration. Hier ist allerdings einschränkend darauf hinzuweisen, dass die Gruppe der so behandelten Sexualstraftäter hoch selegiert ist. In den weiteren Analysen wurden die Vergleiche, die eine Kastrationsbehandlung evaluierten, ausgeschlossen, da neben den hohen Effekten und der spezifischen Tätergruppe, die sich einer operativen Kastration unterzieht, auch der Behandlungsansatz nur bedingt mit anderen therapeutischen Vorgehensweisen zu vergleichen ist. Unter den verbleibenden Vergleichen zeigen hormonale und (kognitiv-)behaviorale Behandlungen bessere Effekte als andere psychotherapeutische Interventionen. Darüber hinaus erweisen sich ambulante Maßnahmen gegenüber institutionellen Behandlungen als erfolgreicher. Hinsichtlich der behandelten Population zeigt sich, dass bei freiwilligen Behandlungen höhere Behandlungseffekte erzielt wurden. Inzesttäter profitierten weniger von einer Behandlung als andere Tätergruppen. Besonders schlechte Effekte ergaben sich für Teilnehmer, die eine Behandlung abgebrochen hatten. In weiten Teilen bestätigen die Befunde Erfahrungen aus der allgemeinen Straftäterbehandlung. Allerdings sind die vorliegenden Ergebnisse unter dem Vorbehalt methodischer Unterschiede zwischen den Vergleichen zu interpretieren. Während das Studiendesign keinen systematischen Einfluss auf die Effektstärken hatte, erwiesen sich andere methodische Variablen als relevante Moderatoren. Je sensitiver die für die Erfassung des Rückfallkriteriums herangezogenen Quellen waren, desto stärker war der ermittelte Behandlungseffekt. Ein ähnlicher Effekt ergab sich bei höheren Basisraten des Rückfalls sowie kleineren Stichproben.

Um die eigenständigen Beiträge inhaltlicher Variablen nach Kontrolle anderer Faktoren zu ermitteln, wurde eine hierarchische Regressionsanalyse berechnet. Das Gesamtmodell konnte etwa die Hälfte der Gesamtvarianz aufklären. Der Großteil dieses Beitrages ging auf nicht behandlungsrelevante Aspekte zurück. Allerdings litt die Analyse unter der hohen Konfundierung inhaltlicher Variablen mit den methodischen Merkmalen der jeweiligen Studien.

Als Fazit der vorliegenden Arbeit kann festgehalten werden, dass Sexualstraftäterbehandlung sinnvoll zur Reduzierung des Rückfallrisikos beitragen kann. Genauere Differenzierungen hinsichtlich der Gestaltung effektiver Programme sind angesichts der methodischen und deskriptiven Qualität der Primärstudien allerdings schwierig. Vorsichtig kann man formulieren, dass Behandlungen, die ambulant durchgeführt werden, kognitiv orientiert sind, und auf freiwilliger Basis erfolgen, günstigere Effekte versprechen. Im Umkehrschluss bedeutet dies, dass die in Deutschland durch die Gesetzesreform angestoßene obligatorische Behandlung inhaftierter Sexualstraftäter unter relativ ungünstigen Voraussetzungen stattfindet. Diese Bedingungen schließen erfolgreiche Interventionsmaßnahmen allerdings nicht aus und es sollte die Gelegenheit genutzt werden, durch die Intensivierung der Evaluationsbemühungen spezifischere Wirkmechanismen der Sexualstraftätertherapie zu isolieren.

Literatur

Abel, G.G., Barlow, D.H., Blanchard, E.B. & Guild, D. (1977). The components of rapists' sexual arousal. *Archives of General Psychiatry, 34*, 895-903.

Abel, G.G. & Blanchard, E.B. (1974). The role of fantasy in the treatment of sexual deviation. *Archives of General Psychiatry, 30*, 467-475.

Alexander, M.A. (1999). Sexual offender treatment efficacy revisited. *Sexual Abuse: A Journal of Research and Treatment, 11*, 101-116.

Allam, J. (1998). *Effective practice in work with sex offenders: A reconviction study comparing treated and untreated offenders.* Birmingham: West Midlands Probation Service Sex Offender Unit.

Amann, G. & Wipplinger, R. (2002). Medien. In D. Bange & W. Körner (Hrsg.), *Handwörterbuch Sexueller Missbrauch* (S. 337-345). Göttingen: Hogrefe.

American Psychiatric Association. (1996). *Diagnostisches und statistisches Manual psychischer Störungen (DSM-IV).* (H. Saß, H.-U. Wittchen & M. Zaudig, Übersetzung). Göttingen: Hogrefe.

Andrews, D.A., Bonta, J. & Hoge, R.D. (1990). Classification for effective rehabilitation. *Criminal Justice and Behavior, 17*, 19-51.

Andrews, D.A., Zinger, I., Hoge, R.D., Bonta, J., Gendreau, P. & Cullen, F.T. (1990). Does correctional treatment work? A clinically relevant and psychologically informed meta-analysis. *Criminology, 28*, 369-404.

Antonowicz, D. & Ross, R.R. (1994). Essential components of successful rehabilitation programs for offenders. *International Journal of Offender Therapy and Comparative Criminology, 38*, 97-104.

Aos, S., Phipps, P., Barnoski, R. & Lieb, R. (2001). *The comparative costs and benefits of programs to reduce crime. Version 4.0* (Report No. 01-05-1201). Washington: Washington State Institute for Public Policy.

Ashman, L. & Duggan, L. (2002). Interventions for learning disabled sex offenders (Cochrane Review). *The Cochrane Library*, Issue 4. Oxford: Update Software.

Baker, D. & Price, S. (1997). Developing therapeutic communities for sex offenders. In B.K. Schwartz & H.R. Cellini (Eds.), *The sex offender* (Vol. 2: New insights, treatment innovations and legal developments, pp. 19-1 - 19-14). Kingston, NJ: Civic Research Institute.

Bange, D. & Deegener, G. (1996). *Sexueller Mißbrauch an Kindern. Ausmaß, Hintergründe, Folgen.* Weinheim: Beltz/PVU.

Barbaree, H. (1997). Evaluating treatment efficacy with sexual offenders: The insensitivity of recidivism studies to treatment effects. *Sexual Abuse: Journal of Research and Treatment, 9*, 111-128.

Barbaree, H.E. & Marshall, W.L. (1991). The role of male sexual arousal in rape: Six models. *Journal of Consulting and Clinical Psychology, 59*, 621-630.

Barbaree, H.E. & Marshall, W.L. (1998). Treatment of the sexual offender. In R.M. Wettstein (Ed.), *Treatment of offenders with mental disorders* (pp. 265-328). New York: Guilford Press.

Barbaree, H.E., Seto, M.C., Langton, C.M. & Peacock, E.J. (2001). Evaluating the predictive accuracy of six risk assessment instruments for adult sex offenders. *Criminal Justice and Behavior, 28*, 490-521.

Barnes, J.M. (2000). *Recidivism in sex offenders: A follow-up comparison of treated and untreated sex offenders released to the community in Kentucky.* Unpublished doctoral dissertation, University of Louisville, Louisville, KY.

Bartholomew, K. & Horowitz, L. (1991). Attachment styles among young adults: A test of a four-category model. *Journal of Personality and Social Psychology, 61*, 226-244.

Bastine, R., Fiedler, P. & Kommer, D. (1989). Was ist therapeutisch an der Psychotherapie? Versuch einer Bestandsaufnahme und Systematisierung der Psychotherapeutischen Prozeßforschung. *Zeitschrift für Klinische Psychologie, 18*, 3-22.

Baumeister, R.F. (1991). *Escaping the self.* New York: Basic Books.

Baumeister, R.F., Smart, L. & Boden, J.M. (1996). Relation of threatened egotism to violence and aggression: The dark side of high self-esteem. *Psychological Review, 103*, 5-33.

Beech, A.R., Friendship, C., Erikson, M. & Hanson, R.K. (2002). The relationship between static and dynamic risk factors in a sample of U.K. child abusers. *Sexual Abuse: A Journal of Research and Treatment, 14*, 155-167.

Beelmann, A. & Bliesener, T. (1994). Aktuelle Probleme und Strategien der Metaanalyse. *Psychologische Rundschau, 45*, 211-233.

Beier, K.M. (1995). *Dissexualität im Lebenslängsschnitt. Theoretische und empirische Untersuchungen zu Phänomenologie und Prognose begutachteter Sexualstraftäter.* Berlin: Springer.

Berlin, F.S. & Meinecke, C.F. (1981). Treatment of sex offenders with antiandrogenic medication: Conceptualization, review of treatment modalities, and preliminary findings. *American Journal of Psychiatry, 138*, 601-607.

Berner, W. & Karlick-Bolten, E. (1986). *Verlaufsformen der Sexualkriminalität. 5-Jahres-Katamnesen bei 326 Sexualdelinquenten unter Berücksichtigung von Frühsozialisation, vorausgegangener Delinquenz, psychiatrisch-psychologischer Diagnostik und Therapie.* Stuttgart: Enke.

Berner, W., Kleber, R. & Lohse, H. (1998). Psychotherapie bei sexueller Delinquenz. In B. Strauß (Hrsg.), *Psychotherapie der Sexualstörungen: Krankheitsmodelle und Therapiepraxis - störungsspezifisch und schulenübergreifend* (S. 122-138). Stuttgart: Thieme.

Blaske, D.M., Borduin, C.M., Henggeler, S.W. & Mann, B.J. (1989). Individual, family, and peer characteristics of adolescent sex offenders and assaultive offenders. *Developmental Psychology, 25*, 846-855.

Boetticher, A. (1998). Der neue Umgang mit Sexualstraftätern - eine Zwischenbilanz. *Monatsschrift für Kriminologie und Strafrechtsreform, 81*, 354-367.

Böhm, A. (1996). *Einführung in das Jugendstrafrecht* (3. Aufl.). München: Beck.

Böhm, A. (2000). Behandlung im Strafvollzug - Rückblick und Ausblick. In R. Herrfahrdt (Hrsg.), *Behandlung von Sexualstraftätern* (S. 110-120). Hannover: Bundesvereinigung der Anstaltsleiter im Strafvollzug.

Böllinger, L. (1983). Psychoanalytisch orientierte Sozialtherapie. In F. Lösel (Hrsg.), *Kriminalpsychologie. Grundlagen und Anwendungsbereiche* (S. 239-247). Weinheim: Beltz.

Böllinger, L. (1995). Ambulante Psychotherapie mit Sexualstraftätern. *Zeitschrift für Sexualforschung, 8*, 199-221.

Borduin, C.M., Henggeler, S.W., Blaske, D.M. & Stein, R.J. (1990). Multisystemic treatment of adolescent sexual offenders. *International Journal of Offender Therapy and Comparative Criminology, 34*, 105-113.

Borduin, C.M. & Schaeffer, C.M. (2001). Multisystemic treatment of juvenile sexual offenders: A progress report. *Journal of Psychology and Human Sexuality, 13*, 25-42.

Bourke, M.L. & Donohue, B. (1996). Assesment and treatment of juvenile sex offenders: An empirical review. *Journal of Child Sexual Abuse, 5*, 47-70.

Bradford, J.M.W. (1989). The organic treatment of violent sexual offenders. In A.J. Stunkard & A. Baum (Eds.), *Perspectives in behavioral medicine. Eating, sleeping, sex* (pp. 203-221). Hillsdale, NJ: Erlbaum.

Bradford, J.M.W. (2001). The neurobiology, neuropharmacology, and pharmacological treatment of the paraphilias and compulsive sexual behaviour. *Canadian Journal of Psychiatry, 46*, 26-33.

Briere, J. & Elliott, D.M. (2003). Prevalence and psychological sequelae of self-reported childhood physical and sexual abuse in a general population sample of men and women. *Child Abuse & Neglect, 27*, 1205-1222.

Brockhaus, U. & Kolshorn, M. (1993). *Sexuelle Gewalt gegen Jungen und Mädchen.* Frankfurt a. M.: Campus.

Brown, J.L. & Brown, G.S. (1997). Characteristics and treatment of incest offenders: A review. *Journal of Aggression, Maltreatment, and Trauma, 1*, 335-354.

Browne, A. & Finkelhor, D. (1986). Initial and long-term effects: A review of the research. In D. Finkelhor (Ed.), *A sourcebook on child sexual abuse* (pp. 143-179). Beverly Hills, CA: Sage.

Bruder, K.-J. (1999). Therapie für Männer, die ihr(e) Kind(er) sexuell mißbraucht haben. Der familienorientierte Ansatz von ‚Kindern im Zentrum', Berlin - Konzept, Erfahrungen und Reflexionen. In G. Deegener (Hrsg.), *Sexuelle Gewalt. Therapie jugendlicher und erwachsener Täter* (S. 121-169). Weinheim: Beltz PVU.

Burgess, A.W. & Holmstrom, L.L. (1979). Rape: Sexual disruption and recovery. *American Journal of Orthopsychiatry, 49*, 648-657.

Burk, L.R. & Burkhart, B.R. (2003). Disorganized attachment as a diathesis for sexual deviance: Developmental experience and the motivation for sexual offending. *Aggression and Violent Behavior, 8*, 487-511.

Burton, D.L., Miller, D.L. & Shill, C.T. (2002). A social learning theory comparison of the sexual victimization of adolescent sexual offenders and nonsexual offending male delinquents. *Child Abuse & Neglect, 26*, 893-907.

Camp, B.H. & Thyer, B.A. (1993). Treatment of adolescent sex offenders: A review of empirical research. *The Journal of Applied Social Sciences, 17*, 191-206.

Campbell, T.W. (2003). Sex offenders and actuarial risk assessments: Ethical considerations. *Behavioral Sciences and the Law, 21*, 269-279.

Cautela, J.R. (1967). Covert sensitization. *Psychological Reports, 20*, 459-468.

Cleckley, H. (1976). *The mask of sanity* (5th ed.). St. Louis, MO: C.V. Mosby.

Clelland, S.R., Studer, L.H. & Reddon, J.R. (1998). Follow-up of rapists treated in a forensic psychiatric hospital. *Violence and Victims, 13*, 79-86.

Clum, G.A., Nishith, P. & Resick, P.A. (2001). Trauma-related sleep disturbance and self-reported physical health symptoms in treatment-seeking female rape victims. *Journal of Nervous & Mental Disease, 189*, 618-622.

Cohen, J. (1962). The statsitical power of abnormal-social psychological research: A review. *Journal of Abnormal and Social Psychology, 65*, 145-153.

Cohen, J. (1988). *Statistical power analysis for the behavioral sciences* (2nd ed.). Hillsdale, NJ: Erlbaum.

Cohen, J. & Cohen, P. (1983). *Applied multiple regression/correlation analysis for the behavioral sciences* (2nd ed.). Hillsdale, NJ: Erlbaum.

Cohen, M.L., Seghorn, T.K. & Calmas, W. (1969). Sociometric study of sex offenders. *Journal of Abnormal Psychology, 74*, 249-255.

Conte, J.R. & Schuerman, J.R. (1987). The effects of sexual abuse on children: A multidimensional view. *Journal of Interpersonal Violence, 2*, 380-390.

Cook, T.D. & Campbell, D.T. (1979). *Quasi-experimentation. Design & analysis issues for field settings*. Boston: Houghton Mifflin.

Cooper, H. & Hedges, L.V. (Hrsg). (1994). *The handbook of research synthesis*. New York: Russell Sage Foundation.

Cooper, H.M. (1989). *Integrating research. A guide for literature reviews* (2nd ed.). Newbury Park, CA: Sage.

Cortoni, F.A. & Marshall, W.L. (2001). Sex as a coping strategy and its relationship to juvenile sexual history and intimacy in sexual offenders. *Sexual Abuse: A Journal of Research and Treatment, 13*, 27-43.

Covell, C.N. & Scalora, M.J. (2002). Empathic deficits in sexual offenders: An integration of affective, social, and cognitive constructs. *Aggression and Violent Behavior, 7*, 251-270.

Cox, D.J. (1988). Incidence and nature of male genital exposure behavior as reported by college women. *Journal of Sex Research, 24*, 227-234.

Cox, D.J. & Maletzky, B.M. (1980). Victims of exhibitionism. In D.J. Cox (Ed.), *Exhibitionism: Description, assessment, and treatment* (pp. 289-293). New York: Garland STPM Press.

Craig, L.A., Browne, K.D. & Stringer, I. (2003). Treatment and sexual offence recidivism. *Trauma, Violence, & Abuse, 4*, 70-89.

Craissati, J. & Beech, A.R. (2003). A review of dynamic variables and their relationship to risk prediction in sex offenders. *Journal of Sexual Aggression, 9*, 41-55.

Cullen, E. (1997). Can a prison be a therapeutic community: The Grendon template. In E. Cullen, L. Jones & R. Woodward (Eds.), *Therapeutic communities for offenders* (pp. 75-99). Chichester: Wiley.

Czerny, J.-P., Briken, P. & Berner, W. (2002). Antihormonal treatment of paraphilic patients in German forensic psychiatric clinics. *European Psychiatry, 17*, 104-106.

Dahle, K.-P. (1994). Therapiemotivation inhaftierter Straftäter. In M. Steller, K.-P. Dahle & M. Basqué (Hrsg.), *Straftäterbehandlung - Argumente für eine Rvitalisierung in Froschung und Praxis* (S. 227-246). Herbolzheim: Centaurus.

Dahle, K.-P. (1995). *Therapiemotivation hinter Gittern*. Regensburg: Roderer.

Dahle, K.-P. (1997). Therapie und Therapieindikation bei Sexualstraftätern. In M. Steller & R. Volbert (Hrsg.), *Psychologie im Strafverfahren. Ein Handbuch* (S. 142-159). Bern: Huber.

Dandescu, A. & Wolfe, R. (2003). Considerations on fantasy use by child molesters and exhibitionists. *Sexual Abuse: A Journal of Research and Treatment, 15*, 297-305.

Dietz, P.E. (1983). Sex offenses: Behavioral aspects. In S.H. Kadish (Ed.), *Encyclopedia of crime and justice* (pp. 1485-1493). New York: Free Press.

Dolde, G. (1996). Zur Bewährung der Sozialtherapie im Justizvollzug von Baden-Württemberg: Tendenzen aus einer neueren Rückfalluntersuchung. *Zeitschrift für Strafvollzug und Straffälligenhilfe, 45*, 290-297.

Dölling, D. (2000). Täterbehandlung: Ende oder Wende? Eine Bilanz. In J.-M. Jehle (Hrsg.), *Täterbehandlung und Sanktionsformen – kriminalpolitische Konzepte in Europa* (S. 21-48). Mönchengladbach: Verlag Godesberg.

Donato, R. & Shanahan, M. (2001). The economics of child sex-offender rehabilitation programs: Beyond Prentky & Burgess. *American Journal of Orthopsychiatry, 71*, 131-139.

Dougher, M.J. (1995). Behavioral techniques to alter sexual arousal. In B.K. Schwartz & H.R. Cellini (Eds.), *The sex offender* (Vol. 1: Corrections, treatment and legal practice, pp. 15-1 - 15-8). Kingston, NJ: Civic Research Institute.

Dreger, L. (2000). Folgerung für den Vollzug aus der geänderten Gesetzeslage. Gesetz zur Bekämpfung von Sexualdelikten und anderen gefährlichen Straftaten. In R. Herrfahrdt (Hrsg.), *Behandlung von Sexualstraftätern* (S. 63-75). Hannover: Bundesvereinigung der Anstaltsleiter im Strafvollzug.

Drieschner, K. & Lange, A. (1999). A review of cognitive factors in the etiology of rape: Theories, empirical studies, and implications. *Clinical Psychology Review, 19*, 57-77.

Dünkel, F. (2000). Resozialisierungsvollzug (erneut) auf dem Prüfstand. In J.-M. Jehle (Hrsg.), *Täterbehandlung und Sanktionsformen – kriminalpolitische Konzepte in Europa* (S. 379-414). Mönchengladbach: Verlag Godesberg.

Dünkel, F. & Geng, B. (1994). Rückfall und Bewährung von Karrieretätern nach Entlassung aus dem sozialtherapeutischen Behandlungsvollzug und dem Regelvollzug. In M. Steller, K.-P. Dahle & M. Basqué (Hrsg.), *Straftäterbehandlung: Argumente für eine Revitalisierung in Forschung und Praxis* (S. 35-74). Pfaffenweiler: Centaurus.

Eccles, A. & Marshall, W.L. (1999). Relapse Prevention. In W.L. Marshall, D. Anderson & Y.M. Fernandez (Eds.), *Cognitive behavioural treatment of sexual offenders*. Chichester: Wiley.

Eckert, S. (1998). Counseling sexual abusers. In L.L. Palmatier (Ed.), *Crisis counseling for a quality school community: Applying Wm. Glasser's choice theory* (pp. 227-268). Bristol, PA: Accelerated Development.

Egg, R. (1993). Drogenabhängige Straftäter. Therapiemotivation durch justitiellen Zwang? *Bewährungshilfe, 40*, 26-37.

Egg, R. (2000a). Verlaufsformen der Sexualdelinquenz. In J.-M. Jehle (Hrsg.), *Täterbehandlung und Sanktionsformen – kriminalpolitische Konzepte in Europa* (S. 49-69). Mönchengladbach: Verlag Godesberg.

Egg, R. (2000b). Rückfall nach Sexualstraftaten. In A. Marneros, D. Rößner, A. Haring & P. Brieger (Hrsg.), *Psychiatrie und Justiz* (S. 111-121). München: Zuckschwerdt.

Egg, R. (2000c). Die Behandlung von Sexualstraftätern in sozialtherapeutischen Anstalten – Ergebnisse von Umfragen der KrimZ. In R. Egg (Hrsg.), *Behandlung von Sexualstraftätern im Justizvollzug. Folgerungen aus den Gesetzesänderungen* (S. 75-97). Wiesbaden: KrimZ.

Egg, R. (2002a). Rückfälligkeit von Sexualstraftätern. In T. Fabian, G. Jacobs, S. Nowara & I. Rode (Hrsg.), *Qualitätssicherung in der Rechtspsychologie* (S. 321-335). Münster: Lit Verlag.

Egg, R. (2002b). Die sozialtherapeutischen Einrichtungen heute und in der Zukunft. *Kriminalpädagogische Praxis, 30*, 36-46.

Eher, R., Grünhut, C., Frühwald, S., Frottier, P., Hobl, B. & Aigner, M. (2001). A comparison between exclusively male target and female/both sexes target child molesters on psychometric variables, DSM-IV diagnoses and MTC:CM3 typology. *Journal of Psychology & Human Sexuality, 13*, 89-102.

Eher, R., Grünhut, C., Frühwald, S. & Hobl, B. (2001). Psychiatrische Komorbidität, Typologie und Ausmaß der Gewaltanwendung bei Tätern mit sexuellen Delikten an Kindern. *Recht & Psychiatrie, 19*, 97-101.

Ellis, L. (1991). A synthesized (biosocial) theory of rape. *Journal of Consulting and Clinical Psychology, 59*, 631-642.

Elz, J. (2001). *Legalbewährung und kriminelle Karrieren von Sexualstraftätern: Sexuelle Mißbrauchsdelikte.* Wiesbaden: Kriminologische Zentralstelle.

Elz, J. (2002). *Legalbewährung und kriminelle Karrieren von Sexualstraftätern: sexuelle Gewaltdelikte.* Wiesbaden: Kriminologische Zentralstelle.

Ertl, M.A. & McNamara, J.R. (1997). Treatment of juvenile sex offenders: A review of the literature. *Child and Adolescent Social Work Journal, 14*, 199-221.

Eucker, S. (2002a). Verhaltenstherapeutische Sexualstraftäterbehandlung. In R. Müller-Isberner & L. Gretenkord (Hrsg.), *Psychiatrische Kriminaltherapie* (S. 73-86). Lengerich: Pabst.

Eucker, S. (2002b). Verhaltenstherapeutische Methoden. In R. Müller-Isberner & L. Gretenkord (Hrsg.), *Psychiatrische Kriminaltherapie* (S. 7-17). Lengerich: Pabst.

Eysenck, H.J. (1997). Personality and the biosocial model of anti-social and criminal behaviour. In A. Raine, P.A. Brennan, D.P. Farrington & S.E. Mednick (Eds.), *Biosocial bases of violence* (pp. 21-37). New York: Plenum Press.

Eysenck, H.-J. (1978). An exercise in mega-silliness. *American Psychologist, 33*, 517.

Falshaw, L., Friendship, C. & Bates, A. (2003). *Sexual offenders – measuring reconviction, reoffending and recidivism* (Research Findings No. 183). London: Home Office Research and Statistics Directorate.

Farrington, D.P. (1983). Randomized experiments on crime and justice. In M. Tonry & N. Morris (Eds.), *Crime and justice. An annual review of research* (Vol. 4, pp. 257-308). Chicago: University of Chicago Press.

Fedoroff, J.P., Wisner-Carlson, R., Dean, S. & Berlin, F.S. (1992). Medroxy-progesterone acetate in the treatment of paraphilic sexual disorders: Rate of relapse in paraphilic men treated in long-term group psychotherapy with or without medroxy-progesterone acetate. *Journal of Offender Rehabilitation, 18*, 109-123.

Fernandez, Y.M. & Marshall, W.L. (2003). Victim empathy, social self-esteem, and psychopathy in rapists. *Sexual Abuse: A Journal of Research and Treatment, 15*, 11-26.

Fernandez, Y.M., Marshall, W.L., Lightbody, S. & O'Sullivan, C. (1999). The Child Molester Empathy Measure. *Sexual Abuse: A Journal of Research and Treatment, 11*, 17-31.

Fiedler, P. (2001). Paraphilien und sexuelle Deliquenz: Zum Probelm der Übergänge zwischen Normalität und Abweichung. In J. Hoyer & H. Kunst (Hrsg.), *Psychische Störungen bei Sexualdelinquenten* (S. 1-12). Lengerich: Pabst.

Finkelhor, D. (1979). *Sexually victimized children.* New York: Free Press.

Finkelhor, D. (1984). *Child sexual abuse: New theory and research.* New York: Free Press.

Finkelhor, D. (1986). *A sourcebook on child sexual abuse.* Beverly Hills, CA: Sage.

Finkelhor, D. & Russell, D. (1984). Women as perpetrators: Review of the evidence. In D. Finkelhor (Ed.), *Child sexual abuse: New theory and research* (pp. 171-187). New York: Free Press.

Fitch, J.H. (1962). Men convicted of sexual offenses against children: A descriptive follow-up study. *British Journal of Criminology, 3,* 18-37.

Fleiss, J.L. (1994). Measures of effect size for categorical data. In H. Cooper & L.V. Hedges (Eds.), *The handbook of research synthesis* (pp. 245-260). New York: Russell Sage Foundation.

Ford, C. & Beach, F. (1969). *Formen der Sexualität. Das Sexualverhalten bei Mensch und Tier.* Reinbek: Rohwolt.

Freeman, M. (1996). Sexual deviance and the law. In I. Rosen (Ed.), *Sexual deviation* (3rd ed., pp. 399-451). Oxford: Oxford University Press.

Freud, S. (1942). Drei Abhandlungen zur Sexualtheorie, *Gesammelte Werke* (Bd. 5, S. 27-145). London: Imago Publishing.

Fricke, R. & Treinies, G. (1985). *Einführung in die Metaanalyse.* Bern: Huber.

Friendship, C., Mann, R.E. & Beech, A.R. (2003). Evaluation of a national prison-based treatment program for sexual offenders in England and Wales. *Journal of Interpersonal Violence, 18,* 744-759.

Friendship, C. & Thornton, D.M. (2001). Sexual reconviction for sexual offenders discharged from prison in England and Wales. *British Journal of Criminology, 41,* 285-292.

Friendship, C., Thornton, D.M., Erikson, M. & Beech, A.R. (2001). Reconviction: A critique and comparison of two main data sources in England and Wales. *Legal and Criminological Psychology, 6,* 121-129.

Frühwald, S., Eher, R., Frottier, P., Aigner, M., Gutierrez, K. & Dwyer, S.M. (1998). The relevance of self-concepts dscriminating in long-term incarcerated sex offenders. *Journal of Behavior Therapy & Experimental Psychiatry, 29,* 267-278.

Furby, L., Weinrott, M.R. & Blackshaw, L. (1989). Sex offender recidivism: A review. *Psychological Bulletin, 105,* 3-30.

Gallagher, C.A., Wilson, D.B. & MacKenzie, D.L. (2000). *A meta-analysis of the effectiveness of sex offender treatment programs.* Verfügbar unter: http://www.wam.umd.edu/ ~wilsondb/papers/sexoffender.pdf

Geer, J.H., Estupinan, L.A. & Manguno-Mire, G.M. (2000). Empathy, social skills, and other relevant cognitive processes in rapists and child molesters. *Aggression and Violent Behavior, 5*, 99-126.

Gendreau, P., Little, T. & Goggin, C. (1996). A meta-analysis of the predictors of adult offender recidivism: What works! *Criminology, 34*, 575–607.

Gijs, L. & Gooren, L. (1996). Hormonal and psychopharmacological interventions in the treatment of paraphilias: an update. *Journal of Sex Research, 33*, 273-290.

Gilboa-Schechtman, E. & Foa, E.B. (2001). Patterns of recovery from trauma: The use of intraindividual analysis. *Journal of Abnormal Psychology, 110*, 392-400.

Glass, G.V. (1976). Primary, secondary and meta-analysis of research. *Educational Researcher, 5*, 3-8.

Gloor, R. & Pfister, T. (1995). *Kindheit im Schatten. Ausmaß, Hintergründe und Abgrenzung sexueller Ausbeutung.* Bern: Lang.

Gottfredson, M.R. & Hirschi, T. (1990). *A general theory of crime.* Stanford: Stanford University Press.

Grawe, K. & Grawe-Gerber, M. (1999). Ressourcenaktivierung Ein primäres Wirkprinzip der Psychotherapie. *Psychotherapeut, 44*, 63-73.

Grayston, A.D. & De Luca, R.V. (1999). Female perpetrators of child sexual abuse: A review of the clinical and empirical literature. *Aggression and Violent Behavior, 4*, 93-106.

Greenberg, D., Bradford, J., Firestone, P. & Curry, S. (2000). Relationships of child molesters: A study of victim relationship with the perpetrator. *Child Abuse & Neglect, 24*, 1485-1494.

Greenberg, D.M. & Bradford, J.M.W. (1997). Treatment of the paraphilic disorders: A review of the role of the selective serotonin reuptake inhibitors. *Sexual Abuse: A Journal of Research and Treatment, 9*, 349-360.

Grossin, C., Sibille, I., Lorin de la Grandmaison, G., Banasr, A., Brion, F. & Durigon, M. (2003). Analysis of 418 cases of sexual assault. *Forensic Science International, 131*, 125-130.

Grossman, L.S., Martis, B. & Fichtner, C.G. (1999). Are sex offenders treatable? A research overview. *Psychiatric Services, 50*, 349-361.

Groth, N.A. (1978). Patterns of sexual assault against children and adolescents. In A.W. Burgess, N.A. Groth, L.L. Holmstrom & S.M. Sgroi (Eds.), *Sexual assault of children and adolescents* (pp. 3-24). Boston: Heath.

Groth, N.A. (1979). *Men who rape. The psychology of the offender.* New York: Plenum Press.

Groth, N.A., Burgess, A.W. & Holmstrom, L.L. (1977). Rape: Power, anger, and sexuality. *American Journal of Psychiatry, 134*, 1239-1243.

Groth, N.A., Longo, R.E. & McFadin, J.B. (1982). Undetected recidivism among rapists and child molesters. *Crime and Delinquency, 28*, 450-458.

Grubin, D.H. & Kennedy, h.G. (1991). The classification of sexual offenders. *Criminal Behaviour and Mental Health, 1*, 123-129.

Hall, G.C.N. (1995). Sexual offender recidivism revisited: A meta-analysis of recent treatment studies. *Journal of Consulting and Clinical Psychology, 63*, 802-809.

Hall, G.C.N. (1996). *Theory-based assessment, treatment, and prevention of sexual aggression.* New York: Oxford University Press.

Hall, G.C.N. & Hirschman, R. (1991). Toward a theory of sexual aggression: A quadripartite model. *Journal of Consulting and Clinical Psychology, 59*, 662-669.

Hall, G.C.N. & Hirschman, R. (1992). Sexual aggression against children: A conceptual perspective of etiology. *Criminal Justice and Behavior, 19*, 8-23.

Hanson, R.K. (1996). Evaluating the contributions of relapse prevention to the treatment of sex offenders. *Sexual Abuse: A Journal of Research and Treatment, 8*, 209-221.

Hanson, R.K. (1997). How to know what works with sexual offenders. *Sexual Abuse: A Journal of Research and Treatment, 9*, 129-145.

Hanson, R.K. (2000). Sex offender risk assessment. In C.R. Hollin (Ed.), *Handbook of offender assessment and treatment* (pp. 85-96). Chichester, UK: Wiley.

Hanson, R.K. (2001). *Age and sexual recidivism: A comparison of rapists and child molesters* [Online]. Verfügbar unter: http://www.sgc.gc.ca/publications/corrections/pdf/ age200101_e.pdf

Hanson, R.K. (2002). Introduction to the special section on dynamic risk assessment with sex offenders. *Sexual Abuse: A Journal of Research and Treatment, 14*, 99-101.

Hanson, R.K. (2003). Empathy deficits of sexual offenders: A conceptual model. *Journal of Sexual Aggression, 9*, 13-23.

Hanson, R.K. & Bussière, M.T. (1998). Predicting relapse: A meta-analysis of sexual offender recidivism studies. *Journal of Consulting and Clinical Psychology, 66*, 348-362.

Hanson, R.K., Gordon, A., Harris, A.J.R., Marques, J.K., Murphy, W.D., Quinsey, V.L. & Seto, M.C. (2002). First report of the collaborative outcome data project on the effectiveness of psychological treatment for sex offenders. *Sexual Abuse: A Journal of Research and Treatment, 14*, 169-194.

Hanson, R.K. & Harris, A.J.R. (1998). *Dynamic predictors of sexual recidivism* (Report No. 1998-1). Ottawa, Ontario, Canada: Department of the Solicitor General Canada.

Hanson, R.K. & Harris, A.J.R. (2001). A structured approach to evaluating change among sexual offenders. *Sexual Abuse: A Journal of Research and Treatment, 13*, 105-122.

Hanson, R.K., Steffy, R.A. & Gauthier, R. (1992). Long-term follow-up of child molesters: Risk predictors and treatment outcome.

Hanson, R.K., Steffy, R.A. & Gauthier, R. (1993). Long-term recidivism of child molesters. *Journal of Consulting and Clinical Psychology, 66*, 646-652.

Hanson, R.K. & Thornton, D.M. (2000). Improving risk assessment for sex offenders: A comparison of three actuarial scales. *Law and Human Behavior, 24*, 119-136.

Hare, R.D. (1991). *The Hare Psychopathy Checklist-Revised*. Toronto: Multi-Health Systems.

Hasselblad, V. & Hedges, L.V. (1995). Meta-analysis of screening and diagnostic tests. *Psychological Bulletin, 117*, 167-178.

Hedges, L.V. (1994). Fixed effects models. In H.M. Cooper & L.V. Hedges (Eds.), *The handbook of research synthesis* (pp. 285-299). New York: Russell Sage Foundation.

Hedges, L.V. & Olkin, I. (1985). *Statistical methods for meta-analysis*. Orlando: Academic Press.

Hedlund, E. & Granö, M. (1986). Der Partner des Vergewaltigungsopfers: Eine Perspektive der Beratung. In J. Heinrichs (Hrsg.), *Vergewaltigung. Die Opfer und die Täter* (S. 58-61). Braunschweig: Holtzmeyer.

Heim, N. (1977). Kastration bei Sexualstraftätern - eine kritische Betrachtung! In G. Nass (Hrsg.), *Kriminalätiologie und Prophylaxe: Wandlungen der weiblichen Kriminalität; Folgen der chirurgischen Kastration; Hirnschädigung durch Rauschgift; Kriterien zur Strafumwandlung* (S. 7-20). Kassel: Verlag Gesellschaft für vorbeugende Verbrechensbekämpfung.

Heim, N. (1998). *Operation "Triebtäter": Kastration als ultima ratio. Gespräche mit kastrierten Sexualtätern*. Hamburg: Kovac.

Heim, N. & Hursch, C.J. (1979). Castration for sex offenders: Treatment or punishment? A review and critique of recent European literature. *Archives of Sexual Behavior, 8*, 281-304.

Herman, J.L. (1990). Sex offenders: A feminist perspective. In W.L. Marshall, D.R. Laws & H.E. Barbaree (Eds.), *Handbook of sexual assault: Issues, theories, and treatment of the offender* (pp. 177-193). New York: Plenum Press.

Hersh, K.R. (1999). *Treatment completion and recidivism among incarcerated sex offenders*. Unpublished doctoral dissertation, University of North Carolina, Chapel Hill, AL.

Hildebran, D.D. & Pithers, W.D. (1989). Enhancing offender empathy for sexual-abuse victims. In D.R. Laws (Ed.), *Relapse prevention with sex offenders* (pp. 236-243). New York: Guilford Press.

Höfling, S., Drewes, D. & Epple-Waigel, I. (Hrsg). (1999). *Auftrag Prävention. Offensive gegen sexuellen Kindesmißbrauch*. München: Hannes Seidel Stiftung e.V.

Hood, R., Shute, S., Feilzer, M. & Wilcox, A. (2002). *Reconviction rates of serious sex offenders and assessments of their risk* (Findings No. 164). London: Home Office Research and Statistics Directorate.

Horley, J. (2000). Cognitions supportive of child molestation. *Aggression and Violent Behavior, 5*, 551-564.

Hoyer, J. (2001). Psychodiagnostische Kategorisierung von gefährlichen Sexualdelinquenten. In J. Hoyer & H. Kunst (Hrsg.), *Psychische Störungen bei Sexualdelinquenten* (S. 13-31). Lengerich: Pabst.

Hoyer, J., Kunst, H., Borchard, B. & Stangier, U. (1999). Paraphile versus impulskontrollgestörte Sexualdelinquenten: Eine psychologisch valide Differenzierung? *Zeitschrift für klinische Psychologie, 28*, 37-44.

Hucker, S.J. & Bain, J. (1990). Androgenic hormones and sexual assault. In W.L. Marshall, D.R. Laws & H.E. Barbaree (Eds.), *Handbook of sexual assault: Issues, theories, and treatment of the offender* (pp. 93-102). New York: Plenum Press.

Hudson, S.M., Marshall, W.L., Wales, D.S. & McDonald, E. (1993). Emotional recognition skills of sex offenders. *Annals of Sex Research, 6*, 199-211.

Hudson, S.M., Wales, D.S., Bakker, L. & Ward, T. (2002). Dynamic risk factors: The Kia Marama evaluation. *Sexual Abuse: A Journal of Research and Treatment, 14*, 103-119.

Huffcutt, A.I. & Arthur, W.J. (1995). Development of a new outlier statistic for meta-analytic data. *Journal of Applied Psychology, 80*, 327-334.

Huot, S.J. (2002, October). *Recidivism, recidivism, recidivism! An update of several Minnesota recidivism studies.* Paper presented at the 21st Annual Research and Treatment Conference of the Association for the Treatment of Sexual Abusers on ‚Best Practices: Clinical and Research Collaborations', Montréal, Québec, Canada.

Izzo, R.L. & Ross, R.R. (1990). Meta-analysis of rehabilitative programs for juvenile delinquents. A brief report. *Criminal Justice and Behavior, 17*, 134-142.

Jenny, C., Hooton, T.M., Bowers, A., Copass, M.K., Krieger, J.N., Hillier, S.L., Kiviat, N., Corey, L., Stamm, W.E. & Holmes, K.K. (1990). Sexually transmitted diseases in victims of rape. *New England Journal of Medicine, 322*, 713-716.

Kaiser, G. (1996). *Kriminologie: ein Lehrbuch* (3. Aufl.). Heidelberg: Müller.

Kaul, J., Huot, S.J., Epperson, D. & Dornfeld, M. (1994). *Sex offenders released in 1988* (Unpublished report). St. Paul, MN: Minnesota Department of Corrections.

Kavemann, B. & Braun, G. (2002). Frauen als Täterinnen. In D. Bange & W. Körner (Hrsg.), *Handwörterbuch Sexueller Missbrauch* (S. 121-131). Göttingen: Hogrefe.

Keller-Husemann, U. (1983). *Destruktive Sexualität: Krankheitsverständnis und Behandlung der sexuellen Perversion.* München: Reinhardt.

Kendall-Tackett, K.A., Meyer Williams, L. & Finkelhor, D. (1993). Impact of sexual abuse on children: A review and synthesis of recent empirical studies. *Psychological Bulletin, 113*, 164-180.

Kilpatrick, D.G., Veronen, L.J. & Resick, P.A. (1979). The aftermath of rape: Recent empirical findings. *American Journal of Orthopsychiatry, 49*, 658-669.

Knight, R.A. (1988). A taxonomic analysis of child molesters. In R.A. Prentky & V.L. Quinsey (Eds.), *Human sexual aggression: Current perspectives* (pp. 2-20). New York: New York Academy of Science.

Knight, R.A. & Prentky, R.A. (1990). Classifying sexual offenders: The development and corroboration of taxonomic models. In W.L. Marshall, D.R. Laws & H.E. Barbaree (Eds.), *Handbook of sexual assault: Issues, theories, and treatment of the offender* (pp. 23-52). New York: Plenum Press.

Knopp, F.H., Freeman-Longo, R.E. & Lane, S. (1997). Program development. In G. Ryan & S. Lane (Eds.), *Juvenile sexual offending: Causes, consequences, and correction* (2nd ed., pp. 183-200). San Francisco, CA: Jossey-Bass.

Koss, M.P., Gidycz, C.A. & Wisniewski, N. (1987). The scope of rape: Incidence and prevalence of sexual aggression and victimization in a national sample of higher education students. *Journal of Consulting and Clinical Psychology, 55*, 162-170.

Kraus, C. & Berner, W. (2000). Die Klassifikation von Sexualstraftätern nach Knight und Prentky. *Monatsschrift für Kriminologie und Strafrechtsreform, 83*, 395-408.

Kröber, H.-L. (1998). Sexualstraftaten und Gewaltdelinquenz. In H.L. Kröber & K.P. Dahle (Hrsg.), *Sexualstraftaten und Gewaltdelinquenz. Verlauf, Behandlung, Opferschutz.* Heidelberg: Kriminalistik-Verlag.

Krück, U. (1991). Die Viktimisierung sexuell missbrauchter Jungen. In K.M. Beier (Hrsg.), *Sexualität zwischen Medizin und Recht* (S. 39-52). Stuttgart: Fischer.

Kunz, K.-L. (2001). *Kriminologie* (3. Aufl.). Bern: Haupt/UTB.

Kutchinsky, B. (1991). Sexueller Missbrauch von Kindern: Verbreitung, Phänomenologie und Prävention. *Zeitschrift für Sexualforschung, 4*, 33-44.

Lackner, K. & Kühl, K. (1999). *Strafgesetzbuch mit Erläuterungen* (23. Aufl.). München: Beck.

Langevin, R., Paitich, D., Hucker, S.J., Newman, S., Ramsay, G., Pope, S., Geller, G. & Anderson, C. (1979). The effect of assertiveness training, Provera, and sex of therapist in the treatment of genital exhibitionism. *Journal of Behavior Therapy and Experimental Psychiatry, 10*, 275-282.

Laubenthal, K. (2000). *Sexualstraftaten: Die Delikte gegen die sexuelle Selbstbestimmung.* Berlin: Springer.

Launay, G. (2001). Relapse prevention with sex offenders: Practice, theory and research. *Criminal Behaviour and Mental Health, 11*, 38-54.

Laws, D.R. (1995). A theory of relapse prevention. In W. O'Donohue & L. Krasner (Eds.), *Theories of behavior therapy*. Washington, D.C.: American Psychological Association.

Laws, D.R. (2000). The original model of relapse prevention with sex offenders: Promises unfulfilled. In D.R. Laws, S.M. Hudson & T. Ward (Eds.), *Remaking relapse prevention with sex offenders: A sourcebook* (pp. 3-24). Thousand Oaks, CA: Sage.

Laws, D.R. & Marshall, W.L. (1990). A conditioning theory of the etiology and maintenance of deviant sexual preference and behavior. In W.L. Marshall, D.R. Laws & H.E. Barbaree (Eds.), *Handbook of sexual assault: Issues, theories, and treatment of the offender* (pp. 209-229). New York: Plenum Press.

Laws, D.R. & Marshall, W.L. (2003). A brief history of behavioral and cognitive behavioral approaches to sexual offender treatment: Part 1. Early developments. *Sexual Abuse: Journal of Research & Treatment, 15*, 93-120.

Lee, J.K.P., Jackson, H.J., Pattison, P. & Ward, T. (2002). Developmental risk factors for sexual offending. *Child Abuse & Neglect, 26*, 73-92.

Light, R.J. & Pillemer, D.B. (1984). *Summing up: The science of reviewing research*. Cambridge: Harvard University Press.

Lipsey, M.W. (1992). Juvenile selinquency treatment: A meta-analytic inquiry into the variability of effects. In T.D. Cook (Ed.), *Meta-analysis for explanation. A casebook*. New York: Russell Sage Foundation.

Lipsey, M.W. & Wilson, D.B. (1993). The efficacy of psychological, educational, and behavioral treatment. *American Psychologist, 48*, 1181-1209.

Lipsey, M.W. & Wilson, D.B. (2001). *Practical meta-analysis*. Thousand Oaks: Sage.

Looman, J., Abracen, J. & Nicholaichuk, T.P. (2000). Recidivism among treated sexual offenders and matched controls: Data from the Regional Treatment Centre (Ontario). *Journal of Interpersonal Violence, 15*, 279-290.

Lösel, F. (1975). *Handlungskontrolle und Jugenddelinquenz*. Stuttgart: Enke.

Lösel, F. (1987). Methodik und Problematik von Meta-Analysen – Mit Beispielen aus der Psychotherapieforschung. *Gruppendynamik, 18*, 323-343.

Lösel, F. (1995). The efficacy of correctional treatment: A review and synthesis of meta-evaluations. In J. McGuire (Ed.), *What works: Reducing reoffending. Guidelines from practice and research* (pp. 79-111). Chichester: Wiley.

Lösel, F. (1996a). What recent meta-evaluations tell us about the effectiveness of correctional treatment. In G. Davies, S. Lloyd-Bostock, M. McMurran & C. Wilson (Eds.), *Psychology, law, and criminal justice. International developments in research and practice* (pp. 537-554). Berlin: De Gruyter.

Lösel, F. (1996b). Changing Patterns in the use of prisons. An evidence-based perspective. *European Journal of Criminal Policy and Research, 4*, 108-127.

Lösel, F. (1997). Social therapeutic institutions in Germany. In E. Cullen, L. Jones & R. Woodward (Eds.), *Therapeutic communities for offenders* (pp. 181-203). Chichester: Wiley.

Lösel, F. (1998). Treatment and management of psychopaths. In D.J. Cooke, A.E. Forth & R.D. Hare (Eds.), *Psychopathy: Theory, research and implications for society* (pp. 303-354). Dordrecht: Kluwer Academic Publishers.

Lösel, F. (1999). Behandlung und Rückfälligkeit von Sexualstraftätern. In S. Höfling, D. Drewes & I. Epple-Waigel (Hrsg.), *Auftrag Prävention. Offensive gegen sexuellen Kindesmißbrauch* (S. 279-304). München: Hannes Seidel Stiftung e.V.

Lösel, F. (2000). The efficacy of sexual offender treatment: A brief review of german and international evaluations. In P.J. van Koppen & N. Roos (Eds.), *Rationality, information and progress in law and psychology. In honour of Hans Crombag* (pp. 145-170). Maastricht: Metajuridica Publications.

Lösel, F. (2001a). Evaluating the effectiveness of correctional programs: Bridging the gap between research and practice. In G.A. Bernfeld, D.P. Farrington & A.W. Leschied (Eds.), *Offender rehabilitation in practice. Implementing and evaluating effective programs* (pp. 67-92). Chichester: Wiley.

Lösel, F. (2001b). Is effective treatment of psychopathy possible? What we know and what we need to know. In A. Raine & J. Sanmartín (Eds.), *Violence and psychopathy* (pp. 171-195). New York: Kluwer.

Lösel, F. (2001c). Behandlung oder Verwahrung? Ergebnisse und Perspektiven der Intervention bei "psychopathischen" Straftätern. In G. Rehn, B. Wischka, F. Lösel & M. Walter (Hrsg.), *Behandlung "gefährlicher Straftäter". Grundlagen, Konzepte, Ergebnisse* (S. 36-53). Herbolzheim: Centaurus.

Lösel, F. (2001d). Rehabilitation of the offender. In N.J. Smelser & P.B. Baltes (Eds.), *International encyclopedia of the social & behavioral sciences* (Vol. 19, pp. 12988-12993). Amsterdam: Elsevier.

Lösel, F. (2002). ¿Sirve el tratamiento para reducir la reincicencia de los delincuentes sexuales? (Englisches Manuskript: Evaluation of sex offender treatment). In S. Redondo (Ed.), *Delincuencia sexual y sociedad* (pp. 361-396). Barcelona: Ariel.

Lösel, F. (2003). The development of delinquent behaviour. In D. Carson & R. Bull (Eds.), *Handbook of psychology in legal contexts* (2nd ed., pp. 245-267). Chichester: Wiley.

Lösel, F. & Beelmann, A. (2003). Effects of child skills training in preventing antisocial behavior: A systematic review of randomized evaluations. *Annals of the American Academy of Political and Social Science, 587*, 84-109.

Lösel, F., Beelmann, A., Jaursch, S., Koglin, U. & Stemmler, M. (in Druck). Entwicklung und Prävention früher Probleme des Sozialverhaltens: Konzept und ausgewählte Ergebnisse der Erlangen-Nürnberg Studie. In M. Cierpka & K. Vogel (Hrsg.), *Maßnahmen gegen Gewalt: Die Unterbrechung der Gewaltspirale.* Göttingen: Vandenhoeck & Ruprecht.

Lösel, F. & Bender, D. (1997). Straftäterbehandlung: Konzepte, Ergebnisse, Probleme. In M. Steller & R. Volbert (Hrsg.), *Psychologie im Strafverfahren. Ein Handbuch* (S. 171-204). Bern: Huber.

Lösel, F. & Bender, D. (2003). Protective factors and resilience. In D.P. Farrington & J.W. Coid (Eds.), *Early prevention of adult antisocial behaviour* (pp. 130-204). Cambridge: Cambridge University Press.

Lösel, F. & Breuer-Kreuzer, D. (1990). Metaanalysen in der Evlauationsforschung: Allgemeine Probleme und eine Studie über den Zusammenhang zwischen Familienmerkmalen und psychischen Auffälligkeiten bei Kindern und Jugendlichen. *Zeitschrift für Pädagogische Psychologie, 4*, 253-268.

Lösel, F. & Köferl, P. (1987). Evaluationsforschung zur sozialtherapeutischen Anstalt: Eine Meta-Analyse. *Gruppendynamik, 18*, 385-406.

Lösel, F. & Köferl, P. (1989). Evaluation research on correctional treatment in West Germany: A meta-analysis. In H. Wegener, F. Lösel & J. Haisch (Eds.), *Criminal behavior and the justice system* (pp. 334-355). New York: Springer.

Lösel, F., Köferl, P. & Weber, F. (1987). *Meta-Evaluation der Sozialtherapie. Qualitative und quantitative Analysen zur Behandlungsforschung in sozialtherapeutischen Anstalten des Justizvollzugs.* Stuttgart: Enke.

Lösel, F. & Nowack, W. (1987). Evaluationsforschung. In J. Schultz-Gambard (Hrsg.), *Angewandte Sozialpsychologie* (S. 57-87). Weinheim: Beltz.

Lösel, F. & Schmucker, M. (2003). *The efficacy of sex offender treatment: A brief synthesis of meta-analyses.* Unveröffentlichtes Manuskript, Universität Erlangen-Nürnberg.

Lösel, F. & Schmucker, M. (in Druck). Persönlichkeit und Kriminalität. In K. Pawlik (Hrsg.), *Enzyklopädie der Psychologie: Themenbereich C Theorie und Forschung, Serie VIII Differentielle Psychologie und Persönlichkeitspsychologie, Band 5 Theorien und Anwendungsfelder der Differentiellen Psychologie.* Göttingen: Hogrefe.

Lösel, F. & Wittmann, W.W. (1989). The relationship of treatment integrity and intensity to outcome criteria. *New Directions for Program Evaluation, 42*, 97-108.

Lowden, K., Hetz, N., Harrison, L., Patrick, D., English, K. & Pasini-Hill, D. (2003). *Evaluation of Colorado's prison therapeutic community for sex offenders: A report of findings.* Denver, CO: Office of Research and Statistics, Division of Criminal Justice.

MacKenzie, D.L. & Hickman, L.J. (1998). *What works in corrections.* Report to the State of Washington Joint Audit and Review Committee.

Mahoney, J.J. (1977). *Kognitive Verhaltenstherapie.* München: Pfeiffer. (Original 1974: Cognition and behavior modification)

Malamuth, N.M., Addison, T. & Koss, M.P. (2000). Pornography and sexual aggression: Are there reliable effects and can we understand them? *Annual Review of Sex Research, 11,* 26-91.

Maletzky, B.M. (1991a). *Treating the sexual offender.* Newbury Park, CA: Sage.

Maletzky, B.M. (1991b). The use of medroxyprogesterone acetate to assist in the treatment of sexual offenders. *Annals of Sex Research, 4,* 117-129.

Maletzky, B.M. & Field, G. (2003). The biological treatment of dangerous sexual offenders. A review and preliminary report of the Oregon pilot depo-Provera program. *Aggression and Violent Behavior, 8,* 391-412.

Mann, R.E. (1999). Kognitiv-behaviorale Therapie von inhaftierten Sexualtätern in England und Wales. In G. Deegener (Hrsg.), *Sexuelle und körperliche Gewalt. Therapie jugendlicher und erwachsener Täter* (S. 340-360). Weinheim: Psychologie Verlags Union.

Marlatt, G.A. & Gordon, J.R. (Eds.). (1985). *Relapse Prevention.* New York: Guilford Press.

Marques, J.K. (1988). The Sex Offender Treatment and Evaluation Project: California's new outcome study. In R.A. Prentky & V.L. Quinsey (Eds.), *Human sexual aggression: Current perspectives* (pp. 235-243). New York: New York Academy of Science.

Marques, J.K. (1999). How to answer the question "Does sex offender treatment work?". *Journal of Interpersonal Violence, 14,* 437-451.

Marques, J.K., Day, D.M., Nelson, C. & West, M.A. (1994). Effects of cognitive-behavioral treatment on sex offender recidivism: Preliminary results of a longitudinal study. *Criminal Justice and Behavior, 21,* 28-54.

Marques, J.K., Nelson, C., Alarcon, J.-M. & Day, D.M. (2000). Preventing relapse in sex offenders: What we learned from SOTEP's experimental treatment program. In D.R. Laws, S.M. Hudson & T. Ward (Eds.), *Remaking relapse prevention with sex offenders: A sourcebook* (pp. 321-340). Thousand Oaks, CA: Sage.

Marshall, W.L. (1989). Intimacy, loneliness and sexual offenders. *Behaviour Research and Therapy, 27,* 491-504.

Marshall, W.L. (1994). Treatment effects on denial and minimization in incarcerated sex offenders. *Behaviour Research and Therapy, 32,* 559-564.

Marshall, W.L. (2002). *Effect sizes in the treatment of sexual offenders.* Unveröffentlichtes Manuskript, Kingston, Ontario, Canada.

Marshall, W.L., Anderson, D. & Champagne, F. (1996). Self-esteem and its relationship to sexual offending. *Psychology, Crime & Law, 3,* 161-186.

Marshall, W.L., Anderson, D. & Fernandez, Y.M. (1999). *Cognitive behavioural treatment of sexual offenders.* Chichester: Wiley.

Marshall, W.L. & Barbaree, H.E. (1988). The long-term evaluation of a behavioral treatment program for child molesters. *Behaviour Research and Therapy, 26,* 499-511.

Marshall, W.L. & Barbaree, H.E. (1990). An integrated theory of the etiology of sexual offending. In W.L. Marshall, D.R. Laws & H.E. Barbaree (Eds.), *Handbook of sexual assault: Issues, theories, and treatment of the offender* (pp. 257-275). New York: Plenum Press.

Marshall, W.L., Cripps, E., Anderson, D. & Cortoni, F.A. (1999). Self-esteem and coping strategies in child molesters. *Journal of Interpersonal Violence, 14,* 955-962.

Marshall, W.L. & Eccles, A. (1995). Cognitive-behavioral treatment of sex offenders. In M.B. van Hasselt & M. Hersen (Eds.), *Sourcebook of psychological treatment manuals for adult disorders* (pp. 295-332). New York: Plenum.

Marshall, W.L., Eccles, A. & Barbaree, H.E. (1991). The treatment of exhibitionists: A focus on sexual deviance versus cognitive and relationship features. *Behaviour Research and Therapy, 26,* 129-135.

Marshall, W.L., Fernandez, Y.M., Hudson, S.M. & Ward, T. (Hrsg). (1998). *Sourcebook of treatment programs for sexual offenders.* New York: Plenum Press.

Marshall, W.L., Hamilton, K. & Fernandez, Y.M. (2001). Empathy deficits and cognitive distortions in child molesters. *Sexual Abuse: A Journal of Research and Treatment, 13,* 123-130.

Marshall, W.L., Hudson, S.M. & Hodkinson, S. (1993). The importance of attachment bonds in the development of juvenile sexual offending. In H.E. Barbaree, W.L. Marshall & S.M. Hudson (Eds.), *The juvenile sex offender* (pp. 164-181). New York: Guilford Press.

Marshall, W.L., Hudson, S.M., Jones, R.L. & Fernandez, Y.M. (1995). Empathy in sex offenders. *Clinical Psychology Review, 15,* 99-113.

Marshall, W.L., Jones, R.L., Ward, T., Johnston, P. & Barbaree, H.E. (1991). Treatment outcomes with sex offenders. *Clinical Psychology Review, 11,* 465-485.

Marshall, W.L. & Laws, D.R. (2003). A brief history of behavioral and cognitive behavioral approaches to sexual offender treatment: Part 2. The modern era. *Sexual Abuse: Journal of Research & Treatment, 15,* 93-120.

Marshall, W.L. & Pithers, W.D. (1994). A reconsideration of treatment outcome with sex offenders. *Criminal Justice and Behavior, 21,* 10-27.

Martinson, R. (1974). What works? Questions and answers about prison reform. *The Public Interest, 10,* 22-54.

McConaghy, N. (1999). Methodological issues concerning evaluation of treatment for sexual offenders: Randomization, treatment dropouts, untreated controls, and within-treatment studies. *Sexual Abuse: A Journal of Research and Treatment, 11,* 183-193.

McConaghy, N., Blaszczynski, A. & Kidson, W. (1988). Treatment of sex offenders with imaginal desensitization and/or medroxyprogesterone. *Acta Psychiatrica Scandinavica, 77,* 199-206.

McGrath, R.J., Hoke, S.E. & Vojtisek, J.E. (1998). Cognitive-behavioral treatment of sex offenders. A treatment comparison and long-term follow-up study. *Criminal Justice and Behavior, 25,* 203-225.

McGuire, R.J., Carlisle, J.M. & Young, B.G. (1964). Sexual deviations as conditioned behaviour: A hypothesis. *Behaviour Research and Therapy, 2,* 185-190.

Meichenbaum, D.H. (1979). *Kognitive Verhaltensmodifikation.* München: Urban & Schwarzenberg. (Original 1974: Cognitive behavior modification)

Meyer, W.J., Cole, C. & Emory, E. (1992). Depo provera treatment for sex offending behavior: An evaluation of outcome. *Bulletin of the American Academy of Psychiatry and the Law, 20,* 249-259.

Meyer, W.J. & Cole, C.M. (1997). Physical and chemical castration of sex offenders: A review. *Journal of Offender Rehabilitation, 25,* 1-18.

Meyer-Williams, L. & Finkelhor, D. (1990). The characteristics of incestuous fathers: A review of recent studies. In W.L. Marshall, D.R. Laws & H.E. Barbaree (Eds.), *Handbook of sexual assault: Issues, theories, and treatment of the offender* (pp. 231-255). New York: Plenum Press.

Mezey, G. (1994). Rape in war. *Journal of Forensic Psychiatry, 5,* 583-597.

Miner, M.H. & Dwyer, S.M. (1995). Analysis of dropouts from outpatient sex offender treatment. *Journal of Psychology and Human Sexuality, 7,* 77-93.

Moggi, F. (2002). Folgen. In D. Bange & W. Körner (Hrsg.), *Handwörterbuch Sexueller Missbrauch* (S. 116-121). Göttingen: Hogrefe.

Mulloy, R. & Marshall, W.L. (1999). Social functioning. In W.L. Marshall, D. Anderson & Y.M. Fernandez (Eds.), *Cognitive behavioural treatment of sexual offenders* (pp. 93-109). Chichester: Wiley.

Mulloy, R. & Smiley, W.C. (1996, August). *Recidivism and treated sexual offenders.* Paper presented at the International Congress of Psychology, August 16-21, 1996, Montréal, Canada.

Murphy, W.D. (1990). Assessment and modification of cognitive distortions in sex offenders. In W.L. Marshall, D.R. Laws & H.E. Barbaree (Eds.), *Handbook of sexual assault: Issues, theories, and treatment of the offender* (pp. 331-342). New York: Plenum Press.

Murrin, M.R. & Laws, D.R. (1990). The influence of pornography on sexual crimes. In W.L. Marshall, D.R. Laws & H.E. Barbaree (Eds.), *Handbook of sexual assault: Issues, theories, and treatment of the offender* (pp. 73-91). New York: Plenum Press.

Nelson, E.B., Soutullo, C.A., DelBello, M.P. & McElroy, S.L. (2002). The psychopharmacological treatment of sex offenders. In B.K. Schwartz (Ed.), *The Sex*

Offender (Vol. 4: Current Treatment Modalities and Systems Issues, pp. 13-1 - 13-30). New York: Civic Research Institute.

Neumann, F. & Kalmus, J. (1991). *Hormonal treatment of sexual deviations.* Berlin: Diesbach.

Nicholaichuk, T. (1996). Sex offender treatment priority: An illustration of the risk/need principle. *Forum on Corrections Research, 8,* 38-41.

Norris, F.H. (1992). Epidemiology of trauma: Frequency and impact of different potentially traumatic events on different demographic groups. *Journal of Consulting and Clinical Psychology, 60,* 409-418.

Novaco, R.W. (1975). *Anger control: The development and evaluation of an experimental treatment.* Lexington, MA: Heath.

Nowara, S. (2001). *Sexualstraftäter und Maßregelvollzug: eine empirische Untersuchung zu Legalbewährung und kriminellen Karrieren.* Wiesbaden: KrimZ.

Nutbrown, V. & Stasiak, E. (1987). Research monograph: A retrospective analysis of O.C.I. cost effectiveness 1977-1981. *Ontario Correctional Institute, 2,* 1-16.

Ohio Department of Rehabilitation and Correction. (1996). *Five year recidivism follow-up of sex offender releases* (Unpublished Report).

Ortmann, R. (2002). *Sozialtherapie im Strafvollzug: Eine experimentelle Längsschnittstudie zu den Wirkungen von Strafvollzugsmaßnahmen auf Legal- und Sozialbewährung.* Freiburg: Edition iuscrim.

Overton, R.C. (1998). A comprison of fixed-effects and mixed (random-effects) models for meta-analysis tests of moderator variable effects. *Psychological Methods, 3,* 354-379.

Perkins, D. (1987). A psychological treatment programme for sex offenders. In B.J. MacGurk & D.M. Thornton (Eds.), *Applying psychology to imprisonment: Theory and practice* (pp. 191-217). London: Her Majesty's Stationery Office Books.

Pfäfflin, F. (1988). Chirurgische Kastration vor und nach 1945. In G. Kaiser (Hrsg.), *Kriminologische Forschung in den 80er Jahren : Projektberichte aus der Bundesrepublik Deutschland* (S. 591-603). Freiburg i. Br.: Max-Planck-Institut für ausländisches und internationales Strafrecht.

Pfäfflin, F. (2000). Psychodynamische Behandlung von Straftätern. *Recht & Psychiatrie, 18,* 52-56.

Pfäfflin, F., Roß, T., Sammet, N. & Weber, M. (1998). Psychotherapie mit Straftätern. In H.-L. Kröber & K.-P. Dahle (Hrsg.), *Sexualstraftaten und Gewaltdelinquenz. Verlauf, Behandlung, Opferschutz* (S. 153-168). Heidelberg: Kriminalistik Verlag.

Pithers, W.D. & Cumming, G.F. (1995). Relapse prevention: A method for enhancing behavioral self-management and external supervision of the sexual aggressor. In B.K. Schwartz & H.R. Cellini (Eds.), *The sex offender* (Vol. 1: Corrections, treatment and legal practice, pp. 20-1 - 20-32). Kingston, NJ: Civic Research Institute.

Pithers, W.D., Marques, J.K., Gibat, C.C. & Marlatt, G.A. (1983). Relapse prevention with sexual aggressives: A self-control model of treatment and maintenance of change. In J.G. Greer & I.R. Stewart (Eds.), *The sexual aggressor* (pp. 214-239). New York: Van Nostrand Reinbold.

Polaschek, D.L.L., Ward, T. & Hudson, S.M. (1997). Rape and rapists: Theory and treatment. *Clinical Psychology Review, 17*, 117-144.

Polizzi, D.M., MacKenzie, D.L. & Hickman, L.J. (1999). What works in adult sex offender treatment? A review of prison- and non-prison-based treatment programs. *International Journal of Offender Therapy and Comparative Criminology, 43*, 357-374.

Porter, S., Fairweather, D., Drugge, J., Hervé, H., Birt, A. & Boer, D.P. (2000). Profiles of psychopathy in incarcerated sexual offenders. *Criminal Justice and Behavior, 27*, 216-233.

Prentky, R.A. & Burgess, A.W. (1990). Rehabilitation of child molesters: A cost-benefit analysis. *American Journal of Orthopsychiatry, 60*, 108-117.

Prentky, R.A. & Burgess, A.W. (2000). *Forensic management of sexual offenders*. New York: Kluwer.

Prentky, R.A. & Knight, R.A. (1991). Identifiying critical dimensions for discriminating among rapists. *Journal of Consulting and Clinical Psychology, 59*, 643-661.

Prentky, R.A., Knight, R.A. & Lee, A.F. (1997). Risk factors associated with recidivism among extrafamilial child molesters. *Journal of Consulting and Clinical Psychology, 65*, 141-149.

Prentky, R.A., Knight, R.A. & Rosenberg, R. (1988). Validation analyses on a taxonomic system for rapists: Disconfirmation and reconceptualization. In R.A. Prentky & V.L. Quinsey (Eds.), *Human sexual aggression: Current perspectives* (pp. 21-40). New York: New York Academy of Science.

Prentky, R.A., Lee, A.F.S., Knight, R.A. & Cerce, D. (1997). Recidivism rates among child molesters and rapists: A methodological analysis. *Law and Human Behavior, 21*, 635-659.

Pryor, J.B. & Stoller, L.M. (1994). Sexual cognition processes in men high in the likelihood to sexually harass. *Personality and Social Psychology Bulletin, 20*, 163-169.

Pütter, C. (1999). Nachrichten zum Danachrichten - Welche Verantwortung haben die Medien beim Thema sexuelle Gewalt? In S. Höfling, D. Drewes & I. Epple-Waigel (Hrsg.), *Auftrag Prävention. Offensive gegen sexuellen Kindesmißbrauch* (S. 432-452). München: Hannes Seidel Stiftung e.V.

Quinsey, V.L., Harris, G.T., Rice, M.E. & Lalumière, M.L. (1993). Assessing treatment efficacy in outcome studies of sex offenders. *Journal of Interpersonal Violence, 8*, 512-523.

Rehder, U. (1990). *Aggressive Sexualdelinquenten: Diagnostik und Behandlung der Täter im Strafvollzug*. Lingen, Ems: Kriminalpädagogischer Verlag.

Rehder, U. (1996a). Klassifizierung inhaftierter Sexualdelinquenten. 2. Teil: Wegen sexuellen Mißbrauchs von Kindern Verurteilte. *Monatsschrift für Kriminologie und Strafrechtsreform, 79*, 373-385.

Rehder, U. (1996b). Klassifizierung inhaftierter Sexualdelinquenten. 1. Teil: Wegen Vergewaltigung und sexueller Nötigung Erwachsener Verurteilter. *Monatsschrift für Kriminologie und Strafrechtsreform, 79*, 291-304.

Rehn, G. (2001a). "Wer A sagt..." – Haftplätze und Haftplatzbedarf in sozialtherapeutischen Einrichtungen. In G. Rehn, B. Wischka, F. Lösel & M. Walter (Hrsg.), *Behandlung "gefährlicher Straftäter": Grundlagen, Konzepte, Ergebnisse* (S. 264-275). Pfaffenweiler: Centaurus.

Rehn, G. (2001b). Chancen und Risiken - Erwartungen an das Gesetz zur Bekämpfung von Sexualdelikten und anderen gefährlichen Straftaten. In G. Rehn, B. Wischka, F. Lösel & M. Walter (Hrsg.), *Behandlung "gefährlicher Straftäter": Grundlagen, Konzepte, Ergebnisse* (S. 26-35). Pfaffenweiler: Centaurus.

Rehn, G. (2002). Ergebnisse und Probleme der Evaluation von Behandlung in sozialtherapeutischen Einrichtungen. *Kriminalpädagogische Praxis, 30* (42), 47-53.

Rice, M.E. & Harris, G.T. (2003). The size and sign of treatment effects in sex offender therapy. In R.A. Prentky, E.S. Janus & M.C. Seto (Eds.), *Sexually coercive behavior: Understanding and management* (pp. 428-440). New York: New York Academy of Sciences.

Rice, M.E., Harris, G.T. & Quinsey, V.L. (1993). Evaluating treatment programs for child molesters. In J. Hudson & J.V. Roberts (Eds.), *Evaluating justice: Canadian policies and programs* (pp. 189-203). Toronto: Thompson.

Riordan, S. (1999). Indecent exposure: The impact upon the victim's fear of sexual crime. *Journal of Forensic Psychiatry, 10*, 309-316.

Robinson, D. (1995). *The impact of cognitive skills training on post-release recidivism among Canadian federal offenders* (Research Report No. R-41). Ottawa, Ontario, Canada: Correctional Service of Canada.

Romero, J.J. & Williams, L.M. (1983). Group psychotherapy and intensive probation supervision with sex offenders: A comparative study. *Federal Probation, 47*, 36-42.

Rosenthal, R. & Rubin, D.B. (1982). A simple, general purpose display of magnitude of experimental effects. *Journal of Educational Psychology, 74*, 166-169.

Rösler, A. & Witztum, E. (2000). Pharmacotherapy of paraphilias in the next millennium. *Behavioral Sciences and the Law, 18*, 43-56.

Rossi, P.H., Freeman, H., E. & Hofmann, G. (1988). *Programm-Evaluation. Einführung in die Methoden angewandter Sozialforschung*. Stuttgart: Enke.

Rothbaum, B.O., Foa, E.B., Riggs, D.S., Murdock, T. & Walsh, W. (1992). A prospective examination of posttraumatic stress disorder in rape victims. *Journal of Traumatic Stress, 5*, 455-475.

Rowan, A.B., Foy, D.W., Rodriguez, N. & Ryan, S. (1994). Posttraumatic stress disorder in a clinical sample of adults sexually abused as children. *Child Abuse & Neglect, 18*, 51-61.

Rubinow, D.R. & Schmidt, P.J. (1996). Androgens, brain, and behavior. *American Journal of Psychiatry, 153*, 974-984.

Rüther, W. (1998). Internationale Erfahrungen bei der Behandlung von Sexualstraftätern. *Monatsschrift für Kriminologie und Strafrechtsreform, 81*, 246-262.

Sachs, L. (1978). *Angewandte Statistik*. Berlin: Springer.

Sack, F. (1993). Dunkelfeld. In G. Kaiser, H.-J. Kerner, F. Sack & H. Schellhoss (Hrsg.), *Kleines kriminologisches Wörterbuch* (3. Aufl., S. 99-107). Heidelberg: C. F. Müller.

Schneider, H.J. (2002). Rückfallprognose bei Sexualstraftätern. Ein Überblick über die moderne Sexualstraftäter-Prognoseforschung. *Monatsschrift für Kriminologie und Strafrechtsreform, 85*, 251-270.

Schorsch, E. (1987). Therapie mit Sexualstraftätern. In H. Jäger & E. Schorsch (Hrsg.), *Sexualwissenschaft und Strafrecht*. Stuttgart: Enke.

Schorsch, E. (1993). Sexualkriminalität. In G. Kaiser, H.-J. Kerner, F. Sack & H. Schellhoss (Hrsg.), *Kleines kriminologisches Wörterbuch* (3. Aufl., S. 470-476). Heidelberg: C. F. Müller.

Schorsch, E., Galedary, G., Haag, A., Hauch, M. & Lohse, H. (1985). *Perversion als Straftat. Dynamik und Psychotherapie*. Berlin: Springer.

Schwartz, B.K. (1995a). Theories of sex offenses. In B.K. Schwartz & H.R. Cellini (Eds.), *The sex offender* (Vol. 1: Corrections, treatment and legal practice, pp. 2-1 - 2-32). Kingston, NJ: Civic Research Institute.

Schwartz, B.K. (1995b). Characteristics and typologies of sex offenders. In B.K. Schwartz & H.R. Cellini (Eds.), *The sex offender* (Vol. 1: Corrections, treatment and legal practice, pp. 3-1 - 3-36). Kingston, NJ: Civic Research Institute.

Sciarra, D.T. (1999). Assessment and treatment of adolescent sex offenders: A review from a cross-cultural perspective. *Journal of Offender Rehabilitation, 28*, 103-118.

Seto, M.C. & Barbaree, H.E. (1995). The role of alcohol in sexual aggression. *Clinical Psychology Review, 15*, 545-566.

Seto, M.C. & Barbaree, H.E. (1999). Psychopathy, treatment behaviour, and sex offender recidivism. *Journal of Interpersonal Violence, 14*, 1235-1248.

Seto, M.C., Maric, A. & Barbaree, H.E. (2001). The role of pornography in the etiology of sexual aggression. *Aggression and Violent Behavior, 6*, 35-53.

Sharpe, D. (1997). Of apples and oranges, file drawers and garbage: Why validity issues in meta-analysis will not go away. *Clinical Psychology Review, 17,* 881-901.

Sherman, L., Gottfredson, D., MacKenzie, D., Eck, J., Reuter, P. & Bushway, S. (1997). *Preventing crime: What works, what doesn't, what's promising. Report to the U.S. Congress.* Washington, DC.

Sigusch, V. (2001). Organotherapien bei sexuellen Perversionen und sexueller Delinquenz. In V. Sigusch (Hrsg.), *Sexuelle Störungen und ihre Behandlung* (2. Aufl., S. 517-537). Stuttgart: Thieme.

Sjoestedt, G. & Langstroem, N. (2002). Assessment of risk for criminal recidivism among rapists: A comparison of four different measures. *Psychology, Crime & Law, 8,* 25-40.

Smallbone, S.W., Wheaton, J. & Hourigan, D. (2003). Trait empathy and criminal versatility in sexual offenders. *Sexual Abuse: A Journal of Research and Treatment, 15,* 49-60.

Smith, M.L. & Glass, G.V. (1977). Meta-analysis of psychotherapy outcome studies. *American Psychologist, 32,* 752-760.

Snyder, J. & Patterson, G. (1987). Family interaction and delinquent behavior. In H.C. Quay (Ed.), *Handbook of juvenile delinquency* (pp. 216-243). New York: Wiley.

Song, L. & Lieb, R. (1995). *Washington State sex offenders: Overview of recidivism studies* (Report No. 95-02-1101). Olympia, WA: Washington State Institute for Public Policy.

Soothill, K., Francis, B., Sanderson, B. & Ackerly, E. (2000). Sex offenders: Specialists, generalists - or both? *British Journal of Criminology, 40,* 56-67.

Stalans, L.J., Seng, M., Yarnold, P., Lavery, T. & Swartz, J. (2001). *Process and initial impact evaluation of the Cook County Adult Probation Department's Sex Offender Program: Final and summary report for the period of June, 1997 to June, 2000.* Chicago. IL: Illinois Department of Corrections.

Steele, N.M. (1995). Cost effectiveness of treatment. In B.K. Schwartz & H.R. Cellini (Eds.), *The sex offender* (Vol. 1: Corrections, treatment and legal practice, pp. 4-1 - 4-19). Kingston, NJ: Civic Research Institute.

Streng, F. (2002). *Strafrechtliche Sanktionen* (2. Aufl.). Stuttgart: Kohlhammer.

Stürup, G.K. (1953). Sexual offenders and their treatment in Denmark and other Scandinavian countries. *International Review of Criminal Policy, 4,* 1-19.

Summit, R. & Kryso, J. (1978). Sexual abuse of children: A clinical spectrum. *American Journal of Orthopsychiatry, 48,* 237-251.

Swanson, D.W. (1971). Who violates children sexually? *Medical Aspects of Human Sexuality, 5,* 184-197.

Swanston, H.Y., Plunkett, A.M., O'Toole, B.I., Shrimpton, S., Parkinson, P.N. & Oates, R.K. (2003). Nine years after child sexual abuse. *Child Abuse & Neglect, 27,* 967-984.

Swenson, C.C., Henggeler, S.W., Schoenwald, S.K., Kaufman, K.L. & Randall, J. (1998). Changing the social ecologies of adolescent sexual offenders: Implications of the success of multisystemic therapy in treating serious antisocial behavior in adolescents. *Child Maltreatment, 3*, 330-338.

Sykes, G.M. & Matza, D. (1974). Techniken der Neutralisierung: Eine Theorie der Delinquenz (K.-D. Opp, Übersetzung). In F. Sack & R. König (Hrsg.), *Kriminalsoziologie* (2. Aufl., S. 360-371). Frankfurt: Akademische Verlagsgesellschaft.

Taylor, R. (1999). *Predicting reconvictions for sexual and violent offences using the Revised Offender Group Reconviction Scale* (Research Findings No. 115). London: Home Office Research and Statistics Directorate.

Thornton, D.M. (1987). Correctional evaluation of custodial regimes. In B.J. McGurk, D.M. Thornton & M. Williams (Eds.), *Applying psychology to imprisonment: Theory and practice* (pp. 467-481). London, England: Her Majesty's Stationery Office Books.

Thornton, D.M. (2002). Constructing and testing a framework for dynamic risk assessment. *Sexual Abuse: A Journal of Research and Treatment, 14*, 139-153.

Tingle, D., Barnard, G.W., Robbins, L. & Newman, G. (1986). Childhood and adolescent characteristics of pedophiles and rapists. *International Journal of Law & Psychiatry, 9*, 103-116.

Toman, W. (1983). Der psychoanalytische Ansatz zur Delinquenzerklärung und Therapie. In F. Lösel (Hrsg.), *Kriminalpsychologie. Grundlagen und Anwendungsbereiche* (S. 41-51). Weinheim: Beltz.

Tracy, F., Donnelly, H., Morgenbesser, L. & Macdonald, D. (1983). Program evaluation: Recidivism research involving sex offenders. In J.G. Greer & I.R. Stewart (Eds.), *The sexual aggressor* (pp. 198-213). New York: Van Nostrand Reinbold.

Tyler, K.A. (2002). Social and emotional outcomes of childhood sexual abuse. A review of recent research. *Aggression and Violent Behavior, 7*, 567-589.

U.S. General Accounting Office. (1996). *Cycle of sexual abuse: Research inconlusive about whether child victims become adult abusers* (Report to the Chairman of the Subcommittee on Crime, Committee on the Judiciary, House of Representatives No. GGD-96-178). Washington, D.C.: U.S. General Accounting Office.

Ullman, S.E. & Filipas, H.H. (2001). Predictors of PTSD symptom severity and social reactions in sexual assault victims. *Journal of Traumatic Stress, 14*, 369-389.

Walter, M. (2001). Kriminologische und kriminalpolitische Probleme mit "gefährlichen Straftätern". In G. Rehn, B. Wischka, F. Lösel & M. Walter (Hrsg.), *Behandlung "gefährlicher Straftäter": Grundlagen, Konzepte, Ergebnisse* (S. 3-10). Pfaffenweiler: Centaurus.

Ward, T. & Hudson, S.M. (1996). Relapse prevention: A critical analysis. *Sexual Abuse: A Journal of Research and Treatment, 8*, 177-200.

Ward, T. & Hudson, S.M. (2000). A self-regulation model of relapse prevention. In D.R. Laws, S.M. Hudson & T. Ward (Eds.), *Remaking relapse prevention with sex offenders: A sourcebook* (pp. 79-101). Thousand Oaks, CA: Sage.

Ward, T., Hudson, S.M., Johnston, L. & Marshall, W.L. (1997). Cognitive distortions in sex offenders: An integrative review. *Clinical Psychology Review, 17*, 479-507.

Ward, T., Hudson, S.M. & Marshall, W.L. (1995). Cognitive distortions and affective deficits in sex offenders: A cognitive deconstructionist view. *Sexual Abuse: A Journal of Research and Treatment, 7*, 67-83.

Ward, T., Hudson, S.M. & McCormack, J. (1997). Attachment style, intimacy deficits, and sexual offending. In B.K. Schwartz & H.R. Cellini (Eds.), *The sex offender* (Vol. 2: New insights, treatment innovations and legal developments, S. 2-1 - 2-14). Kingston, NJ: Civic Research Institute.

Ward, T. & Sorbello, L. (2003). Explaining child sexual abuse: Integration and elaboration. In T. Ward, D.R. Laws & S.M. Hudson (Eds.), *Sexual deviance: Issues and controversies* (pp. 320). Thousand Oaks, CA: Sage.

Wetzels, P. (1997). *Gewalterfahrungen in der Kindheit: sexueller Mißbrauch, körperliche Mißhandlung und deren langfristige Konsequenzen.* Baden-Baden: Nomos.

Wetzels, P. & Pfeiffer, C. (1995). *Sexuelle Gewalt gegen Frauen im öffentlichen und privaten Raum. Ergebnisse der KFN-Opferbefragung 1992* (KFN Forschungsberichte No. 37). Hannover: Kriminologisches Forschungszentrum Niedersachsen.

Wexler, H.K. (1997). Therapeutic communities in American prisons. In E. Cullen, L. Jones & R. Woodward (Eds.), *Therapeutic communities for offenders* (pp. 161-179). Chichester: Wiley.

Wexler, H.K., Falkin, G.P. & Lipton, D.S. (1990). Outcome evaluation of a prison therapeutic community for substance abuse treatment. *Criminal Justice and Behavior, 17*, 71-92.

White, P., Bradley, C., Ferriter, M. & Hatzipetrou, L. (2001). Managements for people with disorders of sexual preference and for convicted sexual offenders (Cochrane Review). *The Cochrane Library*, Issue 1. Oxford: Update Software.

Widom, C.S. & Ames, M.A. (1994). Criminal consequences of childhood sexual victimization. *Child Abuse & Neglect, 18*, 303-318.

Wille, R. & Beier, K.M. (1989). Castration in Germany. *Annals of Sex Research, 2*, 103-133.

Wille, R. & Beier, K.M. (1997). Nachuntersuchungen von kastrierten Sexualstraftätern. *Sexuologie, 4*, 1-26.

Wilson, D.B. (2001). Meta-analytic methods for criminology. *Annals of the American Academy of Political and Social Science, 578*, 71-89.

Woodward, R. (1997). Selection and training of staff for the therapeutic role in the prison setting. In E. Cullen, L. Jones & R. Woodward (Eds.), *Therapeutic communities for offenders* (pp. 223-252). Chichester: Wiley.

Wößner, G. (2002). *Behandlung, Behandelbarkeit und Typisierung von Sexualstraftätern. Ergebnisse einer bundesweiten Expertenbefragung* (Arbeitsbericht aus dem Max-Planck-Institut für ausländisches und internationales Strafrecht). Freiburg i. Br.: Max-Planck-Institut für ausländisches und internationales Strafrecht.

Wright, R.E. (2000). Survival analysis. In L.G. Grimm & P.R. Yarnold (Eds.), *Reading and understanding more multivariate statistics* (pp. 363-407). Washington: American Psychological Association.

Ziethen, F. (2002). *Rückfallpräventive Effizienz der sozialtherapeutischen Behandlung von Sexualstraftätern. Evaluation der Sozialtherapie in der JVA Berlin-Tegel.* Unveröffentlichte Diplomarbeit, Freie Universität Berlin.

Anhangsverzeichnis

Anhang A.1: Suchstrategien und Ergebnisse der Datenbankrecherchen

Im Folgenden findet sich eine Aufstellung elektronischer Datenbanksysteme, die als Suchquellen für die vorliegende Metaanalyse genutzt wurden. Kurzbeschreibungen der Datenbanken sind dem Methodenteil zu entnehmen. Für jede Datenbank wird die verwendete Suchanfrage wiedergegeben sowie die daraus erzielten Suchergebnisse und der sich anschließende, wie im Methodenteil beschrieben durchgeführte Ausschlussprozess quantitativ nachvollzogen. Die in den verschiedenen Datenbanken verzeichneten und gefundenen Einträge überschneiden sich zu großen Teilen, so dass die bei den Datenbanksuchen insgesamt ermittelten Einträge und die letztlich einbezogenen Arbeiten nicht der Summe der jeweiligen Einzeldatenbankergebnisse entsprechen.

C2-SPECTR
Suchterm (in Advanced Search)
[Begriffe in allen indizierten Feldern:]
{sex-offen} or {sexual-offen} or {paraphil} or {rape,} or {rapist,} or {child molest} or {exhibitionis} or {voyeur} or {pedophil} or {incest}
OR
[Begriffe in allen nicht-indizierten Feldern:]
{sex offen} or {sexual offen} or {paraphil} or {rape,} or {rapist,} or {child molest} or {exhibitionis} or {voyeur} or {pedophil} or {incest}) in allen nicht indizierten Feldern

Suchergebnis

gefundene Einträge	Auschluss 1 (Titel)	Ausschluss 2 (Abstract)	Ausschluss 3 (Gesamtarbeit)	einbezogene Arbeiten
53	24	23	6	2

CSOM Research Database
Suchterm
Stichwort 'Evaluation' (Datenbank erlaubt keine komplexen Suchanfragen)

Suchergebnis

gefundene Einträge	Auschluss 1 (Titel)	Ausschluss 2 (Abstract)	Ausschluss 3 (Gesamtarbeit)	einbezogene Arbeiten
69	18	25	22	4

The Cochrane Library
Suchterm
SEX OFFENSES explode tree 1 (MeSH) and PARAPHILIAS explode tree 1 (MeSH)

Suchergebnis

gefundene Einträge	Auschluss 1 (Titel)	Ausschluss 2 (Abstract)	Ausschluss 3 (Gesamtarbeit)	einbezogene Arbeiten
128	104	16	6	1

Dissertation Abstracts International
Suchterm

(((sex? or paraphil?) w/25 (offen? or perpetrat? or delinquen?)) or (rape or rapist? or (child w/25 molest?) or exhibitionis? or voyeur? or pedophil? or paedophil? or incest?)) and ((treatment? or therapy or psychotherapy or intervention? or training? or correction? or rehabilitation?) w/50 (evaluation or evaluate or evaluated or outcome or outcomes or effectiveness or impact or recidivism or re-offen? or reoffen? or recurrence? or follow-up or followup or relapse or failure?))

Suchergebnis

gefundene Einträge	Auschluss 1 (Titel)	Ausschluss 2 (Abstract)	Ausschluss 3 (Gesamtarbeit)	einbezogene Arbeiten
457	299	148	5	5

ERIC
Suchterm

(de=((child abuse) or (sexual abuse) or (rape) or (incest) or (sexual harassment)) or paraphil* or molest* or exhibitionis* or voyeur* or pedophil* or fetish* or necrophil* or frotteur*) and (offen* or crim* or delinquen* or perpetrator* or prison* or incarcerat* or parole* or probation* or arrest*) and (de=(treat* or therapy or psychotherapy or intervention or training or correction* or rehabilitation or prevention or management)) and (evaluation or evaluate or evaluated or outcome or outcomes or effect or effects or effectiveness or impact or recidivism or re-offen* or reoffen* or follow-up or followup or relapse)

Suchergebnis

gefundene Einträge	Auschluss 1 (Titel)	Ausschluss 2 (Abstract)	Ausschluss 3 (Gesamtarbeit)	einbezogene Arbeiten
259	96	146	15	2

KrimLit (KrimZ)
Suchterm

Begriffe in Schlagwortindex oder Titel (SSW ..., REG ...): sex?, vergewaltig?, kindesmißbrauch?, pädophil?, rap?, paraphil?, exhibitionis?, inzest?, incest?, molest?, pedophil?
UND
Begriffe in Schlagwortindex oder Titel (SSW ..., REG ...): sozialtherap?, therap?, psychotherap?, behand?, resozial?, rehabilit?, train?, kastr?, castrat?, hormon?, medikament?

Suchergebnis

gefundene Einträge	Auschluss 1 (Titel)	Ausschluss 2 (Abstract)	Ausschluss 3 (Gesamtarbeit)	einbezogene Arbeiten
295/231[a]	109	68	61	1

Anmerkung. In der Datenbank sind auch Herausgeberbände verzeichnet. Ab der dritten Stufe wurden daraus die einzelnen Artikel beurteilt. Zum Teil enthielt ein einzelner Herausgeberband mehrere relevante Artikel, zum Teil sind neben dem Gesamtband auch einzelne Artikel in der Datenbank enthalten, wodurch ein Beitrag doppelt repräsentiert sein kann. Daher deckt sich die Summe der ausgeschlossenen und einbezogenen Arbeiten nicht mit der Gesamtsumme der Einträge.

[a] 64 der 295 ermittelten Einträge waren bereits über andere Quellen gefunden worden; aus Gründen der Handhabbarkeit der Datenbank wurden diese bei der weiteren Beurteilung nicht berücksichtigt. Die dargestellte Ausschlussstatistik bezieht sich daher nur auf die verbliebenen 231 Einträge. Es konnte für die 64 nicht weiter betrachteten Einträge nachträglich nicht mehr festgestellt werden, ob und an welcher Stelle sie im Rahmen der anderen Suchquellen ausgeschlossen wurden.

Medline

Suchterm

(explode 'Paraphilias-' / all subheadings) or (explode 'Sex-Offenses' / all subheadings) or ((rape or rapist or (child near molest*) or exhibitionis* or voyeur* or pedophil* or paedophil* or incest* or fetish* or necrophil* or frotteur*) in TI,AB,MESH,SH) and (offen* or crim* or delinquen* or perpetrator* or prison* or institutionaliz* or incarcerat* or parole* or probation* or arrest*) in TI,AB,MESH,SH and (treat* or therapy or psychotherapy or intervention or training or correction* or rehabilitation or prevention or management) in MESH,TI and (evaluation or evaluate or evaluated or outcome or outcomes or effect or effects or effectiveness or impact or success* or recidivism or re-offen* or reoffen* or recurrence or follow-up or followup or relapse) in MESH,TI

Suchergebnis

gefundene Einträge	Auschluss 1 (Titel)	Ausschluss 2 (Abstract)	Ausschluss 3 (Gesamtarbeit)	einbezogene Arbeiten
268	76	129	56	7

NCJRS, Abstract database

Suchterm

("sex offender*" or "sexual offender*" or paraphil* or rape or rapist or molest* or exhibitionis* or voyeur* or pedophil* or incest*) and (offen* or delinquen* or perpetrator*) and (treat* or therapy or psychotherapy or intervention or correctional or rehabilitation or management) and (evaluation or evaluate or evaluated or outcome or outcomes or effect or effects or effectiveness or impact or recidivism or re-offen* or reoffen* or follow-up or followup or relapse)

Suchergebnis

gefundene Einträge	Auschluss 1 (Titel)	Ausschluss 2 (Abstract)	Ausschluss 3 (Gesamtarbeit)	einbezogene Arbeiten
348	177	143	22	12

Anmerkung. In der Datenbank sind auch Herausgeberbände verzeichnet. Ab der dritten Stufe wurden daraus die einzelnen Artikel beurteilt. Zum Teil enthielt ein einzelner Herausgeberband mehrere relevante Artikel, zum Teil sind neben dem Gesamtband auch einzelne Artikel in der Datenbank enthalten, wodurch ein Beitrag doppelt repräsentiert sein kann. Daher deckt sich die Summe der ausgeschlossenen und einbezogenen Arbeiten nicht mit der Gesamtsumme der Einträge.

NCJRS, Fulltext database

Suchterm

("sexual offender treatment" or "sex offender treatment") and (recidivism or reoffen* or re-offen*)

Suchergebnis

gefundene Einträge	Auschluss 1 (Titel)	Ausschluss 2 (Abstract)	Ausschluss 3 (Gesamtarbeit)	einbezogene Arbeiten
111	106	5	0	0

PAVNET Online

Suchterm

alle Einträge unter dem Schlüssel 'Sex Crimes'

Suchergebnis

gefundene Einträge	Auschluss 1 (Titel)	Ausschluss 2 (Abstract)	Ausschluss 3 (Gesamtarbeit)	einbezogene Arbeiten
209	208		1	0

PsycInfo

Suchterm

(sex* or paraphil* or rape or rapist or molest* or exhibitionis* or voyeur* or pedophil* or incest* or fetish* or necrophil* or frotteur*) and (offen* or crim* or delinquen* or perpetrator* or prison*) in DE,SU and (treat* or therapy or psychotherapy or intervention or training or correction* or rehabilitation or prevention or management) in DE,SU and (evaluation or evaluate or evaluated or outcome or outcomes or effect or effects or effectiveness or impact or recidivism or re-offen* or reoffen* or followup or followup or relapse) in DE,SU

Suchergebnis

gefundene Einträge	Auschluss 1 (Titel)	Ausschluss 2 (Abstract)	Ausschluss 3 (Gesamtarbeit)	einbezogene Arbeiten
471	153	255	47	18

Anmerkung. In der Datenbank sind auch Herausgeberbände verzeichnet. Ab der dritten Stufe wurden daraus die einzelnen Artikel beurteilt. Zum Teil enthielt ein einzelner Herausgeberband mehrere relevante Artikel, zum Teil sind neben dem Gesamtband auch einzelne Artikel in der Datenbank enthalten, wodurch ein Beitrag doppelt repräsentiert sein kann. Daher deckt sich die Summe der ausgeschlossenen und einbezogenen Arbeiten nicht mit der Gesamtsumme der Einträge.

Psyndex

Suchterm

((sex* near (offen* or delinqu* or verbreche* or straftat* or straftäter* or crim* or krim* or vergehen)) or paraphil* or rape or rapist or vergewaltig* or molest* or kindesmissbrauch* or kindsmissbrauch* or exhibitionis* or voyeur* or pedophil* or pädophil* or incest* or Inzest* or fetis* or necrophil* or nekrophil* or frotteur* or sexualstraf* or sexualdelinqu* or sexualverbrech*) and (treat* or therap* or psychotherap* or intervention or training or correction* or rehabilitation or prevention or management or prävention* or behand*) in TI,AB,DE and (evaluation or evaluate or evaluated or evaluiert* or outcome or outcomes or effect or effects or effectiveness or effekt* or impact or recidivism or re-offen* or reoffen* or follow-up or followup or relapse or erfolg* or katamnese* or rückfall* or rezidivis*) in TI,AB,DE

Suchergebnis

gefundene Einträge	Auschluss 1 (Titel)	Ausschluss 2 (Abstract)	Ausschluss 3 (Gesamtarbeit)	einbezogene Arbeiten
248	76	128	48	1

Anmerkung. In der Datenbank sind auch Herausgeberbände verzeichnet. Ab der dritten Stufe wurden daraus die einzelnen Artikel beurteilt. Zum Teil enthielt ein einzelner Herausgeberband mehrere relevante Artikel, zum Teil sind neben dem Gesamtband auch einzelne Artikel in der Datenbank enthalten, wodurch ein Beitrag doppelt repräsentiert sein kann. Daher deckt sich die Summe der ausgeschlossenen und einbezogenen Arbeiten nicht mit der Gesamtsumme der Einträge.

Social Services Abstracts

Suchterm

((de=sex*) or paraphil* or rape or rapist or molest* or exhibitionis* or voyeur* or pedophil* or incest* or fetish* or necrophil* or frotteur*)) and (ti=(offen* or crim* or delinquen* or perpetrator* or prison* or incarcerat* or parole* or probation* or arrest*) or ab=(offen* or crim* or delinquen* or perpetrator* or prison* or incarcerat* or parole* or probation* or arrest*) or de=(offen* or crim* or delinquen* or perpetrator* or prison* or incarcerat* or parole* or probation* or arrest*)) and (de=(treat* or therapy or psychotherapy or intervention or training or correction* or rehabilitation or prevention or management)) and (ti=(evaluation or evaluate or evaluated or outcome or outcomes or effect or effects or effectiveness or impact or recidivism or re-offen* or reoffen* or follow-up or followup or relapse) or ab=(evaluation or evaluate or evaluated or outcome or outcomes or effect or effects or effectiveness or impact or recidivism or re-offen* or reoffen* or follow-up or followup or relapse) or de=(evaluation or evaluate or evaluated or outcome or outcomes or effect or effects or effectiveness or impact or recidivism or re-offen* or reoffen* or follow-up or followup or relapse))

Suchergebnis

gefundene Einträge	Auschluss 1 (Titel)	Ausschluss 2 (Abstract)	Ausschluss 3 (Gesamtarbeit)	einbezogene Arbeiten
158	40	102	11	6

Sociological Abstracts
Suchterm

(((de=(sex offenders)) or (de=sexual)) or paraphil* or rape or rapist or molest* or exhibitionis* or voyeur* or pedophil* or incest* or fetish* or necrophil* or frotteur*) and (offen* or crim* or delinquen* or perpetrator* or prison* or incarcerat* or parole* or probation* or arrest*) and (de=(treat* or therapy or psychotherapy or intervention or training or correction* or rehabilitation or prevention or management)) and (ti=(evaluation or evaluate or evaluated or outcome or outcomes or effect or effects or effectiveness or impact or recidivism or re-offen* or reoffen* or follow-up or followup or relapse) or ab=(evaluation or evaluate or evaluated or outcome or outcomes or effect or effects or effectiveness or impact or recidivism or re-offen* or reoffen* or follow-up or followup or relapse) or de=(evaluation or evaluate or evaluated or outcome or outcomes or effect or effects or effectiveness or impact or recidivism or re-offen* or reoffen* or follow-up or followup or relapse))

Suchergebnis

gefundene Einträge	Auschluss 1 (Titel)	Ausschluss 2 (Abstract)	Ausschluss 3 (Gesamtarbeit)	einbezogene Arbeiten
112	72	32	5	3

UK National Health Service National Research Register
Suchterm

((SEX-OFFENSES*:ME or PARAPHILIAS:ME) and (((((((TREAT* or THERAPY) or PSYCHO-THERAPY) or INTERVENTION) or TRAINING) or CORRECTION*) or REHABILITATION) or PREVENTION) or MANAGEMENT))

Suchergebnis

gefundene Einträge	Auschluss 1 (Titel)	Ausschluss 2 (Abstract)	Ausschluss 3 (Gesamtarbeit)	einbezogene Arbeiten
57	44	9	3	1

Anmerkung. Die Datenbank enthält keine Literaturreferenzen, sondern Beschreibungen staatlich geförderter Forschungsprojekte. Bei Projekten, die für die vorliegende Metaanalyse relevant zu sein schienen, wurden Anfragen an die Forschungseinrichtungen gestellt bzw. waren entsprechende Publikationen bereits aus anderen Suchen bekannt.

Anhang A.2: Liste der einbezogenen Studien

Allam, J. (1998). *Effective practice in work with sex offenders: A reconviction study comparing treated and untreated offenders.* Birmingham: West Midlands Probation Service Sex Offender Unit.

Bakker, L., Hudson, S.M., Wales, D.S. & Riley, D. (1998). *"And there was light": Evaluating the Kia Marama Treatment Programme for New Zealand sex offenders against children.* Christchurch, NZ: Psychological Service, Department of Corrections.

Barbaree, H.E. & Seto, M.C. (1998). *The ongoing follow-up of sex offenders treated at the Warkworth Sexual Behaviour Clinic.* Toronto: Centre for Addiction and Mental Health.

Barnes, J.M. (2000). *Recidivism in sex offenders: A follow-up comparison of treated and untreated sex offenders released to the community in Kentucky.* Unpublished doctoral dissertation, University of Louisville, Louisville, KY.

Berner, W. & Karlick-Bolten, E. (1986). *Verlaufsformen der Sexualkriminalität. 5-Jahres-Katamnesen bei 326 Sexualdelinquenten unter Berücksichtigung von Frühsozialisation, vorausgegangener Delinquenz, psychiatrisch-psychologischer Diagnostik und Therapie.* Stuttgart: Enke.

Bluglass, R. (1980). Indecent exposure in the West Midlands. In D. West (Ed.), *Sex offenders in the criminal justice system* (pp. 171-180). Cambridge: Cambridge Institute of Criminology.

Borduin, C.M., Henggeler, S.W., Blaske, D.M. & Stein, R.J. (1990). Multisystemic treatment of adolescent sexual offenders. *International Journal of Offender Therapy and Comparative Criminology, 34*, 105-113.

Borduin, C.M. & Schaeffer, C.M. (2001). Multisystemic treatment of juvenile sexual offenders: A progress report. *Journal of Psychology and Human Sexuality, 13*, 25-42.

Byrne, S.M. (1999). *Treatment efficacy of a juvenile sexual offender treatment program.* Unpublished doctoral dissertation, Memorial University of Newfoundland, St. Johns, Newfoundland, Canada.

Cornu, F. (1973). *Katamnesen bei kastrierten Sittlichkeitsdelinquenten aus forensisch-psychiatrischer Sicht.* Basel: Karger.

Craissati, J., Falla, S., McClurg, G. & Beech, A. (2002). Risk, reconviction rates and pro-offending attitudes for child molesters in a complete geographical area of London. *Journal of Sexual Aggression, 8*, 22-38.

Di Fazio, R., Abracen, J. & Looman, J. (2001). Group versus individual treatment of sex offenders: A comparison. *Forum on Corrections Research, 13*, 56-59.

Dünkel, F. & Geng, B. (1994). Rückfall und Bewährung von Karrieretätern nach Entlassung aus dem sozialtherapeutischen Behandlungsvollzug und dem Regelvollzug. In M. Steller, K.-P. Dahle & M. Basqué (Hrsg.), *Straftäterbehandlung: Argumente für eine Revitalisierung in Forschung und Praxis* (S. 35-74). Pfaffenweiler: Centaurus.

Fedoroff, J.P., Wisner-Carlson, R., Dean, S. & Berlin, F.S. (1992). Medroxy-progesterone acetate in the treatment of paraphilic sexual disorders: Rate of relapse in paraphilic men treated in long-term group psychotherapy with or without medroxy-progesterone acetate. *Journal of Offender Rehabilitation, 18*, 109-123.

Friendship, C., Mann, R.E. & Beech, A.R. (in press). Evaluation of a national prison-based treatment program for sexual offenders in England and Wales. *Journal of Interpersonal Violence.*

Frisbie, L.V. (1969). *Another look at sex offenders in California* (Mental Health Research Monograph No. 12). Sacramento, CA: State of California, Department of Mental Hygiene.

Groth, N.A. (1983). Treatment of the sexual offender in a correctional institution. In J.G. Greer & I.R. Stewart (Hrsg.), *The sexual aggressor* (S. 160-176). New York: Van Nostrand Reinbold.

Guarino-Ghezzi, S. & Kimball, L.M. (1998). Juvenile sex offenders in treatment. *Corrections Management Quarterly, 2*, 45-54.

Hall, G.C.N. (1995). The preliminary development of a theory-based community treatment for sexual offenders. *Professional Psychology: Research and Practice, 26*, 478-483.

Hanson, R.K., Broom, I. & Stephenson, M. (in press). Evaluating community sex offender treatment programs: A 12-year follow-up of 724 offenders. *Canadian Journal of Behavioural Sciences*, in press.

Hanson, R.K. & Nicholaichuk, T.P. (2000). A cautionary note regarding Nicholaichuk et al. (2000). *Sexual Abuse: A Journal of Research and Treatment, 12*, 289-293.

Hanson, R.K., Steffy, R.A. & Gauthier, R. (1992). Long-term follow-up of child molesters: Risk predictors and treatment outcome.

Hedderman, C. & Sugg, D. (1996). *Does treating sex offenders reduce offending?* (Research Findings No. 45). London: Home Office Research and Statistics Directorate.

Huot, S.J. (2002, October). *Recidivism, recidivism, recidivism! An update of several Minnesota recidivism studies.* Paper presented at the 21st Annual Research and Treatment Conference of the Association for the Treatment of Sexual Abusers on ‚Best Practices: Clinical and Research Collaborations', Montréal, Québec, Canada.

Janner. (1959). Über die Bedeutung psychiatrischer Betreuung verurteilter Sexualdelinquenten. *Schweizerische Zeitschrift für Strafrecht, 74*, 310-319.

Kansas Department of Corrections. (2000). *Offender programs evaluation: Volume
IV*. Topeka: Kansas Department of Corrections.

Kaul, J., Huot, S.J., Epperson, D. & Dornfeld, M. (1994). *Sex offenders released in
1988* (Unpublished report). St. Paul, MN: Minnesota Department of Corrections.

Lab, S.P., Shields, G. & Schondel, C. (1993). Research note: An evaluation of
juvenile sexual offender treatment. *Crime and Delinquency, 39*, 543-553.

Langevin, R., Paitich, D., Hucker, S.J., Newman, S., Ramsay, G., Pope, S., Geller,
G. & Anderson, C. (1979). The effect of assertiveness training, Provera, and
sex of therapist in the treatment of genital exhibitionism. *Journal of Behavior
Therapy and Experimental Psychiatry, 10*, 275-282.

Looman, J., Abracen, J. & Nicholaichuk, T.P. (2000). Recidivism among treated
sexual offenders and matched controls: Data from the Regional Treatment
Centre (Ontario). *Journal of Interpersonal Violence, 15*, 279-290.

Lowden, K., Hetz, N., Harrison, L., Patrick, D., English, K. & Pasini-Hill, D.
(2003). *Evaluation of Colorado's prison therapeutic community for sex offenders: A report of findings*. Denver, CO: Office of Research and Statistics,
Division of Criminal Justice.

Maletzky, B.M. (1991). The use of medroxyprogesterone acetate to assist in the
treatment of sexual offenders. *Annals of Sex Research, 4*, 117-129.

Maletzky, B.M. & Field, G. (2003). The biological treatment of dangerous sexual
offenders. A review and preliminary report of the Oregon pilot depo-Provera
program. *Aggression and Violent Behavior, 8*, 391-412.

Marques, J.K. (1999). How to answer the question "Does sex offender treatment
work?" *Journal of Interpersonal Violence, 14*, 437-451.

Marshall, W.L. & Barbaree, H.E. (1988). The long-term evaluation of a behavioral
treatment program for child molesters. *Behaviour Research and Therapy, 26*,
499-511.

Marshall, W.L., Eccles, A. & Barbaree, H.E. (1991). The treatment of exhibitionists: A focus on sexual deviance versus cognitive and relationship features.
Behaviour Research and Therapy, 26, 129-135.

McConaghy, N., Blaszczynski, A. & Kidson, W. (1988). Treatment of sex offenders
with imaginal desensitization and/or medroxyprogesterone. *Acta Psychiatrica
Scandinavica, 77*, 199-206.

McGrath, R.J., Cumming, G.F., Livingston, J.A. & Hoke, S.E. (2003). Outcome of a
treatment program for adult sex offenders. From prison to community. *Journal
of Interpersonal Violence, 18*, 3-17.

McGrath, R.J., Hoke, S.E. & Vojtisek, J.E. (1998). Cognitive-behavioral treatment of sex offenders. A treatment comparison and long-term follow-up study. *Criminal Justice and Behavior, 25,* 203-225.

McGuire, T.J. (2000). Correctional institution based sex offender treatment: A lapse behavior study. *Behavioral Sciences and the Law, 18,* 57-71.

Meyer, W.J., Cole, C. & Emory, E. (1992). Depo provera treatment for sex offending behavior: An evaluation of outcome. *Bulletin of the American Academy of Psychiatry and the Law, 20,* 249-259.

Mulloy, R. & Smiley, W.C. (1996, August). *Recidivism and treated sexual offenders.* Paper presented at the International Congress of Psychology, August 16-21 1996, Montréal, Canada.

Nicholaichuk, T. (1996). Sex offender treatment priority: An illustration of the risk/need principle. *Forum on Corrections Research, 8,* 38-41.

Nutbrown, V. & Stasiak, E. (1987). Research monograph: A retrospective analysis of O.C.I. cost effectiveness 1977-1981. *Ontario Correctional Institute, 2,* 1-16.

Ohio Department of Rehabilitation and Correction. (1996). *Five year recidivism follow-up of sex offender releases* (Unpublished Report). Columbus, OH: Ohio Department of Rehabilitation and Correction

Oregon Department of Corrections. (1997). *Outcome evaluation of the Jackson County Sex Offender Supervision and Treatment Program* Verfügbar unter: http://www.doc.state.or.us/research/jackrpt2.pdf

Ortmann, R. (2002). *Sozialtherapie im Strafvollzug: Eine experimentelle Längsschnittstudie zu den Wirkungen von Strafvollzugsmaßnahmen auf Legal- und Sozialbewährung.* Freiburg: Edition iuscrim.

Perkins, D. (1987). A psychological treatment programme for sex offenders. In B.J. MacGurk & D.M. Thornton (Eds.), *Applying psychology to imprisonment: Theory and practice* (pp. 191-217). London: Her Majesty's Stationery Office Books.

Peters, J.J., Pedigo, J., Steg, J. & McKenna Jr., J. (1968). Group psychotherapy of the sex offender. *Federal Probation, 32,* 41-45.

Procter, E. (1996). A five-year outcome evaluation of a community-based treatment program for convicted sexual offenders run by the probation service. *Journal of Sexual Aggression, 2,* 3-16.

Rasmussen, L.A. (1995). *Factors related to recidivism among juvenile sexual offenders.* Unpublished doctoral dissertation, The University of Utah.

Rattenbury, F.R. (1985). *The outcomes of hospitalized and incarcerated sex offenders: A study of offender types, recidivism rates, and identifying characteristics of the repeat offender.* Unpublished doctoral dissertation, Loyola University of Chicago, Chicago, IL.

Rice, M.E., Harris, G.T. & Quinsey, V.L. (1993). Evaluating treatment programs for child molesters. In J. Hudson & J.V. Roberts (Eds.), *Evaluating justice: Canadian policies and programs* (S. 189-203). Toronto: Thompson.

Robinson, D. (1995). *The impact of cognitive skills training on post-release recidivism among Canadian federal offenders* (Research Report No. R-41). Ottawa, Ontario, Canada: Correctional Service of Canada.

Romero, J.J. & Williams, L.M. (1983). Group psychotherapy and intensive probation supervision with sex offenders: A comparative study. *Federal Probation, 47,* 36-42.

Ruddijs, F. & Timmerman, H. (2000). The Stichting ambulante preventie projecten method: A comparative study of recidivism in first offenders in a Dutch outpatient setting. *International Journal of Offender Therapy and Comparative Criminology, 44,* 725-739.

Schmid, P. (1988). *Was geschieht mit den Sexualstraftätern in der Psychiatrie? Darstellung und Bewertung der psychiatrischen Behandlung von Sexualstraftätern im Psychiatrischen Landeskrankenhaus Bad Schussenried in den Jahren 1978 - 1987.* Unveröffentlichte Doktorarbeit, Universität Tübingen, Tübingen.

Smith, M.A. (2000). *The impact of prison-based drug treatment on the timing and risk of reincarceration of sexual offenders.* Unpublished doctoral dissertation, Florida State University, Tallahassee, FL.

Song, L. & Lieb, R. (1995). *Washington State sex offenders: Overview of recidivism studies* (Report No. 95-02-1101). Olympia, WA: Washington State Institute for Public Policy.

Stalans, L.J., Seng, M., Yarnold, P., Lavery, T. & Swartz, J. (2001). *Process and initial impact evaluation of the Cook County Adult Probation Department's Sex Offender Program: Final and summary report for the period of June, 1997 to June, 2000* Chicago: Illinois Department of Corrections.

Stürup, G.K. (1953). Sexual offenders and their treatment in Denmark and other Scandinavian countries. *International Review of Criminal Policy, 4,* 1-19.

Stürup, G.K. (1968). Treatment of sexual offenders in Herstedvester Denmark: The rapists. *Acta Psychiatrica Scandinavica Supplement, 204,* 1-62.

Taylor, R. (2000). *A seven-year reconviction study of HMP Grendon Therapeutic Community* (Research Findings No. 115). London: Home Office Research and Statistics Directorate.

Wille, R. & Beier, K.M. (1989). Castration in Germany. *Annals of Sex Research, 2,* 103-133.

Worling, J.R. & Curwen, T. (2000). Adolescent sexual offender recidivism: success of specialized treatment and implications for risk prediction. *Child Abuse & Neglect, 24,* 965-982.

Ziethen, F. (2002). *Rückfallpräventive Effizienz der sozialtherapeutischen Behandlung von Sexualstraftätern. Evaluation der Sozialtherapie in der JVA Berlin-Tegel.* Unveröffentlichte Diplomarbeit, Freie Universität Berlin.

Anhang A.3: Liste der ausgeschlossenen Studien

Liste von Studien, die im weitesten Sinne als Ergebnisevaluation einer Behandlung für Sexualstraftäter zu betrachten sind (d.h. ohne Überblicksarbeiten, Evluationen der allgemeinen Straftäterbehandlung ohne besondere Berücksichtigung von Sexualstraftätern sowie bloßen Programmbeschreibungen, die nicht deren Wirksamkeit evaluieren).

Die Ausschlussgründe sind jeweils in eckigen Klammern als Nummern angegeben. Die Nummern haben folgende Bedeutungen:

1. Doppelpublikation; ein anderer Bericht der Studie wurde in die Metaanalyse einbezogen, weil er ausführlicher und/oder aktueller war

2. Keine Kontrollgruppe

3. Keine adäquate Kontrollgruppe; d.h. in aller Regel, dass Behandlungsabbrecher als Vergleichsgruppe herangezogen wurden

4. Es wurden keine Rückfallmaße berichtet

5. Die Ergebnisse sind mangelhaft dargestellt (keine Effektstärkekodierung möglich)

6. Bericht konnte nicht besorgt werden

Abel, G.G., Levis, D.J. & Clancy, J. (1970). Aversion therapy applied to taped sequences of deviant behavior in exhibitionism and other sexual deviations: A preliminary report. *Journal of Behavior Therapy & Experimental Psychiatry, 1,* 59-66. [4]

Abel, G.G., Mittelman, M., Becker, J.V., Rathner, J. & Rouleau, J.L. (1988). Predicting child molesters' response to treatment. In R.A. Prentky & V.L. Quinsey (Eds.), *Human sexual aggression: Current perspectives* (pp. 223-234). New York: New York Academy of Science. [2]

Adams, S. (2000). Supervising Sex Offenders in Coles, Madison and Vermilion Counties. *On Good Authority, 4,* 1-4. [2]

Adams, S. (2000). Supervising Sex Offenders in DuPage, Lake, and Winnebago Counties. *On Good Authority, 4,* 1-4. [2, 4]

Adams, S. (2001). Specialized Sex Offender Probation in Cook County Links Supervision, Treatment. *On Good Authority, 4,* 1-4. [1]

Ahrens, R. (1990). Erfahrungen mit Cyproteronacetat bei Patienten mit Sexualdelinquenz. In R. Wille, W. Schuhmacher & N. Andrezejak (Hrsg.), *Zur Therapie von sexuell Devianten* (S. 58-81). Berlin: Diesbach. [2]

Ahrens, R. (1991). Androcur (Cyproteronacetat) bei Sexualdelinquenz Nachuntersuchung von untergebrachten psychiatrischen Patienten. *Schweizer Archiv für Neurologie und Psychiatrie, 142,* 171-188. [2]

Alaska Department of Corrections. (1996). *Sex Offender Treatment Program: Initial recidivism study* (Unpublished Report). Anchorage: Alaska Department of Corrections Offender Programs, Alaska Justice Statistical Analysis Unit, Justice Center and University of Alaska. [5]

Alderden, M. (2001). Juvenile sex offender treatment program provides residential, aftercare services. *On Good Authority, 4,* 1-4. [2, 4]

Aldridge, N.C. (1999). *Evaluating treatment for sex offenders: A pretest-posttest and follow-up study.* Unpublished doctoral dissertation, University of Georgia. [2]

Allam, J. (1998). *Community-based treatment for sex offenders: An evaluation.* Birmingham, UK: University of Birmingham. [1, 2]

Alves, H. (1985). Therapeutische Arbeit mit sexuell auffälligen Jugendlichen. In W. Rotthaus (Hrsg.), *Psychotherapie mit Jugendlichen* (S. 212-227). Dortmund. [2]

Anderson, R.D., Gibeau, D. & D'Amora, D.A. (1995). Sex Offender Treatment Rating Scale: Initial reliability data. *Sexual Abuse: A Journal of Research and Treatment, 7,* 221-227. [2, 4]

Anderson, V.T.J. (1991). *An evaluation of a treatment program for imprisoned child sex offenders.* Unpublished doctoral dissertation, Michigan State University. [4]

Appelt, M. & Floru, L. (1974). Erfahrungen über die Beeinflussung der Sexualität durch Cyproteronacetat. *International Pharmacopsychiatry, 9,* 61-76. [2, 4]

Arbeitskreis sozialtherapeutische Anstalten im Justizvollzug (Hrsg.) (1999). *Dokumentation der 7. Fachtagung der Leiterinnen und Leiter der Sozialtherapeutischen Einrichtungen in der BRD, November 1998.* Bad Gandersheim. [6]

Aytes, K.E., Olsen, S.S., Zakrajsek, T., Murray, P. & Ireson, R. (2001). Cognitive/behavioral treatment for sexual offenders: An examination of recidivism. *Sexual Abuse: A Journal of Research and Treatment, 13,* 223-231. [1]

Backer, J. (1990). *Nachuntersuchung kastrierter und im Maßregelvollzug untergebrachter Sexualstraftäter aus Westfalen-Lippe.* Unveröffentlichte Doktorarbeit, Christian-Albrecht-Universität Kiel, Kiel. [2]

Bancroft, J., Tennent, G., Loucas, K. & Cass, J. (1974). The control of deviant sexual behaviour by drugs. *British Journal of Psychiatry, 125,* 310-315. [4]

Barbaree, H.E., Peacock, E.J., Cortoni, F.A., Marshall, W.L. & Seto, M.C. (1998). Ontario Penitentiaries' Program. In W.L. Marshall & Y.M. Fernandez (Eds.), *Sourcebook of treatment programs for sexual offenders. Applied clinical psychology* (pp. 59-77). New York: Plenum Press. [2]

Barbaree, H.E., Seto, M.C. & Maric, A. (1996). Sex offender characteristics, response to treatment, and correctional release decisions at the Warkworth Sexual Behavior Clinic. Toronto. [1]

Barbaree, H.E., Seto, M.C. & Maric, A. (1996). Effective sex offender treatment: The Warkworth Sexual Behaviour Clinic. *Forum on Corrections Research, 8.* [1]

Barcus, R.A. & Bernstein, B.G. (1997). Victim perpetrator reconciliation. *Violence Against Women, 3,* 515-532. [2, 4]

Barlow, K.N. (1998). *Recidivism rates of level six residential programs for youthful male sexual offenders: 1995-1996.* Unpublished doctoral dissertation, Utah State University. [2, 3]

Barnes, J.M. & Peterson, K.D. (1997). The Kentucky Sex Offender Treatment Program. Commonwealth of Kentucky, Justice Cabinet, Department of Corrections, Division of Mental Health. Kentucky State Reformatory, Kentucky. [1]

Barnett, O. (1978). Nonprofessionals in the rehabilitation of mentally disordered sex offenders. *Community Mental Health Journal, 14,* 110-115. [4]

Barnett, S., Corder, F. & Jehu, D. (1989). Group Treatment for Women Sex Offenders against Children. *Practice (UK), 3,* 148-159. [2, 4]

Baron, D.P. & Unger, H.R. (1977). A clinical trial of cyproterone acetate for sexual deviancy. *New Zealand Medical Journal, 85,* 366-369. [2, 4]

Barrilleaux, G.S. (1996). *Patterns of change in outpatient group treatment of adult male child sexual offenders.* Unpublished doctoral dissertation, The University of Memphis. [2, 4]

Barry, D.J. & Ciccone, J.R. (1975). Use of depo-provera in the treatment of aggressive sexual offenders: preliminary report of three cases. *Bulletin of the American Academy of Psychiatry and the Law, 3,* 179-184. [2]

Becker, J.V., Kaplan, M.S. & Kavoussi, R. (1988). Measuring the effectiveness of treatment for the aggressive adolescent sexual offender. In R.A. Prentky & V.L. Quinsey (Eds.), *Human sexual aggression: Current perspectives* (pp. 215-222). New York: New York Academy of Science. [2, 4]

Beech, A.R., Erikson, M., Friendship, C. & Ditchfield, J. (2001). *A six-year follow-up of men going through probation-based sex offender treatment programmes* (No. 144). London: Home Office Research, Development and Statistics Directorate. [2]

Beech, A.R., Fisher, D., Beckett, R.C. & Scott-Fordham, A. (1998). *An evaluation of the Prison Sex Offender Treatment Programme* (Home Office Research Findings No. 79). London: Home Ofice. [4]

Bench, L.L., Kramer, S.P. & Erickson, S. (1997). Discriminant Analysis of Predictive Factors in Sex Offender Recidivism. In B.K. Schwartz & H.R. Cellini (Eds.), *Sex Offender* (Vol. 2: New Insights, Treatment Innovations and Legal Developments, pp. 15-1-15-15). [3]

Benedetto, R.D. (1990). *Will a medical/social intervention program supervising and teaching severely mentally ill criminal offenders social skills in survival significantly reduce institutionalization and criminalization of these clients without undermining public safety.* Unpublished doctoral dissertation, University of La Verne. [2]

Berlin, F.S., Hunt, W.P., Malin, H.M., Dyer, A., Lehne, G.K. & Dean, S. (1991). A five-year plus follow-up survey of criminal recidivism within a treated cohort of 406 pedophiles, 111 exhibitionists and 109 sexual aggressives: Issues and outcomes. *American Journal of Forensic Psychiatry, 12,* 5-28. [2]

Berlin, F.S. & Meinecke, C.F. (1981). Treatment of sex offenders with antiandrogenic medication: Conceptualization, review of treatment modalities, and preliminary findings. *American Journal of Psychiatry, 138,* 601-607. [3]

Berliner, L., Schram, D., Miller, L.L. & Milloy, C.D. (1995). A sentencing alternative for sex offenders: A study of decision making and recidivism. *Journal of Interpersonal Violence, 10,* 487-502. [1]

Berndtson, T. (1986). Androcur-Behandlung rückfallgefährdeter Vergewaltiger. In J. Heinrichs (Hrsg.), *Vergewaltigung. Die Opfer und die Täter* (S. 116-117). Braunschweig: Holtzmeyer. [2]

Berner, W. (2001). Institutionelle Therapie bei sexueller Delinquenz. In V. Sigusch (Hrsg.), *Sexuelle Störungen und ihre Behandlung* (2. Aufl., S. 501-516). Stuttgart: Thieme. [3]

Berner, W. & Bolterauer, J. (1995). 5-Jahres-Verläufe von 46 aus dem therapeutischen Strafvollzug entlassenen Sexualdelinquenten. *Recht und Psychiatrie, 13,* 114-118. [2]

Bianchi, M.D. (1990). Fluoxetine treatment of exhibitionism. *American Journal of Psychiatry, 147,* 1089-1090. [2]

Bingham, J.E., Turner, B.W. & Piotrowski, C. (1995). Treatment of sexual offenders in a outpatient community-based program. *Psychological Reports, 76,* 1195-1200. [2]

Böhme, A. (1935). *Psychotherapie und Kastration.* München: Lehmann. [2]

Boulanger, H. (1985). *Die Sozial- und Legalbewährung von Sexualdeliquenten nach beantragter Kastration in Schleswig-Holstein.* Unveröffentlichte Dissertation, Universität Kiel, Kiel. [1]

Bourgeois, J.A. & Klein, M. (1996). Risperidone and fluoxetine in the treatment of pedophelia with comorbid dysthymia. *Journal of Clinical Psychopharmacology, 16,* 257-258. [2, 4]

Bradford, J.M.W. & Pawlak, A. (1993). Effects of cyproterone acetate on sexual arousal patterns of pedophiles. *Archives of Sexual Behavior, 22,* 629-641. [2, 4]

Bradford, J.M.W. & Pawlak, A. (1993). Double-blind placebo crossover study of cyproterone acetate in the treatment of the paraphilias. *Archives of Sexual Behavior, 22,* 383-402. [4]

Brannon, J.M. & Troyer, R. (1991). Peer group counseling: A normalized residential alternative to the specialized treatment of adolescent sex offenders. *International Journal of Offender Therapy and Comparative Criminology, 35,* 225-234. [2]

Brannon, J.M. & Troyer, R. (1995). Adolescent sex offenders: Investigating adult commitment-rates four years later. *International Journal of Offender Therapy and Comparative Criminology, 39,* 317-326. [2]

Branson, H.K. (1999). How Hawaii's treatment for sex offenders works: Intense follow-up is key. *Corrections Technology and Management, 3,* 54-56. [2]

Bremer, J.F. (1992). Serious juvenile sex offenders: Treatment and long-term follow-up. *Psychiatric Annals, 22,* 326-332. [2]

Brenzel, S.L. (1992). *The intensive intervention program for incestuous families: an evaluation.* Unpublished doctoral dissertation, Spalding University. [4]

Briken, P., Berner, W., Noldus, J., Nika, E. & Michl, U. (2000). Therapie mit dem LHRH-Agonisten Leuprorelinacetat bei Paraphilien und sexuell aggressiven Impulshandlungen. *Nervenarzt, 71,* 380-385. [2]

Bromberg, C.K. (1991). *Pretreatment status, treatment intensity, and treatment outcome in male adolescent sex offenders.* Unpublished doctoral dissertation, California School of Professional Psychology Fresno. [2, 4]

Brooks, T. (ohne Jahr). Sex offenders, variables determining their selection for treatment and changes occurring during the treatment process. Mersey Care NHS Trust (Forschungsprojekt). [4]

Brown, C.M., Traverso, G. & Fedoroff, J.P. (1996). Masturbation prohibition in sex offenders: A crossover study. *Archives of Sexual Behavior, 25,* 397-408. [4]

Bruinsma, F. (1993). Hilfen für die Täter. In G. Ramin (Hrsg.), *Inzest und sexueller Mißbrauch. Beratung und Therapie. Ein Handbuch* (S. 355-395). Paderborn: Junfermann. [2, 4]

Budin, L.E. & Johnson, C.F. (1989). Sex abuse prevention programs: Offenders' attitudes about their efficacy. *Child Abuse and Neglect: The International Journal, 13,* 77-87. [4]

Bulla, R. (1977). Verhaltenstherapie bei Sexualstraftätern. In Justizministerium Baden-Württemberg (Hrsg.), *Maßnahmen zur Behandlung von Sexualtätern. Bericht über die überregionale Fortbildungstagung vom 12. bis 16. September 1977 im "Haus Ottilienberg" in Eppingen bei Heilbronn* (S. 77-83). Stuttgart: Eigenverlag. [2, 4]

Bundesvereinigung der Anstaltsleiter im Strafvollzug. (1992). Dokumentation der 18. Arbeits- und Fortbildungstagung vom 11. bis 15. Mai 1992 in Recklinghausen. Bruchsal: Eigenverlag. [6]

Burnett, R. & Rathbun, C. (1993). Discovery and treatment of adolescent sexual offenders in a residential treatment center. *Residential Treatment for Children and Youth, 11,* 57-64. [2]

Buschman, J. & van Beek, D. (2003). A clinical model for the treatment of personality disordered sexual offenders: An example of theory knitting. *Sexual Abuse: A Journal of Research and Treatment, 15,* 183-199. [2]

Campbell, D. (ohne Jahr). The origins and nature of sexual offending against children and implications for outcome of treatment. Portman Clinic (Forschungsprojekt). [6]

Campbell, S. (1998). *Supporting community innovators: An evaluation of the Sexual Offender Program of Community Justice Initiatives, Kitchener, Ontario.* Unpublished doctoral dissertation, Wilfrid Laurier University. [2, 4]

Carbo, R.A. (2002). Effectiveness of the Sex Offender Accountability and Responsibility (SOAR) Program. Lillington, NC. [2]

Carter, D.L. & Prentky, R.A. (1993). Forensic treatment in the United States: A survey of selected forensic hospitals: Massachusetts Treatment Center. *International Journal of Law and Psychiatry, 16,* 117-132. [2]

Caruso, M.F. (1980). *The effects of group assertiveness training on assertiveness, dyadic adjustment, and parenting attitudes of parents of incestuous families.* Unpublished doctoral dissertation, East Texas State University. [4]

Casal-Ariet, C. & Cullen, K. (1993). Exhibitionism treated with clomipramine. *American Journal of Psychiatry, 150,* 1273-1274. [2]

Cauley, D.R. (2001). *Facilitating moral development in convicted sexual offenders.* Unpublished doctoral dissertation, Wayne State University. [4]

Chaffin, M. (1992). Factors associated with treatment completion and progress among intrafamilial sexual abusers. *Child Abuse and Neglect: The International Journal, 16,* 251-264. [2, 4]

Chaffin, M.J. (1990). *Factors associated with treatment completion and progress among intrafamilial sexual abusers.* Unpublished doctoral dissertation, University of Oklahoma, US. [2, 4]

Chatz, T.L. (1972). Recognizing and treating dangerous sex offenders. *International Journal of Offender Therapy and Comparative Criminology, 16,* 109-115. [2]

Chow, E.W.C. & Choy, A.L. (2002). Clinical characteristics and treatment response to SSRI in a female pedophile. *Archives of Sexual Behavior, 31,* 211-215. [2]

Clelland, S.R., Studer, L.H. & Reddon, J.R. (1998). Follow-up of rapists treated in a forensic psychiatric hospital. *Violence and Victims, 13,* 79-86. [3]

Cohen, E. (2000). *The Madison County Risk Management Model: Sex offender psycho-education treatment program.* Unpublished doctoral dissertation, Southern Illinois University at Carbondale. [4]

Cohen, J.A. & Mannarino, A.P. (2000). Incest. In R.T. Ammerman & M. Hersen (Eds.), *Case studies in family violence* (2nd ed., pp. 209-229). New York: Kluwer Academic. [2]

Coleman, E., Gratzer, T., Nesvacil, L. & Raymond, N.C. (2000). Nefazodone and the treatment of non-paraphilic compulsive sexual behavior: A retrospective study. *Journal of Clinical Psychiatry, 61,* 282-284. [2, 4]

Cook, D.A., Fox, C.A., Weaver, C.M. & Rooth, F.G. (1991). The Berkeley Group: Ten years' experience of a group for non-violent sex offenders. *British Journal of Psychiatry, 158,* 238-243. [3]

Cooper, A.J. (1981). A placebo-controlled trial of the antiandrogen cyproterone acetate in deviant hypersexuality. *Comprehensive Psychiatry, 22,* 458. [2, 4]

Cooper, A.J., Cernovsky, Z. & Magnus, R.V. (1992). The long-term use of cyproterone acetate in pedophilia: a case study. *Journal of Sex and Marital Therapy, 18,* 292-302. [2]

Cooper, A.J. & Cernovsky, Z.Z. (1994). Comparison of cyproterone acetate (CPA) and leuprolide acetate (LHRH agonist) in a chronic pedophile: A clinical case study. *Biological Psychiatry, 36,* 269-271. [2, 4]

Cooper, A.J., Ismail, A.A., Phanjoo, A.L. & Love, D.L. (1972). Antiandrogen (cyproterone acetate) therapy in deviant hypersexuality. *British Journal of Psychiatry, 120,* 59-63. [2, 4]

Cooper, A.J., Sandhu, S., Losztyn, S. & Cernovsky, Z. (1992). A double-blind placebo controlled trial of medroxyprogesterone acetate and cyproterone acetate with seven pedophiles. *Canadian Journal of Psychiatry, 37,* 687-693. [2, 4]

Cordoba, O.A. & Chapel, J.L. (1983). Medroxyprogesterone acetate antiandrogen treatment of hypersexuality in a pedophiliac sex offender. *American Journal of Psychiatry, 140,* 1036-1039. [2]

Cotton, D.J. (1991). *Pilot juvenile sex offender treatment program. Final evaluation report.* California Office of Criminal Justice Planning [2]

Couture, J., Parker, T., Couture, R. & Laboucane, P. (2001). *A cost-benefit analysis of Hollow Water's Community Holistic Circle Healing Process.* Canada; Ontario: Ministry of the Solicitor General, Ottawa (Ontario).; Aboriginal Healing Foundation, Ottawa (Ontario). [3]

Cowburn, M. (1990). Work with Male Sex Offenders in Groups. *Groupwork, 3,* 157-171. [2, 4]

Craft, M. (1980). Case history: Sexual offenders treated with cyproterone acetate - a follow up evaluation. *British Journal of Sexual Medicine, 7,* 41 & 54. [2]

Craissati, J. & McClurg, G. (1997). The Challenge Project: A treatment program evaluation for perpetrators of child sexual abuse. *Child Abuse & Neglect, 21,* 637-648. [1]

Crawford, D.A. (1978). Social skills treatment programme with sex offenders. In J. Gunn (Ed.), Sex offenders – a symposium (pp. 64-72) [4]

CS/RESORS. (1991). *An evaluation of community sex offender programs in the Pacific Region.* Vancouver, CAN. [1]

Cullen, E. (1993). The Grendon reconviction study, Part 1. *Prison Service Journal, 90,* 35-37. [1]

Curry, E.V. (1981). *A study of changes in self-concept of incestuous fathers while undergoing therapy.* Unpublished doctoral dissertation, United States International University. [2, 4]

Czerny, J.-P., Briken, P. & Berner, W. (2002). Antihormonal treatment of paraphilic patients in German forensic psychiatric clinics. *European Psychiatry, 17,* 104-106. [2]

Dahl, B.J. (1999). *Personality characteristics, attitudes and perceptions of rape among incarcerated sex offenders.* Unpublished doctoral dissertation, University of Washington. [4]

Daigle, M. (1997). Community experience for pedophilic men. *Criminologie, 30,* 109-127. [2, 4]

Dana, R.H. (1999). The impact of fantasy on a treatment program. *Residential Treatment for Children and Youth, 17,* 21-30. [2]

Daniel, C.J. (1987). Shame aversion therapy and social skills training with an indecent exposer. In B.J. McGurk, D.M. Thornton & M. Williams (Eds.), *Applying psychology to imprisonment: Theory and practice* (pp. 247-254). London, England: Her Majesty's Stationery Office Books. [2]

Davidson, P. (1984). *Outcome data for a penitentiary-based treatment program for sex offenders.* Paper presented at the Conference on the Assessment and Treatment of the Sex Offender, Kingston, Ontario, Canada. [1, 6]

Davies, J. (1999, October). *Aboriginal Sex Offender Treatment Program Greenough Regional Prison.* Paper presented at the Best Practice Interventions in Corrections for Indigenous People Conference convened by the Australian Institute of Criminology in conjunction with the Department for Correctional Services SA, 13-15 October, Adelaide, Australia. [3]

Davies, T.S. (1974). Cyproterone acetate for male hypersexuality. *Journal of International Medical Research, 2,* 159-163. [2]

Day, D.M. & Marques, J.K. (1998). A clarification of SOTEP's method and preliminary findings: Reply to Nathaniel McConaghy. *Sexual Abuse: A Journal of Research and Treatment, 10,* 162-166. [1]

Deberdt, R. (1971). Le benperidol (R4584) dans le traitement des delits sexuels. *Acta Psychiatrica Belgica, 11,* 396-413. [2]

Demling, J.R. (2001). *Effects of a family treatment model for incest. A formative evaluation of the Family Treatment Program at the Family Place: A child abuse treatment agency.* Unpublished doctoral dissertation, Spalding University. [2, 4]

Derezotes, D. (2000). Evaluation of yoga and meditation trainings with adolescent sex offenders. *Child and Adolescent Social Work Journal, 17,* 97-113. [2, 4]

Derks, F., Hildebrand, M. & Mulder, J. (1998). Forensische dagbehandeling; resultaten in termen van psychosociaal welbevinden en recidive. *Tijdschrift voor criminologie,* 273-287. [2]

Derks, F.C.H. (1996). A forensic day treatment program for personality-disordered criminal offenders. *International Journal of Offender Therapy and Comparative Criminology, 40,* 123-134. [4]

Dieckmann, G. (1977). Die Behandlung von Sexualdelinquenten durch sereotaktische Hypothalatomie. In Justizministerium Baden-Württemberg (Hrsg.), *Maßnahmen zur Behandlung von Sexualtätern. Bericht über die überregionale Fortbildungstagung vom 12. bis 16. September 1977 im "Haus Ottilienberg" in Eppingen bei Heilbronn* (S. 129-136). Stuttgart: Eigenverlag. [2]

Dimnek, B. & Duncker, H. (1996). Zur Rückfallgefährdung durch Patienten des Maßregelvollzugs. *Recht und Psychiatrie, 14,* 50-56. [2]

Dolde, G. (1996). Zur Bewährung der Sozialtherapie im Justizvollzug von Baden-Württemberg: Tendenzen aus einer neueren Rückfalluntersuchung. *Zeitschrift für Strafvollzug und Straffälligenhilfe, 45,* 290-297. [3]

Donato, R. & Shanahan, M. (1999). *The economics of implementing intensive in-prison sex-offender treatment programs* (No. The economics of implementing intensive in-prison sex-offender treatment programs, No. 134). Canbarra, Australia: Australian Institute of Criminology. [3]

Dorfman, F.L. (1993). *The effects of empathy training on adolescent sex offenders' level of empathy.* Unpublished doctoral dissertation, Temple University. [2, 4]

Dünkel, F. (1979). Sozialtherapeutische Behandlung und Rückfälligkeit in Berlin-Tegel. *Monatsschrift für Kriminologie und Strafrechtsreform, 62,* 322-337. [1]

Dwyer, M. & Amberson, J.I. (1985). Sex offender treatment program: A follow-up study. *American Journal of Social Psychiatry, 5,* 56-60. [2]

Dwyer, S.M. (1990). Reduction of sex offender paraphilic fantasies: 6 month and 1 year follow-up. *Journal of Psychology and Human Sexuality, 3,* 57-65. [2, 4]

Dwyer, S.M. (1997). Treatment outcome study: Seventeen years after sexual offender treatment. *Sexual Abuse: A Journal of Research and Treatment, 9,* 149-160. [3]

Dwyer, S.M. & Myers, S. (1990). Sex offender treatment: A six-month to ten-year follow-up study. *Annals of Sex Research, 3,* 305-318. [3, 4]

Dwyer, S.M. & Rosser, B.S. (1992). Treatment outcome research cross-referencing a six-month to ten-year follow-up study on sex offenders. *Annals of Sex Research, 5,* 87-97. [2]

Eastman, B.J. (1997). *An investigation of the efficacy of adolescent sex offender treatment.* Unpublished doctoral dissertation, Virginia Commonwealth University, Richmond. [3]

Eher, R. (1997). Systemische Paartherapie bei sexualdelinquentem Verhalten im Kontext des Massnahmenvollzugs Systemic couple therapy in the case of an imprisoned sex offender. In M. Scholze, B. Rauscher-Gfoehler & C. Klicpera (Hrsg.), *Unterwegs in der systemischen Familientherapie. Reflexionen und Beispiele* (S. 152-175). Wien: Facultas. [2]

Eher, R., Dwyer, M., Prinoth, S., Fruhwald, S. & Gutierrez, K. (1997). Sexualstraftäter im Maßregelvollzug und deren Angehörige: Ergebnisse gemeinsamer Therapiesitzungen. *Psychiatrische Praxis, 24,* 190-195. [2, 4]

Eibl, E. (1977). Bericht über 51/2-jährige Erfahrung in der Behandlung und Überwachung von ca. 300 Sexualtätern in und außerhalb des Maßregelvollzuges unter besonderer Berücksichtigung der Penis-Plethysmographie (PPG). In Justizministerium Baden-Württemberg (Hrsg.), *Maßnahmen zur Behandlung von Sexualtätern. Bericht über die überregionale Fortbildungstagung vom 12. bis 16. September 1977 im "Haus Ottilienberg" in Eppingen bei Heilbronn* (S. 59-64). Stuttgart: Eigenverlag. [3]

Ellerby, L.A., Ellerby, J.H. & Motiuk, L. (2000). Role of Traditional Healers in the Treatment of Aboriginal Sexual Offenders. *Forum on Corrections Research, 12.* [2, 4]

Elsner, K. (2001). Gruppenbehandlung von Sexualstraftätern im Maßregelvollzug. In J. Hoyer & H. Kunst (Hrsg.), *Psychische Störungen bei Sexualdelinquenten* (S. 153-181). Lengerich: Pabst. [2, 4]

Emmanuel, N.P., Lydiard, R.B. & Ballenger, J.C. (1991). Fluoxetine treatment of voveurism. *American Journal of Psychiatry, 148,* 950. [2]

Emory, L.E., Cole, C.M. & Meyer, W.J. (1992). The Texas experience with DepoProvera: 1980-1990. *Journal of Offender Rehabilitation, 18,* 125-139. [1]

Epps, K.J. (1995). Consulting to residential programmes for sexually aggressive delinquents. *Psychology, Crime and Law, 2,* 55-64. [2]

Eriksson, T. & Eriksson, M. (1998). Irradiation therapy prevents gynecomastia in sex offenders treated with antiandrogens. *Journal of Clinical Psychiatry, 59,* 432-433. [4]

Erooga, M., Clark, P. & Bentley, M. (1990). Protection, control, treatment: Groupwork with child sexual abuse perpetrators. *Groupwork, 3,* 172-190. [2, 4]

Evans, T. (1995). *Incestuous families: a theoretical model and clinical case study.* Unpublished doctoral dissertation, Chicago School of Professional Psychology. [2, 4]

Evers, T. (Hrsg.) (1992). *Psychosoziale Betreuung von Sexualstraftätern: Dokumentation einer Tagung der Evangelischen Akademie Hofgeismar am 26. bis 28. September 1990.* Hofgeismar: Evangelische Akademie. [6]

Fahndrich, E. (1974). Cyproteronacetat in der Behandlung von Sexualdeviationen bei Männern. *Deutsche Medizinische Wochenschrift, 99,* 234-2378 passim. [2, 4]

Fehlenberg, D. (1997). Zur Psychotherapie paraphiler Sexualstraftäter im Maßregelvollzug. *Recht und Psychiatrie, 15,* 159-167. [2]

Field, L.H. (1973). Benperidol in the treatment of sexual offenders. *Medicine, Science and the Law, 13,* 195-196. [2]

Fisher, D., Beech, A. & Browne, K. (1998). Locus of control and its relationship to treatment change and abuse history in child sexual abusers. *Legal and Criminological Psychology, 3,* 1-12. [2, 4]

Fisher, D., Beech, A. & Browne, K. (2000). The effectiveness of relapse prevention training in a group of incarcerated child molesters. *Psychology, Crime & Law, 6,* 181-195. [2, 4]

Fitzsimmons, P.A. (1996). *Fallen angels: Constructing empathy in adolescent sexual offenders.* Unpublished doctoral dissertation, Arizona State University. [2, 4]

Florida Department of Health and Rehabilitative Services. (1976). *Evaluation of sex offender rehabilitation programs in the state of Florida.* Tampa, FL: Mental Health Program Office. [6]

Florida Department of Health and Rehabilitative Services. (1984). *Status of the sex offender programs, fiscal year 1983-84, and addendum* (Annual report to the Florida Legislature, Alcohol, Drug Abuse, and Mental Health Program). Tampa, FL: Author. [6]

Florida Mental Health Institute. (1984). *Report on treatment programs for sex offenders: Summary and recommendations.* Tampa, FL: Florida Mental Health Institute in conjunction with the Governor's Task Force on Sex Offenders and Their Victims. [6]

Flowers, J.V. (1979). The differential outcome effects of simple advice, alternatives and instructions in group psychotherapy. *International Journal of Group Psychotherapy, 29,* 305-316. [4]

Fones, C.S., Levine, S.B., Althof, S.E. & Risen, C.B. (1999). The sexual struggles of 23 clergymen: a follow-up study. *J Sex Marital Ther, 25,* 183-195. [2]

Fransblow, J. & Smiley, W.C. (1996). *Rational emotive behavior therapy applications to the treatment of sex offenders and violent offenders.* Paper presented at the International Congress of Psychologists, Montreal, Canada. [3]

Frauenfelder, A. (2000). Psychotherapie als Ort möglicher Selbstwerdung. *Recht & Psychiatrie, 18,* 72-77. [2]

Frazine-Putman, S.E. (2002). An evaluation of an early intervention residential treatment program on recidivism rates of adolescent sexual offenders. *Dissertation Abstracts International: Section B: The Sciences & Engineering, 63,* 1023. [2]

Frenken, J. (1994). Treatment of incest perpetrators: A five-phase model. *Child Abuse and Neglect, 18,* 357-365. [2]

Friendship, C., Mann, R.E. & Beech, A.R. (2003). *Evaluation of the prison-based Sex Offender Treatment Programme (SOTP)* (Home Office Research Findings No. 79). [1]

Frisbie, L.V. & Dondis, E.H. (1965). *Recidivism among treated sex offenders.* Sacramento, CA: State of California, Bureau of Research and Statistics. [2]

Frühwald, S., Eher, R., Frottier, P., Aigner, M., Gutierrez, K. & Dwyer, S.M. (1998). The relevance of self-concepts discriminating in long-term incarcerated sex offenders. *J Behav Ther Exp Psychiatry, 29,* 267-278. [2, 4]

Gabbert, T. (1987). Rehabilitationsergebnisse mit offenem und teilstationärem Maßregelvollzug. *Forensia, 8,* 81-89. [2]

Gagné, P. (1981). Treatment of sex offenders with medroxyprogesterone acetate. *American Journal of Psychiatry, 138,* 644-646. [2, 4]

Ganzarain, R. & Buchele, B.J. (1990). Incest perpetrators in group therapy: A psychodynamic perspective. *Bulletin of the Menninger Clinic, 54,* 295-310. [2]

Gencarelle, A.J. (1994). *Program evaluation of the victim intervention program: treatment of male incest offenders.* Unpublished doctoral dissertation, Walden University. [2]

Giaretto. (1976). Humanistic treatment of father-daughter incest. In R.E. Helfer & C.H. Kempe (Eds.), *Child abuse & neglect. the family & the community* (pp. 143-158). Cambridge: Ballinger. [2]

Gillies, L.A., Hashmall, J.M., Hilton, N.Z. & Webster, C.D. (1992). Relapse prevention in pedophiles: Clinical issues and program development. *Canadian Psychology, 33,* 199-210. [2, 4]

Glander, H.J. (1981). Die antiandrogene Therapie von Sexualdeviationen aus andrologischer Sicht. *Das Deutsche Gesundheitswesen, 36,* 1873-1878. [3]

Gordon, A. (1989). Research on sex offenders: Regional Psychiatric Centre. *Forum on Corrections Research, 1*, 20-21. [2]

Gordon, A., Holden, R. & Leis, T. (1991). Managing and treating sex offenders: Matching risk and needs with programming. *Forum on Corrections Research, 3.* [1]

Gordon, A. & Nicholaichuk, T. (1996). Applying the risk principle to sex offender treatment. *Forum on Corrections Research, 8.* [1]

Gordon, A. & Packard, R. (1998). *The impact of community maintenance treatment on sex offender recidivism.* Paper presented at the 17th annual meeting of the Association for the Treatment of sexual Abusers, Vancouver, Canada. [6]

Gottesman, H.G. & Schubert, D.S. (1993). Low-dose oral medroxyprogesterone acetate in the management of the paraphilias. *J Clin Psychiatry, 54*, 182-188. [2]

Goudsmit, W. & Reicher, J.W. (1980). Sozialtherapie schwerstgestörter Delinquenten auf psychoanalytischer Grundlage. In V. Sigusch (Hrsg.), *Therapie sexueller Störungen* (2. neubearbeitete und erweiterte Aufl., S. 247-265). Thieme: Stuttgart. [3]

Graham, K.R. (1994). The sexual addiction model in treatment of incarcerated offenders: A study on recidivism. *Sexual Addiction and Compulsivity, 1*, 278-283. [4]

Graves, R., Openshaw, D.K. & Adams, G.R. (1992). Adolescent sex offenders and social skills training. *International Journal of Offender Therapy and Comparative Criminology, 36*, 139-153. [4]

Greenberg, D.M., Bradford, J.M., Curry, S. & O'Rourke, A. (1996). A comparison of treatment of paraphilias with three serotonin reuptake inhibitors: A retrospective study. *Bulletin of the American Academy of Psychiatry and the Law, 24*, 525-532. [3, 4]

Gretenkord, L. (1981). Mehrdimensionale Therapie eines Sexualdelinquenten in einer forensischen Klinik. *Monatsschrift für Kriminologie und Strafrechtsreform, 64*, 353-360. [2]

Gruber, T. & Rotthaus, W. (2000). Systemische Therapie mit jugendlichen Sexualstraftätern in einer symptomhomogenen Gruppe. *Zeitschrift für Strafvollzug und Straffälligenhilfe, 48*, 341-348. [2]

Grunfeld, B. & Noreik, K. (1986). Recidivism among sex offenders: a follow-up study of 541 Norwegian sex offenders. *International Journal of Law and Psychiatry, 9*, 95-102. [2]

Guthmann, D.R. (1986). *Snohomish County Sex Offender Project: An assessment of the project's impact on client behavior:* Washington State Department of Social and Health Services, Division of Juvenile Rehabilitation. [6]

Gutierrez-Lobos, K., Eher, R., Grunhut, C., Holzinger, A. & Bankier, B. (1999). Soziales Netzwerk und die Erfüllung sozialer Bedürfnisse bei Sexualstraftätern im Maßregelvollzug. *Psychiatrische Praxis, 26*, 85-88. [2, 4]

Gutierrez-Lobos, K., Eher, R., Grünhut, C. & Schmidl-Mohl, B. (1999). Die Bedeutung der sozialen Unterstützung bei gewalttätigen Sexualstraftätern. *Recht & Psychiatrie, 17*, 164-169. [2, 4]

Hagan, M.P. & Cho, M.E. (1996). A comparison of treatment outcomes between adolescent rapists and child sexual offenders. *International Journal of Offender Therapy and Comparative Criminology, 40*, 113-122. [2]

Hagan, M.P. & Gust-Brey, K.L. (1999). A ten-year longitudinal study of adolescent rapists upon return to the community. *International Journal of Offender Therapy and Comparative Criminology, 43*, 448-458. [2]

Hagan, M.P. & Gust-Brey, K.L. (2000). Ten-year longitudinal study of adolescent perpetrators of sexual assault against children. *Journal of Offender Rehabilitation, 31.* [2]

Hagan, M.P., King, R.P. & Patros, R.L. (1994). Recidivism Among Adolescent Perpetrators of Sexual Assault Against Children. *Journal of Offender Rehabilitation, 21*, 127-137. [2]

Hagan, M.P., King, R.P. & Patros, R.L. (1994). The efficacy of a serious sex offenders treatment program for adolescent rapists. *International Journal of Offender Therapy and Comparative Criminology, 38*, 141-150. [2]

Hains, A.A., Herrman, L.P., Baker, K.L. & Graber, S. (1986). The development of a psycho-educational group program for adolescent sex offenders. *Journal of Offender Counseling, Services and Rehabilitation, 11*, 63-76. [4]

Hallam, R.S. & Rachman, S. (1972). Some effects of aversion therapy on patients with sexual disorders. *Behaviour Research & Therapy, 10*, 171-180. [2]

Hamilton, C.O. (1997). *Perspectives on the treatment experience of intrafamily child sexual abusers.* Unpublished doctoral dissertation, Iowa State University. [2, 4]

Hansen, H. & Lykke-Olsen, L. (1997). Treatment of dangerous sexual offenders in Denmark. *Journal of Forensic Psychiatry, 8*, 195-199. [3]

Hanson, R.K., Steffy, R.A. & Gauthier, R. (1993). Long-term recidivism of child molesters. *Journal of Consulting and Clinical Psychology, 66*, 646-652. [1]

Hanstein, W. (1997). Therapieabbruch und Rückfälle bei Sexualstraftätern. In K. Klees & W. Friedebach (Hrsg.), *Hilfen für missbrauchte Kinder. Interventionsansätze im Überblick* (S. 229-240). Weinheim: Beltz. [2]

Haugen, R.E. (1998). *The effects of perspective-taking training on empathy development in adult male sex offenders.* Unpublished doctoral dissertation, Andrews University. [4]

Hebestreit, J. (1977). Psychologische Nach- und Voruntersuchungen -- Testpsychologische Befunde bei Hypothalatomie. In Justizministerium Baden-Württemberg (Hrsg.), *Maßnahmen zur Behandlung von Sexualtätern. Bericht über die überregionale Fortbildungstagung vom 12. bis 16. September 1977 im "Haus Ottilienberg" in Eppingen bei Heilbronn* (S. 167-171). Stuttgart: Eigenverlag. [2, 4]

Hedlund, E. (1993). Grupptterapi med man som begatt sexbrott. Inga aterfall rapporteras i uppfoljning. [Group therapy for male sex offenders. No recurrence is reported in a follow-up]. *Läkartidningen, 90*, 379-382. [2]

Heim, N. (1977). Kastration bei Sexualstraftätern - eine kritische Betrachtung! In G. Nass (Hrsg.), *Kriminalätiologie und Prophylaxe: Wandlungen der weiblichen Kriminalität; Folgen der chirurgischen Kastration; Hirnschädigung durch Rauschgift; Kriterien zur Strafumwandlung* (S. 7-20). Kassel: Verlag Gesellschaft für vorbeugende Verbrechensbekämpfung. [1, 2]

Heim, N. (1977). Vollzugskrankenhaus Hohenasperg: Kastration bei Sexualstraftätern - Ergebnisse einer Erkundungsstudie. In Justizministerium Baden-Württemberg (Hrsg.), *Maßnahmen zur Behandlung von Sexualtätern. Bericht über die überregionale Fortbildungstagung vom 12. bis 16. September 1977 im "Haus Ottilienberg" in Eppingen bei Heilbronn* (S. 97-110). Stuttgart: Eigenverlag. [2]

Heim, N. (1980). *Die Kastration und ihre Folgen bei Sexualstraftätern.* Göttingen: Schwartz. [2]

Heim, N. (1998). *Operation "Triebtäter": Kastration als ultima ratio. Gespräche mit kastrierten Sexualtätern.* Hamburg: Kovac. [2]

Hersh, K.R. (1999). *Treatment completion and recidivism among incarcerated sex offenders.* Unpublished doctoral dissertation, University of North Carolina, Chapel Hill, AL. [3]

Hildebran, D.D. & Pithers, W.D. (1992). Relapse prevention: Application and outcome. In W. O'Donohue & J.H. Geer (Eds.), *The sexual abuse of children* (Vol. 2: Clinical issues, pp. 365-393). Hillsdale, NJ: Erlbaum. [3]

Hiob, J. (1977). Die Kastrationsbehandlung und andere Verfahren zu Therapie der Sexualstraftäter im Berliner Strafvollzug. In Justizministerium Baden-Württemberg (Hrsg.), *Maßnahmen zur Behandlung von Sexualtätern. Bericht über die überregionale Fortbildungstagung vom 12. bis 16. September 1977 im "Haus Ottilienberg" in Eppingen bei Heilbronn* (S. 91-96). Stuttgart: Eigenverlag. [2]

Hogue, T.E. (1991). Evaluation of offence focused groups at HMP (Her Majesty's Prison) Dartmoor. In S. Boddis (Ed.), *Prison Service Psychology Conference: Conference proceedings* (pp. 57-62). [2, 4]

Holden, C. & Hayman, S. (Eds.). (1997). *Treating sex offenders in a custodial setting: proceedings of a conference, 5th March 1997, HMP Brixton.* London: Institute für the Study and Treatment of Delinquency. [6]

Holden, K.J. (1999). *Effectiveness of treatment for cognitively impaired adolescent sexual offenders in a residential school.* Unpublished doctoral dissertation, Massachusetts School of Professional Psychology. [2, 4]

Hopkins, R. (1991). Evaluation of communication and social skills groups for sex offenders at HMP (Her Majesty's Prison) Frankland. In S. Boddis (Ed.), *Prison Service Psychology Conference: Conference proceedings* (pp. 77-91). [4]

Hopkins, R.E. (1993). Evaluation of social skills groups for sex offenders. In K.C. Noel & M.S. Geoffrey (Eds.), *Sexual Offenders: Context, Assessment and Treatment* (pp. 52-59). [2, 4]

Huot, S.J. (1997). Research summary: Sex offender treatment and recidivism. Minnesota, MN: Minnesota Department of Corrections. [1]

Imriskova, A. & Kabatova, M. (2002). Uskalia ochrannej sexuologickej liecby [Pitfalls of protective sexuological treatment]. *Ceska a Slovenska Psychiatrie, 98*, 155-157. [2]

Jenkins Hall, K. (1994). Outpatient treatment of child molesters: Motivational factors and outcome. *Journal of Offender Rehabilitation, 21*, 139-150. [2, 4]

Johnson, T.C. & Berry, C. (1989). Children who molest: A treatment program. *Journal of Interpersonal Violence, 4*, 185-203. [2, 4]

Johnston, P., Hudson, S.M. & Marshall, W.L. (1992). The effects of masturbatory reconditioning with nonfamilial child molesters. *Behaviour Research and Therapy, 30*, 559-561. [2, 4]

Jones, R.L., Winkler, M.X., Kacin, E., Salloway, W.N. & Weissman, M. (1998). Community-based sexual offender treatment for inner-city African-American and Latino youth. In W.L. Marshall, Y.M. Fernandez, S.M. Hudson & T. Ward (Eds.), *Sourcebook of treatment programs for sexual offenders* (pp. 457-476). New York, NY, US: Plenum Press. [2]

Jost, F. (1979). Zur Behandlung und Resozialisierung von Sexualdelinquenten mit Antiandrogenen und Psychotherapie. *Schweizer Archiv für Neurologie, Neurochirurgie und Psychiatrie, 124*, 243-253. [2]

Jost, K. (1984). Resozialisierung eines jungen Sexualdelinquenten durch frühe. *Partnerberatung, 21*, 74-84. [2]

Justizvollzugsamt Westfalen-Lippe. (1999). *Behandlung von Sexualstraftätern - Indikation Sozialtherapie: Abschlußbericht der Arbeitsgruppe.* Westfalen-Lippe: Justizvollzugsamt. [6]

Kafka, M.P. & Prentky, R.A. (1992). Fluoxetine treatment of nonparaphilic sexual addictions and paraphilias in men. *Journal of Clinical Psychiatry, 53*, 351-358. [2, 4]

Kahn, T.J. & Chambers, H.J. (1991). Assessing reoffense risk with juvenile sexual offenders. *Child Welfare, 70*, 333-345. [3]

Kaplan, M.S., Morales, M. & Becker, J.V. (1993). Impact of verbal satiation on adolescent sex offenders: a preliminary report. *Journal of Child Sexual Abuse, 2*. [2, 4]

Kemper, J. (1992). *Sexualtherapeutische Praxis Teil II: Materialien und Forschungsergebnisse.* München: Pfeiffer. [2, 4]

Kendall, R.C. (2002). Cognitive distortions in adolescent sex offenders. *Dissertation Abstracts International: Section B: The Sciences & Engineering, 63*, 530. [2, 4]

Kiersch, T.A. (1990). Treatment of sex offenders with Depo-Provera. *Bulletin of the American Academy of Psychiatry and the Law, 18*, 179-187. [2]

Kilgore, D.K. (1995). *Task-centered group treatment of sex offenders: a developmental study.* Unpublished doctoral dissertation, State University of New York at Albany. [2, 4]

Kitzie, M. (1998). *Program evaluation of a diagnostic and residential treatment center for behaviorally disordered adolescents.* Unpublished doctoral dissertation, State University of New Jersey, Rutgers. [4]

Knopp, F.H. (1984). *Retraining Adult Sex Offenders - Methods and Models.* Syracuse, NY: Safer Society Press. [Darstellung verschiedener Programme, die alle aus verschiedenen Gründen nicht geeignet waren: 1, 2, 3, 5]

Knox, K.S. (1994). *Effectiveness of cognitive behavioral therapy: evaluating self-instructional training with adolescent sex offenders.* Unpublished doctoral dissertation, The University of Texas at Austin. [2, 4]

Kramer, S.P. (1985). Sex offender treatment and tracking: Problems, perspectives and outcomes in the Utah criminal justice system: Unpublished manuscript. [6]

Kravitz, H.M., Haywood, T.W., Kelly, J., Liles, S. & Cavanaugh, J.L., Jr. (1996). Medroxyprogesterone and paraphiles: do testosterone levels matter? *Bulletin of the American Academy of Psychiatry and the Law, 24*, 73-83. [2]

Kravitz, H.M., Haywood, T.W., Kelly, J., Wahlstrom, C., Liles, S. & Cavanaugh, J.L., Jr. (1995). Medroxyprogesterone treatment for paraphiliacs. *Bulletin of the American Academy of Psychiatry and the Law, 23*, 19-33. [2]

Kremsdorf, R.B., Holmen, M.L. & Laws, D.R. (1980). Orgasmic reconditioning without deviant imagery: A case report with a pedophile,. *Behaviour Research and Therapy, 18*, 203-207. [2, 4]

Kroth, J.A.. (1979). Child sexual abuse - analysis of a family therapy approach. [4]

Krueger, R.B. & Kaplan, M.S. (2001). Depot-Leuprolide acetate for treatment of paraphilias: A report of twelve cases. *Archives of Sexual Behavior, 30*, 409-421. [2]

Kruesi, M.J., Fine, S., Valladares, L., Phillips, R.A., Jr. & Rapoport, J.L. (1992). Paraphilias: a double-blind crossover comparison of clomipramine versus desipramine. *Archives of Sexual Behavior, 21*, 587-593. [2]

Kruttschnitt, C., Uggen, C. & Shelton, K. (2000). Predictors of desistance among sex offenders: The interaction of formal and informal social controls. *Justice Quarterly, 17*, 61-87. [1]

La Macaza Clinic. (2002). *Criterion 8 - Program Follow-up and ongoing assessment*. Unpublished manuscript. La Macaza, Quebec, Canada. [5]

Laben, J.K., Dodd, D. & Sneed, L. (1991). King's theory of goal attainment applied in group therapy for inpatient juvenile sexual offenders, maximum security state offenders, and community parolees, using visual aids. *Issues in Mental Health Nursing, 12*, 51-64. [2, 4]

Laing, L. (1996). *Unravelling responsibility: Incest offenders, mothers and victims in treatment*. Unpublished doctoral dissertation, University of New South Wales. [2, 4]

Lambie, I., Hickling, L., Seymour, F., Simmonds, L., Robson, M. & Houlahan, C. (2000). Using wilderness therapy in treating adolescent sexual offenders. *Journal of Sexual Aggression, 5*, 99-117. [2]

Lambie, I., Robson, M. & Simmonds, L. (1997). Embedding psychodrama in a wilderness group program for adolescent sex offenders. *Journal of Offender Rehabilitation, 26*, 89-107. [2, 4]

Lang, R.A., Lloyd, C.A. & Fiqia, N.A. (1985). Goal attainment scaling with hospitalized sexual offenders. *Journal of Nervous and Mental Disease, 173*, 527-537. [2, 4]

Lang, R.A., Pugh, G.M. & Langevin, R. (1988). Treatment of incest and pedophilic offenders: A pilot study. *Behavioral Sciences and the Law, 6*, 239-255. [2]

Langelüddeke, A. (1963). *Die Entmannung von Sittlichkeitsverbrechern*. Berlin: de Gruyter. [2]

Langstrom, N. & Lindblad, F. (1999). Societal reactions to sexually abusive adolescents: A Swedish perspective. *International Journal of Social Welfare, 8*, 175-180. [2]

Laschet, U. & Laschet, L. (1967). Antiandrogentherapie bei pathologisch gesteigerten und abartigen Sexualität des Mannes. *Klinische Wochenschrift, 45*, 324-325. [2, 4]

Laschet, U. & Laschet, L. (1971). Psychopharmacotherapy of sex offenders with cyproterone acetate. *Pharmacopsychiatric and Neuropsychopharmacological Advances in Clinical Research, 4 (Suppl.)*, 99-110. [2, 4]

Laschet, U. & Laschet, L. (1971). Klinische Ergebnisse über die Hemmung der Sexualität durch Antiandrogene. *Journal of Neuro-visceral Relations (Suppl.), 10*, 388-393. [1, 2, 4]

Laws, D.R. (1980). Treatment of bisexual pedophilia by a biofeedback-assisted self-control procedure. *Behaviour Research and Therapy, 18*, 207-211. [2, 4]

Lea, M.S. (1990). *The effect of training on referrals to an outpatient adolescent sex offender treatment program*. Unpublished doctoral dissertation, University of Nevada, Las Vegas. [4]

Lee, F.C., Jr,. (1988). *Massed conditioning with valeric acid in the reduction of penile circumference of heterosexual pedophiles*. Unpublished doctoral dissertation, University of Denver. [2, 4]

Lee, J.K.P., Proeve, M.J., Lancaster, M. & Jackson, H.J. (1996). An evaluation and 1-year follow-up study of a community-based treatment program for sex offenders. *Australian Psychologist, 31*, 147-152. [3]

Leipziger, K. (2000). *Forensische Psychiatrie am Bezirkskrankenhaus Bayreuth. Beschreibung und Untersuchung der Rahmenbedingungen, Konzepte und Behandlungsergebnisse bei nach Para-*

graph 63 StGB im Maßregelvollzug untergebrachten Patienten im Bezirkskrankenhaus Bayreuth unter besonderer Beruecksichtigung der Gruppe Sexualstraftäter. Regensburg: Roderer. [2]

Leonard, S.R. & Hayes, S.C. (1983). Sexual fantasy alternation. *Journal of Behavior Therapy & Experimental Psychiatry, 14*, 241-249. [2, 4]

Leuw, E. (1995). *Recidive na ontslag uit tbs.* Arnhem: Gouda Quint. [3]

Leveille, D.L. (1983). *An evaluation of two modes of therapy for incestuous fathers.* Unpublished doctoral dissertation, University of Denver. [4]

Lidberg, L. (1986). Sexualstraftaten in Schweden: Strafmaßnahmen, Rückfälligkeit und Behandlung. In J. Heinrichs (Hrsg.), *Vergewaltigung. Die Opfer und die Täter* (S. 114-116). Braunschweig: Holtzmeyer. [4]

Lindsay, W.R., Neilson, C.Q., Morrison, F. & Smith, A.H.W. (1998). The treatment of six men with a learning disability convicted of sex offences with children. *British Journal of Clinical Psychology, 37*, 83-98. [3]

Lindsay, W.R., Olley, S., Baillie, N. & Smith, A.H.W. (1999). Treatment of adolescent sex offenders with intellectual disabilities. *Mental Retardation, 37*, 201-211. [2]

Lindsay, W.R. & Smith, A.H.W. (1998). Responses to treatment for sex offenders with intellectual disability: A comparison of men with 1- and 2-year probation sentences. *Journal of Intellectual Disability Research, 42*, 346-353. [3]

Lindsay, W.R., Smith, A.H.W., Law, J., Quinn, K., Anderson, A., Smith, A., Overend, T. & Allan, R. (2002). A treatment service for sex offenders and abusers with intellectual disability: Characteristics of referrals and evaluation. *Journal of Applied Research in Intellectual Disabilities, 15*, 166-174. [2]

Loftus, J.A. & Camargo, R.J. (1993). Treating the clergy. *Annals of Sex Research, 6*, 287-303. [2]

Lohse, H. & Hauch, M. (1983). Ambulante Psychotherapie bei sexueller Delinquenz. *Psychiatrische Praxis, 10*, 147-152. [2, 4]

Lohse, H. & Röbbeling, G. (1980). Therapie von nichtinhaftierten Sexualstraftätern. In W. Schulz & M. Hautzinger (Hrsg.), *Klinische Psychologie und Psychotherapie* (Bd. 5: Psychotherapie und Gesellschaft, Ausbildung, Sozial- und Drogentherapie, Gruppentherapie, S. 205-218). Tübingen: Deutsche Gesellschaft für Verhaltenstherapie e.V. (DGVT). [2, 4]

Losada Paisey, G. & Paisey, T.J. (1988). Program evaluation of a comprehensive treatment package for mentally retarded offenders. *Behavioral Residential Treatment, 3*, 247-265. [2]

Lothstein, L.M. (2001). Treatment of non-incarcerated sexually compulsive/addictive offenders in an integrated, multimodal, and psychodynamic group therapy model. *Int J Group Psychother, 51*, 553-570. [2]

Lund, A.M. (1991). *An ecological approach to individual treatment of incest offenders.* Unpublished doctoral dissertation, The University of Manitoba. [2, 4]

Lund, C.A. (1992). Long-term treatment of sexual behavior problems in adolescent and adult developmentally disabled persons. *Annals of Sex Research, 5*, 5-31. [2, 4]

Mailloux, D.L., Abracen, J., Serin, R., Cousineau, C., Malcolm, B. & Looman, J. (2003). Dosage of treatment to sexual offenders: Are we overprescribing? *International Journal of Offender Therapy and Comparative Criminology, 47*, 171-184. [4]

Maletzky, B.M. (1991). *Treating the sexual offender.* Newbury Park, CA: Sage. [2]

Maletzky, B.M. (1993). Factors associated with success and failure in the behavioral and cognitive treatment of sexual offenders. *Annals of Sex Research, 6*, 241-258. [2]

Maletzky, B.M. & Steinhauser, C. (2002). A 25-year follow-up of cognitive/behavioral therapy with 7,275 sexual offenders. *Behavior Modification, 26*, 123-147. [2]

Marks, I., Gelder, M. & Bancroft, J. (1970). Sexual deviants two years after electric aversion. *British Journal of Psychiatry, 117*, 173-185. [4]

Marques, J.K. (1988). The Sex Offender Treatment and Evaluation Project: California's new outcome study. In R.A. Prentky & V.L. Quinsey (Eds.), *Human sexual aggression: Current perspectives* (pp. 235-243). New York: New York Academy of Science. [1]

Marques, J.K. & Day, D.M. (1998). Sex offender treatment evaluation project: Progress report. Sacramento, CA: California Department of Mental Health. [1]

Marques, J.K., Day, D.M., Nelson, C. & Miner, M.H. (1989). The Sex Offender Treatment and Evaluation Project: California's relapse prevention program. In D.R. Laws (Ed.), *Relapse prevention with sex offenders* (pp. 247-267). New York: Guilford Press. [1]

Marques, J.K., Day, D.M., Nelson, C. & West, M.A. (1993). Findings and recommendations from California's experimental treatment program. In G.C.N. Hall & R. Hirschman (Eds.), *Sexual aggression: Issues in etiology, assessment, and treatment. Series in applied psychology: Social issues and questions* (pp. 197-214). Philadelphia, PA, US: Taylor & Francis. [1]

Marques, J.K., Day, D.M., Nelson, C. & West, M.A. (1994). Effects of cognitive-behavioral treatment on sex offender recidivism: Preliminary results of a longitudinal study. *Criminal Justice and Behavior, 21*, 28-54. [1]

Marques, J.K. & Nelson, C. (1992). The relapse prevention model: Can it work with sex offenders? In R.D. Peters, R.J. McMahon & V.L. Quinsey (Eds.), *Aggression and violence throughout the life span* (pp. 222-243). Thousand Oaks, CA: Sage Publications. [1]

Marques, J.K., Nelson, C., West, M.A. & Day, D.M. (1994). The relationship between treatment goals and recidivism among child molesters. *Behaviour Research and Therapy, 32*, 577-588. [1]

Marshall, P. (1997). *A reconviction study of HMP Grendon Therapeutic Community* (Home Office Research Findings No. 53). London: Home Office. [1]

Marshall, W.L. (1994). Treatment effects on denial and minimization in incarcerated sex offenders. *Behaviour Research and Therapy, 32*, 559-564. [4]

Marshall, W.L. & Barbaree, H.E. (1988). An outpatient treatment program for child molesters. In R.A. Prentky & V.L. Quinsey (Eds.), *Human sexual aggression: Current perspectives* (pp. 205-214). New York: New York Academy of Science. [1]

Marshall, W.L., Bryce, P., Hudson, S.M., Ward, T. & Moth, B. (1996). The Enhancement of Intimacy and the Reduction of Loneliness among Child Molesters. *Journal of Family Violence, 11*, 219-235. [2, 4]

Marshall, W.L., Champagne, F., Sturgeon, C. & Bryce, P. (1997). Increasing the self-esteem of child molesters. *Sexual Abuse: Journal of Research and Treatment, 9*, 321-333. [2, 4]

Marshall, W.L., O'Sullivan, C. & Fernandez, Y.M. (1996). The enhancement of victim empathy among incarcerated child molesters. *Legal and Criminological Psychology, 1*, 95-102. [2, 4]

Martin, I. (1999). *Efficacité d'un programme cognitif-bevavioural institutionnel pour délinquants sexuels.* Unpublished doctoral dissertation, University of Montreal. [6]

Martin, S. (1996). Sex offender treatment: An uphill journey. *Journal of Child and Youth Care, 11*, 27-42. [2]

Matthews, J.K., Raymaker, J. & Speltz, K. (1991). Effects of reunification on sexually abusive families, In M. Q. Patton (Ed). (1991). *Family sexual abuse: Frontline research and evaluation.* (pp. 147-161). Thousand Oaks, CA: Sage. [2, 4]

Matthews, R. & Hines, M. (1996). Impact of Booster Programme on sex offenders. *Prison Research & Development Bulletin, 2*, 6. [2, 4]

Mazur, T. & Michael, P.M. (1992). Outpatient treatment for adolescents with sexually inappropriate behavior: Program description and six-month follow-up. *Journal of Offender Rehabilitation, 18*, 191-203. [2]

McAnaney, M.W. (1981). *Heterosocial skills training with sex offenders.* Unpublished doctoral dissertation, University of Florida. [4]

McCarthy, B.W. (1990). Treatment of Incest Families: A Cognitive-Behavioral Model. *Journal of Sex Education & Therapy, 16*, 101-114. [2]

McConaghy, N., Armstrong, M.S. & Blaszcynski, A. (1985). Expectancy, covert sensitization and imaginal desensitization in compulsive sexuality. *Acta Psychiatrica Scandinavica, 72*, 176-187. [3]

McConaghy, N., Blaszczynski, A.P., Armstrong, M.S. & Kidson, W. (1989). Resistance to treatment of adolescent sex offenders. *Archives of Sexual Behavior, 18*, 97-107. [1]

McGurk, B.J. & Newell, T.C. (1987). Social skills training: Case study with a sex offender. In B.J. McGurk, D.M. Thornton & M. Williams (Eds.), *Applying psychology to imprisonment: Theory and practice* (pp. 219-225). London, England: Her Majesty's Stationery Office Books. [2]

McKenna, M. (ohne Jahr). Evaluation of an outpatient programme for young abusers. Newcastle General Hospital (Forschungsprojekt). [6]

McKibben, A., Proulx, J. & Lussier, P. (2001). Sexual aggressors' perceptions of effectiveness of strategies to cope with negative emotions and deviant sexual fantasies. *Sex Abuse, 13*, 257-273. [2, 4]

McMahon, D. (ohne Jahr). Evaluation of community treatment programme for child molesters. Leicester District Forensic Service (Forschungsprojekt). [2, 4]

McMurran, M. (1990). Una intervencion cognitivo-conductual con un delincuente sexual. *Delincuencia, 2*, 311-330. [2]

Menghini, P. & Ernst, K. (1991). Die Antiandrogenbehandlung im rückblickenden Urteil von 19 Sexualstraftätern. *Der Nervenarzt, 62*, 303-307. [2, 4]

Meyer, A.E., Balck, F., Dahme, B., Engel, K., Haag, A. & Koch, U. (1989). Der Sonderforschungsbereich 115 für "Psychosomatik, Klinische Psychologie und Psychotherapie" in Hamburg: Ausgewählte Ergebnisse. *Zeitschrift für Psychosomatische Medizin und Psychoanalyse, 35*, 302-327. [2]

Meyer, L.C. & Romero, J. (1980). *A ten year follow-up of sex offender recidivism.* Pensylvania, PA: J. J. Peters Institute. [1]

Meyer, W.J., 3rd, Walker, P.A., Emory, L.E. & Smith, E.R. (1985). Physical, metabolic, and hormonal effects on men of long-term therapy with medroxyprogesterone acetate. *Fertilitiy and Sterility, 43*, 102-109. [2, 4]

Meyer, W.J., 3rd, Walker, P.A., Wiedeking, C., Money, J., Kowarski, A.A., Migeon, C.J. & Borgaonkar, D.S. (1977). Pituitary function in adult males receiving medroxyprogesterone acetate. *Fertil Steril, 28*, 1072-1076. [2, 4]

Micheroli, R. & Battegay, R. (1985). Ambulante Behandlung von Sexualdelinquenten mit Cyproteronacetat (Androcur). *Schweizer Archiv für Neurologie, Neurochirurgie und Psychiatrie, 136*, 37-58. [2]

Miner, M.H. & Dwyer, S.M. (1995). Analysis of dropouts from outpatient sex offender treatment. *Journal of Psychology and Human Sexuality, 7*, 77-93. [3]

Miner, M.H., Marques, J.K., Day, D.M. & Nelson, C. (1990). Impact of relapse prevention in treating sex offenders: Preliminary findings. *Annals of Sex Research, 3*, 165-185. [1]

Miner, M.H., Siekert, G.P. & Ackland, M.A. (1997). *Evaluation: Juvenile Sex Offender Treatment Program, Minnesota Correctional Facility—Sauk Centre. Final report—Biennium 1995-1997.* Minneapolis, MN: University of Minnesota, Department of Family Practice and Community Health, Program in Human Sexuality. [2]

Minnesota Department of Corrections. (1987). *Transitional Sex Offender Program.* St. Paul: Minnesota Department of Corrections. [6]

Minnesota Department of Corrections. (2000). *Community-based sex offender program evaluation project. 1999 Report to the Legislature, revised January 2000.* St. Paul: Minnesota Department of Corrections. [1]

Money, J. (1972). Therapeutic use of androgen-depleting hormone. In H.L.P. Resnik & M.E. Wolfgang (Eds.), *Sexual behaviors - social, clinical, and legal aspects.* Oxford: Little, Brown & Co. [2]

Money, J., Wiedeking, C., Walker, P., Migeon, C., Meyer, W. & Borgaonkar, D. (1975). 47,XYY and 46,XY males with antisocial and/or sex-offending behavior: antiandrogen therapy plus counseling. *Psychoneuroendocrinology, 1*, 165-176. [2]

Moore, H.A. (1995). *A comparison of paradigms in the treatment programmes of adolescent sex offenders.* Unpublished doctoral dissertation, Simon Fraser University. [2]

Müller, D. (1974). Stereotaktische Hypothalatomie bei sexuellen Triebstörungen. Erfahrungen bei 16 Patienten. In G. Nass (Hrsg.), *Neue Erkenntnisse zur Behandlung abweichenden Verhaltens insbesondere sexueller Delinquenz: Neurochirurgie, analytische Sozialtherapie, Sozialpädagogik* (S. 29-36). Kassel: Verlag Gesellschaft für vorbeugende Verbrechensbekämpfung. [2]

Müller, D. & Lüdecke, D.K. (1977). Neurochirurgisch-neurologische und endokrinologische Auswirkungen der stereotaktischen vorderen Hypothalatomie, Bericht über 27 Fälle. In Justizministerium Baden-Württemberg (Hrsg.), *Maßnahmen zur Behandlung von Sexualtätern. Bericht über die überregionale Fortbildungstagung vom 12. bis 16. September 1977 im "Haus Ottilienberg" in Eppingen bei Heilbronn* (S. 185-195). Stuttgart: Eigenverlag. [2, 4]

Müller-Isberner, R. & Thomas, V. (1992). Psychotherapie von Sexualstraftätern im Maßregelvollzug. Werkstattbericht aus einer Spezialstation der Klinik für gerichtliche Psychiatrie Haina. *Recht und Psychiatrie, 10*, 42-47. [2]

Murphy, P. (1998). A therapeutic programme for imprisoned sex offenders: Progress to date and issues for the future. *Irish Journal of Psychology, 19*, 190-207. [2, 4]

Murray, M.A., Bancroft, J.H., Anderson, D.C., Tennent, T.G. & Carr, P.J. (1975). Endocrine changes in male sexual deviants after treatment with anti-androgens, oestrogens or tranquillizers. *Journal of Endocrinology, 67*, 179-188. [2, 4]

Myklebust, C.K. (2002). MACI profiles, Jesness I-level classifications, institutional adjustment, treatment outcomes and typologies of juvenile sexual offenders. *Dissertation Abstracts International: Section B: The Sciences & Engineering, 63*, 542. [2, 4]

National Council on Crime and Delinquency. (1996). Juvenile Sex Offenders: Characteristics, System Response and Recidivism. [2]

National Institute of Justice. (1991). Lucas County Juvenile Court Sex Offender Treatment Program. 1990 Annual Report. [2]

Nelson, C., Miner, M., Marques, J., Russell, K. & et al. (1988). Relapse prevention: A cognitive behavioral model for treatment of the rapist and child molester. *Journal of Social Work and Human Sexuality, 7*, 125-143. [2]

Nelson, E., Brusman, L., Holcomb, J., Soutullo, C., Beckman, D., Welge, J.A., Kuppili, N. & McElroy, S.L. (2001). Divalproex sodium in sex offenders with bipolar disorders and comorbid paraphilias: an open retrospective study. *Journal of Affective Disorders, 64*, 249-255. [2, 4]

Newbauer, J.F. & Hess, S.W. (1994). Treating sex offenders and survivors conjointly: Gender issues with adolescent boys. *Journal for Specialists in Group Work, 19*, 129-135. [2, 4]

Nicholaichuk, T.P. (1991). A model for a rurally based day hospital treatment program for sex offenders. *International Journal of Partial Hospitalization, 7*, 91-100. [2, 4]

Nicholaichuk, T.P. (1996). Sex offender treatment priority: An illustration of the risk/need principle. *Forum on Corrections Research, 8*, 38-41. [1]

Nicholaichuk, T.P., Gordon, A., Gu, D. & Wong, S. (2000). Outcome of an institutional sexual offender treatment program: A comparison between treated and matched untreated offenders. *Sexual Abuse: A Journal of Research and Treatment, 12*, 139-153. [1]

Nicholaichuk, T.P. & Yates, P. (2002). Treatment efficacy - Outcomes of the Clearwater Sex Offender Program. In B.K. Schwartz (Ed.), *The sex offender* (Vol. 4: Current treatment modalities and systems issues, pp. 7-1 - 7-18). New York: Civic Research Institute. [1]

Nobbs, D.W., Holden, R. & Tavcer, S. (1999). Evaluation of the familyships treatment module for sexual assault inmates at a medium security federal institution. *American Journal of Forensic Psychology, 17*, 33-47. [2, 4]

Nolley, D. & et al. (1996). Treatment successes with mentally retarded sex offenders. *Journal of Offender Rehabilitation, 23*, 125-141. [2]

Nolley, D., Muccigrosso, L. & Zigman, E. (1996). Treatment successes with mentally retarded offenders. In E. Coleman, S.M. Dwyer & N.J. Pallone (Eds.), *Sex Offender Treatment: Biological Dysfunction, Intrapsychic Conflict, Interpersonal Violence* (pp. 125-141). New York: Haworth Press. [2]

Novick, N. (1997). FAS: Preventing and treating sexual deviancy. In A. Streissguth & J. Kanter (Eds.), *The challenge of Fetal Alcohol Syndrome: Overcoming secondary disabilities. (pp. 162 170). Seattle, WA: University of Washington Press.* [2]

O'Brien, P. & Freeman, B. (1997). A national survey of NAPN treaters of adolescent sex offenders. *Journal of Offender Rehabilitation, 26*, 109-124. [2]

O'Connor, W. (1996). A problem-solving intervention for sex offenders with an intellectual disability. *Journal of Intellectual & Developmental Disability, 21,* 219-235. [2, 4]

O'Donohue, W. & Letourneau, E. (1993). A brief group treatment for the modification of denial in child sexual abusers: outcome and follow-up. *Child Abuse and Neglect, 17,* 299-304. [4]

Office of the Legislative Auditor. (1997). *Recidivism of adult felons. A program evaluation report.* St. Paul: State of Minnesota. [1]

Oregon Department of Corrections. (1994). Comparison of outcomes and costs of residential and outpatient treatment programs for inmates: CTP and CTS evaluation of outcomes and cost. Salem, OR. [6]

O'Reilly, G., Morrison, T., Sheerin, D. & Carr, A. (2001). A group-based module for adolescents to improve motivation to change sexually abusive behaviour. *Child Abuse Review, 10,* 150-169. [2]

Oster, M.Y. (1999). *An examination of family dynamics contributing to intrafamily sexual offending by male adolescents.* Unpublished doctoral dissertation, California School of Professional Psychology San Diego. [2, 4]

Owen, G. & Steele, N.M. (1991). Incest offenders after treatment. In M.Q. Patton (Ed.), *Family sexual abuse: Frontline research and evaluation* (pp. 178-198). Thousand Oaks, CA: Sage. [3]

Ownbey, M.A., Jones, R.J., Judkins, B.L., Everidge, J.A. & Timbers, G.D. (2001). Tracking the sexual behavior-specific effects of a foster family treatment program for children with serious sexual behavior problems. *Child & Adolescent Social Work Journal, 18,* 417-436. [2]

Parin, P. (1993). Aus der psychoanalytischen Behandlung einer schweren Sexualstörung. *Zeitschrift fuer Sexualforschung, 6,* 56-73. [2]

Pasel, F. (1999). Arbeit mit Sexualstraftätern. In G. Deegener (Hrsg.), *Sexuelle und körperliche Gewalt. Therapie jugendlicher und erwachsener Täter* (S. 208-221). Weinheim: Psychologie Verlags Union. [2]

Pellerin, B., Proulx, J., Ouimet, M., Paradis, Y., McKibben, A. & Aubut, J. (1996). Étude de la récidive post-traitement chez des aggresseurs sexuals judiciarisés. *Criminologie, 29,* 85-108. [3]

Perilstein, R.D., Lipper, S. & Friedman, L.J. (1991). Three cases of paraphilias responsive to Fluoxetine treatment. *Journal of Clinical Psychiatry, 52,* 169-170. [2, 4]

Peters, J.J. & Roether, H.A. (1971). *Success and failure of sex offenders.* Philadelphia, PA: American Association for the Advancement of Science. [1]

Pierson, T.A. (1988). *The Missouri Sexual Offender Program: Inmate characteristics and recidivism analysis, 1984-1985 releases.* Jefferson City, MO: Department of Corrections, Division of Classification and Treatment. [6]

Pithers, W.D. (1990). Relapse prevention with sexual aggressors. A method for maintaining therapeutic gain and enhancing external supervision. In W.L. Marshall, D.R. Laws & H.E. Barbaree (Eds.), *Handbook of sexual assault: Issues, theories, and treatment of the offender* (pp. 343-361). New York: Plenum Press. [2]

Pithers, W.D. (1994). Process evaluation of a group therapy component designed to enhance sex offenders' empathy for sexual abuse survivors. *Behaviour Research and Therapy, 32,* 565-570. [2, 4]

Pithers, W.D. & Cumming, G.F. (1989). Can relapses be prevented? Initial outcome data from the Vermont treatment program for sexual aggressors. In D.R. Laws (Ed.), *Relapse prevention with sex offenders* (pp. 313-325). New York: Guilford Press. [2]

Pithers, W.D., Gray, A.S., Busconi, A. & Houchens, P. (1998). Children with sexual behavior problems: Identification of five distinct child types and related treatment considerations. *Child Maltreatment, 3,* 384-406. [3, 4]

Pithers, W.D., Kashima, K.M., Cumming, G.F., Beal, L.S. & Buell, M.M. (1988). Relapse prevention of sexual aggression. In R.A. Prentky & V.L. Quinsey (Eds.), *Human sexual aggression: Current perspectives* (pp. 244-260). New York: New York Academy of Science. [2]

Pitzing, H.-J. (2002). *Psychotherapeutische Ambulanz für Sexualstraftäter.* Stuttgart: Bewährungshilfe Stuttgart. [2]

Pollock, P.H. (1996). Self-efficacy and sexual offending against children: Construction of a measure and changes following relapse prevention treatment. *Legal and Criminological Psychology, 1,* 219-228. [2]

Polson, M. & McCullom, E. (1995). Therapist caring in the treatment of sexual abuse offenders: Perspectives from a qualitative case study of one sexual abuse treatment program. *Journal of Child Sexual Abuse, 4,* 21-43. [2]

Pope, G.A., Reddon, J.R. & Payne, L.R. (1997). Change in attitude toward parents among sex offenders as a function of group psychotherapy. *Journal of Offender Rehabilitation, 25,* 175-182. [2, 4]

Porporino, F.J. & Nouwens, T.M. (1993). When are sex offenders at risk for reoffending? Results of two long-term follow-up studies. *Forum on Corrections Research, 5.* [1]

Prentky, R.A. & Burgess, A.W. (1990). Rehabilitation of child molesters: A cost-benefit analysis. *American Journal of Orthopsychiatry, 60,* 108-117. [3]

Prescott, D.S. (2001). Collaborative Treatment for sexual behavior problems in an adolescent residential center. In E. Coleman & M.H. Miner (Eds.), *Sex offender treatment: Accomplishments, challenges, and future directions* (pp. 43-58). [2, 4]

Price, D.M. (1999). Relapse prevention and risk reduction: Results of client identification of high risk situations. *Sexual Addiction and Compulsivity, 6,* 221-252. [2]

Proulx, J., Ouimet, M., Pellerin, B., Paradis, Y., McKibben, A. & Aubut, J. (1998). Posttreatment recidivism rates in sexual aggressors: A comparison between dropout and nondropout subjects. [3]

Quayle, M., Deu, N. & Giblin, S. (1998). Sexual knowledge and sex education in a secure hospital setting. *Criminal Behaviour and Mental Health, 8 (Suppl),* 66-76. [2, 4]

Quinsey, V.L., Chaplin, T.C. & Carrigan, W.F. (1980). Biofeedback and signaled punishment in the modification of inappropriate sexual age preferences. *Behavior Therapy, 11,* 567-576. [4]

Quinsey, V.L., Khanna, A. & Malcolm, P.B. (1998). A retrospective evaluation of the Regional Treatment Sex Offender Treatment program. *Journal of Interpersonal Violence, 13,* 621-644. [1]

Ralston, M.E. (1990). *Navy incest perpetrator/event characteristics and treatment outcome.* Unpublished doctoral dissertation, Florida Institute of Technology. [4]

Randazzo, J.J. (1993). *High-risk screening treatment of juvenile sex offenders.* Unpublished doctoral dissertation, University of California, Berkeley, CA. [3, 4]

Ray, J., Smith, V., Peterson, T., Gray, J. & et al. (1995). A treatment program for children with sexual behavior problems. *Child and Adolescent Social Work Journal, 12,* 331-343. [2]

Raymond, N., Robinson, B., Kraft, C., Rittberg, B. & Coleman, E. (2001). Treatment of pedophilia with leuprolide acetate: A case study. *Journal of Psychology & Human Sexuality, 13,* 79-88. [2, 4]

Reddon, J.R., Payne, L.R. & Starzyk, K.B. (1999). Therapeutic factors in group treatment evaluated by sex offenders: A consumers' report. *Journal of Offender Rehabilitation, 28,* 91-101. [2, 4]

Regional Health Centre (Pacific). (1998). *Sex offender programs: Program manuals, descriptions, evaluations, & research*: Regional Health Centre (Pacific). [1, 6]

Rehder, U. (1993). Sexualdelinquenz. *Kriminalpädagogische Praxis, 21,* 18-37. [2, 4]

Repp, M. (2003). Sex offender probation programs in DuPage, Lake, and Winnebago counties. *Program Evaluation Summary, 1 (4).* Chicago, IL: Illinois Criminal Justice Information Authority. [1]

Rice, M.E., Harris, G.T. & Quinsey, V.L. (1991). Evaluation of an institution-based treatment program for child molesters. *Canadian Journal of Program Evaluation, 6,* 111-129. [1]

Rice, M.E., Quinsey, V.L. & Harris, G.T. (1991). Sexual recidivism among child molesters released from a maximum security psychiatric institution. *Journal of Consulting and Clinical Psychology, 59*, 381-386. [1]

Ridgeway, S. (ohne Jahr). Deaf sex offenders - an evaluation of a treatment programme. Salford Mental Health Service (Forschungsprojekt). [2, 4]

Robinson, D. (1989). Research on sex offenders: What do we know? *Forum on Corrections Research, 1.* [2]

Robinson, D. (1996). Factors influencing the effectiveness of cognitive skills training. *Forum on Corrections Research, 8*, 6-9. [1]

Robinson, D.S. (1989). *Evaluating intrafamilial child sexual abuse treatment: group process and outcomes in multisite programs.* Unpublished doctoral dissertation, Harvard University. [4]

Rodriguez, C.E. (1996). *The association between denial and empathy among juvenile sex offenders on parole.* Unpublished doctoral dissertation, California State University, Long Beach. [4]

Roeder, F.D. (1974). Die Behandlung sexueller Triebtäter. Langzeitbeobachtungen anch stereotaktischer Hypothalatomie. In G. Nass (Hrsg.), *Neue Erkenntnisse zur Behandlung abweichenden Verhaltens insbesondere sexueller Delinquenz: Neurochirurgie, analytische Sozialtherapie, Sozialpädagogik* (S. 3-28). Kassel: Verlag Gesellschaft für vorbeugende Verbrechensbekämpfung. [2]

Roether, H.A. (1972). *A definitive outcome study of a group psychotherapy program with probationed sex offenders.* Unpublished doctoral dissertation, University of Pennsylvania. [1]

Roger, D. & Masters, R. (1997). The development and evaluation of an emotion control training programme for sex offenders. *Legal and Criminological Psychology, 2*, 51-64. [4]

Rooth, F.G. & Marks, I.M. (1974). Persistent exhibitionism: Short-term response to aversion, self-regulation, and relaxation treatments. *Archives of Sexual Behavior, 3*, 227. [2]

Rose, J. (ohne Jahr). An investigation into the efficacy of a group treatment for men with learning disabilities who sexually offend and abuse others. University of Birmingham (Forschungsprojekt). [2]

Rose, J., Jenkins, R., O'Connor, C., Jones, C. & Felce, D. (2002). A group treatment for men with intellectual disabilities who sexually offend or abuse. *Journal of Applied Research in Intellectual Disabilities, 15*, 138-150. [2]

Rösler, A. & Witztum, E. (1998). Treatment of men with paraphilia with a long-acting analogue of gonadotropin-releasing hormone. *New England Journal of Medicine, 338*, 416-422. [2, 4]

Ross, S. & Bilson, A. (1981). The Sunshine Group: An Example of Social Work Intervention through the Use of a Group. *Social Work with Groups, 4*, 15-28. [2]

Rowan, E.L. (1988). Predicting the effectiveness of treatment for pedophilia. *Journal of Forensic Sciences, 33*, 204-209. [2, 4]

Ryan, P.E. (1997). *A study of the effect of the transtheoretical approach upon sex offenders.* Unpublished doctoral dissertation, Southwestern Baptist Theological Seminary. [4]

Sagatun, I.J. (1982). Effects of Court-Ordered Therapy on Incest Offenders. *Journal of Offender Counseling Services and Rehabilitation, 5*, 99-104. [2]

Sagatun, I.J. (1982). Attributional effects of therapy with incestuous families. *Journal of Marital and Family Therapy, 8*, 99-104. [2]

Sagatun, I.J. & Edwards, L.P. (1982). Attitudinal and Behavioral Effects of Court Ordered Therapy for Incest Offenders. [6]

Sapp, A.D. & Vaughn, M.S. (1991). Sex Offender Rehabilitation Programs in State Prisons: A Nationwide Survey. *Journal of Offender Rehabilitation, 17*, 55-75. [2, 4]

Scheela, R.A. (1996). Sex Offenders in Treatment: Variations in Remodeling and Their Therapeutic Implications. *Journal of Offender Rehabilitation, 23*, 157-177. [2]

Schlank, A.M. & Shaw, T. (1996). Treating Sexual Offenders Who Deny Their Guilt: A Pilot Study. *Sexual Abuse: A Journal of Research and Treatment, 8,* 17-23. [4]

Schmieschek, H. (1977). Verhaltenstherapie bei sexuellen Deviationen. *Psychiatrie, Neurologie und Medizinische Psychologie, 29,* 725-731. [2]

Schoener, G.R. & Gonsiorek, J. (1988). Assessment and Development of Rehabilitation Plans for Counselors Who Have Sexually Exploited Their Clients. *Journal of Counseling and Development, 67,* 227-232. [2, 4]

Schönhage, E. & Schazmann, W. (1983). Therapie von Sexualstraftätern in einem psychiatrischen Krankenhaus. *Psychiatrische Praxis, 10,* 93-96. [2]

Schorsch, E. (1982). Relapses after therapeutic treatment of prisoners. *International Journal of Law and Psychiatry, 5,* 219-223. [2]

Schorsch, E., Galedary, G., Haag, A., Hauch, M. & Lohse, H. (1985). *Perversion als Straftat. Dynamik und Psychotherapie.* Berlin: Springer. [2]

Schram, D.D., Milloy, C.D. & Rowe, W.E. (1991). *Juvenile sex offenders: A follow-up study of reoffense behavior* (No. 91-09-1101). Olympia, WA: Washington State Institute for Public Policy. [2]

Schram, D.D. & Rowe, W.E. (1987). Juvenile Sexual Offender Treatment Evaluation: Final Research Report. [2]

Schütz, G. (1994). Hypnotherapie bei Pädophilie. Eine Fallstudie. *Experimentelle und klinische Hypnose, 10,* 187-198. [2]

Schultka, H. (1977). Katamnestische Erhebungen über Sexualdelinquenten 5 - 10 Jahre nach kastrativer Operation -- ohne und mit zusätzlicher Cyproteronacetatbehandlung. In Justizministerium Baden-Württemberg (Hrsg.), *Maßnahmen zur Behandlung von Sexualtätern. Bericht über die überregionale Fortbildungstagung vom 12. bis 16. September 1977 im "Haus Ottilienberg" in Eppingen bei Heilbronn* (S. 117-128). Stuttgart: Eigenverlag. [3]

Schwebke, K.W. (2001). *Use of the Sex Offender Treatment Needs Inventory-Adult version to measure treatment gain in sexually violent persons.* Unpublished doctoral dissertation, Wisconsin School of Professional Psychology, Inc. [4]

Schweighofer, A.R.F. (1993). *An investigation of cognitive distortions among sexual offenders, nonsexually offending criminals and normals.* Unpublished doctoral dissertation, Simon Fraser University. [2, 4]

Scritchlow, T.L. (1982). *Incest parents: their personalities and the effects of treatment.* Unpublished doctoral dissertation, United States International University. [2, 4]

Seiderer-Hartig, M. (1977). Verhaltenstherapie bei Fetischismus ohne Aversionstechniken. *Partnerberatung, 14,* 36-41. [2]

Seitz, C. & Specht, F. (2001). Legalbewährung nach Entlassung aus den sozialtherapeutischen Einrichtungen des niedersächsischen Justizvollzuges. In G. Rehn, B. Wischka, F. Lösel & M. Walter (Hrsg.), *Behandlung "gefährlicher Straftäter": Grundlagen, Konzepte, Ergebnisse* (S. 348-363). Pfaffenweiler: Centaurus. [3]

Seitz, C. & Specht, F. (2002). Legalbewährung nach Entlassung aus dem Rudolf-Sieverts-Haus (RSH) der Jugendanstalt Hameln. *Kriminalpädagogische Praxis, 30,* 54-69. [3]

Serber, M. (1970). Shame aversion therapy. *Journal of Behavior Therapy and Experimental Psychiatry, 1,* 213-215. [2]

Servais, J. & Hubin, P. (1968). Synthese des connaissances actuelles concernant un inhibiteur de la libido chez le male, la methyloestrenolone. *Encephale, 57,* 333-352. [2, 4]

Shapiro, J.P., Welker, C.J. & Pierce, J.L. (2001). An evaluation of residential treatment for sexually aggressive youth. *Journal of Child Sexual Abuse, 10,* 1-21. [2]

Shaw, T.A. (1991). *Offender variables and treatment outcomes of participants in a residential sex offender program.* Unpublished doctoral dissertation, University of Florida. [2, 4]

Shaw, T.A., Herkov, M.J. & Greer, R.A. (1995). Examination of treatment completion and predicted outcome among incarcerated sex offenders. *Bulletin of the American Academy of Psychiatry and the Law, 23*, 35-41. [3, 4]

Sheridan, A., McKeown, K., Cherry, J., Donohoe, E., McGrath, K., O'Reilly, K., Phelan, S. & Tallon, M. (1998). Perspectives on treatment outcome in adolescent sexual offending: A study of a community-based treatment programme. *Irish Journal of Psychology, 19*, 168-180. [2]

Shields, J.F. (1993). *Systematic treatment of juvenile sex offenders: a program evaluation.* Unpublished doctoral dissertation, Spalding University. [2, 4]

Shockley, C.F. (1990). *The effects of aversive conditioning.* Unpublished doctoral dissertation, University of Georgia. [4]

Silver, S.N. (1976). Outpatient treatment for sexual offenders. *Social Work, 21*, 134-140. [2, 4]

Simkins, L., Ward, W., Bowman, S. & Rinck, C.M. (1990). Characteristics predictive of child sex abusers' response to treatment: An exploratory study. *Journal of Psychology and Human Sexuality, 3*, 19-55. [2]

Simkins, L., Ward, W., Bowman, S., Rinck, C.M. & et al. (1990). Predicting treatment outcome for child sexual abusers. *Annals of Sex Research, 3*, 21-57. [2]

Simpson, C.A. & Gillis, H.L. (1998). *Working with those who hurt others: Adventure therapy with juvenile sexual perpetrators.* Georgia. [2]

Smiley, W.C. & Mulloy, R. (1995). Treatment of sex offenders: Does intervention work?: Unpublished manuscript. [1]

Smiley, W.C. & Mulloy, R. (1997, June). *The specific impact of REBT-based treatment on sex offenders.* Poster presented at the meeting of the Canadian Psychological Association, June 11-14, Toronto, Canada. [2, 4]

Smith, C.J., Hayler, B. & Craig, K. (2001). *The Illinois Department Of Corrections' Juvenile Sex Offender Treatment Program: The final report of the program evaluation.* Chicago, IL: The Illinois Criminal Justice Information Authority. [4]

Sourial, N. & Fenton, F. (1988). Testosterone treatment of an XXYY male presenting with aggression: a case report. *Canadian Journal of Psychiatry, 33*, 846-850. [2]

Stalans, L.J., Seng, M. & Yarnold, P.R. (2002). *Long-term impact evaluation of specialized sex offender probation programs in Lake, DuPage and Winnebago counties.* Chicago, IL: Illinois Criminal Justice Information Authority. [3]

Stein, D.J., Hollander, E., Anthony, D.T., Schneider, F.R., Fallon, B.A., Liebowitz, M.R. & Klein, D.F. (1992). Serotonergic medications for sexual obsessions, sexual addictions, and paraphilias. *Journal of Clinical Psychiatry, 53*, 267-271. [2, 4]

Stein, R.M. (1988). *Reducing deviant sexual arousal in adolescent child molesters: cognitive interference and habituation strategies.* Unpublished doctoral dissertation, City University of New York. [4]

Stephenson, M. (1991). A summary of an evaluation of the community sex offender program in the pacific region. *Forum on Corrections Research, 3* [1]

Stermac, L. & Hucker, S. (1988). Combining cognitive-behavioral therapy and pharmacotherapy in the treatment of pedophilic incest offenders. *Behavioral Sciences & the Law, 6*, 257-266. [2]

Stewart, C.K. (1995). *An investigation of the relationship between an intensive group treatment experience and changes in denial and empathy in sex offenders.* Unpublished doctoral dissertation, California School of Professional Psychology San Diego. [4]

Stewart, J.T. & Shin, K.J. (1997). Paroxetine treatment of sexual disinhibition in dementia. *American Journal of Psychiatry, 154*, 1474. [2]

Stirpe, T.S., Wilson, R.J. & Long, C. (2001). Goal attainment scaling with sexual offenders: A measure of clinical impact at posttreatment and at community follow-up. *Sexual Abuse: A Journal of Research and Treatment, 13*, 65-77. [2, 4]

Studer, L.H. & Reddon, J.R. (1998). Treatment may change risk prediction for sexual offenders. *Sexual Abuse: A Journal of Research and Treatment, 10*, 175-181. [3]

Studer, L.H., Reddon, J.R., Roper, V. & Estrada, L. (1994). *Sexual offender recidivism. An evaluation of the Phoenix program*. Edmonton, CAN: Alberta Hospital. [3]

Studer, L.H., Reddon, J.R., Roper, V. & Estrada, L. (1996). Phoenix: An inhospital treatment program for sex offenders. *Journal of Offender Rehabilitation, 23*, 91-97. [3]

Sturgeon, V.H. & Taylor, J. (1980). Report of a five-year follow-up study of mentally disordered sex offenders released from Atascadero State Hospital in 1973. *Criminal Justice Journal, 4*, 31-63. [6]

Stürup, G.K. (1971). Castration: the total treatment. *International Psychiatry Clinics, 8*, 175-196. [2]

Swaffer, T., Hollin, C.R., Beech, A.R., Beckett, R.C. & Fisher, D. (2000). An exploration of child sexual abuser's sexual fantasies before and after treatment. *Sexual Abuse: A Journal of Research and Treatment, 12*, 61-68. [2, 4]

Swanson, C.K. & Garwick, G.B. (1990). Treatment for low-functioning sex offenders: Group therapy and interagency coordination. *Mental Retardation, 28*, 155-161. [2]

Symbaluk, D.G. (1997). *An application of the General Theory of Crime to sex offenders*. Unpublished doctoral dissertation, University of Alberta. [2]

Tanner, D.W. (1991). *Self-modeling interventions for treatment of a sex offender with developmental disabilities*. Unpublished doctoral dissertation, University of Alaska Anchorage. [2, 4]

Tennent, G., Bancroft, J. & Cass, J. (1974). The control of deviant sexual behavior by drugs: a double-blind controlled study of benperidol, chlorpromazine, and placebo. *Archives of Sexual Behavior, 3*, 261-271. [4]

Tennent, G., Bancroft, J.H.J. & Cass, J. (1974). The control of deviant sexual behaviour by drugs: A double-blind controlled study of benperidol, chlorpromazine and placebo. *Archives of Sexual Behavior, 3*, 361-271. [4]

Terry, K.J. & Mitchell, E.W. (2001). Motivation and sex offender treatment efficacy: Leading a horse to water and making it drink? *International Journal of Offender Therapy and Comparative Criminology, 45*, 663-673. [2, 4]

The Missouri Sexual Offender Program. (1989). *Updated figures for the Missouri sex offender study*. Jefferson City, MO: Department of Corrections, Division of Classification and Treatment. [3]

Thibaut, F., Cordier, B. & Kuhn, J.M. (1993). Effect of a long-lasting gonadotrophin hormone-releasing hormone antagonist in six cases of severe male paraphilia. *Acta Psychiatrica Scandinavica, 87*, 445-450. [2]

Thibaut, F., Cordier, B. & Kuhn, J.M. (1996). Gonadotrophin hormone releasing hormone agonist in cases of severe paraphilia: a lifetime treatment? *Psychoneuroendocrinology, 21*, 411-419. [2]

Thibaut, F., Kuhn, J.M., Cordier, B. & Petit, M. (1998). Les traitements hormonaux de la delinquance sexuelle. *L'Encéphale, 24*, 132-137. [2]

Thomas-März, V. & Müller-Isberner, R. (1995). Psychotherapie mit Sexualstraftätern. *Zeitschrift für Strafvollzug und Straffälligenhilfe, 44*, 344-347. [2]

Thomson, G.B. (1992). *The perceived impact of treatment on child sex offenders: the perpetrator's perspective*. Unpublished doctoral dissertation, Antioch University/New England Graduate School. [2]

Thornton, D. & Hogue, T. (1993). The Large-Scale Provision of Programmes for Imprisoned Sex Offenders: Issues, Dilemmas and Progress. *Criminal Behaviour and Mental Health, 3*, 371-380. [2]

Tillotson, S.M. (1995). *The Effect of Experiential Family Therapy (ROPES) on Changes in Attributional and Defensive Communication Patterns for Adolescent Sexual Offenders*. Saint Louis U, MO 63108. [2]

Trankel, M.A. (1991). *Examination of empowerment and rape myth acceptance among male adolescents in a sex offender treatment program.* Unpublished doctoral dissertation, University of Montana. [2, 4]

Travers, O. (1998). Treatment v. punishment: A case for treating sex offenders in the community. *Irish Journal of Psychology, 19,* 226-233. [2]

Ulrich, J.F. (1996). *A case study comparison of brief group treatment and brief individual treatment in the modification of denial among child sexual abusers.* Unpublished doctoral dissertation, Andrews University. [4]

Urbaniok, F. (1995). Das Langenfelder Modell: Stationäre Behandlung "persönlichkeitsgestörter" Patienten. *Krankenhauspsychiatrie, 6,* 160-164. [2, 4]

Valliant, P.M., Sloss, B.K. & Raven-Brooks, L. (1997). Effects of Brief Cognitive-Behavioral Therapy on Recidivism among Sex and Non-Sex Offenders. *Journal of Offender Rehabilitation, 25,* 163-174. [4]

van Beek, D. (1999). *De delictscenarioprocedure bij seksueel aggressieve delinquenten; een onderzoek naar de bruikbaarheid van de delictscenarioprocedure in de behandeling van seksueel sggressieve delinquenten in de Dr. Henri van der Hoevenkliniek.* Arnhem: Gouda Quint. [2]

van Emmerik, J.L. (1989). Het delictgedrag van ter beschikking gestelde seksuele delinquenten. *Justitiele Verkenningen, 15,* 20-33. [2]

Van Moffaert, M. (1976). Social reintegration of sexual delinquents by a combination of psychotherapy and anti-androgen treatment. *Acta Psychiatrica Scandinavica, 53,* 29-34. [2]

Vogel, R.M. (1979). *The effects of project USE training.* Unpublished doctoral dissertation, Temple University. [4]

Vogelgesang, M. (1999). Psychotherapie des Exhibitionismus. Theorien zur Psychogenese und therapeutische Leitlinien. *Psychotherapeut, 44,* 288-299. [2]

Wagner, E., Knecht, G. & Bolterauer, J. (1997). Die Behandlung von Sexualstraftätern in einer forensischen Nachbetreuungsambulanz. *Zeitschrift für Sexualforschung, 10,* 127-137. [2]

Walker, D.W. (2000). The treatment of adult male child molesters through group family intervention. *Journal of Psychology and Human Sexuality, 11,* 65-73. [3]

Walker, P. & Meyer, W. (1981). Medroxyprogesterone acetate treatment for paraphiliac sex offenders. In S. Hays, T. Roberts & K. Solway (Eds.), *Violence and the violent individual* (pp. 353-373). New York: SP Medical and Scientific Books. [2, 4]

Washington State Institute for Public Policy. (1998). *Sex offenses in Washington State: 1998 update.* Olympia, WA: Washington State Institute for Public Policy. [1]

Watson, R.J. & Stermac, L.E. (1994). Cognitive group counselling for sexual offenders. *International Journal of Offender Therapy & Comparative Criminology, 38,* 259-270. [2, 4]

Watterson, J.M. (1993). *A model for the treatment of sex offenders in a community mental health setting.* Unpublished doctoral dissertation, The University of Toledo. [2, 4]

Weinrott, M.R., Riggan, M. & Frothingham, S. (1997). Reducing deviant arousal in juvenile sex offenders using vicarious sensitization. *Journal of Interpersonal Violence, 12,* 704-728. [4]

Weiss, P. (1989). Nektere psychologicke prediktory recidivity sexualnich deliktventu. [Psychological predictors of recidivism in sex offenders]. *Cesko a Slovenska Psychiatrie, 85,* 250-255. [2]

Weiss, P. (1997). Psychotherapy of paraphilic sex offenders. *Medicine and Law, 16,* 753-764. [3]

Weiss, P., Fuka, J. & Zimanova, J. (1987). Casove faktory recidivity pacientu po prodelane ustavni sexuologicke ochranne lecbe [Time factors of relapse rate in patients after sexuological protective in-patient treatment]. *Cesko a Slovenska Psychiatrie, 83,* 25-29. [2]

Wert, P.M. (1978). *The use of selected psychological tests in determining treatment outcome and group therapy behavior with sex offenders.* Unpublished doctoral dissertation, Washington State University. [4]

Wiedeking, C., Money, J. & Walker, P. (1979). Follow-up of 11 XYY males with impulsive and/or sex-offending behaviour. *Psychol Med, 9*, 287-292. [2]

Wiederholt, I.C. (1989). Psychiatrisches Behandlungsprogramm für Sexualtäter in der Justizvollzugs-anstalt München. *Zeitschrift für Strafvollzug und Straffälligenhilfe, 38*, 231-237. [2]

Wiederholt, I.C. (1990). In R. Wille, W. Schumacher & N. Andrzejak (Hrsg.), *Zur Therapie von sexu-ell Devianten* (S. 55ff.). Berlin: Diesbach. [2, 4]

Wille, R. (1987). Zum Stand der heutigen Kastrationsforschung. *Forensia, 8*, 207-216. [1]

Williams, J. (ohne Jahr). Effectiveness of cognitive-behavioural treatment for men with learning disabi-lities at risk of sexual offending. Southampton, Rufus Lodge (Forschungsprojekt). [2]

Williams, S.M. (1979). *A comparison of the effectiveness of psychotherapy and behavior therapy for incarcerated sex offenders*. Unpublished doctoral dissertation, Queen's University at Kingston. [4]

Wilson, R.J., Stewart, L., Stirpe, T.S., Barrett, M. & Cripps, J.E. (2000). Community-based sexual offender management: Combining parole supervision and treatment to reduce recidivism. *Canadi-an Journal of Criminology, 42*, 177-188. [2]

Wincze, J.P., Bansal, S. & Malamud, M. (1986). Effects of medroxyprogesterone acetate on subjective arousal, arousal to erotic stimulation, and nocturnal penile tumescence in male sex offenders. *Ar-chives of Sexual Behavior, 15*, 293-305. [2, 4]

Wischka, B. (1999). *Behandlung von Sexualstraftätern im Niedersächsischen Justizvollzug*. Lingen: Justizvollzugsanstalt Lingen. [3]

Witcher, W.C. (1986). *Treatment strategies for incest offenders*. Unpublished doctoral dissertation, University of Missouri, Kansas City. [2, 4]

Wolfus, B. & Stasiak, E. (1992). *Report on recidivism of O.C.I. offenders released in 1985 and 1987*. Brampton, ON: Ontario Correctional Institute. [3]

Wolfus, B. & Stasiak, E. (1996). *Recidivism following O.C.I. treatment: Results for offenders released in 1989 and 1991* (No. RR 96-2). Brampton, ON: Ontario Correctional Institute. [2]

Wollert, R. (1988). Brief program reports: An evaluation of a communications training program within a self-help group for sexually abusive families. *Community Mental Health Journal, 24*, 229-235. [4]

Worling, J.R. (1998). Adolescent sexual offender treatment at the SAFE-T Program. In W.L. Marshall, Y.M. Fernandez, S.M. Hudson & T. Ward (Eds.), *Sourcebook of treatment programs for sexual offenders* (pp. 353-365). New York: Plenum Press. [1]

Zbytovsky, J. & Zapletalek, M. (1989). Longitudinal study of the effect, tolerance and undesired side effects of injection haloperidol decanoate applied in different psychiatric indications. *Activitas Nervosa Superior, 31*, 266-267. [2]

Zimanova, J., Fuka, J., Weiss, P. & Hubalek, S. (1988). Nektere soucasne nazory na terapeutickou ka-straci sexualnich delikventu a nasse zkusenosti. [Present views on therapeutic castration of sexual offenders and our experience]. *Cesko Slovenská Psychiatrie, 84*, 173-180. [2, 4]

Zimanova, J., Weiss, P. & Bilkova, L. (1987). Predikcni kriteria uspesnosti ustavni ochranne leCby sexuologicke [Predictive criteria of successful protective sexological in-patient treatment]. *Ceska a Slovenska Psychiatrie, 83*, 177-182. [2]

Zohar, J., Kaplan, Z. & Benjamin, J. (1994). Compulsive exhibitionism successfully treated with Fluvo-xamine: A controlled case study. *Journal of Clinical Psychiatry, 55*, 86-88. [2]

Anhang B.1: Kodierbogen – Studiencharakteristika

Studiennummer: _____   *Kodierer:*_____

*Zitation:*_____

_____

_____

_____

_____

Art der Publikation: *1* Artikel (Zeitschrift)   *2* Kapitel (Herausgeberband)

3 Monographie   *4* Hochschulschrift: _____

5 Bericht (unveröff.)   *6* Konferenzbeitrag

7 Internet-Ressource   *8* sonstiges: _____

Publikationsjahr: _____

Land:

Kennzeichnung des Programms:

Bezug des Untersuchers zu Behandlung: *1* abhängig   *2* unabhängig   ☐ unklar

fachliche Zugehörigkeit: *1* Psychologe   *2* Mediziner   *3* Soziologe   *4* Kriminologe
(Erstautor)   *5* Sonstiges: _____   ☐ unklar

zugehörige Berichte:

Deskriptive Validität

(keine [0] - geringe [1] - mittlere [2] - hohe [3] Gefährdung)

Behandlungskonzept	*0 - - - 1 - - - 2 - - - 3*
Überprüfung der konkreten Behandlungsinhalte	*0 - - - 1 - - - 2 - - - 3*
Überprüfung der Zielerreichung	*0 - - - 1 - - - 2 - - - 3*
Angabe von Elementarstatistiken	*0 - - - 1 - - - 2 - - - 3*
Darstellung methodischer Aspekte	*0 - - - 1 - - - 2 - - - 3*

Gesamteinschätzung der Transparenz des Berichts *0 - - - 1 - - - 2 - - - 3*

Maryland Scale

Gesamteinschätzung (1-5) _____

Begründung/Anmerkungen:

Stichprobencharakteristika

Anfangs-N: TG: _____   KG: _____

Mortalität (%):   TG: _____   KG: _____

Alter (M)   TG = _____   (Range: _____)   KG = _____   (Range: _____)

Altersgruppe: *1* Erwachsene   *2* Jugendliche   *3* gemischt   ☐ k.A./unklar

Altershomogenität: *1* gering   *2* mittel   *3* hoch   ☐ unklar

Art der Sexualdelikte: ☐   Vergewaltigung

(Mehrfachnennungen)   ☐   Kindesmissbrauch/Pädophilie

                          ☐   Inzest

                          ☐   Exhibitionismus

                          ☐   andere: _____

                          ☐   keine expliziten Angaben

Risikogruppe: *1* geringes Risiko   *2* hohes Risiko   *3* beides, mittel, unklar

Einweisung: *1* freiwillig   *2* unfreiwillig   *3* beides   ☐ k.A./unklar

Untersuchungsdesign

Kontrollgruppe: *1* auch Behandlung gesucht

                      2 kein Behandlungsangebot vorhanden (zeitl./räuml.)

                      3 als ungeeignet für Behandlung eingestuft / keine gerichtliche Weisung

                      4 Behandlungsangebot verweigert

                      ☐ Sonstiges: _____

                      ☐ k.A./unklar

Zuweisungseinheit: *1* individuell   *2* Einrichtung   *3* regional   *4* retrospektiv
☐ Sonstige _____   ☐ k.A./unklar

Gruppenzuweisung: *1* randomisiert nach Matching, Stratifizierung etc.
2 einfach randomisiert
3 nicht-randomisiert mit individuellem matching
4 nicht-randomisiert mit stratifiziertem matching
5 anfallende Stichproben

Gruppenunterschiede vorhanden: *1* nein / minimal
2 Unterschiede auf weniger relevanten Dimensionen
3 Unterschiede auf relevanten Dimensionen
4 nicht untersucht / k.A.

relatives Rückfallrisiko KG vs TG: pro KG   -1 ——— 0 ——— +1   pro TG   ☐ k.A./unklar

Follow-up Zeitraum: Behandlungsgruppe   M / Md = _____   (Range: _____)
(in Monaten)   Vergleichsgruppe   M / Md = _____   (Range: _____)

Beginn des Follow-up-Zeitraumes: *1* Behandlungsbeginn   *2* nach Behandlung
3 nach Entlassung/in Freiheit   ☐ k.A./unklar

Behandlungsabbrecher: *1* separat berichtet
2 zu TG gezählt
3 zu KG gezählt
4 teils TG / teils KG
5 nicht berücksichtigt
6 keine Abbrecher vorhanden

Anteil Behandlungsabbrecher: _____ %

Behandlungsparameter

Programmstatus: *1* Modellprojekt   *2* Routinepraxis   □ unklar

hauptsächlicher	*1* kognitiv(-behavioral) mit Relapse Prevention
Behandlungsansatz:	*2* kognitiv(-behavioral)
	3 rein behavioral
	4 einsichtsorientierte Psychotherapie
	5 systemisch
	6 therapeutische Gemeinschaft (gering strukturiert)
	7 therapeutische Gemeinschaft (hierarchisch - hoch strukturiert)
	8 psychoedukativ, Sozialarbeit
	9 medikamentös: _____
	10 chirurgische Kastration
	□ Sonstige: _____

spezifische Behandlungselemente
(jeweils 0 = nicht verwendet; 1 = nicht zentral, nur als Ergänzung;
2 = gleichberechtigt neben anderen; 3 = hauptsächliche Verwendung)

kognitiv	*0 - - - 1 - - - 2 - - - 3*
rein behavioral	*0 - - - 1 - - - 2 - - - 3*
Relapse Prevention	*0 - - - 1 - - - 2 - - - 3*
einsichtsorientiert	*0 - - - 1 - - - 2 - - - 3*
systemisch	*0 - - - 1 - - - 2 - - - 3*
therapeutische Gemeinschaft	*0 - - - 1 - - - 2 - - - 3*
psychoedukativ, sozial	*0 - - - 1 - - - 2 - - - 3*
medikamentös	*0 - - - 1 - - - 2 - - - 3*

andere Elemente (Kurzbeschreibung):

spezifische Sextäterbehandlung?   □ ja   □ nein

Programmintegrität   *0* schwach   *1* ok   □ k.A./unklar *planmäßige Behandlungsdauer (in Wochen):* _____

tatsächliche Behandlungsdauer (M, in Wochen): _____

Behandlungsintensität: gering *1 - - - 2 - - - 3 - - - 4 - - - 5* hoch   □ k.A./unklar

Behandlungsform: Gruppe *1 - - - 2 - - - 3 - - - 4 - - - 5* Einzel   □ k.A./unklar

Nachsorge: *1* obligatorisch   *2* optional   *3* kein Angebot

Kombination mit Überwachungsmaßnahmen: *1* ja   *2* nein   □ unklar

Zeitpunkt der Behandlung: Beginn des Behandlungsprogramms (Jahr) _____   □ k.A.
[Jahr der ersten Publikation _____]

Setting: *1* Vollzugsanstalt   *2* Klinik (stationär)   *3* ambulant   *4* halfway-house
5 gemischt   □ Sonstiges:_____   □ k.A./unklar

Programmverantwortlichkeit: *1* staatlich   *2* privat   *3* teils/teils   □ k.A./unklar

Therapeuten (akademisch):   *1* Psychologen   *2* Mediziner   *3* Sozialarbeiter
4 sonst. psychosozial   *5* gemischt   □ k.A./unklar
Therapeuten (Zusatz):   *1* nein   *2* ja: _____   □ k.A./unklar

Behandlung der Vergleichsgruppe: *1* keine Behandlung
2 Warteliste
3 Placebobehandlung / als unwirksam eingestuft
4 psychoedukativ
5 psychotherapeutisch
6 organisch (medikamentös / chirurgisch)
7 unspezifisch
Sonstiges:

Behandlungsumfang der KG   gering *1 - - - 2 - - - 3 - - - 4 - - - 5* sehr hoch

Anhang B.2: Kodierbogen – Effektstärken

Studiennummer: *Gruppen-Nr.:*
                        ES-Nummer:
Gruppe: □ gesamt
            □ Subgruppe: _____

Rückfallmaß

Art des Rückfalls: *1* sexuell   *2* Gewalt   *3* nicht sexuell   *4* weder 1 noch 2
                        5 jegliche Straftat   *6* Verstoß gg. Bewährungsaufl.   □ k.A./unklar

Rückfalldefinition: *1* Inhaftierung   *2* Verurteilung   *3* Anklage
                        4 'unangemessenes' Verhalten ('lapses')   □ k.A./unklar

Datenquelle (Mehrfachnennungen möglich):
            □ offizielle Register   □ inoffizielle Quellen   □ Selbstbericht

Effektstärkemaß/Ergebnis

Datengrundlage: *1* (rel.) Häufigkeiten / Prozentangaben (dichotom)
                    2 Mittelwert und Standardabweichung
                    3 Teststatistiken (t-, F-, χ^2-Werte, Phi etc.)
                    4 Signifikanzniveaus (exaktes p, p-Grenze, α-Niveau)
                    □ andere: _____

[Daten gefunden auf Seite _____]

Tendenz zugunsten: *1* TG   *2* exakt gleich *3* KG

Berechnung

Stichprobengröße: n (TG) = _____

                   n (KG) = _____

(rel.) Häufigkeiten / Prozentwerte

     TG: Rückfall $n =$ _____   bzw. $p =$ _____

     KG: Rückfall $n =$ _____   bzw. $p =$ _____

Mittelwerte & Standardabweichung

     TG: $M =$ _____ $s =$ _____

     KG: $M =$ _____ $s =$ _____

Teststatistiken

     χ^2-Wert: _____   df = _____

     t-Wert: _____   df = _____

     F-Wert: _____   Zähler-df = _____   Nenner-df = _____

     Spezifizierung des verwendeten Signifikanztests:

Signifikanzniveau

     $p =$ _____

     genaue Beschreibung des zugrundeliegenden Tests (welcher, Freiheitsgrade etc.):

ES (OR) = _____

LOR = _____ $SE_{LOR} =$ _____

[$d =$ _____ $SE_d =$ _____   ]

Anhang B.3: Kodiermanual

1. Studiencharakteristika

Studiennummer
wird vom Erstkodierer festgelegt

Kodierer
wird vom Erstkodierer festgelegt

Zitation
bibliographische Informationen, um Studie 'wiederzufinden'; evtl. Kennzeichnung der Studie innerhalb eines Artikels, der zwei oder mehr Studien umfasst

Art der Publikation
- Artikel = Artikel, die in Zeitschriften veröffentlicht sind
- Kapitel = Kapitel in Herausgeberbänden
- Monographie = Bücher oder veröffentlichte Berichte (ISBN-Nummer)
- Hochschulschriften = unveröffentlichte Qualifikationsarbeiten, v.a. Dissertationen, Habil, Diplomarbeiten etc.; wenn die Arbeit veröffentlicht ist, wird sie als Monographie kodiert; es wird genau spezifiziert um welche Art von Hochschulschrift es sich handelt
- Bericht = unveröffentlichte Berichte & Manuskripte ('in press'-Manuskripte gelten als veröffentlicht)
- Konferenzbeiträge = Papers, Poster, die auf Konferenzen vorgestellt wurden; Beiträge, die in Konferenzbänden veröffentlicht sind, werden als Kapitel kodiert
- Internet-Ressource = Artikel, die *ohne* weitere Kennzeichnung (z.B. Report prepared for...) im Internet verfügbar sind, andere Arbeiten, die neben einer Druckform auch Online verfügbar sind, werden in der Druckform kodiert
- Sonstiges: genaue Spezifizierung der Publikationsart

Publikationsjahr
wenn unveröffentlichte Arbeit: Jahr, in dem das Dokument erstellt wurde

Land
Land, in dem die evaluierte Behandlung stattfand

Kennzeichnung des Programms
Name der Klinik, des Programms o.ä. (wird vom Erstkodierer festgelegt)

Bezug des Untersuchers zur Behandlung
- abhängig: Untersucher ist Mitarbeiter der Institution, die evaluiert wird und/oder ist selbst in die Behandlung involviert

- unabhängig: Untersucher ist nicht direkt mit Behandlung befasst bzw. gehört der behandelnden Institution nicht direkt an

Evaluation durch speziell dafür eingerichtete staatliche Stellen werden als unabhängig kodiert

fachliche Zugehörigkeit
berufliche Provenienz des Erstautors

zugehörige Studien
Kürzel der Artikel, die über die entsprechende Studie berichten; verwendete Hauptstudie ist unterstrichen; wird vom Erstkodierer vorgegeben

Maryland Scale
Bezieht sich primär auf Designeigenschaften (kontrolliert) und der anzunehmenden Äquivalenz der beiden Untersuchungsgruppen [auch VP-Mortalität beachten!!!]

1 = keine KG/VG (auch bei Dropouts als KG)

2 = KG/VG zwar vorhanden, aber nicht äquivalent; es sind Gruppenunterschiede in zentralen Variablen dokumentiert oder es muss von solchen Unterschieden ausgegangen werden (Behandlungsverweigerer als KG immer hier kodieren)

3 = KG/VG, die weitgehend als äquivalent gelten kann; Vergleichbarkeit der Gruppen anhand zentraler Variablen demonstriert oder keine Gründe, die systematische Rückfallunterschiede zwischen TG und KG plausibel erscheinen lassen

4 = systematisches Vorgehen, um Äquivalenz der Gruppen zu gewährleisten (z.B. Matching-Prozedur) oder statistische Kontrolle der Auswirkungen differentieller Effekte (die dann auch in der verwendeten Effektstärke repräsentiert sein muss)

5 = Zufallszuweisung zu TG und KG (bei Mängeln der Zuweisungsprozedur zurückstufen)

Deskriptive Validität
jeweils Einschätzung auf 4-stufiger Skala von 0 (keinerlei Gefährdung = vollständige Dokumentation) bis 3 (hohe Gefährdung = keinerlei bzw. sehr mangelhafte Darstellung)

- Beschreibung des grundlegenden Behandlungskonzeptes
- Überprüfung der konkreten Behandlungsinhalte (inwieweit findet eine Darstellung der tatsächlichen Umsetzung des Konzeptes im Behandlungsalltag statt)
- Überprüfung der Erreichung von Behandlungs(zwischen)zielen (wird der Behandlungsfortgang in Form der Probandenfortschritte überprüft und dargestellt)
- Darstellung von Elementarstatistiken (wie eindeutig sind die für die Effektstärkeberechnung benötigten Statistiken dargestellt)
- Darstellung der methodischen Aspekte (Designfragen, Darstellung und Vergleich der Untersuchungsgruppen, Beschreibung der Gewinnung von Rückfallraten etc.)
- Gesamteinschätzung der Dokumentationsgüte

Stichprobencharakteristika

Anfangs-N
ursprüngliche Stichprobengröße (also inkl. Probanden, die nicht nachverfolgt werden konnten; wenn Daten zu Charakteristika der Stichprobe dargestellt werden, ist die hierfür herangezogene Stichprobengröße maßgeblich)

Mortalität
Prozentzahl an Probanden, die nicht nachverfolgt werden konnten (**nicht** hierzu gehören Behandlungsabbrecher solange sie in den Ergebnissen berücksichtigt werden)

Alter
evtl. selbst berechnen (z.B. wenn nicht alle untersuchten Gruppen in ES-Berechnung eingehen); oft ist nicht angegeben, zu welchem Zeitpunkt das Alter erfasst wurde (Tatbegehung, Inhaftierung, Entlassung etc.); falls mehrere Angaben erfolgen > Alter, zu dem Behandlung erfolgte

Altersgruppe
auch auf Info im Titel achten; evtl. aus Institution (z.B. Jugendstrafvollzug) oder Altersrange (Jugendliche bis 21 Jahre bzw. Erwachsene ab 18 Jahre; z.B. Range 14 - 21 Jahre > Jugendliche; Range 18 - 50 > Erwachsenen) erschließen

Altershomogenität
Einschätzung anhand Angaben aus Standardabweichung (bis 5 J./5 bis 10 J./> 10 J.) oder Range (bis 20 .J/20 bis 40 J./> 40 J.)

Art der Sexualdelikte
Welche Tätergruppen wurden behandelt?
- alle Gruppen, die explizit genannt werden, werden angeführt
- werden einzelne Tätergruppen explizit genannt, andere dagegen nicht, so werden erstere den entsprechenden Kategorien zugeordnet, letztere dem Punkt 'andere'
- bei „andere" sollte eine möglichst genaue Angabe der Delikte erfolgen oder zumindest grob angegeben werden, ob es sich um „Hands-on"- oder „Hands-off"-Delikte handelt

Risikogruppe
- wenn entsprechende Daten vorhanden sind (Vorstrafen Sexualdelikte, Alter bei Entlassung, Geschlecht des Opfers, Beziehung zu Opfer): Anwendung des RRASOR (s. Extrablatt: 0-1: gering; 2-4: mittel; 5-6: hoch)
- Angaben der Autoren zur Risikoeinschätzung der Probanden; Ergebnisse aus Skalen zur Risikoprädiktion; etc.
- wenn weder RRASOR möglich noch andere Angaben, können verschiedene Indikatoren verwendet werden, um wenigstens eine grobe Schätzung zu ermöglichen (z.B. Ersttäter = geringes Risiko)
- explizite Kodierung bei hohem bzw. niedrigem Risiko; andere Angaben oder keine Angaben werden in einer Mittenkategorie zusammengefasst

Einweisung (Kodierung für Behandlungsgruppe)

Haben sich die Teilnehmer freiwillig zur Behandlung begeben oder erfolgte die Einweisung auf der Grundlage von gerichtlichem Urteil als Auflage?

1 = freiwillig: Probanden melden sich (überwiegend) selbst zur Behandlung bzw. ihnen liegt die Entscheidung über Teilnahme frei (auch leichter Druck von außen, solange keine expliziten Maßnahmen wie Ersatzhaft bei Verweigerung erfolgen)

2 = unfreiwillig: Behandlungsteilnahme wurde erzwungen bzw. es wird massiver Druck ausgeübt (auch z.B. als Alternative zu Inhaftierung)

3 = 'beides': wenn jeweils substantieller Teil der Gruppe freiwillig in die Behandlung gekommen ist und der andere Teil auf äußeren Druck

Untersuchungsdesign

Kontrollgruppe

1 = Kontrollpersonen wollten an Behandlungsprogramm teilnehmen, wurden aber der Kontroll-gruppe zugewiesen, obwohl sie als für Behandlung geeignet eingeschätzt werden konnten

2 = für die Kontrollprobanden lag kein Behandlungsangebot vor (z.B. weil Behandlungsprogramm erst zu späterem Zeitpunkt eingeführt wurde oder Behandlung regional beschränkt war)

3 = Kontrollpersonen wollten an Behandlungsprogramm teilnehmen, wurden aber abgewiesen, weil sie als nicht geeignet für die Behandlung eingeschätzt wurden bzw. es erfolgte keine ent-sprechende richterliche Weisung o.ä.

4 = Kontrollprobanden lehnten Behandlungsangebot ab

Zuweisungseinheit

In welchen Einheiten erfolgte die Zuweisung zu Behandlungs-/Kontrollgruppe?

1 = individuell (auch z.B. individuelles Post-hoc-matching, wenn Einzelproband bei mangelnden Matches ausgeschlossen wird)

2 = Einrichtung: Gruppe, die sich in einer spezifischen Einrichtung befindet / an bestimmten Pro-gramm teilnimmt, erhält Behandlung; Vergleichsgruppe nicht in dieser Einrichtung / im Pro-gramm

3 = regional: in bestimmten Regionen (z.B. nach amtlichen Zuständigkeiten) wird Behandlung an-geboten, in anderen nicht (diese dienen als Vergleichsregionen)

4 = retrospektiv: retrospektive Untersuchung, bei der z.B. auf Grundlage von Akteneinträgen fest-gestellt wird, ob Behandlung erfolgte oder nicht (Vorsicht: die Untersuchung kann retrospektiv sein, ohne dass die Zuweisung retrospektiv erfolgte!)

• Sonstige: Beschreibung der Einheit

Gruppenzuweisung

nach welcher Methode erfolgte die Zuweisung zu Behandlungs-/Kontrollgruppe?

1 = randomisiert mit Matching, Stratifizierung etc.: vor Randomisierung wurden Maßnahmen er-griffen, um Äquivalenz der Gruppen sicherzustellen, z.B. Bildung von gematchten Paaren oder

bestimmten Tätersubgruppen, die anschließend zufällig auf Behandlungs- oder Kontrollgruppe aufgeteilt wurden

2 = einfache Randomisierung: ohne vorherige Maßnahmen zur Sicherung der Äquivalenz

3 = nicht-randomisiert mit individuellem matching: Für jeden der Behandlungsteilnehmer wurde ein oder mehrere nicht behandelte Kontrollprobanden gesucht, der ihm in relevanten Aspekten (Vorstrafenbelastung, Indexdelikt, Alter etc.) entspricht

4 = nicht-randomisiert mit stratifiziertem matching: es werden Maßnahmen ergriffen, um bestimmte relevante Variablen in beiden Gruppen vergleichbar zu halten (z.B. Stratifizierung nach Deliktart, d.h. in beiden Gruppen sind gleiche Anteile an Vergewaltigern etc., aber Variablenkombinationen können sich unterscheiden)

5 = anfallende Stichproben: nicht-randomisierte Zuweisung mit Gruppen, die natürlich vorliegen; es werden keine spezifischen Maßnahmen vorgenommen, um Äquivalenz der beiden Gruppen zu gewährleisten (z.B. Vergleich von behandelten Probanden mit Probanden, die in gleicher Anstalt inhaftiert waren bevor Behandlung angeboten wurde)

Gruppenunterschiede vorhanden

Werden relevante Variablen dargestellt (z.B. Vorstrafenbelastung etc.), um die Äquivalenz der beiden Gruppen zu überprüfen und welche Ergebnisse ergaben diese

1 = keine oder nur geringe Unterschiede

2 = Unterschiede auf weniger relevanten Dimensionen (z.B. Schichtzugehörigkeit etc.)

3 = Unterschiede auf relevanten Dimensionen (z.B. Vorstrafenbelastung, Alter, Persönlichkeitsstörung, Deliktart etc.)

4 = nicht untersucht / k.A.

relatives Rückfallrisiko KG vs TG

Liegen Informationen vor welche der beiden Gruppen ursprünglich ein höheres Rückfallrisiko aufwies? Zum Teil werden Skalen zur Rückfallprognose eingesetzt oder Einschätzungen der Autoren dargestellt. Diese können übernommen werden. Weitere Kriterien der Einschätzung sind insbesondere Vorstrafenbelastung (+), Deliktart (z.B. geringeres Risiko bei Inzesttätern), Alter (−), Persönlichkeitsstörungen (+) etc.

Wenn die Risikofaktoren nicht eindeutig sind oder verschiedenen Indikatoren in verschiedene Richtung weisen (z.B. TG jünger, aber weniger Exhibitionisten u.ä.), dann unklar.

Follow-up-Zeitraum (in Monaten)

Wieviel Zeit lag zwischen Behandlung und Erhebung der Rückfalldaten; nach Möglichkeit auch Range angeben

Beginn des Follow-up-Zeitraumes

1 = Behandlungsbeginn: nur bei stationären Programmen kodieren; Follow-up erfasst hier auch Zeiten der Inhaftierung

2 = nach Behandlung: Follow-up Zeitraum beginnt nachdem die Behandlung abgeschlossen ist (auch wenn Probanden zum Teil noch inhaftiert sein mögen)

3 = nach Entlassung/in Freiheit: Follow-up Zeitraum beginnt mit dem Zeitpunkt der Entlassung (sprich, es wird die 'time at risk' angegeben)

Behandlungsabbrecher
Gibt es Behandlungsabbrecher? Werden Daten berichtet, wenn ja wie? (Beachte: Totalverweigerung der Behandlung wird nicht als Behandlungsabbruch verstanden!)

1 = Separat berichtet: Ergebnisse werden für Abbrecher als separate Gruppe dargestellt (hier auch kodieren, wenn Abbrecher prinzipiell zu TG oder KG gezählt werden, die Ergebnisdarstellung aber eine Trennung der Abbrecher von den Gruppen erlaubt)

2 = zu TG gezählt: Behandlungsabbrecher werden in der Auswertung als Teil der Behandlungsgruppe verstanden (Daten können nicht isoliert werden)

3 = zu KG gezählt: dto. als Teil der Kontrollgruppe (Daten können nicht isoliert werden)

4 = ein Teil der Behandlungsabbrecher wird zu Behandlungsgruppe gezählt (z.B. ab bestimmter Behandlungsdauer), anderer zur Kontrollgruppe (Daten können nicht isoliert werden)

5 = nicht berücksichtigt: es gibt zwar Abbrecher, diese werden aber für die Analysen vollständig fallen gelassen

6 = es gibt keine Behandlungsabbrecher (bzw. keinerlei Hinweise auf Abbrecher)

Anteil Behandlungsabbrecher
prozentualer Anteil von Behandlungsabbrechern;
Berechnungsgrundlage: Abbrecher / Gesamt-TG; (Pb., die aus TG aus anderen Gründen entfernt wurden, z.B. aufgrund geistiger Behinderung, zählen nicht zu Gesamt-TG!)

Behandlungsparameter

hauptsächlicher Behandlungsansatz
Häufig werden verschiedene therapeutische Methoden kombiniert, meist lässt sich jedoch ein übergeordnetes Grundkonzept identifizieren, in das sie anderen Elemente eingebettet werden. Um solche Grundkonzepte geht es.

1 = kognitiv(-behavioral) mit relapse prevention: kognitiv-behavioraler Ansatz in dem Strategien der Relapse Prevention integriert sind; bei der 'Relapse Prevention' ist die Annahme, dass eine Sexualstraftat das letzte Glied einer langen Kette von 'vorbereitenden' Lapses ist, die den Handlungsspielraum zunehmend einengen; Ziel der Behandlung ist die Identifizierung solcher vorbereitenden Schritte und Entwicklung adäquater Reaktionen auf frühes Problemverhalten, um die Kette weit vor dem eigentlichen Rückfall zu unterbrechen

2 = kognitiv(-behavioral): Änderungsversuche richten sich auf kognitive Aspekte (z.B. Einstellungen, Situationswahrnehmung, Empathie); dabei werden unter Umständen auch verhaltenstherapeutische Techniken eingesetzt, deren Ziel aber die kognitive Umstrukturierung etc. ist; Strategien der Relapse Prevention werden nicht integriert (ansonsten '1' kodieren!)

3 = rein behavioral: verhaltenstherapeutische Techniken, Verstärker- und/oder Bestrafungspläne; Ziel ist die Konditionierung von Verhaltensweisen bzw. auch schlichte Verhaltenstrainings (z.B. sozial kompetentes Verhalten wird geübt)

4 = einsichtsorientierte / stützende Verfahren: psychodynamische Verfahren, Gesprächspsychotherapie u.ä.; Ziel der Intervention ist es, den Patienten/Klienten 'zu sich selbst' zu führen,

ihm Schutzraum zu geben, die zugrundeliegenden Konflikte aufzudecken / zu lösen, u.ä.; evtl. auch auf 'Sonstiges' verweisen und kurze Beschreibung

5 = systemisch: Behandlung bezieht sich auf Sexualstraftäter in seinen sozialen Bezügen (z.B. Familie); Problemstellung liegt in den fehlgeleiteten Interaktionen mit dem Umfeld

6 = therapeutische Gemeinschaft (gering strukturiert): Milieutherapie; hauptsächlicher Wirkmechanismus wird im eigen- und fremdverantwortlichen Zusammenleben mit anderen gesehen; Gemeinschaft dient als Schutz- und Entwicklungsraum

7 = therapeutische Gemeinschaft (hierarchisch - hoch strukturiert): hauptsächlicher Wirkmechanismus wird im geordneten, geregelten Zusammenleben mit anderen gesehen; Gemeinschaft dient als Erfahrungsort, in dem Grundregeln des Zusammenlebens und die Einordnung in eine Gemeinschaft erlernt werden sollen; höhere Strukturierung bedeutet: geregelter Zeitplan, Aufgaben und soziale Rollen sind hinsichtlich ihrer Verantwortung hierarchisch abgestuft und die Zuweisung entsprechender Aufgaben erfolgt auf Grundlage des an den Tag gelegten Verhaltens

8 = psychoedukativ; Sozialarbeit: pädagogisch orientierte Maßnahmen wie Schule oder deliktspezifische Inhalte, die nicht individualisiert und in Unterrichtsform dargeboten werden (z.B. Sexualkunde, Vermittlung von Folgen der Viktimisierung); Hilfestellung bei Alltagsbewältigung (z.B. Arbeitsplatzsuche), Verbesserung der Voraussetzungen für geregeltes Leben, Berufsausbildung; nicht im engeren Sinne therapeutisch

9 = medikamentös: v.a. Hormontherapie, aber auch Antidepressiva etc.; es sollte die genaue Medikation ergänzt werden (z.B. MPA, CPA, SSRI etc.)

10 = chirurgische Kastration

• Sonstige: andere Behandlungsansätze; im Zweifel sollte versucht werden, den Ansatz in den feststehenden Kategorien unterzubringen und bei Bedarf unter 'Sonstiges' zusätzliche Kommentare zur Behandlung zu geben

spezifische Behandlungselemente
hier wird für jedes Element ein Rating abgegeben; die Beschreibung der Elemente deckt sich mit den oben gegebenen Beschreibung der generellen Behandlungskonzepte

0 = das Element kommt nicht vor

1 = das Element kommt zwar vor, spielt aber eine untergeordnete Rolle im Vergleich zu den anderen Elementen; Element eher als Ergänzung der Behandlung zu betrachten

2 = Element nimmt gemeinsam mit anderen Elementen zentrale Stellung bei der Behandlung ein

3 = Behandlung beruht in der Hauptsache auf diesem Element, andere Elemente sind deutlich weniger zentral als dieses

• für therapeutische Gemeinschaft: Gemeinschaft muss explizit als Teil der Behandlung verstanden und spezifisch gefördert werden, um therapeutische Gruppenprozesse zu ermöglichen; hier erfolgt keine Unterscheidung der Strukturierung

• andere Elemente: im Zweifel sollte versucht werden, die feststehenden Kategorien zu verwenden und bei Bedarf hier zusätzliche Kommentare zur Behandlung zu geben;

spezifische Sextäterbehandlung
• ja: Behandlungskonzept wurde speziell für Sexualstraftäter entwickelt oder adaptiert (d.h. es wird versucht, für Sexualstraftäter typische Problembereiche zu behandeln)

- nein: allgemeines Konzept der Straftäterbehandlung, das mit Sexualstraftätern angewendet wird (evtl. auch Sextäter als eine Gruppe unter anderen Tätergruppen); z.b. sozialtherapeutischer Vollzug ohne gesondertes Sexualstraftäterprogramm)

Umsetzung des Behandlungskonzeptes (Programmintegrität)
Wie gut konnte das geplante Programm tatsächlich umgesetzt werden? Störungen bzw. mangelhafte Umsetzung eines Programms kann eine Vielzahl von Ursachen haben und daher über verschiedenste Indikatoren eingeschätzt werden (z.b. geringe Kooperation des allgemeinen Vollzugspersonals, ungenügendes Training der Therapeuten, viele Fehlzeiten seitens der Teilnehmer, administrative Schwierigkeiten etc.).
Die Integrität kann dagegen angenommen werden, wenn die Therapeuten speziell trainiert wurden, Supervision des therapeutischen Personals erfolgt, eine fortlaufende Prozessdiagnostik stattfindet oder andere Maßnahmen ergriffen werden, die die Behandlung 'kontrollieren'

planmäßige Behandlungsdauer
Zeitraum, den die Behandlung planmäßig in Anspruch nimmt; evtl. Mindestdauer der Behandlung, die als notwendig und ausreichend betrachtet wird; Nachsorgetermine werden nicht in die Behandlungsdauer einbezogen; wenn keine planmäßige Dauer angegeben ist, erfolgt keine Kodierung

tatsächliche Behandlungsdauer
wie lange befand sich die TG tatsächlich in Behandlung; kann kürzer sein, aber auch länger (z.B. bei angegebener Mindestdauer) als planmäßig

Behandlungsintensität
Einschätzung wie intensiv die Behandlung war; Anhaltspunkte:
- Häufigkeit der Sitzungen (täglich, mehrmals pro Woche, wöchentlich, seltener)
- Dauer der einzelnen Sitzungen (ganztägig, mehrstündig, 1-2 Stunden, kürzer)
- weniger zentral: Betreuungsintensität in den Sitzungen, Therapeuten-Patienten-Verhältnis (ein Therapeut in großer Gruppe ... kleine Gruppe ... Einzelbetreuung)

Behandlungsform
Gruppen- vs. Einzelsetting (1 = nur Gruppe; 2 = überwiegend Gruppe; 3 = gleichberechtigt; 4 = überwiegend Einzel; 5 = nur Einzel); 'Einzel' bedeutet hier, dass es um einen spezifischen Straftäter geht, z.B. Familientherapie-Sitzung, bei der es nur um einen „Fall" geht = einzel!

Nachsorge
Erfolgt eine Betreuung nach Abschluss der Behandlung im engeren Sinne?
1 = obligatorisch: Wahrnehmung von Nachsorgeterminen ist verpflichtend bzw. unbedingt erwünscht
2 = optional: Nachsorgeangebot wird gemacht, Entscheidung über Annahme verbleibt aber bei Probanden
3 = kein Angebot: es gibt kein Nachsorgeangebot bzw. es wird nichts erwähnt oder nur allgemeine Bewährungshilfe soweit sie nicht von der Behandlungseinrichtung selbst oder einer explizit diesem Behandlungsgedanken verpflichteten Stelle getragen wird

Überwachungsmaßnahmen
werden Maßnahmen der Überwachung von Auflagen, Hausbesuche etc. vorgenommen?

Zeitpunkt der Behandlung
dient der Feststellung in welcher „Entwicklungsphase" der Sexualstraftäterbehandlung das Programm stattfand;
nach Möglichkeit sollte das Jahr kodiert werden, in dem das evaluierte Behandlungsprogramm in dieser Form eingeführt wurde; wenn ersichtlich ist, dass das Programm über die Jahre weiterentwickelt wurde, gilt das Jahr, in dem die Probanden der vorliegenden Behandlungsstichprobe ihre Behandlung begannen; sind keine Angaben zum genauen Zeitpunkt der Programmeinführung vorhanden, wird das Feld frei gelassen und statt dessen das Publikationsdatum des ersten Berichts über das Programm kodiert

Setting
1 = Vollzugsanstalt: Behandlungsteilnehmer sind inhaftiert
2 = Klinik (stationär): Behandlungsteilnehmer sind untergebracht (auch, wenn sie sonst nicht dort einsitzen, aber für die Behandlungsdauer dort untergebracht sind)
3 = ambulant
4 = halfway house (Übergangswohnheim)
• großzügig in die Kategorien einordnen, nur in Ausnahmefällen 'k.A.' oder 'Sonstiges'

Programmverantwortlichkeit
1 = staatlich: Das Programm wird von/in einer staatlichen Vollzugsinstitution angeboten
2 = privat: die Behandlungsinstitution steht unter privater (nicht-behördlicher) Verwaltung (auch wenn es eine staatliche Kontrolle oder Oberaufsicht geben mag)
3 = teils/teils: staatliches Programm, mit eigenen Behandlungsressourcen, das aber für spezifische Elemente private Partner einbindet oder gemeinsame Evaluation staatlicher und privater Behandlungsanbieter

Therapeuten (akademisch)
hierzu gehören alle Berufsgruppen, deren Berufsbild u.a. eigenverantwortliche Maßnahmen zur Intervention einschließt (auch Lehrer, Heilpraktiker etc.), dies im konkreten Fall auch umgesetzt wird und explizit als Teil der Behandlung verstanden wird

Therapeuten (Zusatz)
gibt es weiteres Personal, das therapeutisch arbeitet oder unterstützend mitwirkt (z.B. Vollzugsbeamte, Pflegepersonal, etc., soweit sie explizit therapeutische Maßnahmen tragen);
falls ja: Kennzeichnung der Personengruppe

Behandlung der Vergleichsgruppe
Was geschah mit der Vergleichsgruppe während die TG behandelt wurde und des Follow-ups?
1 = keine Behandlung
2 = Warteliste: Kontrollprobanden waren für spätere Behandlung vorgesehen, die aber bis zum Follow-up-Ende nicht stattfand

3 = Placebobehandlung: Behandlung, die als unwirksam eingeschätzt wurde (bzw. ihren Effekt
   theoretisch ausschließlich aus der Hinwendung zum Probanden bezieht)
4 = psychoedukativ: kein therapeutisches Angebot i.e.S.
5 = psychotherapeutisch
6 = organisch: medikamentöse Behandlung
7 = unspezifisch: keine genaueren Angaben über konkrete Behandlungsform, aber mehr als bloße
   Placebobehandlung (z.B. einzelne Kontrollprobanden erhielten nicht- sextäterspezifische Behandlung, andere nicht)
* Sonstiges: mit kurzer Beschreibung der Vergleichsgruppenbehandlung

Behandlungsumfang der KG
   Wie viel an Behandlung hat die KG erhalten?
   Einschätzungshilfe:
   1 = KG hat keinerlei Behandlung erhalten
   3 = Behandlung der KG relativ oberflächlich, aber jeder hat diese erhalten
   5 = KG hat auch vollständige Therapie erhalten

2. Effektstärkenkodierung

Studiennummer

Gruppen-Nr.
   kennzeichnet einzelne Gruppen innerhalb einer Studie, für die spezifische Ergebnisse berichtet werden (z.B. Unterteilung nach verschiedenen Indexdelikten wie Vergewaltigung, Inzest etc.; ebenso
   Subgruppen wie high-risk oder low-risk-Gruppen)

ES-Nummer
   Nummer der Einzel-ES pro Vergleich (z.B. Unterscheidung von Verurteilung, Inhaftierung etc.)

Gruppe
   Bezieht sich der Vergleich auf die gesamte Stichprobe oder eine Untergruppe, falls letzteres: Beschreibung der Untergruppe

Rückfallmaß

Art des Rückfalls

1 = sexuell: Proband wurde rückfällig mit Sexualstraftat

2 = Gewalt: Proband wurde rückfällig mit Gewaltstraftat

3 = nicht sexuell: alle Straftaten außer Sexualstraftaten

4 = weder 1 noch 2: nicht-sexuelle und nicht Gewaltstraftaten

5 = jegliche Straftat: keine Unterscheidung bzgl. Art der Straftat

6 = Verstoß gegen Bewährungsauflagen: geht über Straftaten hinaus

- wenn Sexual- und Gewaltstraftaten zusammengefasst sind (ODER-Verknüpfung), sowohl 1 als auch 2 kodieren
- wenn generelle Rückfälligkeit erneute Straftaten und Verletzung von Bewährungsauflagen umfasst, sowohl 5 als auch 6 kodieren
- 'k.A./unklar' nur, wenn eine genauere Schätzung nicht möglich ist

Rückfalldefinition

1= erneute Inhaftierung

2= erneute Verurteilung

3= erneute Anklage (Anschuldigung)

4 = 'unangemessenes' Verhalten ('lapses'): keine offiziell geahndeten Verhaltensweisen, die aber als Vorläufer strafbarer Handlungen verstanden werden können

Datenquelle

1 = offizielle Register: z.B. Bundeszentralregister oder andere offizielle Datenregister, die Straftaten erfassen

2 = inoffizielle Quellen: Anfragen an Bewährungshelfer, informelle Polizeiauskünfte etc.

3 = Selbstbericht

Effektstärkemaß

Datengrundlage

Statistische Natur der zur Berechnung der Effektstärke zugrunde gelegten Daten

1 = (rel.) Häufigkeiten/Prozentangaben (dichotom): alle Daten, die sich eignen die Anteile der rückfällig gewordenen Probanden in Behandlungs- und Kontrollgruppe darzustellen

2 = Mittelwert und Standardabweichung: v.a. wenn die Anzahl der seit Beginn des follow-ups begangenen Straftaten dargestellt wird

3 = Teststatistiken (t-, F-, χ^2-Werte, Phi etc.): wenn keine deskriptiven Statistiken zur Verfügung stehen, aber Signifikanztests mit den entsprechenden Kennwerten dargestellt werden

4 = Signifikanzniveau: Angabe der Irrtumswahrscheinlichkeit oder zumindest des zugrundegelegten α-Fehlerniveaus

5 = andere: woraus immer sonst noch Effektstärken ermittelt werden können (Angabe was es ist!)

Daten gefunden auf Seite
Seitenangabe(n) der entsprechenden Informationen zum leichteren Wiederauffinden

Tendenz zugunsten
In welche Richtung zeigen die Ergebnisse?
1 = TG: Behandlungsgruppe schneidet besser ab (wird also seltener rückfällig)
2 = exakt gleich
3 = KG: Vergleichsgruppe schneidet besser ab

Berechnung

Stichprobengröße
Stichprobengröße von TG und KG, für die die Ergebnisse berichtet werden

(rel.) Häufigkeiten/Prozentwerte
Anzahl (*n*) bzw. Anteil (*p*) der rückfällig gewordenen Probanden getrennt für TG und KG; erfolgt eine Schätzung der Rückfallrate (z.B. aus Cox Regression), dann Berechnung auf Rückseite, entsprechender Verweis

Mittelwerte und Standardabweichungen
eben jene

Teststatistiken
Angabe der entsprechenden Teststatistik mit Freiheitsgraden und Spezifizierung des verwendeten Testverfahrens

Signifikanzniveau
Angabe von *p* bzw. α und des zugrundeliegenden Testverfahrens mit zusätzlichen Angaben, wenn möglich

ES (OR), LOR, SE_{LOR}
Ergebnis der berechneten Effektstärke (Odds Ratio)
'logged' Odds Ratio; natürlicher Logarithmus [ln(OR)]
Standardfehler von LOR

[d, SE_d]
falls direkte Berechnung von Odds Ratio nicht möglich, wird Cohen's *d* berechnet, welches als Grundlage der Schätzung einer Odds Ratio dient

➲ *Hürlimann, Michael*
Informelle Führer und Einflußfaktoren in der Subkultur des Strafvollzugs
Band 1, 1993, 232 + LXVII S., ISBN 978-3-89085-643-8, 29,65 €

➲ *Müller-Dietz, Heinz / Walter, Michael (Hg.)*
Strafvollzug in den 90er Jahren. Perspektiven und
Herausforderungen. Festgabe für Karl-Peter Rotthaus
Band 3, 1995, 260 S., ISBN 978-3-8255-0029-0, 34,77 €

➲ *Weber, Florian*
Gefährlichkeitsprognose im Maßregelvollzug. Entwicklung sowie
Reliabilitätsprüfung eines Prognosefragebogens als Grundlage für
Hypothesenbildung und langfristige Validierung von Prognosefaktoren
Band 4, 1996, 140 S., ISBN 978-3-8255-0056-6, 29,65 €
zusätzlich:
➲ *Weber & Leygraf:* **Prognosefragebogen nach Weber & Leygraf**
1996, 12 S., ISBN 978-3-8255-0164-8, 51,13 € (1 Einheit = 50 Fragebögen)

➲ *Rassow, Peter*
Bibliographie Gefängnisseelsorge
Band 5, 1998, 300 Seiten, ISBN 978-3-8255-0196-9, 30,58 €

➲ *Ommerborn, Rainer / Schuemer, Rudolf*
Fernstudium im Strafvollzug
Band 6, 1999, 244 S., ISBN 978-3-8255-0232-4, 25,46 €

➲ *Lösel, Friedrich / Pomplun, Oliver*
Jugendhilfe statt Untersuchungshaft. Eine Evaluationsstudie
zur Heimunterbringung
Band 7, 1998, 196 S., ISBN 978-3-8255-0247-8, 30,58 €

➲ *Pecher, Willi*
Tiefenpsychologisch orientierte Psychotherapie im Justizvollzug. Eine
empirische Untersuchung der Erfahrungen und Einschätzungen
von Psychotherapeuten in deutschen Gefängnissen
Band 8, 1999, 300 + X S., ISBN 978-3-8255-0234-8, 30,58 €

➲ *Bundesarbeitsgemeinschaft der Lehrer im Justizvollzug (Hg.)*
Justizvollzug & Pädagogik. Tradition und Herausforderung
Band 9, 2. Auflage 2001, 200 S., ISBN 978-3-8255-0270-6, 20,35 €

➲ *Walther, Jutta*
**Möglichkeiten und Perspektiven einer opferbezogenen
Gestaltung des Strafvollzugs**
Bd. 10, 2002, 330 S., ISBN 978-3-8255-0303-1, 30,60 €

➲ *Rehn, Gerhard / Wischka, Bernd / Lösel Friedrich / Walter, Michael (Hg.)*
Behandlung „gefährlicher Straftäter". Grundlagen, Konzepte, Ergebnisse
Bd. 11, 2. überarb. Auflage 2001, 442 S., ISBN 978-3-8255-0315-4 , 35,69 €

CENTAURUS VERLAG

● *Mandt, Brigitte*
Die Gefährdung öffentlicher Sicherheit durch Entweichungen aus dem geschlossenen Strafvollzug. Eine empirische Untersuchung am Beispiel des Landes Nordrhein-Westfalen in den Jahren 1986 – 1988
Band 12, 2001, 350 S., ISBN 978-3-8255-0321-5, 30,58 €

● *Ross, Thomas*
Bindungsstile von gefährlichen Straftätern
Band 13, 2001, 200 S., ISBN 978-3-8255-0329-1, 23,53 €

● *Böhmer, Mechthild*
Forensische Psychotherapieforschung: Eine Einzelfallstudie
Band 14, 2001, 140 Seiten, ISBN 978-3-8255-0336-9, 20,35 €

● *Zabeck, Anna*
Funktion und Entwicklungsperspektiven ambulanter Sanktionen. Ein Rechtsvergleich zwischen England / Wales und Deutschland
Bd. 15, 2001, 380 S., ISBN 978-3-8255-0334-5, 34,77 €

● *Bergmann, Maren*
Die Verrechtlichung des Strafvollzugs und ihre Auswirkungen auf die Strafvollzugspraxis.
Bd. 16, 2003, 300 S., ISBN 978-3-8255-0368-0, ca. 30,– €

● *Tzschaschel, Nadja*
Ausländische Gefangene im Strafvollzug. Eine vergleichende Bestandsaufnahme der Vollzugsgestaltung bei ausländischen und deutschen Gefangenen sowie eine Untersuchung zur Anwendung des § 456a StPO. Ergebnisse einer in Nordrhein-Westfalen durchgeführten Aktenanalyse
Bd. 17, 2002, 170 S., ISBN 978-3-8255-0377-2, 24,60 €

● *Giefers-Wieland, Natalie*
Private Strafvollzugsanstalten in den USA. Eine Perspektive für Deutschland?
Bd. 18, 2002, 246 Seiten, ISBN 978-3-8255-0383-3, 26,90 €

● *Hofmann, Ronald / Wehrstedt, Matthias*
Mißbrauchsmythen. Ihre Bedeutung für Jugendhilfe und Strafvollzug
Bd. 19, 2005, ca. 150 S., ISBN 978-3-8255-0432-8, ca. 19,– €

● *Pecher, Willi / Rappold, Günter / Schöner, Elsava / Wydra, Bernhard (Hg.)*
" ... die im Dunkeln sieht man nicht." Perspektiven des Strafvollzugs. Festschrift für Georg Wagner
Bd. 20, 2005, ca. 300 S., ISBN 978-3-8255-0446-5, ca. 28,– €

● *Rehn, Gerhard / Nanninga, Regina / Thiel, Andreas (Hg.)*
Freiheit und Unfreiheit. Arbeit mit Straftätern innerhalb und außerhalb des Justizvollzuges
Bd. 21, 2004, 598 S., ISBN 978-3-8255-0459-5, 33,90 €

CENTAURUS VERLAG